Ralph Giordano, Jahrgang 1923, wurde in Hamburg geboren. Weil seine Mutter Jüdin war, fiel die Familie im Hitler-Deutschland unter die Rassengesetze. Giordano lebte die letzten Monate vor der Befreiung in der Illegalität. Seit 1946 arbeitet er als Journalist und Fernsehdokumentarist. Er veröffentlichte unter anderem: »Die Berninis« (1982), »Die Spur – Reportagen aus einer gefährdeten Welt« (1984), »Die zweite Schuld« (1987).

Von Ralph Giordano ist außerdem erschienen:

»Die zweite Schuld oder Von der Last, Deutscher zu sein«
(Band 3943)

Vollständige Taschenbuchausgabe Oktober 1991
Droemersche Verlagsanstalt Th. Knaur Nachf., München

Umschlaggestaltung Manfred Waller
Umschlagfoto VISUM/Dirk Reinartz
Druck und Bindung Elsnerdruck, Berlin
Printed in Germany 5 4 3 2 1
ISBN 3-426-04810-8

Ralph Giordano:
Wenn Hitler den Krieg gewonnen hätte

Die Pläne der Nazis nach dem Endsieg

Knaur®

Inhalt

III. Vom Triumph in der Niederlage

Der gespaltene Endsieg

Einleitung

1.

Adolf Hitler hat den Krieg nicht gewonnen. Er hat ihn vielmehr samt seinem Deutschland mit Mann und Roß und Panzer verloren, zu Wasser, zu Lande und in der Luft, eine militärische Katastrophe ohnegleichen – mit Millionen Toten, den ausgeglühten deutschen Städten und einer großen und unwiderruflichen Einbuße an nationalem Territorium. Hitlerdeutschland ist derart gründlich geschlagen worden, daß selbst für eine *Dolchstoßlegende* wie nach dem Ersten Weltkrieg noch – »Im Felde unbesiegt« und »Die Heimat ist der Front in den Rücken gefallen« – nicht der kleinste Raum mehr blieb. Was viel heißen soll bei einer Nation, die seit 1918 nachweisbar große Schwierigkeiten hat, Niederlagen anzuerkennen, und deren Mehrheit dazu neigt, die Verantwortung für die eigene Geschichte und besonders ihre Katastrophen an fremde Mächte und Regierungen zu delegieren.

Diesmal jedoch war der Aggressor von den äußersten Rändern der Eroberungen bis zurück in seine Hauptstadt verfolgt worden, wo ihm der Garaus gemacht wurde – nachdem es ihm gelungen war, die widerstreitenden Weltmächte, westliche Demokratien und Sowjetunion, unter der gemeinsamen Bedrohung in ein überlebensnotwendiges Zweckbündnis zu treiben.

Die Geschichte kennt keinen Konjunktiv, keine Möglichkeitsform – sie stellt den ehernen Ist-Zustand von Vergangenheit und Gegenwart dar, die von Menschen gemachte und entweder begrüßte oder erlittene Wirklichkeit.

Weshalb dann: »Wenn Hitler den Krieg gewonnen hätte . . .«, da er ihn doch nicht gewonnen hat?

Darauf gleich hier zwei Antworten.

Erstens: Der Inhalt dieses Buches handelt gewiß auch, aber keineswegs nur, von Fiktionen oder reinen Phantasiegebilden, von Utopien, Halluzinationen, einer historischen Fata Morgana. Denn in ihrem zeitweise riesigen Herrschaftsbereich haben die Nazis eine ganze Reihe *der* Pläne realisiert und erprobt, die sie der ganzen Menschheit zugedacht hatten – wenn es ihnen gelungen wäre, die »Arierherrschaft« über die Erde, das »Großgermanische Weltreich« zu errichten, mit dem Adler über der Weltkugel, deren Zentrum das in »Germania« umgetaufte Berlin werden sollte. Die Pläne dafür gehen mit deutscher Gründlichkeit bis in letzte Einzelheiten.
Zweitens: Der Autor hat sich sechsundfünfzig seiner bisher sechsundsechzig Lebensjahre mit dem Nationalsozialismus und seinem Erbe auseinandergesetzt – bis zur Befreiung am 4. Mai 1945 in Hamburg als politisch und rassisch Verfolgter, dann, so hofft er, als Aufklärer. Heute, nach langer Arbeit an diesem Buch, kommt er zu der Erkenntnis, daß es keine Vollcharakteristik des Nationalsozialismus geben kann, ohne seine schlußgeschichtlichen Vorstellungen von der deutschen Weltherrschaft zu kennen und die Pläne eingesehen zu haben, die zum Endsieg führen und dann in Kraft treten sollten. Er hat vieles dazugelernt.
Der Autor bittet bereits hier um Vergebung, daß er, um die Authentizität zu bewahren, bei den zahlreich zitierten Originaldokumenten natürlich in deren Sprache bleibt, der »Lingua tertii imperii«, dem Idiom des Unmenschen – also Vokabeln wie »eindeutschen«, »umvolken« oder »germanisieren« verwenden muß ...

2.

Ebenfalls sei gleich zu Beginn ein Irrtum korrigiert, den der Titel auslösen könnte – als trüge allein Hitler, oder mit ihm vielleicht nur noch eine ganze kleine Clique, die Verantwortung für das, was geschah und was geschehen sollte. Die bereits vorliegenden Arbeiten des Autors können ihn eigentlich in solchen Verdacht nicht bringen, und auch dieses Werk bestätigt noch einmal, daß eine Ein-

engung der Verantwortlichkeit auf die Person Hitlers mit der geschichtlichen Wirklichkeit nichts zu tun hat, sondern dem offenbar unerschöpflichen Arsenal deutscher Schuldabwehr entstammt.
Es wird sehr deutlich, wie entscheidend Großindustrie und Hochfinanz zum innenpolitischen Sieg des Nationalsozialismus beigetragen haben, wenngleich sie sich in der Hoffnung verkalkulierten, Hitler danach beherrschen zu können. Er war nie jene »Marionette in den Händen des deutschen Monopolkapitals«, als welche ihn die – ansonsten für das Buchthema überaus verdienstvolle – Geschichtsschreibung der DDR immer noch verfälscht – in diesem Falle herrscht Dissens. Daß zwischen den Führungseliten der deutschen Wirtschaft und *Hitler dem Sieger* geradezu enthusiastische Übereinstimmung und Deckungsgleichheit der Interessen bestanden, dafür wird das Buch beredte Beweise vorlegen (wie auch für die Bereitschaft der gleichen Kräfte, sich später von *Hitler dem Verlierer* ohne Skrupel zu lösen).
Gegen die These von der Alleinverantwortlichkeit Hitlers aber spricht nicht nur die Allianz zwischen der nationalsozialistischen Reichsführung und den großindustriellen Eigentümern und Finanzmagnaten, sondern der nahezu kollektive Konsensus zwischen dieser Führung und einer überwältigenden Volksmehrheit, schon sehr bald nach dem 30. Januar 1933. Hitler hatte bei den damaligen Deutschen ins Schwarze getroffen, was sich nur dadurch erklären läßt, daß der Nationalsozialismus aus der Tiefe der deutschen Reichsgeschichte vorbereitet war. Wenn es dafür noch eines Beweises bedurft hätte, so war es – und ist es immer noch, bis in unsere Tage hinein – jene qualvoll langsame Loslösung von ihm nach 1945, die in meinem Buch »Die zweite Schuld oder Von der Last Deutscher zu sein« bezeugt wird.
Der Name *Hitler* im Titel ist also kein Entlastungssignal für die nationale Dimension der Verantwortung. Dennoch hat er innerhalb des Machtgefüges eine einmalige Position eingenommen, und der Autor gesteht, daß ihm auch dabei – dem *Führerprinzip* und seinen Konsequenzen – neue Erkenntnisse zugeflossen sind. Dieses Prinzip sieht Hitler eindeutig als höchste Autorität, als unumschränkten Gebieter über seine Umgebung, die den Staatsapparat be-

herrschte. Sein Wort ist Befehl, Direktive, bis in die Nebensätze hinein. Hitler war nie der »Primus inter pares«, der Erste unter Gleichen, sondern sein Abstand noch zu den Mächtigsten und Vertrautesten der Führungsspitze – Heß, Göring, Goebbels, Himmler – unermeßlich. Er war die höchste Personifikation des Führerprinzips im staatlich institutionalisierten Nationalsozialismus. Daß er oft schwankend war, entscheidungsschwach, daß Hitler heute umstieß, was er gestern angeordnet, beschworen, gepriesen hatte, nimmt von der Einzigartigkeit seiner Stellung nichts weg – dann wurde eben getan, was jetzt galt. Seine Unantastbarkeit bestätigt sich nicht zuletzt aus der Fähigkeit seiner persönlichen Umgebung, sich ihm auch dann unterzuordnen, wenn das Verderben offenkundig war – was besonders auf die Generalität zutraf.
Das ändert nichts daran, daß der Name im Buchtitel die Vereinigung und Bündelung all jener Gewalten bedeutet, ohne die Hitler nichts gewesen wäre als ein extrem pathologischer Fall, eine lächerliche bis tragische Figur, die am Rande der Gesellschaft dahinvegetiert hätte. *Mit* diesen Gewalten jedoch, die ihn erst förderten und dann von ihm gelenkt wurden, ist er zum negativsten Weltbeweger geworden, den die Geschichte der Menschheit je kennengelernt hat.

3.

Das Buch teilt sich auf in drei Rubriken. Die erste befaßt sich mit der Frage, wie und in welchen Etappen die Nazis den Krieg gewinnen wollten – »Erst Europa, dann die Welt – Die Stufen zum Endsieg«.
Die zweite, gemäß dem Untertitel zentrale Rubrik legt die globalen Vorstellungen dar und dokumentiert gleichzeitig, welche von ihnen im deutschen Machtbereich bereits praktiziert worden sind – »Arierherrschaft über die Welt – Die Pläne der Nazis nach dem Endsieg«.
Hitler und sein Deutschland haben den Krieg verloren. Aber ihre Klientel – die wirtschaftliche, bürokratische und militärische

Funktionselite – auch? Auf diese Frage geht die dritte Rubrik ein – »Vom Triumph in der Niederlage – Der gespaltene Endsieg«.

Noch ein Wort zum Titel des Buches.
Er ist, bei unverändert erhaltenem Untertitel »Die Pläne der Nazis nach dem Endsieg«, in drei Etappen gefunden worden – eine Suche, die die Beziehung des Autors zu seinem Thema charakterisiert.
Zuerst sollte es heißen: »Wenn *wir* den Krieg gewonnen hätten« – woraus sich zwei Schwierigkeiten ergaben. Einmal war der Autor unfähig, sich in das *Wir* zu integrieren, da dies nicht *sein* Krieg war, sondern ein Krieg gegen ihn. Außerdem aber wäre dieser Titel der refrainhaften Zeile des antimilitaristischen Gedichtes »Die andere Möglichkeit« von Erich Kästner entlehnt, auf das ganz am Ende des Buches noch einmal als ebenso grauenhafte wie erleichternde Schlußpointe eingegangen wird.
Die zweite Etappe der Suche definierte sich mit dem Titel »Wenn *sie* den Krieg gewonnen hätten...«. Er konnte sich jedoch, trotz klärendem Untertitel, angesichts seiner Beliebigkeit und bläßlichen Ungenauigkeit nicht lange halten.
Die dritte Formulierung wurde dann die endgültige und bildhafteste, vorausgesetzt, daß der Inhalt des Buches den Verdacht entkräften würde, die Verantwortlichkeit werde auf den Namen im Titel beschränkt. Also »Wenn Hitler den Krieg gewonnen hätte...«.
Ja, was dann? Wäre solcher Sieg überhaupt möglich gewesen? Und hat der Autor ihn je befürchtet? Zur letzten Frage eine persönliche Fußnote, ohne die Antworten des Buches auf die erste und zweite vorwegzunehmen.

4.

In meiner Familie wurde nie über die Befreiung gesprochen. Sie war ein Tabu, seine Beachtung ein ungeschriebenes Gesetz, an das wir uns hielten. Aber so ungewiß sie war, so gewiß waren wir uns, daß Hitler den Krieg verlieren und sein Deutschland geschlagen

würde an Haupt und Gliedern. Dies würde der Lauf der Weltgeschichte sein und ihre Gerechtigkeit, an der nicht gezweifelt wurde. Es war eine Zuversicht, die sich keineswegs am letztlich weit überlegenen Machtpotential der Kriegsgegner Hitlerdeutschlands, also unserer Befreier, orientierte. Sie hatte wenig damit zu tun, daß die Alliierten über mehr Divisionen, Panzer, Flugzeuge und Kriegsschiffe verfügten, als Deutschland ihnen entgegenstellen könnte – denn diese Zuversicht, diese Gewißheit und Überzeugung, sie waren metaphysischen Ursprungs. Der Glaube an den sicheren Untergang Hitlerdeutschlands war von allem Anfang an da und wurde in keiner Weise angefochten durch die militärischen Erfolge der Jahre 1939 bis 1942. Die Expansion der deutschen Fronten in alle Himmelsrichtungen, ihre äußersten Punkte, ob im norwegischen Narvik, am Nordrand der Sahara oder an den westlichen Grenzen Asiens, brachten keinerlei Erschütterungen unserer Zuversicht mit sich. Gleichwohl sahen wir uns bald historisch bestätigt – mit der ersten deutschen Niederlage, der vor Moskau im Winter 1941; der Vernichtung der 6. Armee an der Wolga bei Stalingrad ein Jahr später; der Landung der Amerikaner in Nordwestafrika im Herbst 1942; mit dem Ende des deutschen Afrikakorps vom Frühjahr 1943; dem unaufhaltsamen Vormarsch der Roten Armee seit ihrer Sommer-Offensive jenes Jahres und schließlich der ersten alliierten Landung auf europäischem Boden, dem Sprung nach Sizilien und von dort aufs italienische Festland. Die »zweite Front« im Westen würde nur noch den Epilog einläuten.
Und doch sollte es eine Minute des Zweifels geben, sollte der Glaube in die Unbesiegbarkeit unserer Befreier doch erschüttert werden – wenige Tage nach der anglo-amerikanischen Landung vom 6. Juni 1944 an den Küsten der Normandie.

5.

»Die Wunderwaffe, die Wunderwaffe – ganz Südengland steht in Flammen!«
Mit diesem Schrei stürzte eines Morgens der Vorarbeiter in den Fa-

brikraum, wo ich auf Geheiß der Geheimen Staatspolizei, Leitstelle Hamburg, Zwangsarbeit leisten mußte. Das ist jetzt 45 Jahre her und mir dennoch in der Erinnerung, als wäre es gestern gewesen. Ich hatte gerade an der Drehbank gestanden, um irgendeine mir völlig sinnlos erscheinende Arbeit zu verrichten, als die Tür aufgerissen worden war und die Stimme im Diskant höchster Erregung durch den großen, bis dahin lärmvollen Raum geschrillt hatte. Danach plötzliche Stille, aus der für mich ein riesiges Fragezeichen aufstand. Ich blickte von dem Manne weg durch das Fabrikfenster auf das phosphorvernarbte Gesicht des Hamburger Südostens und spürte, wie sich meine Kehle zuschnürte und so trocken wurde, als wäre sie noch nie benetzt worden. Hier, an dieser Stelle, während der endlosen, äonenhaften Sekunden nach dem triumphierenden Ausruf, wurde sie wankend, die Giordanosche Gewißheit, daß die Vernichtung unserer Feinde, die militärische Niederlage Deutschlands, so sicher sei wie der morgige Sonnenaufgang, daß die Nazis niemals siegen, nimmer Herr werden würden über die Menschheit. Ich habe die Szene in meiner Hamburger Familien-Saga »Die Bertinis« geschildert und möchte jene Passage aus dem autobiographischen Roman zitieren, weil sie sich vollkommen mit der seinerzeitigen Wirklichkeit des Autors deckt – nämlich dem schrecklichsten Zuversichtsverlust, der mir je widerfahren ist. Und zwar mit einer Perspektive, die bisher keinen Platz in meinem Lebensgefühl gehabt hatte und die mich wie ein Schlaganfall traf: die Möglichkeit, daß dieses Deutschland den Krieg vielleicht doch gewinnen könnte...
Hier die Gedanken Roman Bertinis an jenem Junimorgen des Jahres 1944 – es waren auch die meinen:

»Was, wenn das Böse, wenn Hitlers Wissenschaftler eine Waffe erfunden hätten, die schrecklicher wäre als alle anderen? Die Deutschland mächtig machen würde über die gegnerische Koalition – über Russen, Amerikaner, Briten, Franzosen, über die ganze übrige Menschheit? Was, wenn solche Waffe nicht nur London, Moskau, New York, sondern ganze Nationen auf einen Schlag pulverisieren könnte und Hilflosigkeit herrschte vor ihrer Gewalt und die Welt ihr wehrlos ausgeliefert wäre?«

Unnötig zu sagen, daß ich damals keine Ahnung von der Atombombe hatte. Aber meiner und Roman Bertinis kenntnisloser Urangst lag – wie die Welt nach Hiroshima und Nagasaki dann im August 1945 erfuhr – die historisch-konkrete Fähigkeit von Wissenschaft und Technik zugrunde, eine Waffe zu fabrizieren, die einen Besitzer von der Skrupellosigkeit Hitlers in die Lage versetzt hätte, den Lauf der Weltgeschichte zu verändern.

Wir wissen heute, was zusammenkam, um eine Verwirklichung der apokalyptischen Vision zu verhindern. Einmal die Verweigerung deutscher Wissenschaftler (Otto Hahn: »Wenn aus meiner Arbeit Hitler eine Atombombe bekommt, bringe ich mich um!«[1]). Dann aber auch eine Atomforschung zu militärischen Zwecken, die aus verschiedenen Gründen das erstrebte Ziel nicht erreichte – so, weil es nicht gelang, reines Uran-235 zu gewinnen, ebensowenig wie Plutonium zu erzeugen –, obschon sich große Mühe gegeben wurde (Carl Friedrich von Weizsäcker, der Physiker und Philosoph, heute völlig zu Recht eine öffentliche Friedensinstitution genannt, hatte trotz Ablehnung des Nationalsozialismus an der Bombe mitgearbeitet und später gestanden, er sei seinerzeit »nur durch göttliche Gnade gerettet worden – dadurch, daß es nicht gegangen ist«[2]).

Der moralischen Verweigerung, dem technischen und wissenschaftlichen Unvermögen fügte sich, drittens und wohl entscheidend, Hitlers unklares Verhältnis zur »Uranbombe« an. Wenn er gewußt hätte, welche Waffe ihm mit ihr in die Hand gegeben wäre, und wenn er den für ihn ungünstigen Kriegsverlauf vorausgeahnt hätte, er hätte keine Sekunde gezögert, die äußersten Mittel zum Bau der Bombe zu mobilisieren. Es ist jedoch offensichtlich, daß ihm das Gespür dafür gefehlt hat. Deshalb wird es Hitlers Entscheidung und nicht die seines »Generalbauinspektors« (GBI) Albert Speer gewesen sein, als der im Herbst 1942 bestimmte, die deutschen Atomforscher hätten sich von nun an nicht mehr auf eine Bombe, sondern auf die Fertigung eines Uranbrennertyps zur Energieerzeugung, etwa für U-Boote, zu konzentrieren.[3]

War es also »Zufall«, daß es keine deutsche Bombe gab? In mir sperrt sich alles gegen eine Bejahung der Frage. Das Defizit paßt vielmehr genau in jenes NS-typische Amalgam des Rational-Irrationalen, von dem die ganze »unfertige Gesellschaft« des Dritten Reiches mit ihrem Ämter-Chaos, ihrer destruktiven Dynamik und ihrem Mangel an Zeit geprägt war. Die fehlende Bombe scheint so vielmehr die Bestätigung eines fundamentalen Prinzips der nationalsozialistischen Herrschaft und ihrer Ideologie zu sein, auf das an geeigneter Stelle noch näher eingegangen werden muß: ihre tiefe Realitätsentfremdung, ihre grundsätzlich entwirklichten Ziele – bei ansonsten ungeheurer Detailfreudigkeit und -genauigkeit ...

Natürlich wurde damals, im Sommer 1944, schnell bekannt, daß Südengland nicht in Flammen stand, sondern daß es sich bei der »Wunderwaffe« um die sogenannte V 1 handelte, eine Rakete, die Hunderte von Kilometern weit flog und sich vornehmlich das Stadtgebiet von London zum Ziel nahm. Der ersten folgte bekanntlich die V 2 – schwerer, weiterreichend, tödlicher. Furchtbar genug, aber weder kriegswendend noch kriegsentscheidend. (Das V stand übrigens für »Vergeltung« ...)

Was aber wäre geworden mit der Bombe in der Hand des »Führers«? Man könnte entgegnen, daß sich die Beantwortung der Frage durch den Indikativ des historischen Verlaufs erübrigte. Dennoch hat sich dem Autor immer wieder der Gedanke an »die andere Möglichkeit« eingeschlichen bei der langen Arbeit an einem Titel, der den entsetzlichsten Konjunktiv der bisherigen Menschheitsgeschichte beschwört – »Wenn Hitler den Krieg gewonnen hätte ...«.

I. Erst Europa, dann die Welt

Die Stufen zum Endsieg

»Der Führer gibt seiner unumstößlichen Gewißheit Ausdruck, daß das Reich einmal ganz Europa beherrschen wird. Von da ab ist praktisch der Weg zur Weltherrschaft gezeichnet. Wer Europa besitzt, der wird damit die Führung der Welt an sich reißen.«[1]

Joseph Goebbels am 8. Mai 1943

Lebensraum – Ergänzungsreich – Endgegner

Von »Mein Kampf« bis »Barbarossa«

Obwohl schon so lange her, mehr als fünfzig Jahre, gellt es mir immer noch in den Ohren: »Wir werden weitermarschieren, wenn alles in Scherben fällt, denn heute gehört uns Deutschland und morgen die ganze Welt...«

Das schlug Mitte der dreißiger Jahre grell hoch an den Häuserfronten von Hamburg-Barmbek, aus den zehn- bis vierzehnjährigen Kehlen des lokalen Jungvolks oder den etwas rauheren der Hitlerjugend. Lauter mir bekannte Gesichter, die nun jedoch einen ganz anderen als den gewohnten Ausdruck zeigten, besonders, wenn dann auch noch die Fanfaren schmetterten.

In unserer Republik der Verdrängung und Verleugnung der Nazivergangenheit ist mir immer wieder die beschwichtigende These begegnet, es habe gar nicht *gehört*, sondern *hört* geheißen. Dazu erfahren wir aus der Feder des Historikers Günter Moltmann: »...ein oft gesungenes und sehr bekanntes Kampflied der Nationalsozialisten, Erstveröffentlichung in ›Unser Trommelbube‹ Potsdam 1934. Es entbehrt nicht der Ironie, daß sein Verfasser, Hans Baumann, im Jahre 1936 von der nationalsozialistischen Regierung aufgefordert wurde, die provozierenden Textstellen abzuändern in ›...denn heute hört uns Deutschland, und morgen die ganze Welt‹. Das auf Weltherrschaft bedachte Regime hielt es in einer Zeit, in der selbst der Auslandsarbeit des Nationalsozialismus aus taktischen Gründen Zügel angelegt wurden, nicht für opportun, seine wahren Intentionen der Welt preiszugeben. Seit 1936 enthielten die Liederbücher nur noch die revidierte Fassung. Indessen wurde fleißig weitergesungen, daß die Welt Deutschland *gehören* werde. Der Verfasser hatte den richtigen Spürsinn für das, was die ›Bewegung‹ wollte. Zweckmäßigkeitüberlegungen der Führung fanden nicht das Verständnis einer fanatisierten Gemeinde, deren Vertreter sich auch durch offizielle Sprachregelungen nicht verbieten ließen, zum Ausdruck zu bringen, was ihnen am Herzen lag.«[2] Ähnliche Tendenzen, den Nationalsozialismus sozusagen vor seinen eigenen Machtansprüchen in Schutz zu nehmen und sie zu verkleinern, zeigen sich auch an anderer Stelle. Zum Beispiel, wenn es um zentrale Begriffe dieses Kapitels geht – wie Weltmacht, Weltreich, Weltvorherrschaft oder deutsche Weltherrschaft. Im Sprachgebrauch der Nazis sind sie oft nicht genau bestimmt, was taktischer Natur sein, aber auch Unklarheit bedeuten konnte. Der Spiritus rector all dessen, die große Quelle der NS-Ideologie und ihre authentischste Stimme, Hitler, dazu: »Deutschland wird entweder Weltmacht oder überhaupt nicht sein.«[3]

So steht es im Leitfaden des Nationalsozialismus, dem von 1925 bis 1927 entstandenen Buch »Mein Kampf«, dessen Gefährlichkeit in diametralem Gegensatz zu seiner Ungelesenheit steht, trotz Millionenauflage. Aber auch dieser Satz klärt die Begriffe noch nicht: Deutschland *Weltmacht* – als eine unter anderen, miteinander konkurrierenden? Oder als *Herrscher über die Welt*?

Suchen wir die Antwort in weiteren nationalsozialistischen Selbstbekundungen.

Der zweite deutsche Anlauf, der von 1939, die Weltkräfteverhältnisse mit Waffengewalt – und diesmal endgültig – zu verändern, steht gewiß in der Kontinuität des ersten von 1914, in der Kontinuität der imperialistischen, hegemonialen und geopolitischen Ziele des Kaiserreichs. Aber mit Hitler bekommen Innen- und Außenpolitik eine ganz neue Dimension, und zwar nicht nur durch das sofort auftretende Rassendogma, sondern auch durch die grundsätzliche Maßlosigkeit seines Weltbildes.

Schon in den ersten politischen Bekundungen läßt Hitler die radikalsten Revisionisten, die schärfsten Gegner des Versailler Vertrages, weit hinter sich. Für ihn war der Versuch, die Reichsgrenzen nach einem Territorialverlust von rund 70 000 Quadratkilometern als Kriegsfolge (von zuvor 540 000 auf nun 470 000) wiederherzustellen, kein Thema, sondern »ein politischer Unsinn von Ausmaßen und Folgen, die ihn als Verbrechen erscheinen lassen ... Die Grenzen von 1914 bedeuten für die Zukunft der Nation gar nichts.«[4] Und er fährt fort: Deutschland sei heute keine Weltmacht. Was bedeute heute schon dem Planeten ein Gebilde, das in seinem Verhältnis von Volkszahl und Grundfläche so jämmerlich beschaffen sei wie das Deutsche Reich? In einem Zeitalter, in dem allmählich die Erde in den Besitz von Staaten aufgeteilt werde, von denen manche selbst nahezu Kontinente umspannten, könne man nicht von einer Weltmacht reden bei einem Gebilde, dessen politisches Mutterland »auf die lächerliche Grundfläche von kaum fünfhunderttausend Quadratkilometer beschränkt ist«.[5]

Volkszahl und *Grundfläche* – hier kommt etwas ins Spiel, was spleenig genannt werden könnte, verschroben, eine fixe Idee – wenn es nicht so tödliche Folge gehabt hätte: die Bodengröße in Einklang zu bringen mit der Bevölkerungsziffer. Immer wieder beschwört Hitler diesen Grundsatz. Ein Volk könne nur leben, wenn Volkszahl und Bodenfläche in einem »gesunden Verhältnis« zueinander stünden. Die Außenpolitik des »völkischen Staates« habe das sicherzustellen, indem sie zwischen der Zahl und dem Wachstum des Volkes einerseits und der Größe und Güte des Grund und Bodens andererseits ein lebensfähiges, natürliches Verhältnis schaffe. Nur ein genügend großer Raum auf dieser Erde sichere einem Volk die Freiheit des Daseins – die These vom »Lebensraum«.

Wieder und wieder stellt Hitler Volkszahl und Bodengröße anderer Staaten dem deutschen »Mißverhältnis« gegenüber. So schon am 10. April 1921 im »Völkischen Beobachter«, dem Zentralorgan der »Nationalsozialistischen Deutschen Arbeiterpartei« (NSDAP), wo er das »Problem der ungerechten Bodenverteilung« folgendermaßen kommentiert: »Daß in Rußland auf jeden erwachsenen Russen 18mal soviel Grund und Boden trifft wie auf jeden Deutschen überhaupt, daß England 43 Kriege geführt hat, um heute, obwohl es nur 52 Millionen Einwohner zählt, ein Viertel der ganzen Welt zu beherrschen, will niemand wissen.«

An anderer Stelle dann, in einer Rede von 1937, wird Hitler ganz ausführlich: 44 Millionen Engländer herrschten auf 34 Millionen

Quadratkilometern über 445 Millionen Menschen. 150 bis 175 Millionen Russen verfügten über 22 Millionen Quadratkilometer. Frankreich mit seinen 39 Millionen sei als Kolonialmacht Herr über elf Millionen Quadratkilometer mit 95 bis 100 Millionen Menschen. Diese Aufzählung wird von Hitler ermüdend fortgesetzt an weiteren Beispielen wie China, Brasilien, Portugal, Spanien und Japan, um dann zu schließen, daß das Problem der Deutschen mit 570 000 Quadratkilometern nicht gelöst werden könne.[6]

Fast zwanzig Jahre vorher, bei der Abfassung von »Mein Kampf«, kommt Hitler zu dem Resümee, die nationalsozialistische Bewegung müsse auf jene Straße führen, »die aus der heutigen Beengtheit des Lebensraumes dieses Volk hinausführt zu neuem Grund und Boden und damit auch für immer von der Gefahr befreit, auf dieser Erde zu vergehen oder als Sklavenvolk die Dienste anderer besorgen zu müssen. Die nationalsozialistische Bewegung muß versuchen, das Mißverhältnis unserer Volkszahl und unserer Bodenfläche – diese als Nährquelle wie auch als machtpolitischer Stützpunkt gesehen – zwischen unserer historischen Vergangenheit und der Aussichtslosigkeit unserer Ohnmacht in der Gegenwart zu beseitigen.«[7]

Hitler löst die »Grenzpolitik« des Kaiserreiches, die räuberisch genug war, ab durch eine »Lebensraum«-Konzeption, die eine klare Stoßrichtung hat: »Damit ziehen wir Nationalsozialisten bewußt einen Strich unter die außenpolitische Richtung unserer Vorkriegszeit. Wir setzen dort an, wo man vor sechs Jahrhunderten endete. Wir stoppen den ewigen Germanenzug nach Süden und Westen Europas und weisen den Blick nach dem Land im Osten. Wir schließen endlich ab die Kolonial- und Handelspolitik der Vorkriegszeit und gehen über zur Bodenpolitik der Zukunft. Wenn wir aber heute in Europa von neuem Grund und Boden reden, können wir in erster Linie nur an Rußland und die ihm unterworfenen Randstaaten denken.«[8]

So steht es im Kapitel »Ostorientierung und Ostpolitik«, dem 14. und vorletzten von »Mein Kampf«, ungeschminkt und für jedermann nachlesbar. Wo eigentlich – so fragt man sich angesichts solcher Schwarz-auf-weiß-Offenbarungen – hatten die verantwortli-

chen europäischen Politiker und Staatsmänner ihre Augen und Ohren, nachdem der Autor dieser unverhüllten Raubpläne zum Chef des mächtigsten Landes auf dem Kontinent geworden war?
Daß die Bekenntnisse zu Landraub und Annexion keineswegs nur die Delirien eines damals eher noch bedeutungslosen bayerischen Regionalpolitikers waren, geht aus einem Beitrag der »Zeitschrift für Geopolitik«, Berlin, aus dem Jahre 1926 hervor: »Rußland, ein Sechstel der Erde, fiel niemandem zur Beute, und somit ist der Krieg noch nicht beendigt. Romanen und Germanen betrachten Rußland als zukünftige Kolonie. Seine Ausdehnung schreckt niemanden ab. Ist der Bissen für den einzelnen zu groß, dann wird er in Einflußsphären aufgeteilt. Vielleicht läßt man Rußland den Schein der Unabhängigkeit, aber jede seiner zukünftigen Regierungen wird fiktiv sein, nur ein Organ der Kolonialherren. Rußland tritt auf jeden Fall in ein neues Stadium seiner Geschichte: es wird Kolonialland.«
Mit Hitlers Germanenzug nach dem Osten schälen sich die ersten Konturen eines außenpolitischen Programms deutlich hervor: die Hegemonie, die deutsche Vorherrschaft über Osteuropa!
Der Sieg scheint ihm selbstverständlich zu sein, garantiert durch die innere Verfassung des maroden Riesenreiches. Das Schicksal selbst, so schreibt Hitler in seinem Grundwerk, scheine hier einen Fingerzeig geben zu wollen: Indem es Rußland dem Bolschewismus überantwortete, raubte es dem russischen Volk jene Intelligenz, die bisher dessen staatlichen Bestand herbeiführte. Denn die Organisation eines russischen Staatsgebildes sei nicht das Ergebnis der staatspolitischen Fähigkeiten des Slawentums in Rußland, sondern vielmehr nur ein wundervolles Beispiel für die staatenbildende Wirksamkeit des germanischen Elements in einer minderwertigen Rasse. Seit Jahrhunderten zehre Rußland von diesem germanischen Kern seiner oberen Schichten. Er könne heute als fast restlos ausgerottet und ausgelöscht angesehen werden. An seine Stelle sei der Jude getreten.
Diese Geschichtsbetrachtung, die auch der geringsten kritischen Untersuchung nicht hätte standhalten können, setzt Hitler, ganz zur Sache kommend, folgendermaßen fort:

»So unmöglich es dem Russen an sich ist, aus eigener Kraft das Joch der Juden abzuschütteln, so unmöglich ist es dem Juden, das mächtige Reich auf die Dauer zu erhalten. Er selbst ist kein Element der Organisation, sondern ein Ferment der Dekomposition. Das Riesenreich im Osten ist reif zum Zusammenbruch. Und das Ende der Judenherrschaft in Rußland wird auch das Ende Rußlands als Staat sein. Wir sind vom Schicksal ausersehen, Zeugen einer Katastrophe zu werden, die die gewaltigste Bestätigung für die Richtigkeit der völkischen Rassentheorie sein wird.«[9]

Hinter dieser Verklammerung von Antibolschewismus und Antisemitismus dröhnen bereits die Hammerschläge zur Errichtung der Mordfabriken im Osten, peitschen schon die Schüsse der mobilen SS-Todesschwadronen in Gestalt der *Einsatzgruppen*. Judenherrschaft und Bolschewismus sind für Hitler identisch – unabhängig davon, daß der Begriff *Weltjudentum* von ihm auch als Judenherrschaft in den kapitalistischen Ländern, vor allem in den USA, interpretiert wurde, er also den gleichen Terminus auf unvereinbare, ja feindliche Gesellschaftsordnungen anwandte – was unlogisch ist. Übrigens sei an dieser Stelle vermerkt, daß Hitler fast ausschließlich von *Rußland* spricht, selten von *Sowjetrußland*, noch seltener von der *Sowjetunion* – als hätte es die Zäsur von 1917 nie gegeben. Hier wird eine Art Gerinnung ursprünglicher Geschichtseindrücke sichtbar, eine starke Immobilität ihrer Fortentwicklung in Übereinstimmung mit gewandelten Wirklichkeiten.
Das Ziel ist immer klar: »Das Riesenreich im Osten ist reif zum Zusammenbruch...« »Wir sind vom Schicksal ausersehen...« Und dann, blitzhaft über die Kontinental-, die Europa-Hegemonie seines Programms hinausweisend und Rassendogma und Endvorstellung miteinander vereinend, kommen die Sätze:

»Ein Staat, der im Zeitalter der Rassenvergiftung sich der Pflege seiner besten rassischen Elemente widmet, muß eines Tages zum Herrn der Erde werden.«[10]

Man sollte sich einmal überlegen, wer dieser Adolf Hitler war, als er solche Weltherrschaftsideen ausbrütete und sie um die Mitte der zwanziger Jahre zu Papier brachte. Ein bayerischer Regionalpolitiker, der »Führer« eines eher noch bedeutungslosen Parteihaufens, ein Mann, der wegen seiner Beteiligung an dem Münchener

Staatsstreich vom November 1923 gegen die Reichsregierung in Berlin zu fünf Jahren Haft verurteilt worden war und gerade in Landsberg am Lech einsaß und dem mit dem Verbot seiner NSDAP alle Felle davongeschwommen zu sein schienen. Kurz – ein Zeitgenosse, dessen Chancen, sein Ziel zu erreichen, gleich Null waren!
Es hat etwas Atemverschlagendes an sich, zu verfolgen, wie diese scheinbar so aussichtslose Biographie sich dann jedoch Etappe um Etappe verwirklichte und wie die Termine des im Hauptbuch des Nationalsozialismus festgelegten Kalenders zügelloser Aggressionen entsetzlicherweise bis zu einer gewissen Datumsgrenze eingehalten werden können.

Voraussetzung ist die Machtübernahme in Deutschland.
Ihr streben Hitler und seine Anhänger ohne jede Verstellung entgegen – unter frühen Bekundungen, sich mit Europa nicht zu begnügen. Dafür einige Beispiele.
Otto Strasser, der später mit Hitler brach (wie sein im Zuge des sogenannten Röhm-Putsches vom Juni 1934 ermordeter Bruder Gregor) – Otto Strasser gibt in seinem Buch mit dem beziehungsreichen Plagiat-Titel »Mein Kampf« ein Gespräch mit Hitler vom Mai 1930 wieder: Die nordische Rasse habe ein Recht darauf, die Welt zu beherrschen, und:

»... wir müssen dieses Recht der Rasse zum Leitstern unserer Außenpolitik machen. Glauben Sie mir, der ganze Nationalsozialismus wäre nichts wert, wenn er sich auf Deutschland beschränkt und nicht mindestens 1000 bis 1200 Jahre lang die Herrschaft der hochwertigen Rasse über die ganze Welt ausübt.«[11]

Dieses »Recht auf Weltherrschaft« unter deutscher Führung bekräftigte Hitler am 13. November 1930 vor Studenten und Professoren der Universität Erlangen: Die erste Chance für Deutschland, die Weltherrschaft zu erringen, sei durch den Dreißigjährigen Krieg zerstört worden. Aber nur, wer dieses Ziel im Auge behalte – die Weltherrschaft –, gerate auf den richtigen Weg. Acht Tage vorher, am 5. November, hatte Hitler, und wieder mit Bezug auf die

damals seiner Meinung nach verspielte Chance, in einer öffentlichen Versammlung unter dem tosenden Beifall seiner Zuhörer ausgerufen: »Kein Volk hätte mehr Anrecht gehabt auf den Begriff Weltherrschaft als das deutsche. Wir hätten das Recht gehabt und keine andere Nation.«[12]
Und noch eins drauf: »Das deutsche Volk (hat) vor der Geschichte Proben seines höchsten Wertes mehr als genügend abgelegt. Wäre die politische Führung in Jahrhunderten eine bessere gewesen, müßten wir Deutschen kraft unserer Leistungen sowohl als auch kraft unserer Opfer die Erde beherrschen.«[13]
In den zehn Jahren von 1920 bis 1930 hat Hitler immer wieder vom Ziel der Welteroberung geschrieben und gesprochen. Nicht wie von einem präzise entworfenen Fahrplan, wohl aber wie von einem hartnäckig und unbeirrbar beobachteten Fixstern, auf den seine Gedanken, Pläne und Vorstellungen gerichtet sind. Bis hierher wird ein Hitler erkennbar, für den es keine Koexistenz gibt, kein Zusammenleben der Völker, sondern nur Herrschaft über sie. Der Kompaß seiner Außenpolitik heißt: Krieg! Und zwar andauernder, permanenter Krieg: »Wir werden zum Angriff schreiten, ganz gleich, ob er 10 oder 100 km hinter den heutigen Linien zum Stehen kommen wird. Denn wo auch immer unser Erfolg endet, er wird stets nur der Ausgangspunkt eines neuen Kampfes sein.«[14]
Alles Theorie – noch.

Dieser Mann, dessen offen ausgesprochene Horroransprüche ihn von jedem anderen Staatsmann seiner Epoche fundamental und unvergleichbar unterscheiden, wird am 30. Januar 1933 Kanzler des Deutschen Reiches. Er bleibt seiner Rassendogmatik und expansionistischen Außenpolitik treu. Noch in der Nacht des Triumphes kommt er, wie immer endlos monologisierend, auf die eigene Rolle in der Weltpolitik und entwirft wie im Rausch die Vision: Er eröffne den Schlußkampf des weißen Mannes, des Ariers, um die Herrschaft der Erde. Die Nichtarier, die Farbigen, die Mongolen, seien schon im vollen Aufbruch, um unter dem Bolschewismus die Herrschaft an sich zu reißen. Doch mit diesem Tage beginne die größte germanische Rassenrevolution der Weltgeschichte.[15]

Hitler verliert keine Zeit. Schon am 3. Februar 1933 konkretisiert er vor den Oberbefehlshabern der Reichswehr die erste Phase seines Programms, die Eroberung des neuen »Lebensraums« im Osten, mit der Perspektive »rücksichtsloser Germanisierung«.[16]
Daß es dabei nicht bleiben würde, war klar. Dies war die erste von zahlreichen Reden Hitlers vor deutschen Offizieren, die über die europäische Phase seines Programms hinausweist und mit globalen Herrschaftsansprüchen spielt, noch taktisch, aber unverkennbar. Die Generalität, weitgehend geprägt von den Traditionen des untergegangenen Kaiserreiches und durchaus vertraut mit den Annexionsgelüsten eines wilhelminischen Siegfriedens – diese Militärs müssen erst noch auf weltweite Expansionspläne zugedrängt werden. Bei den Jüngeren stößt Hitler auf kritiklose Gefolgschaft. In seiner Geheimrede vom 23. November 1937 vor dem politischen »Führernachwuchs« auf der Ordensburg Sonthofen im Allgäu, in der er wieder breit das deutsche Mißverhältnis zwischen Bevölkerungszahl und nationaler Bodenfläche beschwört, entfällt jede taktische Hemmung: »Wir wollen unser Volk ganz nach vorne führen! Ob sie uns lieben, das ist uns ganz einerlei, wenn sie uns nur respektieren! Ob sie uns hassen, ist uns einerlei, wenn sie uns nur fürchten!«[17]
Und vor den Oberbefehlshabern der Wehrmacht am 23. November 1939 in der Reichskanzlei: Es sei ein Rassenkampf ausgebrochen, wer in Europa und damit in der Welt herrschen werde. Und gleich hinterher: »Es muß entschieden werden, wer in Europa dominieren wird – und damit in der Welt... Die Erde ist für den da, der sie sich nimmt.«[18]
Hier spricht eine von Hitler viele Male dokumentierte Grundüberzeugung: Wer den Alten Kontinent in der Tasche hat, der hat die Hand auf den ganzen Globus gelegt – ein quasi automatischer Machtmagnetismus, ein unwiderstehlicher Sog der Geschichte, gegen den niemand ankommen würde.
Erst Europa – dann die Welt!
Einblick und Überblick lassen erkennen, daß Hitlers Programm auf einem *Stufenplan* fußt, einer Konzeption aufeinanderfolgender Eroberungen bis zur Erringung der Weltherrschaft, die in ihren

Phasen erstaunlich detailliert ausgearbeitet waren, mit deutscher Gründlichkeit in des Wortes ursprünglicher Bedeutung.
Erste Stufe: Deutschland als europäische Vormacht, in einem blokkadefesten, autarken Großraum vom Atlantik bis zum Ural, nach den Siegen über Frankreich und die Sowjetunion. Dieser deutschbeherrschte Kontinentalblock ist das Programm-Fundament, Sprungbrett nach Übersee.
Zweite Stufe: Errichtung eines großen »mittelafrikanischen Ergänzungsraums«, eine riesige Kolonie zwischen dem Südrand der Sahara und dem Sambesi, faktisch die Herrschaft über den gesamten Schwarzen Kontinent; Aufbau einer Überseeflotte mit Basen am Atlantik, der Gegenküste, Voraussetzung für die letzte, die –
Dritte Stufe: den Endkampf der verbliebenen zwei stärksten Weltmächte – Deutschland und die USA – um die Weltherrschaft.
Verkürzt heißt das: Herr über Europa – Herr über Afrika – Herr des »Großgermanischen Weltreiches« über die Erde. Dazwischen bleibt Diffuses, worüber noch zu reden sein wird: Stellung und Schicksal des britischen Empires und – Japans.

Bis 1939 sind innen- und außenpolitische Voraussetzungen für die Verwirklichung dieser Pläne geschaffen: Hitlers unangefochtene Führerposition, nach der Ermordung seines störrischen Rivalen Ernst Röhm, Stabschef der SA, am 30. Juni 1934 (wobei gleichzeitig andere unliebsame Widersacher umgebracht wurden, darunter auch der General, Politiker und ehemalige Reichskanzler Kurt von Schleicher, der im Januar 1933 die Regierungsbildung durch Hitler verhindern wollte); der Erlaß der *Nürnberger Gesetze* zum »Schutze des deutschen Blutes und der deutschen Ehre«, die Charta des nationalsozialistischen Antisemitismus; die Ermordung des österreichischen Kanzlers Dr. Engelbert Dollfuß am 25. Juli 1934 durch einheimische, aber von Berlin ferngesteuerte Nazis, der erste Griff Hitlers über die deutschen Grenzen hinaus. Ferner: der Einmarsch deutscher Truppen in die entmilitarisierte Zone des Rheinlands, womit der Versailler Vertrag, ohne Widerstand seiner Urheber, de facto endgültig außer Kraft gesetzt war; die Annexion Österreichs im März 1938; die Einverleibung tschechoslowaki-

schen Territoriums durch das Münchener Abkommen vom 29. September 1938 mit den Signatarmächten Deutschland, Italien, England und Frankreich – die als »Sudetenland« bezeichneten Randgebiete Böhmens und Mährens werden dem inzwischen »Großdeutschen Reich« zugeschlagen; die Nacht vom 9. auf den 10. November 1938, das bis dahin schwerste Pogrom gegen die bereits weitgehend entrechteten Juden im Reich; der Einmarsch deutscher Truppen in die restliche Tschechoslowakei am 15. März 1939. Und nicht zu vergessen: der Kampf auf seiten des faschistischen Generalissimus Franco gegen die rechtmäßige spanische Republik, das große Manöverfeld der deutschen Wehrmacht, vor allem der Luftwaffe, Modell für den künftigen Ernstfall.
Der trat am 1. September 1939 ein, mit dem deutschen Überfall auf Polen, ein ungleicher Kampf, der drei Wochen dauerte – Glacis, Aufmarschraum für das Zentralprojekt der ersten Stufe, den »Lebensraum« im Osten, gegen den verhaßten Hauptfeind, die Sowjetunion. Sie hatte eine Woche vorher, am 23. August 1939, mit dem potentiellen Aggressor einen »Nichtangriffspakt« mit Geheimklauseln geschlossen. Es darf wohl als ausgemacht gelten, daß sich Josef Wissarionowitsch Stalin Hitlers »Mein Kampf« nie zu Gemüte geführt hatte...
Diese Unkenntnis kann im Lichte der kommenden Ereignisse als erschreckend bezeichnet werden. Aber das bezieht sich keineswegs nur auf Stalin. Es schließt auch die Staatsmänner der westlichen Demokratien mit ein. Denn was immer sie mit ihrem *Appeasement*, ihrer Beschwichtigungspolitik, vorhatten, ob es wirkliche Friedensliebe war oder auch der Hintergedanke, die beiden Großdiktaturen der Epoche, Hitlerdeutschland und die Sowjetunion Stalins, aufeinander losgehen zu lassen – es wird sie, die europäischen Westmächte, zuerst treffen.
Allen voran Frankreich.

Zum Etappencharakter eines deutschen Sieges über diesen stärksten westeuropäischen Kontinentalgegner und »Erbfeind« hatte Hitler sich hinlänglich und unverblümt geäußert, und zwar wieder zu einer Zeit, als ihn niemand ernst nahm.

Das Ziel der Außenpolitik liege im Erwerb der notwendigen Scholle für das deutsche Volk, so schrieb Hitler in »Mein Kampf«. Da man dazu aber Kraft benötige, der Todfeind Frankreich jedoch Deutschland unerbittlich würge und die Kraft raube, »haben wir jedes Opfer auf uns zu nehmen, das in seinen Folgen geeignet ist, zu einer Vernichtung der französischen Hegemonialbestrebungen in Europa zu kommen«.[19]

Und dann, wenige Seiten weiter, nach dem Bekenntnis, daß sich in der endgültigen Niederwerfung des feindlichen Nachbarn nicht das außenpolitische Ziel erschöpfe, sondern Deutschland sich in diesen Entscheidungskampf mit größten Schlußzielen hineinzuwerfen habe: »...erst dann wird man imstande sein, das an sich so unfruchtbare Ringen zwischen uns und Frankreich zum Abschluß zu bringen; allerdings unter der Voraussetzung, daß Deutschland in der Vernichtung Frankreichs wirklich nur ein Mittel sieht, um danach unserem Volk endlich an anderer Stelle die mögliche Ausdehnung geben zu können.«[20]

Die Reihenfolge ist dargelegt.

Am 9. April 1940 wird Dänemark besetzt, Norwegen angegriffen und nach kurzem Kampf ebenfalls okkupiert. Im Zuge der Offensive gegen Frankreich werden Holland, Belgien und Luxemburg überrannt, am 22. Juni wird im Wald von Compiègne der Waffenstillstand unterzeichnet. Der »Erbfeind« wird doppelt gedemütigt, denn an diesem Ort, im Wald von Compiègne, war am 11. November 1918 der Waffenstillstand zwischen Deutschland und der Entente abgeschlossen worden.

Im April 1941 wird die deutsche Wehrmacht auch Herr über Jugoslawien und Griechenland.

Im Frühling jenes Jahres gebietet Deutschland über das Europa von Narvik bis Kreta, von Warschau bis Calais. Es hat sich der Erfüllung der *ersten Stufe* des *Programms*, des großen »Germanenzugs nach dem Osten«, in kürzester Frist genähert. Aber: »Wir können Rußland nur entgegentreten, wenn wir im Westen frei sind.«[21]

Doch Hitler fühlte sich nicht frei, gab es doch, getrennt durch eine breite Wasserstraße, einen unbesiegten Gegner: England!

Sollte Hitler sein Hauptziel, die Niederwerfung der Sowjetunion, sollte er das »Unternehmen Barbarossa« beginnen, ehe er mit dem Inselreich ins reine gekommen war? Hitlers Verhältnis zum britischen Empire, die Rolle, die er ihm bei der Verwirklichung seines »Endziels« zugedacht hatte, die ganze schwankende Beziehung des Rassenfanatikers zu dem seiner Meinung nach arischsten Nachbarn in Europa – diese Ambivalenz ist es wert, daß ihr im Rahmen der These »Erst Europa, dann die Welt« ein eigenes Kapitel gewidmet wird.

England – die große Illusion

Wie viele Deutsche damals hatte auch Hitler eine zwiespältige Position zu England (er gebrauchte das Wort meist als Sammelbegriff, ohne zu unterscheiden zwischen Großbritannien, dem Vereinigten Königreich, dem Dominium und dem Empire. Das wird hier nicht nur bei den Zitaten unkorrigiert, sondern der Einfachheit halber insgesamt übernommen, soweit es nicht zu sinnentstellenden Irrtümern führt).

Hitlers Verhältnis war sentimental, im Stile rassendogmatischer Sympathien: Das englische Volk sei, natürlich hinter dem deutschen, das arischste der Welt – und Antipathien: Leider jedoch werde es von »jüdischen Dreckschweinen« regiert. Es war, ferner, grundbrutal – feindselige Gefühle erwiesen sich als ununterdrückbar und waren bei Widerstand oder Widerspruch englischerseits jederzeit zu mobilisieren. Und es war funktional, dieses Verhältnis – England und sein Empire hatten einen festen Platz in Hitlers Programm: Deutschland den Rücken freizuhalten bei der Eroberung des »Lebensraums im Osten« – entweder als Bündnispartner oder wenigstens als neutrale Macht. An der dreifaltigen Haltung Hitlers – widerwillige Bewunderung, aggressive Minderwertigkeitskomplexe und eiskaltes Machtkalkül – hat sich in den fünfundzwanzig Jahren seines politischen Wirkens nie etwas geändert, von der ersten Bündnisforderung in »Mein Kampf« an bis zu jenem letzten Versuch eines »Ausgleichs« vom Herbst 1944, von dem noch weiter unten zu sprechen sein wird.

Hitlers ganzes weltstrategisches Konzept baute darauf auf, daß England stillhalten würde, wenn Deutschland sich sein »Recht« im Osten gewaltsam holte – erklärtermaßen nach dem militärischen Triumph über Frankreich. Das war eine Fehleinschätzung sowohl des britischen Nationalcharakters als auch der realen und potentiellen Kräfte- und Bündniskonstellationen in Europa und Übersee, mit letztlich historisch entscheidenden Konsequenzen.
Hier entblößt sich die Kontinuität eines grundsätzlichen Irrtums deutscher Außenpolitik in der Geschichte beider Weltkriege. Sowohl der wilhelminische Imperialismus als auch der viel weitergehende nationalsozialistische Expansionismus hielten es für möglich, daß England die kriegerische Durchsetzung deutscher Herrschaft als kontinentale Hegemonialmacht entweder wohlwollend oder doch Gewehr bei Fuß hinnehmen würde. Beide Reichsführungen glaubten daran, daß die Interessen einer europäischen und also auch Weltmacht Deutschland mit denen des britischen See- und Weltreiches in Übereinstimmung gebracht werden könnten.
Allerdings bestand der Unterschied der Epochen darin, daß die russische Oktoberrevolution des Jahres 1917 eine neue internationale Situation geschaffen hatte. Sowohl in England als auch in dem traditionell mit ihm verbundenen Amerika gab es überaus einflußreiche Kreise, die, mehr aus antibolschewistischen als aus prodeutschen Motiven, stark mit einem Festlandsschwert Deutschland gegen die Sowjetunion sympathisierten. Bekanntlich blieben sie nicht erfolglos und konnten ihre Sache immerhin bis zur Opferung der tschechoslowakischen Republik 1938/39 treiben. Historisch vermochten sie jedoch nicht zu obsiegen. Die *Balance of power*, das Gleichgewicht der Kräfte auf dem europäischen Kontinent, blieb die eiserne Regel und *die* Voraussetzung für den Bestand des Empires.
Im britisch-deutschen Flottenabkommen vom 18. Juni 1935, das die maritime Gesamtstärke Deutschlands gegenüber der Englands auf 35:100, bei der U-Boot-Tonnage auf 45:100 festlegte, scheint Hitler dieses Begehren auch faktisch akzeptiert zu haben. Der Vertrag, immerhin ein Entgegenkommen gegenüber einem militärisch offensichtlich erstarkenden Deutschen Reich, mag in Hitler die Il-

lusion genährt haben, London würde ein übermächtiges Kontinentaldeutschland tolerieren.
Ohne daß der Nationalsozialismus fähig gewesen wäre, eine andere Macht als wirklich gleichberechtigt anzuerkennen, unterscheidet sich sein Verhältnis zu England doch von dem zu allen anderen Staaten der Epoche. Die Sonderstellung im außenpolitischen Koordinatensystem der Nazis ist offenkundig – obwohl das endzielhafte Überwältigungs- und Alleinherrschaftsprinzip selbstverständlich auch immer gegenüber dem britischen Empire galt.

Ein Gesamtüberblick über Hitlers Vorstellungen von *Bündnis* und *Ausgleich* mit England läßt keinen Zweifel daran, daß er es als eine von dem blockadefesten und autarken Kontinentalherrscher Deutschland abhängige Macht einstufte, die ihm bei der »Neuordnung Europas« helfen konnte und von deren weltweiten wirtschaftlichen und politischen Möglichkeiten er profitieren wollte.
»Wir suchten Fühlung mit England auf der Basis der Teilung der Welt«, schrieb Franz Halder, bis 1942 Generalstabschef des Heeres, in sein Tagebuch.[22] Ein ewiger Frieden war das also nicht, sondern eine vorübergehende Phase, bis das siegreiche *Großgermanische Weltreich* als stärkste Militär- und Wirtschaftsmacht der Erde dem dann keineswegs mehr gleichberechtigten und ebenbürtigen England die Bedingungen diktieren und der Bündnis-Idylle ein Ende setzen könnte. Dies mit zeitlich sehr weiträumigen Vorstellungen, die bei der Rolle Amerikas in der Stufenfolge von Hitlers Programm noch eingehender behandelt werden sollen ...
Der *Führer* hat von vornherein keinen Hehl daraus gemacht, was er von Verträgen, Bündnissen, Allianzen hielt: »Ein Bündnis, dessen Ziel nicht die Absicht zu einem Krieg umfaßt, ist sinn- und wertlos«, lautete einer seiner Glaubensartikel in »Mein Kampf«.[23] Er muß übrigens selbst befürchtet haben, jedenfalls nach dem Machtantritt, daß die offene Darlegung seiner Gewaltideen im Ausland Schaden anrichten könnte. Nur so läßt sich erklären, daß der monomane Selbstpropagandist eine vollständige Übersetzung seines Buches in andere Sprachen kraft seines Copyrights zu verhindern suchte. Die von ihm autorisierte englische Fassung war ausgepro-

chen bruchstückhaft. Aber dann mißachtete ein englischer Verleger einfach das Urheberrecht und publizierte »Mein Kampf« wortgetreu.

Unter den Briten, die sich nicht täuschen ließen, befand sich auch der Historiker Sir Robert Ensor. Er erklärte nicht nur immer wieder, daß Hitler Krieg bedeute, sondern prophezeite schon 1935: Im Frühjahr 1938 werde Hitler Österreich annektieren, und im Herbst jenes Jahres stünde Europa dann vor der Wahl, wegen der Tschechoslowakei entweder gegen Deutschland einen Krieg zu beginnen oder vor ihm zu kapitulieren. Später gefragt, worauf seine präzisen Voraussagen fußten, antworte Sir Robert: »In erster Linie auf der Lektüre von ›Mein Kampf‹.«[24]

Erkenntnisse wie diese haben sich nicht auf Privatleute beschränkt. Es gab viele Engländer, die sich von Hitlers *Bündnis-* und *Ausgleichs-*Sirenen nicht beeindrucken ließen, allen voran ein Staatsmann, der ab 1933 immer markanter als der Widersacher des nationalsozialistischen Deutschlands hervortritt: Winston Churchill! Selbst ein *Hardliner*, unbluffbar, mit allen politischen Wassern gewaschen, eine große Vergangenheit bereits hinter, eine noch größere Zukunft aber noch vor sich, erkennt er wie kaum ein anderer den Todfeind. *Sein* England wird die Phasenfolge der *ersten Stufe* durcheinanderbringen.

Es war Edward VIII., König von Großbritannien und Nordirland, Haupt des Commonwealth, der Hitlers Bündnis-Illusionen offensichtlich ermutigt hat. Der Monarch hatte ihm, kurz nach der Krönung im Januar 1936, durch einen Verwandten, den Herzog von Coburg, mitteilen lassen, daß er eine Allianz zwischen Großbritannien und Deutschland für notwendig halte, ja daß daraus ein Militärbündnis werden könne. Er wünsche Hitler deshalb gern zu sprechen, sei es in Deutschland oder auf der Insel.

Tatsächlich kam es dann auch am 22. Oktober 1937 zu einem persönlichen Gespräch auf dem Berghof. Aber da war der hohe Besucher schon nicht mehr König, sondern nur noch Herzog von Windsor. Der Liebe zu Wallis Simpson wegen, einer bürgerlichen Amerikanerin, hatte er dem Thron entsagt. Hitler fand das Motiv zwar

völlig unverständlich, den Herzog und seine Frau jedoch sympathisch. Später wird er ihn zum einzigen Engländer erklären, der die politischen Gegebenheiten seiner Zeit erkannt hätte. Der Herzog sei Deutschland so weit entgegengekommen, daß er ihm sogar den Norden Australiens als Kolonie habe abtreten wollen, um dort Deutsche als »idealen Schutzschild« gegen Japan anzusiedeln. Aber dieser Mann sei in England fortgeschickt worden, und statt des Ausgleichs mit Deutschland habe man die Bruderschaft mit den USA gesucht, einem Lande, das gar nicht über die nötige Moral verfüge, den Kampf um die neue Weltordnung zu gewinnen.[25]
1937 konnte der entthronte König ihm nicht mehr helfen. So bemühte sich Hitler, private Beziehungen zu hohen britischen Politikern zu knüpfen, darunter auch zu Churchill. Seltsamerweise versuchte er das ausgerechnet über Sir Oswald Mosley, Führer der damals rund neuntausend Mitglieder umfassenden »British Union of Fascists«, was man als eine totale Verkennung des erwünschten Gesprächspartners bezeichnen könnte. Der Zusammenhang bestand darin, daß Mosley 1938 die Schwester von Unity Walkyrie Mitford geheiratet hatte, eine erklärte Hitler-Verehrerin und Nichte von Churchill. Da die Trauung sinnigerweise in München stattgefunden hatte, war das Paar Gast in Hitlers dortiger Privatwohnung gewesen, eine Einladung nicht nur aus politischer Bruderschaft – vielmehr versprach Hitler sich persönliche Kontakte davon zu Churchill. Diese Hoffnungen blieben unerfüllt, zumal auch der Vater von Lady Mitford, Lord Redesdale, die ersehnte Verbindung nicht zustande brachte. Die Zurückweisung durch den Briten aus altem Adel mag dann zu den unflätigen Beschimpfungen beigetragen haben, mit denen Hitler später den Premier und unerbittlichen Gegner bedachte.
Immerhin war 1937 eine Begegnung zwischen Churchill und Joachim von Ribbentrop, damals Botschafter in London, über die weltpolitische Bühne gegangen, an die sich der damalige Parlamentsabgeordnete der Tories, Winston Churchill, so erinnerte:

»Ribbentrop war äußerst höflich; unser Gespräch streifte den ganzen Schauplatz Europas, sowohl was Rüstungen als auch was die Politik betraf. Der Kern seiner Ausführungen war, daß Deutschland die Freundschaft Englands erstrebe... Er meinte, er hätte deutscher Reichsaußenminister werden können, aber er habe Hitler gebeten, ihn nach London gehen zu lassen, um hier für eine deutsch-englische Entente oder gar ein Bündnis einzustehen. Deutschland würde gleichsam die Wache für die Sicherheit des britischen Weltreiches übernehmen, in all seiner Größe und Ausdehnung. Es würde vielleicht die Rückgabe der deutschen Kolonien fordern, aber das sei offensichtlich nicht der entscheidende Punkt. Es sei aber unerläßlich, daß England Deutschland in Osteuropa freie Hand einräume. Deutschland müsse für seine wachsende Bevölkerung Lebensraum haben. Deshalb müßten Danzig und Polen Deutschland einverleibt werden. Weißrußland und die Ukraine seien für die zukünftige Existenz Großdeutschlands mit seinen siebzig Millionen Einwohnern unentbehrlich. Mit weniger könne man sich nicht abfinden. Von der britischen Völkergemeinschaft und dem Empire verlange man nur, daß sie sich nicht einmischten.«[26]

Nur... Als Berlin zu erkennen glaubt, daß das *Appeasement*, die Beschwichtigungspolitik des Kabinetts Chamberlain, über das Münchener Abkommen nicht hinausgehen will, wird die Gangart der deutschen Außenpolitik gegenüber England schärfer, richtet sich hinter der Werbung die Drohung auf, wird die Hitlersche Ambivalenz sichtbar: »Und bist du nicht willig, so brauch' ich Gewalt!« Der *Führer* am 9. Oktober 1938, grollend: »Es würde gut sein, wenn man in Großbritannien allmählich gewisse Allüren der Versailler Epoche ablegen würde. Gouvernantenhafte Bevormundung ertragen wir nicht mehr.«[27]

Im März 1939 dann, noch schärfer, die offiziöse »Deutsche diplomatische Information«: England werte alle Abmachungen und Probleme nur vom Blickpunkt der Machtposition aus, fühle sich als Feind jeder Stärkung der deutschen Position und versuche, Deutschland bei der Befriedung und Sicherung seines ihm zustehenden Lebensraumes Schwierigkeiten zu machen. Unter solchen Umständen würde Deutschland allerdings gezwungen sein, seine grundsätzliche Einstellung einer einschneidenden und gründlichen Revision zu unterziehen.[28]

Ribbentrop dämmerte es: »England will kein übermächtiges Deutschland in seiner Nähe, das eine ständige Bedrohung seiner Insel wäre. Dafür wird es kämpfen.«[29]

Zu diesem Schluß war Hitler, wenn auch äußerst widerstrebend, selbst gekommen, wie dem Protokoll seiner Besprechung mit hohen Offizieren der Wehrmacht vom 23. August 1939 zu entnehmen ist: »Der Führer zweifelt an der Möglichkeit einer friedlichen Auseinandersetzung mit England. Es ist notwendig, sich auf die Auseinandersetzung vorzubereiten. England sieht in unserer Entwicklung die Fundierung einer Hegemonie, die England entkräften würde. England ist daher unser Feind, und die Auseinandersetzung mit England geht auf Leben und Tod.«[30]

Die Zuspitzung überrascht eingeweihte britische Kreise nicht. Sie hatten klar erkannt, worauf die Außenpolitik des Dritten Reiches hinauslief, und trauten Hitler über das erklärte Ziel des »Lebensraumes im Osten« hinaus zu, daß Deutschland »die Welthegemonie anstrebt. Das ganze Nazisystem baut auf dem Prinzip ökonomischer und territorialer Expansion auf.« So ein Geheimbericht vom 17. Januar 1939.[31] Eine Woche später, am 24. Januar 1939, gelangt eine Denkschrift des *War Office* bei der Analyse von »Mein Kampf« zu dem gleichen Ergebnis: Hitlers Ziel sei die Welthegemonie.[32]

In dieser Ära hoher Kompression auf den Ausbruch des Zweiten Weltkrieges zu, häufen sich späte Erkenntnisse britischer Diplomaten. In einem Memorandum des britischen Militärattachés in Paris an Außenminister Lord Halifax vom 1. Februar 1939 findet sich der Hinweis, daß der Konflikt mit den Westmächten zweitrangig sei, da die Auseinandersetzung mit dem Osten Vorrang habe. Hitlers Ziel aber sei die Weltherrschaft.[33]

Ein Schreiben des britischen Botschafters in Berlin, Sir Nevile Meyrick Henderson, läßt sowohl das Ausmaß nationalsozialistischer Entwirklichung erkennen als auch den Zweifel des Briefverfassers, daß daraus praktische Außenpolitik erwachsen könne: Das Streben nach Weltherrschaft oder auch nur nach Hegemonie über Zentral- und Osteuropa bedeute den Konflikt mit der ganzen Welt, mindestens mit den europäischen Nachbarländern. Kein noch so mächtiger Staat könne sich gegen eine geschlossene Abwehrfront durchsetzen. Noch bis zum frühen 19. Jahrhundert hätte zwar die europäische Hegemonialmacht das Weltherrschaftsziel anstreben können, im 20. Jahrhundert aber sei eine solche Auffassung ein

Anachronismus. Hitler könne sich kaum solchen Hirngespinsten hingeben.[34]
Er tat es dennoch. Und beginnt den Kampf im Westen mit dem Überfall auf Polen, der ihm am 2. und 3. September 1939 die Kriegserklärungen Englands und Frankreichs einbringt.

Es gibt zahlreiche persönliche Zeugnisse dafür, daß Hitlers *Bündnis-* und *Ausgleichs*-Illusionen auch danach keineswegs erloschen sind.
Immer wieder spielt das nationalsozialistische Rassendogma in sie hinein, immer wieder kommt Hitler auf den arischen Rassekern Englands zurück, von dem er sich pro-deutsche Impulse verspricht. Was ihn nicht daran hindert, die unteren Schichten als Dreck zu beschimpfen, aber nur, um gleich darauf in einer bezeichnenden Mischung von Bewunderung und Minderwertigkeitskomplex die »wunderbare Menschenauslese in den oberen Schichten« zu preisen: Ihnen sähe man eine »tausendjährige Auslese« an, »auch der zähen, drahtigen, aber charmelosen englischen Frau dieser Schicht«.[35] Daß England mit 60 000 Menschen 300 Millionen Inder leitet, reißt ihn mehrfach zu wahren Begeisterungsstürmen hin.
Schon im Kriege mit ihnen, erklärt er die britische Luftwaffe und Marine zu Repräsentanten des englischen Ariertums, unangefressen von der jüdischen Propaganda. Darauf setzt er Hoffnung: Die jüdische Propaganda müsse die tapferen Männer der britischen Luftwaffe verbittern, da sie auf der einen Seite zu militärisch völlig falschen Maßnahmen hetze, wenn diese dann aber mit hohen Verlusten und ohne Erfolg durchgeführt seien, sie sich andererseits auch nicht scheuen, die Männer der Royal Air Force als Feiglinge zu bezeichnen. Es sei verständlich, daß die Judenpropaganda gegen die besten englischen Kräfte in der Luftwaffe die Flieger langsam, aber sicher in das Lager der Antisemiten treibe und sie sich eines Tages fragen lasse, ob es nicht unverantwortlich sei, lediglich der Dreckjuden wegen den Krieg führen zu müssen.
Ebenso wie die Luftwaffe sich von der jüdischen Propaganda nicht zersetzen lasse, da den jüdischen Dreckschweinen dort ein ge-

schlossenes Führerkorps gegenüberstehe, so ließen sich auch die englische Armee und die englische Marine nicht zersetzen. Es sei ganz natürlich, daß gerade die Marine, die von der jüdischen Presse immer wieder in irgendwelche Abenteuer gehetzt und, wenn diese mißlängen, getadelt werde, sich eines Tages dafür bedanke, in dem von ihr nicht gewollten Krieg nun den Prügelknaben zu spielen. Er glaube allerdings nicht, daß das Anwachsen der antisemitischen Tendenz bei den konservativen Elementen Englands sich bereits über kurz oder lang auf die Kriegführung auswirken werde.[36]

Und dann kommt Hitler auf den großen Widerpart all seiner England-Pläne zu sprechen, auf den Verhinderer seiner Wunschträume, den Zerstörer der Visionen von deutsch-englischer Harmonie, wie sie ihm vorschwebte – auf Winston Churchill. Er ist der Mittelpunkt eines persönlichen Hasses, in dem Untertöne unvergessener Zurückweisung mitschwingen.

Die Engländer sähen in Churchill den einzigen Mann, der für ihre politische Führung geeignet sei, und obschon sie sich seiner negativen Eigenschaften bewußt seien, empfänden sie ihn offenbar als Prototyp ihres eigenen Charakters. Wenn man den Führer der Engländer im Ersten Weltkrieg, den Fanatiker Lloyd George, Churchill gegenüberstelle, komme man nicht an der Feststellung vorbei, daß das Führungsformat in England erschreckend abgerutscht sei. Denn bei einer objektiven Beurteilung sei Churchill doch nichts anderes als eine »ausgemachte Quadratschnauze«, skrupellos, durch nichts in seinem Selbstbewußtsein umzubringen, auch privat kein Gentleman, sondern ein käuflicher Lügner und ein Mann, der sich nicht geniere, in seinen Reden immer wieder denselben Bockmist eines »Schnapssäufers« zu verzapfen ... Dieses »charakterlose Schwein« sei 30 Prozent der Tageszeit besoffen.[37]

Und immer wieder das Rassendogma: Wenn sich unter den Gefangenen, die kürzlich bei dem englischen Vorstoß auf den deutschen U-Boot-Stützpunkt St. Nazaire gemacht worden seien, eine gewisse Uneinigkeit zeige, so sei das nicht eine Meinungsverschiedenheit zwischen den pro-deutsch und den pro-sowjetisch gesinnten Engländern. Der innere Spaltpilz sei vielmehr in der antisemitischen Richtung zu sehen, das heißt in den Leuten, die die Hintergründe des Krieges durchschaut und trotzdem geschwiegen und mitgemacht hätten. Hier müsse mal die deutsche Propaganda einsetzen.

Und dann, in der Phase höchster deutscher Machtentfaltung über Europa, im Glauben, den Sieg schon sicher in der Tasche zu haben, versteigt Hitler sich zu einer überaus charakteristischen Schlußfolgerung: »Ich bin sicher, das Ende des Krieges ist der Anfang der dauernden Freundschaft mit England. Voraussetzung dafür, daß wir mit ihnen in Ruhe leben, ist der Knock-out-Schlag, den der Engländer von dem erwartet, den er achten soll.«[38]

Nach dieser abenteuerlichen Verkennung britischer Mentalität und gleichzeitig unübertrefflichen Selbstentlarvung, was er unter »Freundschaft« verstand, ein letztes Zeugnis, in welcher Rangfolge Hitler dachte: Er hätte den Krieg gegen den Bolschewismus gern mit der englischen Luftwaffe und Marine geführt. Aber die Geschichte gehe ja unerbittlich ihren Gang und richte es immer so ein, daß das Problem des Nebeneinander auch bei Blutsgleichheit so gelöst werde, daß der Stärkere durch Kampf den Schwächeren unter seine Fittiche bringe und ein Dualismus nicht zugelassen würde.[39]

Noch im Herbst 1944, als die Träume vom Sieg längst verflogen waren und die alliierten Heere in Ost und West schon die deutschen Grenzen berührten, hofft Hitler auf ein deutsch-britisches *Agreement*, das angesichts der militärischen Lage gespenstisch anmutet: Deutschland garantiere den Bestand des Empires, wenn England zu einer Stabilisierung der Ostfront auf der Linie Memel–Kaschau unter enger Anlehnung an die Flüsse Narew und Weichsel bereit sei ...

Ungeachtet der Frage, wie die Briten, selbst wenn sie gewollt hätten, die Rote Armee in ihrem stürmischen Siegesmarsch auf Berlin zu hätten aufhalten sollen – hier zeigt sich noch einmal die ganze Zählebigkeit der Hitlerschen England-Illusionen.

Das Angebot wurde natürlich abgelehnt, zumal Hitler auf der etwa 730 Kilometer langen Front zwischen die deutschen und die sowjetischen Linien einen Giftgas-Vorhang legen wollte. Nach dem »Tischgespräche«-Kommentar Henry Pickers hat Churchill die Vorschläge nicht nur zurückgewiesen, sondern gedroht, er werde als Gegenmaßnahme die gesamten britischen Giftgasvorräte von 32 000 Tonnen Gelbkreuz und Phosgen über 2500 Quadratkilometer deutschen Großstadtraums »abregnen« lassen.[40] Ob der persönliche Einschub des Hitler-hörigen Stenografen nun stimmt oder nicht – Tatsache bleibt, daß die *Große Illusion England* bis ins letzte Stadium des Führer-Daseins nachweisbar ist.

Den vorauseilend unterbrochenen chronologischen Faden wieder aufgenommen: Ende Mai 1940 scheitern die Verhandlungen mit England hinsichtlich eines *Ausgleichsfriedens* auf der Basis der *Teilung der Welt* endgültig.[41] Acht Wochen später, Ende Juli 1940, faßt Hitler den Entschluß, die Sowjetunion anzugreifen. Das standhaft gebliebene England zwingt ihn, die Phasenfolge der *ersten Stufe* seines Programms zu vertauschen. Statt zunächst *Bündnis-* oder *Ausgleichsfrieden* mit England und danach Eroberung des Ostens heißt es nun: erst Sieg im Osten, um dann, wenn der britische Hoffnungsfaktor Sowjetunion ausgeschaltet sein wird, ein friedensbereites England vorzufinden – für den weitergehenden *Stufenplan.*
In den folgenden Monaten bis zum Beginn des »Unternehmens Barbarossa« äußert Hitler mehrfach Erwartungen dieser Art: Wenn für England die Hoffnung auf Rußland wegfiele, dann fiele auch Amerika weg, weil der Wegfall Rußlands eine Aufwertung Japans in Ostasien bedeute. Sei aber Rußland erschlagen, dann sei Englands letzte Hoffnung getilgt. Der Herr Europas und des Balkans sei dann Deutschland.[42]
In diese Zeit fällt der Flug des Führer-Stellvertreters Rudolf Heß auf die Insel. Nach zwei mißglückten und unentdeckt gebliebenen Startversuchen, landet er schließlich am 10. Mai 1941 irgendwo in Schottland. Seine »Mission« war gewiß nicht mit Hitler abgestimmt, und dennoch vertritt Heß, mit Zuckerbrot und Peitsche, nichts anderes als den Traum von einem deutsch-englischen Bündnis: Er kündigt furchtbare Bomberangriffe an (als die Masse der deutschen Luftwaffe schon nach dem Osten verlegt und die

»Schlacht um England« an dessen Himmeln längst entschieden war); er prahlt mit den Erfolgen der bis dahin tatsächlich unbesiegten Wehrmacht, beschwört britisch-amerikanische Gegensätze, oder was er dafür hält, und wiederholt die alte Formel: Deutschland garantiere den Bestand des Empires, wenn London ihm freie Hand im Osten lasse.
Rudolf Heß sagte nur die Wahrheit, als er immer wieder erklärte, dies seien auch die Gedanken Adolf Hitlers.
Am 11. August 1939 hatte Hitler den Schweizer Historiker und Völkerbundkommissar für Danzig, Carl Jacob Burckhardt, empfangen. Nachdem er die deutsche Bereitschaft, Seite an Seite mit England gegen den Bolschewismus zu kämpfen, abermals bekräftigt hatte, sagte er, zur ausdrücklichen Weitergabe an die britische Regierung: »Wenn der Westen zu dumm und zu blind ist, um dies zu begreifen, werde ich gezwungen sein, mich mit den Russen zu verständigen, den Westen zu schlagen und dann – nach seiner Niederlage – mich mit meinen gesamten Kräften gegen die Sowjetunion zu wenden.«[43]
Die Hälfte dieser düsteren Prophezeiung hatte sich bis Mitte 1941 erfüllt. Hitler hatte sich mit Stalin verständigt, Frankreich war geschlagen und das Europa westlich der sowjetischen Grenze entweder von Deutschland besetzt oder unter seiner übermächtigen Kontrolle. Nur England – England war weder als Bündnispartner gewonnen noch neutral geblieben oder gar besiegt worden.
Als die Sowjetunion in den frühen Morgenstunden des 22. Juni 1941 mit der größten Feuerwalze aller Zeiten und dem stärksten Angriffsheer in der Kriegsgeschichte überfallen wird, ist der Rükken des Aggressors im Westen nicht frei.

Erst Europa, dann die Welt

Zur Niederringung der Sowjetunion waren drei bis vier Monate vorgesehen – in Fortsetzung jener Blitzkrieg-Strategie, die die deutsche Wehrmacht schon so erfolgreich an jeweils weit schwächeren Einzelgegnern in West-, Nord- und Südosteuropa erprobt hatte.

Wie sehr man sich des Sieges sicher wähnte, geht aus einem Dokument hervor, das bereits am 11. Juni 1941, also elf Tage vor dem Überfall, abgefaßt und den Oberkommandos der drei Wehrmachtteile zugeleitet worden war – die »Weisung Nr. 32«. Darin hieß es einleitend: Nach Zerschlagung der sowjetrussischen Wehrmacht würden Deutschland und Italien das europäische Festland militärisch beherrschen, vorläufig noch ohne die Iberische Halbinsel. Irgendeine ernsthafte Gefährdung des europäischen Raumes zu Lande bestehe dann nicht mehr.[44]

Tatsächlich wurden nach dem Überfall, auf den die Stalinsche Führung unbegreiflichwerweise nicht vorbereitet war, an einer Tausende Kilometer langen Front unter den Hammerschlägen der modern ausgerüsteten deutschen Angriffsverbände in wenigen Monaten des Sommers 1941 ganze Heeresgruppen der Roten Armee vernichtet oder gefangengenommen – Millionen, von denen die Mehrheit bis April 1942 umgekommen sein wird. Besetzt werden gewaltige Territorien der westlichen Sowjetunion, die deutschen Linien bis vor Murmansk, Moskau und über die Krim hinaus vorgetrieben.

Schon Mitte Juli 1941, also keine vier Wochen nach dem 22. Juni, gibt von Ribbentrop in einem Schreiben an den deutschen Botschafter in Tokio seiner Überzeugung Ausdruck, Deutschland und sein Bundesgenosse Japan würden sich noch vor Einbruch des Winters auf der Transsibirischen Bahn die Hände reichen:

»Mit dem Zusammenbruch Rußlands aber wird die Position der Dreierpaktstaaten (Deutschland, Italien und Japan, R.G.) in der Welt so gigantisch sein, daß die Frage des Zusammenbruchs Englands bzw. der absoluten Vernichtung der englischen Inseln nur noch eine Frage der Zeit ist. Der Inbesitznahme der für die Dreierpaktstaaten restlichen Positionen des britischen Imperiums wird dann aber ein von der ganzen übrigen Welt völlig isoliertes Amerika gegenüberstehen.«[45]

Mit der *ersten Stufe* des *Programms*, so glaubte man, habe man auch die folgenden sicher in der Tasche!

Zu keinem Zeitpunkt haben sich die Nazis ihren Zielen so nahe geglaubt wie in den achtzehn Monaten zwischen der militärischen Niederlage Frankreichs im Juni 1940 bis zu jenen triumphalen Ta-

gen des späten Herbstes 1941, als die Türme des Kremls von den Scherenfernrohren der deutschen Panzerspitzen eingefangen wurden. Hitler schien recht zu haben, als er mit einer Stimme, deren hysterischer Diskant mir noch im Ohr klingt, nun ausrief: »Dieser Gegner ist bereits geschlagen und wird sich nie wieder erholen!«
Es war sogar schon die Front bestimmt, an der entlang die deutsche Ostgrenze verlaufen würde: von Archangelsk im Norden über die einsamen Bergkämme des Urals, also noch tausend Kilometer hinter Moskau, bis hinunter nach Astrachan im Wolga-Delta zum Kaspischen Meer. Wer dort steht, hat die Hälfte der Strecke von Berlin bis zur chinesischen Grenze zurückgelegt...
In seinen »Erinnerungen« schreibt Albert Speer: »In der Wohnhalle des Berghofes stand ein großer Globus... Bedeutungsvoll deutete einer der Wehrmachtadjutanten auf einen Bleistiftstrich: ein Strich von Nord nach Süd, am Ural. Hitler hatte ihn zur Kennzeichnung der zukünftigen Abgrenzung seines Interessensgebietes mit der japanischen Einflußsphäre eingezeichnet.«[46]
Bis dahin sollte, wie noch dargelegt werden wird, der Osten *germanisiert* und *eingedeutscht* werden. Gerechnet wurde lediglich noch mit Ausfällen primitiver Nomadenstämme, die die Grenze dann und wann, wenn auch ohne Aussicht auf Erfolg, bestürmen würden, weshalb sie auch die »blutende« genannt wurde. Der Gedanke, daß sich jenseits von ihr nationale Einheiten neu bilden, ja sich die Wiedergeburt einer reduzierten, aber mit mächtigem Hinterland und immer noch riesiger Bevölkerung ausgestatteten Sowjetunion vollziehen könnte, taucht in den Plänen der Nazis nicht auf. Das würde Japan schon verhindern, dessen Sphäre dort irgendwo beginnen würde. Hier zerfasern sich übrigens bezeichnenderweise die Zukunftsüberlegungen.
Der Sieg über die Sowjetunion, über *Rußland*, wie er sie meist nannte – das sollte die Erfüllung des Hitlerschen Lebens werden. Sie war der wahre, der Hauptfeind, in dem sich alles konzentrierte, was sich an Haß über ein ganzes Dasein gespeichert hatte: »Im russischen Bolschewismus haben wir den im 20. Jahrhundert unternommenen Versuch des Judentums zu erblicken, sich die Weltherrschaft anzueignen.«[47]

Es kann als sicher gelten, daß der damals doch erst 52jährige Adolf Hitler über eine trügerische Phase hin glaubte, die Stufen seines Programms so erheblich verkürzen zu können, daß er selbst wohl noch Zeuge eines deutschen Imperiums mit außereuropäischer Weltmachtgeltung werde und damit die Voraussetzungen erlebe für den gigantischen Endkampf um die *Arierherrschaft über die Erde.* Es war die Erfolgsperiode des Ostkrieges, in der die Pläne der Nazis ihre höchste Hektik entfalteten, sowohl hinsichtlich der Zeit nach dem Endsieg als auch der faktischen Anwendung so mancher von ihnen innerhalb ihres Herrschaftsgebietes – Hauptthema dieses Buches.

Bevor wir den Spuren jener Pläne nachgehen, die die Nazis nach Erreichen der *ersten*, der *Kontinentalblock-Stufe* ins Auge gefaßt hatten, noch ein Blick auf das, was sie mit den neutralen Staaten vorhatten. Es lag fein säuberlich geschichtet in den Schubladen der Reichskanzlei und der Oberbefehlshaber der Wehrmacht.
Für Schweden, auf dessen Erzvorkommen Deutschland angewiesen war, liefen die Pläne unter der poetischen Parole »Operation Polarfuchs«. Sie wurden akut gegen Ende des Krieges, als das Vertrauen der Wehrmachtführung in die schwedische Neutralität mehr und mehr schwand. Die Pläne sahen vor, den nördlichen Teil des langgestreckten Landes dem finnischen Bundesgenossen zuzuschlagen, den südlichen aber dem ausufernden »Großdeutschen Reich« anzugliedern.[48]
Die Eroberung der Schweiz trug den Namen »Operation Tannenbaum«. Auch die Eidgenossen waren in Gefahr, überfallen zu werden. Für die Zeit nach dem Endsieg stand ihr Schicksal ohnehin fest. Auch sie sollten aufgeteilt werden, und zwar entsprechend ihren Sprachgebieten unter Deutschland, Frankreich und Italien.[49]
Für die Besetzung Portugals war der Codename »Isabella« gefunden worden. Sie wäre sozusagen das Nebenprodukt der gleichzeitig ablaufenden »Operation Felix« gewesen, der Eroberung des britischen Gibraltar.[50] Was dabei mit dem Spanien Francos geschehen sollte, war ungewiß. Der Generalissimus, der seinen Sieg über die rechtmäßige Republik nur der Hilfe Italiens und Deutschlands zu

verdanken hatte, war bei Hitler in Ungnade gefallen. Wider Erwarten hatte Franco sich nicht nur geweigert, dem Krieg an der Seite der Achsenmächte beizutreten, sondern den Deutschen auch die Zustimmung zur Erstürmung Gibraltars Ende 1940 versagt. Der Angriff auf den berühmten und schwer befestigten Affenfelsen hätte also gegebenenfalls gegen den Willen des undankbaren *Caudillo* erfolgen müssen. So unterblieb die Attacke. Statt dessen kündigte Hitler im Februar 1941 düster Spaniens Untergang an und verkündete, er werde es künftig fallenlassen.

Irland war, jedenfalls vorläufig, die einzige Ausnahme. Es wurde in Berlin als »nichtkriegführend« eingestuft und durch seinen historisch tieffundierten Gegensatz zu England als »deutschfreundlich« betrachtet. Eine ähnliche Haltung zu Irland hatte das Deutsche Reich aus den gleichen Gründen schon im Ersten Weltkrieg eingenommen.

Das Verhältnis zur Türkei war zwiespältig – Bundesgenosse oder Gegner? Die Pläne der Nazis ihr gegenüber waren bereits geprägt von der *zweiten Stufe des Programms*, der außereuropäischen, überseeischen.

Noch einmal: Es wäre falsch, sich unter diesem *Programm* so etwas wie einen exakt entworfenen Fahrplan zur Welteroberung mit genauen Terminierungen vorzustellen. Aber daß die deutsche Vorherrschaft über den Kontinent, daß der blockadefeste, autarke Hegemonialblock nur Sprungbrett sein würde für weitere Expansionen, das war die konsequente Linie nationalsozialistischer Außenpoltik, schon lange vor 1933, und das geht aus vielen Dokumenten hervor, darunter diesem Ausspruch Hitlers: »Der Kampf um die Hegemonie in der Welt wird zugunsten Europas durch den Besitz des russischen Raumes entschieden. Dadurch wird Europa eine uneinnehmbare Festung sein, sicher vor jeder Bedrohung durch eine Blockade.«[51]

Und tatsächlich war bisher alles nach den Vorstellungen der Nazis verlaufen: die Machtübernahme in Deutschland – die Aufhebung des Versailler Vertrages – der Aufbau einer starken Wehrmacht – die ersten territorialen Annexionen, Österreich, Tschechoslowakei und Memelland (22. März 1939) – der Sieg über Frankreich – und

nun stand, in sicherer Erwartung der deutschen Reichsführung, das »Ende des Riesenreiches im Osten« bevor, wie Hitler es schon Mitte der zwanziger Jahre prophezeit hatte.
Ging bereits aus der »Führer-Weisung Nr. 32« vom 11. Juni 1941 hervor, daß nach dem Sieg über die Sowjetunion beträchtliche Kräfte für neue Operationen frei würden, so konkretisieren die »Richtlinien für die personelle und materielle Rüstung« vom 14. Juli die daraus entstehenden Möglichkeiten genauer:

»Die militärische Beherrschung des europäischen Raumes nach der Niederwerfung Rußlands erlaubt es, den Umfang des Heeres demnächst wesentlich zu verringern. Im Rahmen der herabgesetzten Heeresstärke wird die Panzerwaffe eine wesentliche Vermehrung erfahren. Die Rüstung der Kriegsmarine ist auf diejenigen Maßnahmen zu begrenzen, die unmittelbar der Kriegführung gegen England und eintretendenfalls auch Amerika dienen. Der Schwerpunkt der Rüstung geht auf die Luftwaffe über, die in großem Umfang zu verstärken ist.«[52]

Jetzt soll der Nahraum verlassen, sollen die Grenzen des Alten Kontinents überschritten werden. Neue Dimensionen der Militärgeographie rücken ins Bild, andere Erdteile:
Erst Europa, dann die Welt!
Die *zweite Stufe* des *Programms* greift nach Asien und Afrika.
Als strategische Konzeptionen werden zwei Stoßrichtungen sichtbar – über das Mittelmeer gegen den Norden und Westen Afrikas (Basis für viel weitergehende Pläne auf dem Schwarzen Kontinent, wie wir noch sehen werden) und gegen den Vorderen Orient, mit Stoßrichtung Afghanistan und Indien, beides zur Unterminierung des britischen Weltreiches.
Nach der Besetzung Portugals und der Eroberung Gibraltars sollten zwei Divisionen nach Marokko übersetzen, um sich der Meerenge und Nordwestafrikas zu bemächtigen. Im Nordosten des Kontinents war das nächste Ziel der Suezkanal. Die für das britische Empire lebenswichtige Wasserstraße sollte – wie dann auch von Rommel vergeblich versucht – einmal durch Ägypten, dann aber auch von Norden her erreicht werden, im Transit durch eine entweder mit Waffengewalt dazu gezwungenen oder unter diplomatischem Druck parierenden Türkei.

Die Pläne und Aktionen rührten an die hegemonialen Vorstellungen der italienischen Mittelmeer- und Afrikapolitik. Unerwartet kam das für Rom nicht. Schon am 20. September 1940 hatte von Ribbentrop in einer Unterredung mit Mussolini den Vorrang der deutschen Ansprüche angemeldet: Deutschland werde sich Stützpunkte an der marokkanischen Küste sichern, zum Beispiel Agadir und Mogador, ferner Anteile an den Rohstoffvorkommen Marokkos, wie Phosphate und Erze, und dazu eine Kanarische Insel.[53]
Das lag noch am Rande italienischer Expansionswünsche, aber die Anwesenheit deutscher Truppen auf dem Areal der nordafrikanischen Kolonien operierte schon im Herzen des faschistischen Einflußgebietes. Mussolini, nach außen Seite an Seite mit Hitler, weiß dennoch früh, was die Stunde geschlagen hat und welche Rolle sein Land angesichts eines um so vieles mächtigeren Bundesgenossen spielen würde:

»Die besiegten Staaten werden eigentliche Kolonien sein, die Verbündeten mit Deutschland alliierte Provinzen, die bedeutendste unter ihnen Italien. Wir müssen uns mit diesem Zustand abfinden, weil uns jeder Versuch einer Reaktion aus der Lage einer verbündeten Provinz in die wesentlich schlechtere Lage einer Kolonie bringen würde.«[54]

Das klingt wie ein hellseherischer Nachruf des Duce auf die nationale Selbständigkeit Italiens und seiner eigenen Herrschaft. Hier hatte sich nur scheinbar Gleiches gepaart. Gemessen an den westlichen Demokratien, war dieses Italien eine widerwärtige Diktatur, gemessen aber an Nazideutschland, seiner Macht, seinen Mitteln, Plänen und Zielen, kaum mehr als ein Maulwurfshügel gegen das Matterhorn.
Der zweite konzentrische Angriff – nach dem ersten, afrikanischen – über die Grenzen Europas hinweg richtete sich von verschiedenen Ausgangspositionen aus gegen den Mittleren und Nahen Osten.
Am 31. Mai 1941 notiert Walter Hewel, ein früher Gefährte Hitlers, nach einem Gespräch mit dem *Führer* über dessen Gedanken:

»Sobald es (Rußland) erledigt ist, erledigt sich auch Irak und Syrien von selbst. Dann bin ich so frei, daß ich schließlich auch durch die Türkei hinunterstoßen kann. Wenn die Franzosen Syrien verlieren, und ich bin überzeugt, daß Syrien verloren ist, besteht nur die eine Gefahr, daß sie auch Algerien verlieren. Dann stoße ich sofort durch Spanien durch und riegele den Engländern das Mittelmeer ab.«[55]

Jetzt, wenige Monate später, hält Hitler die Sowjetunion für »erledigt«. Vorgesehen war eine Zangenoperation gegen den riesigen Raum zwischen dem Hindukusch und der östlichen Mittelmeerküste. Ein Keil sollte aus Bulgarien unter Mißachtung der türkischen Neutralität vorstoßen, ein anderer aus Transkaukasien. Die Operationen sollten sich mit motorisierten Expeditionskorps gegen den Irak und Syrien, den Iran und Palästina richten. Unterwegs sollten die arabischen Freiheitsbewegungen gegen die britische Vorherrschaft ermutigt werden. Ein Sonderstab des Generals der Flieger Felmy war angewiesen, für den zeitgerechten Ausbruch von Aufständen zu sorgen.[56] Seine eigentliche Aufgabe bestand darin, eine Operationsbasis in Afghanistan zu errichten, an der ohnehin traditionell unruhigen Nordwestgrenze Indiens – ein Lieblingsgedanke Hitlers. Der Führer, nach Speers Erinnerungen: »Mit geringen Kräften können wir Persien und den Irak befreien. Die Inder werden unsere Divisionen begeistert begrüßen.«[57] Und in einem Brief zum Jahreswechsel 1941/42 an den japanischen Botschafter in Berlin, Oshima, nachdenklich, wie es hieß: »Wenn England Indien verliert, stürzt eine Welt ein. Indien ist der Kern des englischen Empire.«[58]

Nachdenklich, weil Hitler in Konflikt zu seinen eigenen Rassendogmen kommt, und nicht erst jetzt. Schon Jahre zuvor, am 27. Juli 1939, hatte er in einem Gespräch mit Lord Kimsey seiner Befürchtung Ausdruck gegeben, daß ein Krieg zwischen England und Deutschland die Kräfte beider Mächte so auszehren könnte, daß Japan der lachende Dritte wäre. Das zwiespältige Verhältnis zu dem fernen und ungeliebten, weil »nichtarischen«, Verbündeten kehrt sich noch deutlicher hervor, als Hitler nach dem Fall von Singapur ein Exposé seines Außenministers für Presse und Rundfunk mit den Worten ablehnt: »Ich weiß nicht, Ribbentrop, ob das gut ist. Man muß in Jahrhunderten denken. Früher oder später kommt doch einmal die Auseinandersetzung zwischen der weißen und der gelben Rasse.«[59]

Solche Bedenken hatten Hitler jedoch nicht daran gehindert, Generaloberst Jodl, Chef des Wehrmachtführungsstabs und Erster Berater in strategischen und operativen Fragen, eine Studie über den Aufmarsch in Afghanistan mit Stoßrichtung Indien in Auftrag zu geben – eine Weisung, der Jodl am 17. Februar 1941 nachkam.[60]

Für die *zweite*, die außereuropäische, überkontinentale, *Stufe* des *Programms* waren im Westen Stützpunkte von Norwegen über die Inseln des Ärmelkanals, die Kanarischen Inseln und die Azoren bis nach St. Helena und Ascension im Südatlantik vorgesehen, an der ostafrikanischen Küste die vorgelagerten Inseln Sansibar und Pemba. Rückgrat aber sollte ein koloniales Großreich in Mittelafrika werden, »Ergänzungsraum« der nun überkontinentalen, überseeischen Weltmacht Deutschland, das Herzstück der *zweiten Stufe* und Vorbedingung für die *dritte*.

Nun wachsen die Pläne ins Ungeheure, und sie bekommen auch ihren Zeitrahmen: Die Marineführung richtet sich für transatlantische Operationen in den vierziger Jahren ein, unter der Prämisse, daß bis 1944 eine riesige Überwasserflotte aufgebaut sein wird. Dazu werden Bombergeschwader für den Nonstop-Hin-und-Rückflug über den Atlantik entworfen.

Kein Zweifel – hier sollen die Voraussetzungen für den Kampf mit den großen westlichen Seemächten hergestellt werden. Über alle Breitengrade zwischen dem Nordkap und den Gewässern des Südatlantiks hinweg, durchsetzt mit zahlreichen Flotten- und Luftwaffenstützpunkten, breitet sich die Einflußsphäre des Reichs, das mit den Eckpfeilern Kontinentaleuropa und dem »mittelafrikanischen Ergänzungsraum« unbesiegbar sein wird.

Und während Hitler sich immer noch nicht ganz klar darüber ist, ob er England als Verbündeten gewinnen kann oder ob er es besiegen muß, schält sich überm Großen Wasser *der* Gegner heraus, mit dem das »Großgermanische Weltreich« den letzten, den Kampf um die Weltherrschaft ausfechten wird – die *dritte Stufe des Programms*.

Endgegner Amerika

Wie Hitler die Sowjetunion »Rußland« zu nennen pflegte, wie er Großbritannien, Vereinigtes Königreich, Empire unter dem Sammelbegriff »England« zusammenfaßte, so waren die Vereinigten Staaten, die USA, für ihn »Amerika«, höchstens noch die »amerikanische Union«. Wieder wird eine statische Haltung gegenüber einmal übernommenen Begriffen sichtbar, die sich nicht mehr korrigieren ließ. Ihr entspricht Hitlers Verhältnis zur Hauptmacht der Neuen Welt. Es ist geprägt von den Wahnvorstellungen des Rassenfanatikers, der euro-zentrischen Verachtung des Ignoranten und den neidvollen Ferngelüsten des unentwegten Eroberers.

Finden sich die USA in »Mein Kampf« kaum anders erwähnt als im globalen Rahmen seines *Programms*, so gibt Hitlers »Zweites Buch« darüber etwas mehr Aufschluß. Dieses von ihm in die Maschine diktierte und zu seinen Lebzeiten nie veröffentlichte Dokument aus dem Jahre 1928 behandelt Fragen zukünftiger deutscher Außenpolitik unter den Aspekten rassenideologischer Theorien und weitgespannter machtpolitischer Ziele, vor allem aber gewährt es einen tiefen Einblick in die unrealistischen Ansichten seines Autors von der Großmacht jenseits des Atlantiks und ihrer Bevölkerung. Es sind übrigens die einzigen Passagen im »Zweiten Buch«, die nicht schon in »Mein Kampf« berührt worden wären.

Danach war die »amerikanische Union« – dies also das äußerste Zugeständnis an die offizielle Benennung – ein Staat, der durch Zuwanderung die »besten nordischen Kräfte Europas« erhalten und sich zu einer »Volksgemeinschaft von rassisch höchstem Wert« ausgebildet habe. Dem alten Europa, ausgeblutet durch Auswanderung nach Übersee und durch Kriege, stünde im Amerikanertum ein junges, rassisch ausgesuchtes Volk gegenüber. Dagegen habe die von Juden planmäßig betriebene Bastardisierung des Alten Kontinents, besonders Deutschlands, das Rassenniveau auf ein minderwertiges »Menschenmaterial« gesenkt. Wenn dieser Zustand anhielte, so sei das deutsche Volk nicht mehr in der Lage, mit den Leistungen des wesentlich jüngeren, gesünderen amerikanischen Volkes Schritt zu halten. Es sei ja kein Zufall, daß in der amerikanischen Union die meisten Erfindungen gemacht würden. Das hinge eben damit zusammen, daß die überwältigende Mehrheit der verschiedenen Volksangehörigen rassisch gleichen oder zumindestens verwandten Grundelementen angehörten.[61]

Nicht nur, daß Hitler hier, wo es in seine Rassentheorien paßt, den amerikanischen Verschmelzungsprozeß, also die Rassenmischung, als Triumph des nordischen Blutes feiert und nicht als dessen Verwässerung, er steht auch nicht an, die Aufnordung der US-Bevölkerung zur geplanten Staatspolitik zu erklären: Das Betreten amerikanischen Bodens werde abhängig gemacht von bestimmten rassischen Voraussetzungen. Das gehe schon aus der Zuteilung der Einwandererquoten an die europäischen Völker hervor. Die größten Kontingente erhielten Norweger, Schweden, Dänen, Engländer und Deutsche – Romanen und Slawen dagegen nur sehr geringe. »Japaner, Chinesen würde man am liebsten ausschließen.« Das zeige, daß sich die amerikanische Union selbst als nordisch-germanischer Staat fühle und keineswegs als »internationaler Völkerbrei«.[62] Es sei eine gefährliche Utopie, ihm ein aus Mongolen, Slawen, Romanen und Deutschen bestehendes Europa entgegenzusetzen. Und dann, zur künftigen deutschen Außenpolitik gegenüber den USA:

»Nordamerika wird in der Zukunft nur der Staat die Stirne zu bieten vermögen, der es verstanden hat, durch das Wesen seines inneren Lebens sowohl als durch den Sinn seiner äußeren Politik den Wert seines Volkstums rassisch zu heben und staatlich in die hierfür zweckmäßigste Form zu bringen ... Es ist wieder die Aufgabe der nationalsozialistischen Bewegung, das eigene Vaterland selbst für diese Aufgabe auf das äußerste zu stärken und vorzubereiten.«[63]

Über den Realitätswert all dieser Ansichten kann wohl kaum gestritten werden. Selbst wenn gewisse Immigrationsbestimmungen der USA Hitlers Auslesethesen zu bestätigen schienen, so lag ihnen doch nichts ferner als die unterstellten rassenbiologischen Motive. Es waren rationale, nämlich erklärt kapitalistische Nützlichkeitserwägungen, die die Einwanderungsbehörden zwischen erwünschten und weniger erwünschten Europäern oder Immigranten überhaupt unterscheiden ließen.

Hitler hat übrigens sein hehres Rassenbild von den USA als einer Dependance besten europäischen Bluts mit einem Kern von 60 Millionen »guten«, weil »arischen«, Amerikanern nicht durchgehalten. Vielmehr kam er später zu ausgesprochen negativen Urteilen, die sich zum Gegenteil seines früheren Enthusiasmus auswuchsen – und natürlich genauso realitätsfern waren. So erklärte er die USA als dem »Girlkult verfallen«, der »widerlichen Verhimmelung« von Filmstars und der »ausgeprägten Sensationshascherei«, die mit so ekelhaften Darbietungen wie Frauenboxen, Ringkämpfen in Schmutz und Schlamm und öffentlicher Vorführung von Mißgeburten einen Beweis für die Kulturlosigkeit des Landes liefere.[64]

Auch hier wieder – sosehr die Beispiele im einzelnen zutreffen mochten: Für Hitler verengt sich das Bild der amerikanischen Gesellschaft auf solche Ausschnitte. Für ihn genügen die Fotos in Not geratener Farmer, um von ihnen auf kollektive Schwäche und ökonomische Gesamtmisere zu schließen. Das bündelt sich zu einer seltsamen und sehr gefährlichen Mischung von hanebüchener Unterschätzung der USA und gleichzeitiger Bewunderung – ein Gebräu, das auch bestehenblieb, als Deutschland und die Vereinigten Staaten von Nordamerika erst politisch und dann militärisch aneinandergerieten:

»Ich sehe nicht viel Zukunft für die Amerikaner. In meinen Augen ist dieses Land zerfallen ... Meine Gefühle gegenüber dem Amerikanismus sind Gefühle des Hasses und der Abneigung. Jedem europäischen Land, einerlei welchem, fühle ich mich mehr verwandt.«[65]

Kann man sich einen stärkeren Gegensatz zu Hitlers Lobeshymne auf Amerika aus der zweiten Hälfte der zwanziger Jahre vorstellen? Durchaus beeindruckt von der technischen Zivilisation der USA, von Wolkenkratzern, Brückenkonstruktionen, Autoindustrie und Architektur (die, wie wir sehen werden, in eigene Pläne übernommen wurden), bleibt für Hitler der allesüberschattende Hauptmakel, daß die Staaten von Juden, besonders von der »jüdischen Hochfinanz«, beherrscht würden. Es kann davon ausgegangen werden, daß Hitler über die ganze Strecke seines Daseins, vom Verfas-

ser des Buches »Mein Kampf« bis zum Gebieter über die stärkste Militärmaschine seiner Epoche, unklare, verstiegene und unkorrigierbar falsche Vorstellungen hatte von *der* Macht, die ihm aus seiner Sicht als letzter, als Endgegner im Kampf um die Weltherrschaft gegenüberstehen würde – Amerika.
Die Hoffnung, daß er siegreich bleiben würde, währte kaum einen Lidschlag der Geschichte. Aber ihre Chronik liest sich wie ein globaler Politkrimi.

Am 7. Dezember 1937 schreibt der deutsche Botschafter in Washington, Dieckhoff, daß in einem Konflikt, bei dem es um die Existenz Großbritanniens gehe, die USA ihr ganzes Gewicht in die englische Waagschale legen würden. Warnung an den Oberherrn in der Reichskanzlei?
Am 12. September 1938, auf dem Höhepunkt der sogenannten Sudetenkrise mit ihrem ungeheuren Erpressungsdruck auf das Kabinett Chamberlain, bestätigt der deutsche Geschäfsträger in den USA, Thomsen: »Die Beziehungen Amerikas zu England sind heute viel klarer als 1914, nachdem Amerika bewußt auf die Rechte der Neutralen verzichtet und England die unumschränkte Herrschaft der Meere zugestanden hat.«[66]
Beide Diplomaten müssen in Hitlers »Mein Kampf« wenigstens hineingeschaut oder jedenfalls von seiner England-Illusion gewußt haben. Denn die Information richtet sich gegen diese und gegen die These, daß sich Großbritannien und die Vereinigten Staaten von Nordamerika in einem »natürlichen Interessengegensatz« befänden. Zumal London und Washington gerade übereingekommen waren, daß die britische Flotte die Sicherung des Atlantiks, die US-Flotte aber die des Pazifiks wahrzunehmen hätte – Maßnahmen, die sich klar gegen Deutschland und Japan richteten.
Wie auf der britischen Insel in Winston Churchill, so war dem Dritten Reich inzwischen ein zweiter großer Gegenspieler von historischem Format erwachsen – der 32. Präsident der USA: Franklin Delano Roosevelt! Seit 1928 demokratischer Gouverneur von New York, seit 1932 im Weißen Haus, Schöpfer des für die Staaten völlig neuen Sozial- und Reformprogramms »New Deal«, 1936 mit

überwältigender Mehrheit wiedergewählt, gab sich der wegen Kinderlähmung schwerbehinderte Präsident keiner Täuschung über die Aggressivität des Nationalsozialismus hin und bereitete mit großer Behutsamkeit seine Maßnahmen gegen die aggressiven Achsenmächte vor.

Im März 1939 informiert der Präsident die US-Regierung, daß Deutschland sich zuerst gegen Frankreich, dann gegen England richten wolle, um sich nach einem Sieg gegen die USA zu kehren. Mit dieser Einschätzung stand Roosevelt nicht allein. In einem kriegsgeschichtlichen Buch, das die Ansichten »denkender Amerikaner« widerspiegelt, hieß es:

»Sie erkannten, daß Amerika, wenn England fiele, in großer Gefahr sein würde; daß Südamerika in Deutschlands Reichweite liegen würde, wenn dieses die Kontrolle über Nordwestafrika gewönne; daß der Atlantik nicht länger Barriere, daß er Brücke sei.«[67]

Das waren Befürchtungen, die durchaus dem *Stufenplan* von Hitlers *Programm* entsprachen: Deutschland erst Herr Europas, dann Ausgriff auf andere Kontinente und schließlich Front gegen die USA als Hauptmacht des Doppelkontinents und der westlichen Hemisphäre.

Die machtpolitisch veränderte Situation in Europa rief jedoch in den USA keineswegs einheitliche Reaktionen im Sinne nazifeindlicher Antipathien hervor. Wie in Großbritannien, so gab es auch in den Vereinigten Staaten einflußreiche Kreise, die mit Hitler sympathisierten und sich seiner nur zu gern als antikommunistischen Festlandsdegen gegen die Sowjetunion bedient hätten. Darüber hinaus aber waren es die traditionellen Tendenzen des amerikanischen Isolationismus, die vor allem für das schwerbedrängte England die größten Gefahren heraufbeschworen, nachdem Europa seit dem 1. September 1939 in hellsten Kriegsflammen stand. Wie ernst die Situation tatsächlich war, zeigte ein Ereignis, an dem abgelesen werden kann, daß jene Kreise England schon abgeschrieben hatten und daß die Hoffnungen Berlins auf die sogenannte Friedensgruppe in den USA, das heißt auf pro-nazistische Sympathisanten, keineswegs aus der Luft gegriffen waren.

Am 22. Mai 1940 suchte General George Catlett Marshall, seines Zeichens Chef des Armeegeneralstabes (und Vater des nach ihm benannten europäischen Aufbauprogramms von 1948), Roosevelt auf. Als Sprecher des Planungsstabes forderte Marshall auf Grund seiner Lagebeurteilung, daß die USA, angesichts ihres schlechten Rüstungszustandes und der geringen Schlagkraft des Heeres, sämtliche Verteidigungsanstrengungen auf den Bereich der westlichen Hemisphäre beschränken sollten. Eine Übernahme weitgehender Verpflichtungen, insbesondere auch gegenüber Großbritannien, sei abzulehnen.[68]

Der Verlauf der Geschichte hing ab von der Entscheidung des amerikanischen Präsidenten: Isolationismus oder Bundesgenossenschaft für das bedrohte Großbritannien und damit für das übrige von Deutschland bedrohte Europa? Roosevelts salomonische – und zunächst interne – Entscheidung: Zwar sollte die westliche Hemisphäre vordringlich verteidigt, Großbritannien aber nicht aufgegeben werden.

Anders als viele der US-Militärs hatte Roosevelt erkannt, daß die Sicherheit Großbritanniens auch die der Vereinigten Staaten bedeutete und daß die britische Nation nicht nur mit Worten, sondern auch mit Taten unterstützt werden müßte.

Acht Tage nach der Zusammenkunft mit General Marshall berief der Präsident eine Pressekonferenz ins Weiße Haus. Auf ihr malte er ein Fresko der Weltsituation, das viele für zu düster hielten, obwohl es bald schon von der Wirklichkeit noch weit übertroffen werden sollte. Angesichts der sicheren militärischen Niederlage Frankreichs fragte Roosevelt nach den Folgen eines deutschen Sieges über Großbritannien – und gab selbst die Antwort:

»Das würde die vollständige Beherrschung Europas durch die Nazis und die Faschisten, die unter ihrem Oberbefehl handeln, bedeuten. Es würde auch die völlige Beherrschung Afrikas bedeuten, das gänzlich im Besitz europäischer Nationen ist... Es würde nicht unbedingt auch heißen, daß sie zu uns herüberkommen, aber es könnte möglicherweise heißen, daß sie eine Wirtschaftsunion, eine Zollgemeinschaft errichten, die völlig von ihnen kontrolliert würde.«[69]

In Übereinstimmung mit den Realitäten glaubt Roosevelt nicht an direkte deutsche Invasionspläne, rechnet aber mit wirtschaftsimperialistischen Zielen, die von der deutschen Außenpolitik vor dem Kriege ins Auge gefaßt worden waren – zwar vage in der Form, jedoch von einer Blockade Amerikas ausgehend. Wirtschaftlicher Druck durch ein zunächst in Europa siegreiches, dann aber auch außereuropäisch operierendes Deutschland – solche Vorstellungen konnten in den USA, selbst ohne Furcht vor direkten militärischen Aktionen, die größten Besorgnisse hervorrufen.
Roosevelt auf jener Pressekonferenz vom 30. Mai 1940, immer mit Blick auf die Folgen eines deutschen Sieges über Großbritannien, weiter:

»Dann könnten die Nazis andere Völker, die stark vom Nationalsozialismus infiltriert sind, wie zum Beispiel Argentinien, auffordern und wenn nötig zwingen, sich der Wirtschaftsunion anzuschließen. Die Existenznotwendigkeit zu exportieren, würde manche Länder dem neuen Wirtschaftsblock ausliefern. Mit diesem Vorgehen würden die Deutschen und die Italiener die Monroe-Doktrin nicht verletzen und doch ganz Mittel- und Südamerika unter ihre Kontrolle bekommen, ja vielleicht sogar in den Vereinigten Staaten Zwietracht säen, wo die Südstaaten am Absatz der Baumwolle interessiert sind. Ich glaube, mitten durch unser Land könnte sich eine Kluft auftun, und ich weiß nicht, was dann geschehen würde und wie wir zu antworten hätten.«[70]

Was immer an diesen Sätzen von Roosevelt taktisch berechnet war, um seine Politik gegenüber Großbritannien mit Hilfe der öffentlichen Meinung gegen die starken isolationistischen Strömungen in den USA durchzusetzen – sie weisen hellsichtig auf Vorstellungen hin, wie sie letztlich auch den Nazis bei der Bekämpfung eines geopolitisch so weit entfernten Gegners vorschwebten. Wenngleich Hitler, wie noch auszuführen sein wird, keineswegs auf militärische Bedrohungen über den Atlantik hinweg verzichten wollte.
Am 10. Juni 1940, dem Tag, an dem Italien dem schon stürzenden Frankreich den Krieg erklärt, verkündet Roosevelt den geschichteschweren Beschluß: »Wir werden denjenigen, die der Gewalt Widerstand leisten, die materiellen Reichtümer unseres Landes zur Verfügung stellen ...«[71]

Am 17. Juni 1940, wenige Tage, bevor das geschlagene Frankreich den Waffenstillstand unterzeichnen wird, stimmt der US-Kongreß britisch-amerikanischen Stabsbesprechungen zu – und einer Gesetzesvorlage, die den Bau einer Ozeanflotte bis 1945 vorsieht.

Die schwebte auch den Deutschen vor.
Am 6. Juli 1940 legt die Seekriegführung eine vom *Führer* gebilligte Denkschrift mit dem Titel »Gedanken zum Aufbau einer Flotte nach dem Kriege« vor – Planungen, die weit über die *erste*, die *Kontinentalstufe* des *Programms* hinausgehen, Großbritannien aber als unbesiegt einkalkulieren:

»Das Schicksal des britischen Weltreiches nach diesem Krieg ist ungewiß. Es kann jedoch angenommen werden, daß Großbritannien auf jede europäische Einmischung verzichten und die deutsche europäische Herrschaft anerkennen muß. Großbritannien wird in seiner Schwäche Anlehnung bei den Vereinigten Staaten suchen, die wiederum großes Interesse an einem starken europäischen England haben, wodurch die USA zwangsläufig zum Gegner Deutschlands werden. Die beiden angelsächsischen Mächte werden ihre große Seemacht zum Schutz des Weltreiches erhalten bzw. wieder aufbauen und werden damit zu den demnächst zu berücksichtigenden natürlichen Gegnern Deutschlands werden.«[72]

Wie sehr die Auseinandersetzung mit den USA Hitler im Kopfe herumspukte, erhellt auch der Brief eines Verbindungsoffiziers der Luftwaffe bei der Operationsabteilung des Oberkommandos der Wehrmacht, Major von Falkenstein, der am 29. Oktober 1940 aus dem Führerhauptquartier schrieb: »Den Führer beschäftigt im Hinblick auf eine spätere Kriegführung gegen Amerika die Frage der Besetzung der Atlantischen Inseln. Es werden diesbezügliche Erwägungen angestellt.«[73]
Daß dergleichen nicht bloße Wichtigmacherei von Subalternen aus der Nähe des Allmächtigen gegenüber ehrfurchterschauernden Verwandten, Freunden oder Bekannten war, wird durch zwei Aussagen bestätigt, deren Inhalt Endkampf-Vorstellungen erkennen läßt. Die erste ist eine Aufzeichnung von Franz Halder, Oberbefehlshaber des Heeres, vom 4. November 1940, nach einer Nachmittagsbesprechung mit Hitler über die Perspektive des Kampfes

zwischen Deutschland und Amerika: »Der nordwestafrikanische Raum kann zusammen mit Äquatorialafrika der Ausgangsraum eines großen Ringens mit den europäischen und den angelsächsischen Mächten werden.«[74]
Die zweite Aussage stammt aus dem Munde von Generaloberst Alfred Jodl, ist aber ebenfalls von Halder notiert worden. Darin faßt Jodl Hitlers *Weltblitzkrieg*-Planung am 17. Dezember 1940 in die Formel: »... daß wir 1941 alle kontinental-europäischen Pläne lösen müßten, da ab 1942 die USA in der Lage wären, einzugreifen.«[75]
Wann er den USA den Krieg erklären würde, das möchte Hitler selbst bestimmen. Auf gar keinen Fall, bevor Deutschland Herr Europas vom Ärmelkanal bis zum Ural ist. Zumal ihm ja bereits die Phasenfolge der *ersten Stufe* mißglückt war und Großbritannien weder zum Bundesgenossen gemacht noch besiegt werden konnte. Bei aller Ent-Wirklichung weiß Hitler dennoch genau, daß er seine Gegner einen nach dem anderen niederringen muß.
Am 9. Januar 1941 bestätigt er noch einmal seine Strategie der »getrennten Schritte« und der einander bedingenden und aufeinanderfolgenden Stufen: Nach der Zerstörung der Sowjetunion verfüge das Reich über alle Möglichkeiten, in Zukunft auch den Kampf gegen Kontinente zu führen – »es könne dann von niemandem geschlagen werden«.[76]
Dieser Etappe scheint Deutschland nach dem 22. Juni 1941 unaufhaltsam entgegenzustürmen. Am 3. Juli 1941 schreibt Halder in sein Kriegstagebuch: »Es ist wohl nicht zuviel gesagt, wenn ich behaupte, daß der Feldzug gegen Rußland innerhalb von 14 Tagen gewonnen wurde. Daher könnten bald schon die Operationen gegen die britische Nahoststellung in den Vordergrund treten.«[77]
Also auf in die *zweite Stufe* – bald schon.
Wie sehr der deutschen Reichsführung aber daran gelegen war, einen Konflikt oder gar offenen Krieg mit den USA zu vermeiden, solange die Sowjetunion nicht endgültig niedergeworfen war, zeigte sich am 7. Juli 1941 – am Beispiel Islands.
An diesem Tage wurde die Insel im nördlichen Atlantik durch US-Streitkräfte besetzt. Darauf erbat sich Großadmiral Raeder, Ober-

befehlshaber der deutschen Kriegsmarine, Hitlers Entscheidung, ob dies als Kriegserklärung der USA gegen Deutschland zu betrachten sei oder nur als Provokation, die ignoriert werden sollte. Hitler entschied sich, nicht zu reagieren, obwohl er selbst mit einer Besetzung Islands durch deutsche Truppen geliebäugelt hatte. Er wollte Herr des Terminplans bleiben und hoffte auf einen abschreckenden Effekt seiner Siege, »da die Wirkung des Ostfeldzuges auf die Gesamtlage, wahrscheinlich auch auf die Haltung der USA, ungeheuer groß sein werde«.[78]

Am 15. Juli empfängt Hitler in seinem ostpreußischen Hauptquartier den japanischen Botschafter Oshima und macht ihm das Angebot eines umfassenden Kriegsbündnisses (das im Dreimächtepakt vom 27. September 1940 nicht vorgesehen war):

Mit seinem imperialistischen Geist drücke Amerika mal auf den europäischen, mal auf den asiatischen Lebensraum. Von Deutschland aus gesehen, drohe im Osten Rußland, im Westen Amerika – von Japan aus gesehen, im Westen Rußland, im Osten Amerika. Dabei sei er der Meinung, beide müßten vernichtet werden. Was die Situation in Rußland betreffe, so glaube er nicht, daß er noch bis September kämpfen müsse, in sechs Wochen sei er so ziemlich fertig. Japan aber solle zur Beschleunigung des russischen Zusammenbruchs in einer Art Besetzungsaktion den östlichen Teil der Sowjetunion bis in die Gegend von Omsk in Besitz nehmen. Bis dahin etwa würden die deutschen Truppen vorstoßen. Dann aber, nach Abschluß dieses Unternehmens, müßten sich Deutschland und Japan gemeinsam gegen Amerika wenden, mit dem Ziel seiner gemeinsamen Vernichtung.[79]

Wieder wird die Absicht Hitlers ganz deutlich, einen Krieg mit den USA bis zur totalen Niederlage des Gegners im Osten zu vermeiden. Der Beschluß der japanischen Regierung vom 2. Juli 1941, gegen die Sowjetunion nicht militärisch vorzugehen, war Hitler unbekannt. Die Euphorie dauerte deshalb an. Halder am 23. Juli 1941: »Etwa in einem Monat (25.8.) kann man unsere Truppen annehmen um Leningrad, um Moskau, in der Linie Orel–Krim. Anfang Oktober an der Wolga. Im November im Kaukasus um Baku–Batum.«[80]

Am 25. Juli kündigt Hitler bei dem Lagevortrag des Oberbefehlshabers der Marine an, »daß er sich nach Abschluß des Ostfeldzuges ein scharfes Vorgehen auch gegen die USA vorbehalte«.[81]
Noch ehe die *erste Stufe* des *Programms* vollendet werden konnte, blickt Hitler über den Rücken der afrikanisch-asiatischen *zweiten* schon auf die ferne *dritte* Stufe jenseits des Atlantiks.

Mit 5 t Bomben nach New York – und zurück

Am 14. Juli 1941 hatte Hitler in Vollgewißheit des Sieges befohlen, den Schwerpunkt der Rüstung auf die Luftwaffe und die Marine zu verlagern. Der am 27. Januar 1939 unterzeichnete und bei Kriegsbeginn zunächst unterbrochene Z-Plan wurde nun wieder hervorgeholt: Bau einer riesigen Flotte von 800 Kriegsschiffen, eine Tonnage, die keine Zweifel mehr an ihrem Zweck zuließ. Diese Armada sollte nicht mehr nur die Küstengewässer, die Deutsche Bucht und Helgoland vor der britischen Home Fleet schützen oder auf der badewannenflachen Nordsee bedrohlich vor sich hin dümpeln. Hier sollten auf den deutschen Werften die schwimmenden Voraussetzungen für die Weltmacht Deutschland entstehen, waffenstarrende Geschwader, die alle Tirpitzschen Dimensionen aus dem Kaiserreich unendlich weit hinter sich ließen.
Die Traditionen der Kriegsmarine waren nach 1918 immer lebendig geblieben, in zahlreiche Denkschriften gefaßt und personifiziert durch Erich Raeder, seit 1928 Chef der Marineleitung, Sinnbild ungebrochener Kontinuität auch über das Jahr 1933 hinaus.
Nun wurden Schlachtschiffe von bis zu 100 000 Tonnen projektiert, mit Geschützen vom 53-cm-Kaliber, Längen von 300 Metern und Breiten von 50 Metern. Sie sollten nicht nur alles Bisherige an Technik, Kampfkraft und Operationsradius in den Schatten stellen, sondern auch sämtliche konventionellen Ziele deutscher Marineleitungen zu einem bloßen Vorspiel degradieren. Diese Ungeheuer zur See sollten zwischen dem Polareis im Norden und vorgeschobenen Inselposten im Südatlantik die Meere pflügen und ihren Offizieren und Mannschaften den Anblick von Grönland so ver-

traut machen wie den tropischer Küsten-Silhouetten. An der norwegischen Küste sollte der größte Kriegshafen aller Zeiten entstehen, das »Trondheim«-Projekt, benannt nach der Stadt, wo es errichtet werden sollte. Geplant waren fünf riesige Becken für die schwersten Einheiten des Z-Plans, Marine-Installationen, an denen gemessen die britischen von Singapur dem vorindustriellen Zeitalter angehörten. Das Allgemeine Marineamt und der unermüdliche Albert Speer, Hitlers Leibarchitekt, hatten letzte Einzelheiten auf dem Reißbrett entworfen, vom Militärgefängnis über die Bäckereien bis zu den terrassierten Bauebenen des neuen Trondheim, in dem 300 000 Einwohner leben sollten – vorwiegend deutsche. Die gewaltige Basis sollte Ausgangspunkt maritimer Operationen gegen Großbritannien und, über den Nordatlantik hinweg, gegen die USA werden.

Allerdings mußten die Pläne für die Überwasserflotte bis zum Sommer 1941 korrigiert werden, zum Teil drastisch. Zu deutlich hatte sich inzwischen die Anfälligkeit der schweren Einheiten gegen Luftwaffe und U-Boote erwiesen. Mit geringem materiellem Aufwand konnten die schwersten Kriegsmaschinen der Epoche spielend auf Grund geschickt werden: das britische Schlachtschiff »Royal Oak« in der Bucht von Scapa Flow und schwere Kriegsschiffe der britischen Mittelmeerflotte im Raum von Kreta und bei der Besetzung der Insel durch deutsche Truppen im Mai 1941. Dazu kam der Verlust des damals modernsten Schlachtschiffes der Welt, der auf der Hamburger Werft von Blohm + Voss erbauten »Bismarck«. Der 41 700-Tonner war, nach langer Verfolgungsjagd kampf- und manövrierunfähig geschossen, am 27. Mai im Nordatlantik gesunken. Obwohl hauptsächlich Überwassereinheiten ihr Ende herbeigeführt hatten, trug der Untergang der »Bismarck« wesentlich zur Entmythisierung des Schiffstyps bei. Was Hitler am 8. September 1941 zu der melancholischen Bemerkung veranlaßte: »Es ist etwas Tragisches, daß der Schlachtkreuzer, ein Inbegriff menschlicher Leistung in der Bewältigung des Materials, angesichts der Entwicklung der Luftwaffe zur Bedeutungslosigkeit herabgesunken ist.«[82]

Die neuen kriegs- und waffentechnischen Entwicklungen änderten jedoch zunächst nichts daran, daß die Planungen für große Überwasserschiffe weiterliefen, was auf den Einfluß Raeders schließen läßt, der unverändert auch unter den neuen Bedingungen an einer Überwasserflotte festhielt.

Es gibt zwei Dokumente, Karten, die geradezu verräterisch bestätigen, wie sehr sich die Planungen federführender Marinestäbe in den nicht ganz zwei Jahren von Kriegsbeginn bis zum Sommer 1941 ausgeweitet hatten. Auf der ersten Karte, von 1939, wird eine Operationsbasis sichtbar, die sich auf den Kampf gegen Geleitzüge im nördlichen Atlantik und im Mittelmeerraum beschränkte, während für den Südatlantik und den Indischen Ozean Kaperunternehmen geplant waren. Das heißt, weite Teile des Erdballs lagen damals außerhalb der Überlegungen – der Norden Europas, die Sowjetunion sowie der gesamte pazifische Raum samt den Erdteilen im Osten und Westen des größten Weltmeers.

Auf der zweiten Karte, vom Juli 1940, also nach dem Sieg über Frankreich, sehen sich die verhältnismäßig bescheidenen Ambitionen der deutschen Marinestäbe vom Vorjahr bis zur Unkenntlichkeit aufgeblasen. Auf die Mitte der vierziger Jahre projiziert, zeigt die Karte ein vollständig verändertes Bild. Immer noch die Sowjetunion aussparend, mit der ein Nichtangriffspakt bestand, hat Deutschland darauf nun die Vorherrschaft in Europa angetreten, sehen sich die Niederlande, das Königreich Belgien und der Norden Frankreichs bis Arras und der Kanalküste dem Großdeutschen Reich zugeschlagen, ist Rest-Frankreich, Spanien, Norwegen, Schweden und Finnland die Rolle von Satelliten zugedacht, die um die deutsche Sonne zu kreisen haben.

Jetzt erstreckte sich das Stützpunktsystem von Trondheim, den britischen Orkneys und den seit 1940 deutschbesetzten Kanal-Inseln Jersey und Guernsey über den französischen Hafen Brest bis nach Freetown und anderen Häfen an den Küsten West- und Mittelafrikas. Darin eingeschlossen waren die Inseln St. Helena und Ascension sowie an die westliche Hemisphäre grenzende, weit vorgeschobene Stützpunkte auf den Azoren und den Kapverdischen Inseln. Die nun in globalen Dimensionen planende deutsche Marineleitung hatte auch die ostafrikanische Küste mit den Inseln

Pemba und Sansibar ins Auge gefaßt, ja, ihr begehrlicher Blick war sogar bis zu den deutschen Südsee-Besitzungen mit ihren reichen Bodenschätzen und Rohstoffen geschweift. Für die Zeit nach »Barbarossa«, also dem schon 1940 fest eingeplanten Sieg über die Sowjetunion, hatte sich das deutsche Herrschaftsgebiet in Eurasien auf dem Papier vom Nördlichen Eismeer über den Ural bis an die Grenzen der Türkei und des Irans vorgearbeitet. Auf der zweiten Karte war auch Island dem Europa der »Neuen Ordnung« eingegliedert worden, womit der deutsche Machtbereich bis vor die Küste des amerikanischen Doppelkontinents getragen wäre.
Beide Karten tragen Admiral Raeders Namenszug, sind also nicht die Ausgeburten des Größenwahns untergeordneter Dienststellen. Ohne daß die Karten ihren Sinn schriftlich kommentieren, läßt ihr Inhalt klar erkennen: Hier steckt die deutsche Marineleitung in Übereinstimmung mit der nationalsozialistischen Reichsführung das Operationsfeld der Weltmacht Deutschland ab! Ein Deutschland, dem als blockadefester, autarker Kontinentalmacht samt ihrem »mittelafrikanischen Ergänzungsraum« die übrige Welt sozusagen automatisch zufallen würde, gleichsam ein Schwerezentrum, dessen Magnetismus niemand gewachsen wäre.
In die Pläne passen auch spätere Studien, die sich mit einem Krieg gegen die anglo-amerikanischen Seemächte Ende der vierziger Jahre befassen, eine Art Über-Z-Plan – mit zwanzig Schlachtschiffen, fünfzehn Trägern für Bomber, sechzehn Trägern für Jäger, hundert Kreuzern und der gigantischen Zahl von fünfhundert U-Booten. Insgesamt eine Über- und Unterwasserflotte von drei Millionen und einer Reserve von dreihunderttausend Tonnen.

In die Pläne passen auch die Projekte für die Luftwaffe.
Sie lassen sich bis in die Zeit lange vor 1933 zurückverfolgen, da ihnen immer Hitlers spezielles Interesse gegolten hatte, vor allem Bombern und Langstreckenbombern. Ab 1935 hieß das Codewort dafür sinnigerweise Uralbomber, was eindeutig auf den Osten und auf die »Lebenskampf«-These hinweist. Aber die Pläne gingen auch in die entgegengesetzte geographische Richtung. Am 8. Juli 1938 hatte Hermann Göring, neben seinen zahlreichen anderen

Ämtern auch »Reichskommissar für die Luftwaffe«, in einer Rede vor Flugzeugherstellern dringlich gefordert, sich besonders der Entwicklung eines Fernbombers zu widmen, der mit 5-t-Bombenlast nach New York und zurückfliegen könnte: »Ich würde über einen solchen Bomber außerordentlich glücklich sein, um endlich einmal dem Hochmut da drüben das Maul zu stopfen.«[83]
Die Hersteller waren vor allem Junkers und Dornier, traditionelle Firmen des deutschen Flugzeugbaus, aber auch die Produktionsstätten des – nach Hitlers Urteil genialsten – Flugzeugkonstrukteurs Willy Messerschmitt. Sachlich war das Prädikat durchaus gerechtfertigt, so daß seine Genialität nun der Luftwaffe des Dritten Reiches zugute kam – mit einem sehr persönlichen Verhältnis Messerschmitts zum Führer, eine Art Albert Speer auf dem Sektor des Flugzeugbaus. Es ertrug auch Eigenmächtigkeiten des Konstrukteurs zu einer Zeit, da jede Blaupause obrigkeitlich abgesegnet sein mußte.
Das hatte Messerschmitt nun ganz offensichtlich versäumt, als er Anfang 1938 Hitler während eines Besuches, der dem Jagdflugzeug Me 109 galt, in eine Nebenhalle und vor das Modell eines viermotorigen Bombers führte. So beginnt die unvollendet gebliebene Geschichte der legendären Me 261/264, eines *Antipodenflugzeugs* mit einem vorgesehenen Nonstop-Radius Deutschland–Fernost – zunächst unter dem Deckmantel einer Aktion für den Weltfrieden. Von Messerschmitts Maschine inspiriert, soll Hitler sich, nach der für ihn so triumphalen Berliner Olympiade von 1936, makabrerweise mit dem Gedanken getragen haben, an Bord dieser Maschine nach Tokio zu fliegen, wo die Spiele 1940 stattfinden sollten. Der hohe Fluggast wollte offenbar das Olympische Feuer überbringen...
Es hat, wie jedermann weiß, nicht sollen sein.
Die angebliche Friedensfunktion des Messerschmitt-Modells hielt denn auch nicht lange vor. Die Langstreckenmaschine wurde nach Ausbruch des Krieges, wahrscheinlich aber schon früher, in die militärischen Planungen einbezogen – mit der Me 261 sei ein Typ der mittleren Geschwindigkeit von 400 km/h und einer Reichweite von 11 000 km herzustellen.[84]

Den Auftrag zur Weiterentwicklung der Me 261 in Gestalt der Me 264 erhielt Messerschmitt 1940. Grundmodell: ein viermotoriges Langstreckenflugzeug mit einer Spitzengeschwindigkeit von 610 km/h und 2 t Last für Störflüge gegen die USA. Davon ausgehend, sollten verschiedene Variationen produziert werden – Langstreckenbomber mit einer Sprenglast zwischen 1 und 8,5 t, bei einem Eigengewicht von über 40 t und einer Reichweite von 15 600 km; schwere Bomber mit einer Reichweite von 11- bis 12 000 km, aber einer höheren Bombenlast zwischen 8 und 14 t (dieser Typ in zwei Versionen, der DB 603 und der Jumo 213). Des weiteren: Maschinen für Fernaufklärung, für Patrouillen- und Kurierdienste mit bis zu 60 Stunden Flugdauer und an die 21 000 km Reichweite – Planungsdimensionen, die weit über die engen Grenzen europäischer Geographie hinausgingen.[85] Solchen Maschinen wäre es ein leichtes gewesen, nicht nur Görings, sondern auch Hitlers Wunsch wahrzumachen und über New York Bomben abzuwerfen, um dort »den Juden der Hochfinanz eine Lektion zu erteilen«.[86]
In Großbritannien war man über die Pläne, die alle kontinentalen Ziele weit hinter sich ließen und auf eine globale Luftkriegführung hinwiesen, gut informiert. Man kann also davon ausgehen, daß auch Washington davon in Kenntnis gesetzt worden war.
Am 14. November 1940 vermerkt der Generalquartiermeister des Heeres, General der Artillerie Eduard Wagner: Hitler habe seiner Erwartung Ausdruck gegeben, »von den Azoren aus Amerika im Falle eines Kriegseintritts anzugreifen und es dadurch zu zwingen, seine noch ganz fehlende Flugabwehr aufzubauen, statt England damit zu helfen«.[87]
Im April 1941 spricht Hitler gegenüber dem japanischen Außenminister Matsuoka davon, mit Unterseebooten und Flugzeugen einen energischen Kampf gegen Amerika zu führen.[88] Ende Mai 1941 wird die Eroberung der Azoren und der Kanarischen Inseln abermals ins Auge gefaßt, um von dort im Herbst jenes Jahres Langstreckenbomber an die amerikanische Ostküste zu schicken.
Alle Planungen gingen stets von einem vollen militärischen Erfolg gegen die Sowjetunion aus, galten also für die Zeit nach »Barbarossa«. Sie bestätigen, daß sich in dieser euphorischen Phase die

Zeit-Vorstellungen der *Programm*-Stufen erheblich verringerten und Hitler die Hoffnung hegte, noch zu seinen Lebzeiten mehr zu erreichen, als er in seinen kühnsten Träumen erwartet hatte.
Einen offenen Krieg, eine große militärische Auseinandersetzung mit den USA hätten nach Hitlers Auffassung die Bomber über New York noch nicht bedeuten müssen. Vielmehr läßt alles darauf schließen, daß er nach den verheerenden deutschen Luftangriffen auf Warschau, Rotterdam, London, Coventry und Belgrad eher mit einem starken psychologischen Abschreckungseffekt rechnete und daß Deutschland seiner Meinung nach in der blockadefesten Position als Herr über Europa und weite Teile der Welt dem Lauf der Dinge ruhig entgegensehen könne. (Dies waren Überlegungen *vor* dem 1000-Bomber-Angriff der Royal Air Force auf Köln vom März 1942 und der Phosphor-Vernichtung halb Hamburgs vom Juli 1943. Es mutet unheimlich an, wie die Pläne der Nazis für ihren globalen Luftkrieg immer realitätsferner wurden, während gleichzeitig die Vorbereitungen liefen für die realen Planungen der Westalliierten zur Zerstörung der deutschen Städte – der dann nichts mehr entgegengesetzt werden konnte.)
Im übrigen beschränkten sich die Pläne für Bombenziele in Nordamerika keineswegs nur auf New York, Washington, Philadelphia und andere städtische Zentren an der Ostküste – sie reichten vielmehr tief hinein in das Innere des Kontinents, bis zu den Großen Seen. Hier gibt es eine deutliche Parallele zu den Phantasmagorien der deutschen Marineführung, für die in dieser Periode der Erdball ja auch keine Schranken mehr aufwies. Mit der Me 264 und ihren verschiedenen Versionen sollten Mittelamerika, einschließlich des Panamakanals, Zentralafrika und Südostasien in die Reichweite deutscher Bombengeschwader gelangen.
Noch einmal – es sind keinerlei militärische Invasionspläne für die USA, oder die westliche Hemisphäre überhaupt, nachzuweisen. Aber ebenso wahr ist, daß die Naziführung für eine kurze Spanne glaubte, das gewaltige Übergewicht einer deutschbeherrschten Alten Welt könnte Amerika in eine auf die Dauer hoffnungslose Defensivposition drängen, in der es für die Zentralmacht USA keine nationale, politische und wirtschaftliche Selbständigkeit mehr ge-

ben würde. Dabei hat allem Anschein nach die sogenannte »Fünfte Kolonne« in den Plänen der Nazis keine so große Rolle gespielt, wie meist angenommen wird – wenngleich die Anfälligkeiten vor allem deutschstämmiger Bevölkerungskreise in den USA und auch in Lateinamerika nicht zu unterschätzen gewesen wären.

Daß es den Nazis eben nicht nur darum ging, die USA als weltpolitischen Faktor für immer auszuschalten, sondern die dergestalt machtlos gewordenen Vereinigten Staaten von Nordamerika auch innenpolitisch nach ihren Vorstellungen »neu zu ordnen« und ihnen den Stempel des »Großgermanischen Weltreiches« aufzudrükken – dafür gibt es Belege. In der rühmenswerten Dokumentation »Der Nürnberger Prozeß« von Joe J. Heydecker und Johannes Leeb lassen die Autoren ihre Leser wissen, daß Hitler seinen Propagandaminister Dr. Joseph Goebbels als Diktator über die USA vorgesehen hatte, ihm zur Seite Hermann Göring. Beider Aufgabe: die jüdische Bevölkerung der USA zu beseitigen und die deutschstämmige »aufzuforsten«, bis Nordamerika ein deutsches Land geworden wäre.[89]

Noch tieferen Einblick in die Pläne der Nazis gegenüber einer Union, die sich nicht mehr gegen die Eingriffe in ihre inneren Angelegenheiten wehren könnte, lassen die Bekundungen zu, die Alfred Rosenberg in seiner Nürnberger Zelle gegenüber dem Gerichtspsychiater Douglas M. Kelley machte. Danach hatte sich der *Denker* der *Bewegung* intensiv mit der Übertragung der nationalsozialistischen Rassenideen auf das »Rassenproblem« der USA beschäftigt, um sowohl alle schwarzen Amerikaner als auch alle Juden zu vertreiben – möglicherweise nach Madagaskar. Auf der Insel wären sich beide Gruppen, nach Rosenbergs Vorstellungen, keineswegs selbst überlassen geblieben, sondern Vorschriften unterworfen gewesen, die der Autor vom »Mythus des 20. Jahrhunderts« bereits genau ausgetüftelt hatte: »Die Juden können sich dort in den Städten niederlassen und Handel treiben, während sich die Neger auf dem Lande ansiedeln und Landarbeit verrichten.«[90]

Dazu die Autoren Heydecker und Leeb: »Da diese Vorstellung nach dem Zusammenbruch Deutschlands ausgesprochen wurde,

im Gefängnis, ist darin den Juden ein relativ mildes Schicksal zugedacht. Bei einem Sieg des nationalsozialistischen Deutschlands hätte man wohl weniger an Madagaskar als an die Rassenvernichtung gedacht, nach Art der Endlösung in Osteuropa.«[91]
Die Realität: Als Hitler nach dem japanischen Überfall auf die US-Pazifikkriegsflotte in Pearl Harbor vom 7. Dezember 1941 den Vereinigten Staaten von Nordamerika vier Tage später den Krieg erklärt, sieht sich sein *Programm* nach der vergeblichen England-Illusion abermals durcheinandergebracht. Noch ehe er die *erste*, geschweige denn die *zweite Stufe* beenden konnte, befand er sich bereits mit dem Endgegner der *dritten* im Kampf.
Gleichwohl war dies das äußerste Datum, an dem Hitler noch glaubte, sein Haupt- und Daseinsziel, die Plattform für alles Weitere, den Sieg über den verhaßten jüdisch-bolschewistischen Weltfeind Nr. 1 erreichen zu können – gleichwohl sammelte sich für ihn in jenem historischen Abschnitt, den wir bis hierher mit dem Dezember 1941 erreicht haben, noch die Hoffnung auf Sieg unter dem Motto »Erst Europa, dann die Welt«. Und dies im Namen *der* Stadt, auf die der letzte Sturm angesetzt war, Haupt, Hirn und Herz einer Sowjetunion, die nun unter den Schlägen der deutschen Wehrmacht röchelnd zu verenden schien – *Moskau*.

Die Erde – ein »Wanderpokal«

Weltmacht? Weltreich? Weltvorherrschaft? Weltherrschaft?
Die Endziele der Nazis werden von Historikern und Gelehrten nicht einheitlich beurteilt (einmal ganz abgesehen von jener Spezies, die es darauf anlegt, den Nationalsozialismus zu relativieren und also auch seine äußersten Absichten zu vernebeln).
Wenn das Endziel der Nazis die Weltherrschaft im Sinne von deutscher Alleinherrschaft über Erde und Menschheit war, dann haben sich ihre leitenden Männer nur selten so klar ausgedrückt, wie jene Goebbelssche Tagebucheintragung es enthüllt, die dem Kapitel »Erst Europa, dann die Welt« vorangestellt ist:

»Der Führer gibt seiner unumstößlichen Gewißheit Ausdruck, daß das Reich einmal ganz Europa beherrschen wird. Von da ab ist praktisch der Weg zur Weltherrschaft gezeichnet. Wer Europa besitzt, der wird damit die Führung der Welt an sich reißen.«[92]

Was kann Hitler selbst zur Klärung beitragen? Einblick in Strategie und Taktik seines Endziel-Denkens gewähren Äußerungen, die er Mitte Juli 1941, also etwa drei Wochen nach dem Überfall auf die Sowjetunion, im engsten Kreis gemacht hat:

»Wesentlich sei nun, daß wir unsere Zielsetzung nicht vor aller Welt bekanntgäben; dies sei auch nicht notwendig, sondern die Hauptsache sei, daß wir selbst wüßten, was wir wollten. Keinesfalls solle durch überflüssige Erklärungen unser eigener Weg erschwert werden.«[93]

Und von bereits verwirklichten Eroberungen ausgehend, abstrahiert Hitler seine Zukunftsvisionen gleich anschließend so:

»Wir müßten genau vorgehen wie in den Fällen Norwegen, Dänemark, Holland und Belgien. Auch in diesen Fällen hätten wir nichts über unsere Absichten gesagt, und wir dürften dies weiter klugerweise nicht tun. Wir werden also wieder betonen, daß wir gezwungen waren, ein Gebiet zu besetzen, zu ordnen, zu sichern. Im Interesse der Landesbewohner müßten wir für Ruhe, Ernährung, Verkehr usw. sorgen; deshalb unsere Regelung. Es soll also nicht erkennbar sein, daß sich damit eine endgültige Regelung anbahnt! Alle notwendigen Maßnahmen – Erschießen, Aussiedeln usw. – tun wir trotzdem und können wir trotzdem tun. Wir sollten uns aber nicht irgendwelche Leute vorzeitig und unnötig zu Feinden machen. Wir tun also lediglich so, als ob wir ein Mandat ausüben wollten. Uns muß aber dabei klar sein, daß wir aus diesen Gebieten nie wieder herauskommen.«[94]

Unverblühmt wird das Prinzip sichtbar, eine einmal geschlagene Beute nicht mehr fahren zu lassen. Das ist die Sprache eines Mannes, der sich selbst keine Grenzen setzt, obwohl er, getreu seiner Direktive, mit Bekenntnissen zur Weltherrschaft nach außen sparsam umgeht.

Am offensten treten sie hervor in den Äußerungen, die Hermann Rauschning über einen Zeitraum von zwei Jahren aufgezeichnet und unter dem Titel »Gespräche mit Hitler« in Buchform herausgebracht hat.

Rauschning – 1933 Erster Senatspräsident von Danzig, 1936 Bruch mit den Nazis, dann nach Polen, Großbritannien und den USA emigriert –, Rauschning ist bekanntlich hinsichtlich der Authentizität starken Vorbehalten begegnet. Die erheblichen Zweifel an der Echtheit seiner Aufzeichnungen wurden natürlich von interessierter Seite lauthals begrüßt. Tatsächlich werden darin alle sonst von Hitler gemachten Äußerungen über Weltherrschaftspläne weit übertroffen. So, wenn er erklärt: »Es kommt eine harte Zeit herauf. Dafür werde ich sorgen. Nur das Harte und Männliche wird Bestand haben. Und die Welt wird ein neues Gesetz bekommen.«[95] Oder: »Ich will das vor seinem Schicksal zögernde deutsche Volk zwingen, seinen Weg zur Größe zu gehen. Nur durch eine Weltrevolution kann ich meine Ziele erreichen.«[96] Und vor Auslandsdeutschen, zu Subversionsmethoden in Zusammenhang mit seinen außenpolitischen Ambitionen und den Plänen gewaltsamer Eroberungen:

»Sie haben den Boden vorzubereiten. Deutschland wird seine Macht weit über die Grenzen im Osten wie im Südosten ausdehnen. Aber auch Sie, meine Herren aus Übersee, haben dieselben Pflichten ... Nicht um Gleichberechtigung geht es, sondern um Herrschaft. Ihre Pflicht ist es, Deutschland die führende Rolle in der Welt zu erkämpfen. Ihre Aufgabe wird es sein, in diesen ganzen unterworfenen Völkern die Vormundschaft im Namen des deutschen Volkes zu führen. Wie die Juden erst aus ihrer Zerstreuung heraus zu der allumfasenden Weltmacht werden konnten, die sie heute sind, so werden wir als das wahre Volk Gottes aus der Zerstreuung in alle Welt zu der allgegenwärtigen Macht werden, zum Herrenvolk der Erde.«[97]

Bei Rauschning finden sich auch Parallelen zu jenen von Hitler aus der Luft gegriffenen, angeblichen »Rechtsansprüchen«, mit denen er häufig Annexions- und Eroberungspläne geschichtlich zu begründen versuchte – wie diesen: »In Brasilien werden wir ein neues Deutschland schaffen ... Übrigens haben wir ein Anrecht auf diesen Kontinent, die Fugger und Welser haben hier Besitzungen gehabt.«[98]

Hermann Rauschnings Aufzeichnungen sind durch später entdeckte und authentisch belegte Aussagen Hitlers in hohem Maße bestätigt worden, darunter Reflexionen über die ehemaligen Kolonien in der Südsee, über Niederländisch-Indien und sein südostasiatisches Inselreich sowie über ein deutsches Dominium in Zentralafrika.

Der Autor der »Gespräche mit Hitler«, 1982 gestorben, hat zu seiner Genugtuung die Fürsprache und Anerkennung manches Kenners der nationalsozialistischen Historie erhalten, etwa die des renommierten britischen Hitler-Biographen Alan Bullock, der erklärte, »daß Rauschnings Darstellungen durch das nach Veröffentlichung seines Buches entdeckte Dokumentenmaterial eine Erhärtung erfahren hat und eine wichtige Quelle für jede Hitler-Biographie ist«.[99]

Auch der deutsche Historiker Günter Moltmann, der sich intensiv mit den Weltherrschaftsplänen Hitlers beschäftigt hat, kommt zu dem Schluß: »Rauschnings Erinnerungen, deren Zuverlässigkeit im einzelnen, besonders in Zitaten, dahingestellt sein mag, finden inhaltlich mancherlei Bestätigung. Dem unsicheren Zeugen ist offensichtlich auch in seinen extremen Ausführungen mehr zu trauen, als oft angenommen wurde.«[100]

Aber wer Hermann Rauschning nicht trauen will, der kann sich an den brillanten Historiker Moltmann selber halten, der über die weltweiten Ambitionen der nationalsozialistischen Reichsführung und ihrer zentralen Leitfigur zu folgendem Schluß kommt:

»Es ist sicher richtig, daß Hitler machtpolitisch improvisierte. Aber dabei stand doch unverrückbar fest, daß das außenpolitische Endziel nicht im Osten lag, sondern globale Ausmaße hatte. Der Weg dahin war nicht in allen Einzelheiten konzipiert, jedoch war das Richtmaß für den auf Jahrhunderte angelegten permanenten Kampf der ›Bewegung‹ gegeben. Hitler sah sich selbst als Begründer einer neuen Weltepoche, in der absolute Herrschaftsansprüche Deutschlands verwirklicht werden sollten. Dabei war die Ideologie gleichzeitig Ausdruck eines Machtstrebens, das sich hybride über moralische und soziale Formen hinwegsetzte: der Wille zur absoluten Herrschaft ist mit dem Phänomen Hitler untrennbar verbunden. Auf der Höhe seiner Siege hat Hitler die Hegemonie über Europa beansprucht und darüber hinaus die Herrenstellung Deutschlands in der Welt als künftige Aufgabe umrissen.«[101]

Hitler hat diese Sätze selbst bestätigt, mit einem Bild, das er mehrfach entwarf: »Die Erde ist für den da, der sie sich nimmt. Sie ist ein *Wanderpokal*, der immer *den* Völkern genommen wird, die schwach werden.«[102]

Also *Weltmacht? Weltreich? Weltvorherrschaft? Weltherrschaft?*
Mögen sich ganze Historikerschulen um die Deutung dieser Begriffe in den Haaren liegen, ich bin durch meine Lebensarbeit und durch das Studium des spezifischen Stoffes für dieses Buch mehr und mehr zu der Überzeugung gekommen, daß Adolf Hitler, Personifikation des *Führerstaates* und seiner gewaltigen Macht, nur in *Endkategorien* denken konnte. Es gibt keinerlei Anhaltspunkte dafür, daß er sich mit weniger begnügt hätte als mit der *Arierherrschaft über die Welt*, dem *Großgermanischen Weltreich als* deutschem Triumph über die Erde und ihre bedauernswerte Menschheit. Nichts läßt erkennen, daß es für die Gewaltbereitschaft und den Eroberungsdrang der Nazis irgendeine andere Grenze auf dem Globus gegeben hätte als ihre Alleinherrschaft. Nur die Wirklichkeit, die realen Kräfteverhältnisse jenseits deutscher Wahnvorstellungen, nur die Gegenkraft in Gestalt der Anti-Hitler-Koalition des Zweiten Weltkrieges – nur sie konnten dieses Amok-Deutschland unterm Hakenkreuz überwältigen und zwingen, sich mit einer Alternative abzufinden, gegen die es sich mit allen Kräften gewehrt hatte.
Auf der Höhe ihrer Siege aber, in der kurzen Phase von Juni 1940 bis zu den frenetischen militärischen Erfolgen der deutschen Wehrmacht auf dem Territorium der westlichen Sowjetunion des Jahres 1941, glaubte die nationalsozialistische Führung, die Basis für ihre weitergreifenden, für ihre letzten Pläne geschaffen zu haben, wähnte sie sich im Vormarsch auf die *zweite* und *dritte Stufe* des *Programms*, ohne noch auf entscheidenden Widerstand zu stoßen: Jetzt wollten sie das Prinzip des *Wanderpokals Erde* für immer außer Kraft setzen und die Trophäe in die Gralsfeste des Hakenkreuzes verschleppen!
Und nun überschlagen sich die Experten des Endsiegs förmlich, nun explodieren die Pläne zur kriegerischen, wirtschaftlichen, technischen und ausrottenden Eroberung geradezu, jetzt tobt sich das ganze aufgestaute Delirium schlußgeschichtlicher Wahnvorstellungen in den irrsinnigen Projekten des professionellen Staats-

verbrechens und Verbrecherstaats hemmungslos aus: gestützt auf ein anscheinend unbesiegbares Heer (dem ein in der Geschichte der Menschheit singulärer Vernichtungsapparat folgt); auf eine willfährige, äußerst effiziente Beamtenschaft und deren Kern, eine total entmoralisierte Justiz; gestützt auf Wissenschaftler aller Fakultäten – Physiker, Chemiker, Ärzte, Techniker, die ihrer Fügsamkeit längst jegliche Ethik geopfert hatten; auf einen kollektiven, zum schieren Selbstzweck pervertierten Pflichtbegriff, der sich als fähig erweisen wird, Menschen mit der gleichen Wirksamkeit zu töten wie Insekten; gestützt auch auf die gierigsten Industriellen, großen Eigentümer und Bankherren ihrer Epoche; auf eine allen christlichen Grundsätzen hohnsprechende Amtskirche beider Konfessionen – und gestützt auf eine überwältigende Volksmehrheit, der jedes Bedürfnis nach Freiheit, Selbstbestimmung und Individualität abhanden gekommen war, das Endprodukt der von vornherein fehlgelaufenen Geschichte des einheitlichen deutschen Nationalstaats.

Das genau waren die Voraussetzungen, um mit Waffengewalt all dies – Freiheit, Selbsbestimmung, Individualität – auch anderen Völkern zu nehmen.
Und das Leben dazu.

II. Arierherrschaft über die Welt

Die Pläne der Nazis nach dem Endsieg

»Die nordische Rasse hat ein Recht darauf, die Welt zu beherrschen, und wir müssen dieses Recht der Rasse zum Leitstern unserer Außenpolitik machen.«[1]

Adolf Hitler am 21. Mai 1930

Der Adler über der Weltkugel

Von Rom bis zu den »Führerstädten«

Auf keinem Gebiet entblößen sich die Endziele der Nazis durch Selbstdarstellung so gründlich wie auf dem der Architektur des Dritten Reiches, sowohl der realisierten wie erst recht der geplanten. Nirgends sonst aber zeigt sich auch die unüberbrückbare Kluft zwischen der Wirklichkeit und der Vision, dieses Merkmal des ganzen Systems überhaupt, so unverbergbar.
Die Linie wird früh festgelegt, das große Vorbild beim Namen genannt: Rom! Das Bekenntnis Hitlers dazu enthält ein bezeichnendes Defizit:

»Wenn man die Größenverhältnisse der antiken Staatsbauten mit den gleichzeitigen Wohnhäusern vergleicht, so wird man erst die überragende Wucht und Gewalt dieser Betonung des Grundsatzes, den Werken der Öffentlichkeit die erste Stellung zuzuweisen, verstehen.«[2]

Also Monumental- und Kolossalarchitektur als oberster Leitsatz – Albert Speer, seit dem 30. Januar 1937 »Generalbauinspektor für die Neugestaltung der Reichshauptstadt« (GBI), bestätigte ihn und den daraus resultierenden Mangel:

»Seine Leidenschaft für die Bauten der Ewigkeit ließ ihn völlig desinteressiert an Verkehrsstrukturen, Wohngebieten und Grünflächen: die soziale Dimension war ihm gleichgültig.«[3]

Kein Wunder also, daß, entgegen landläufigen Auffassungen, die Ziffern des Wohnungsbaus unter denen der Weimarer Republik lagen. Hitler bleibt bis zum Schluß auch auf diesem Gebiet Vordenker und Stratege, sein persönliches Interesse unermüdlich und – tief pathologisch. Einsicht in diese Sphäre gewähren die teils gehemmten, teils freimütigen Spätbekundungen Speers, eine Art

»Liebling des Führers« mit enormen Vollmachten und außerordentlich Hitler-nahem Umgang, bis an den Rand der Intimsphäre. Darauf wird noch zu kommen sein. Aber es gibt frühere Beobachter als ihn, wie eine Tagebucheintragung von Joseph Goebbels aus dem Jahre 1926 zeigt. In ihr ist die Rede von dem »zukünftigen Architekturbild des Landes« und einem Hitler, der bei seinen Erläuterungen »ganz Baumeister« sei.[4] Und am 3. Februar 1932 vermerkt derselbe Autor, inzwischen zu einem der engsten Mitarbeiter Hitlers geworden:

»Der Führer beschäftigt sich in seinen Mußestunden mit Bauplänen für ein neues Parteihaus sowohl als auch für einen grandiosen Umbau der Reichshauptstadt. Er hat das Projekt fix und fertig, und man staunt immer wieder, mit wie vielen Fragen er sich fachmännisch auseinandersetzt.«[5]

Wie die politischen und die militärischen, so sind auch die architektonischen Pläne lange vor 1933 im Grundriß fertig, und jene Entwürfe, die in Hitlers Augen besonders dringlich waren, sind bis 1939 auf dem Reißbrett. Zwei Jahre zuvor war eine geradezu hysterische Bautätigkeit ausgebrochen, Ausdruck einer euphorischen Selbstgewißheit, die die Prägung vom »Tausendjährigen Reich« ganz wörtlich nimmt, aber schon im Jahre 1950 so weit sein will, daß die kommenden Generationen nichts weiter zu tun hätten, als die Laternenpfähle zu versetzen. Gesetzliche Grundlage war der sogenannte »Neugestaltungserlaß« von 1937, der den Umbau von mehr als 50 deutschen Städten vorsah und der Bauwirtschaft ungeahnte Wachstumsraten bescherte. Branchenführer wird innerhalb kurzer Frist der SS-Konzern »Deutsche Erd- und Steinwerke« (DEST), und mit ihm wird das KZ-System in die Bauplanung einbezogen. Flossenbürg, Neuengamme, Mauthausen, nach 1940 auch das elsässische Natzweiler – wo es Natursteinvorkommen und große Ziegeleibetriebe gibt, werden Konzentrationslager errichtet und schuften Häftlinge bis aufs Blut. Der »Neugestaltungserlaß« kostet Tausende von ihnen das Leben.

Die Architektur des Dritten Reiches ist sofort erkennbar als Herrschaftsausdruck mit vielen Funktionen: den einzelnen und die Massen durch die Zeugnisse dauerhaftester Materie einzuschüchtern und zu individueller und kollektiver Bedeutungslosigkeit herabzustufen, sie aber zugleich in die Lage zu versetzen, sich mit den Schöpfern und Planern so gewaltiger Bauten zu solidarisieren und dadurch in das Stadium blinder Gefolgschaft zu geraten. Massenpsychologisch wird alles bis ins kleinste vorbestimmt, um den vollständigsten Effekt zu erzielen. Im Zusammenhang mit der Feier zum 1. Mai 1933 auf dem Tempelhofer Feld Berlins gibt Albert Speer einen geradezu klassischen Einblick in die Organisationsstrukturen des Nationalsozialismus, schon wenige Wochen nach seiner Machtübernahme – ein Beweis überlegener Kenntnis propagandistischer Wirkungen im Sinne des Regimes.

Auf dem Riesenfeld von 400 000 Quadratmetern terrassenförmige Tribünen, davor in rauschender Bewegung 1000 Fahnen und Banner der uniformierten und zivilen Aufmarschkolonnen und dahinter, bis zu einer Höhe von je 32 Metern und einer Breite von sechs Metern, drei gewaltige Gruppen von Fahnensegeln. Eine kaskadenhafte Anordnung irrationaler Symbole mit genau berechnetem Effekt:

»Die mit Absicht gewählte Zeit der Kundgebung bei hereinbrechender Dämmerung unterstützte die Wirkung der Konzentration auf diesen Mittelpunkt in vollendeter Weise, denn durch die Anstrahlung des Fahnenberges mit ungeheuren Lichtmengen stand dieser in leuchtendem Rot gegen den in dunklem Blau versinkenden Nachthimmel in starkem Kontrast, während alle nebensächlichen und störenden Beiwerke im Dämmerlicht des Abends verschwanden.«[6]

Gleichzeitig ist Rekordsucht selbstverständlich, geht es, ob Gebäude, Brücken, Türme, immer um das Höchste, Längste, Breiteste, sollen ständig *übertroffen* werden: Paris, London, New York. Auch ist kostbares und dauerhaftes Material Voraussetzung, Granit, Marmor, Travertin. Und all das, um das Selbstvertrauen des Volkes zu heben, natürliche Dialektik der Gewalt. Dieselben Bauten, die einschüchtern, kleinmachen, betäuben sollen nach innen, sie sollen nach dem Willen ihrer Planer die gegenteilige äußere Funktion haben: Sie sollen das Selbstbewußtsein der Deutschen gegenüber dem Ausland stärken – Architektur zur Bekämpfung nationaler Minderwertigkeitskomplexe! Das wird offen ausgesprochen, am offensten in einer Rede, auf die das Autoren-Trio Dülffer/Thies/Henke gestoßen ist, von Hitler offensichtlich frei gehalten oder doch höchstens nach Stichworten geordnet – in der Berliner Kroll-Oper vor Truppenkommandeuren am 10. Februar 1939. Nach Hinweis auf das starke Selbstvertrauen anderer, wenngleich zahlenmäßig – und natürlich auch rassisch – unterlegener Völker, heißt es darin:

»Wenn wir demgegenüber nun das Selbstvertrauen des deutschen Volkes, seinen eigenen Stolz in Erwägung ziehen, dann müssen wir hier leider eine ungeheure Diskrepanz feststellen. Dies sicherlich größte Volk hat ein Minimum an Selbstbewußtsein, ein Minimum an Stolz, ein Minimum an Selbstvertrauen. Und es scheint mir daher notwendig, daß eine Staatsführung auf allen Wegen versucht, dieses Selbstvertrauen als eine der wesentlichsten Voraussetzungen für das Geltendmachen der berechtigten Lebensansprüche herzustellen und zu steigern, und zwar mit allen Mitteln.«[7]

Zu diesen Mitteln gehörten, so der »Führer« weiter, die großen Bauten, seit Jahrtausenden immer die Quelle des Stolzes der Völker, grandiose Gemeinschaftsleistungen, die einem Volk das Gefühl der Ebenbürtigkeit verliehen. Solche Bauten aber ließe er nicht aus Großmannssucht errichten, sondern es geschähe »aus der kältesten Überlegung«, daß man nur durch solche gewaltigen Werke einem Volk das Selbstbewußtsein geben kann.[8]

Das mag mitbeabsichtigt gewesen sein, ohne daß die rhetorische Geste der Selbstlosigkeit dadurch glaubwürdiger wird. Auch hier kann Speer, der gespaltene Obergehilfe seines Bauherrn, als Kron- und Gegenzeuge zitiert werden. Ständig in nächster Umgebung des Allmächtigen, Zeuge von dessen manischen Monologen und ermüdenden Wiederholungen im Kreise hingebungsvoller, insgeheim aber durchaus gepeinigter Widerspruchslosigkeit, offenbart der »Generalbauinspektor« das Ziel der Hitlerschen Megalomanie, ihre Uridee und letzte Absicht so: »Vor seiner engsten Umgebung, die sich Nacht für Nacht belanglose Operettenfilme ansehen und endlose Tiraden über die katholische Kirche, Diätrezepte, griechische Tempel und Schäferhunde anhören mußte, verbarg er, wie wörtlich er seinen Traum von der Weltherrschaft nahm.« Und weiter: »Überhaupt wäre es falsch, wenn man Hitlers Politik, deren

Ziel in der Beherrschung zunächst Europas und dann der Welt lag, nicht mit den von ihm initiierten großen Bauten in Verbindung bringen würde.«[9]

Wer sich mit der Architektur des Dritten Reiches und ihres Mentors befaßt, dem springt die Verzahnung zwischen steinerner Gigantomanie und kriegerischer Expansion förmlich ins Gesicht, da die Pläne offensichtlich mit den nationalen Reserven an Menschen und Material nie zu verwirklichen gewesen wären, sondern Raub, Eroberung, Ausplünderung und Millionen von Zwangsarbeitern zur Voraussetzung hatten. Wer so plante, der konnte und wollte nicht innerhalb seiner Grenzen bleiben, auch nicht derer »Großdeutschlands« mit den Annexionen Österreichs, Böhmens, Mährens und des Memellandes.

In dem Maße, in dem sich die Träume der Nazis in verkürzter Zeit zu verwirklichen scheinen, werden die Baupläne immer größenwahnsinniger, verlassen sie die kalt-imperiale Dekorlosigkeit des römischen Vorbildes – wenn es denn überhaupt je zutreffend war – und entschwinden in die Gefilde einer symbolüberfrachteten Superdimensionalität, die ausländische Beobachter damals schon nach eigenen Bekundungen an die Bombastik orientalischer Altkulturen erinnerte – und mich an das mythische Baal-Dunkel erregter Traumphantasien während der Lektüre von Flauberts Karthago-Roman »Salambo«.

Die Bau- und Planungswut beschränkte sich jedoch keineswegs auf den »Chef«, wie »Tischgespräche«-Stenograf Henry Picker Hitler stets nur nannte, oder auf den eifersüchtigen Göring, der insgeheim seine Häuser noch voluminöser bauen lassen wollte als Hitler (der unangenehm berührt war, ohne den Reichsmarschall daraufhin je anzusprechen). Die Bau- und Planungswut hatte auch zahlreiche »kleine Hitler« gepackt, die Regional- und Lokalbonzen, die Gauleiter, »Goldfasane« und andere Parteigrößen, die Leiter von Dienststellen und Großbehörden, militärische Befehlshaber, SS-Repräsentanten und manchen privat zu Geld gekommenen NSDAP-Funktionär, der seinen schlechten Geschmack protzig zur Schau stellen wollte – und das über ganz Großdeutschland und weite Teile der besetzten Gebiete hin.

Aber all das versank schließlich doch vor den höllischsten Ausgeburten des schier überquellenden Planungsgewölles – den sogenannten »Führerstädten«.
Es sollten ihrer fünf werden.

Nürnberg, die Stadt der Reichsparteitage

Wer noch Fotos und Filmaufnahmen der dreißiger Jahre in Erinnerung hat von Massenaufmärschen, Fahnen-Phalanxen, Myriaden Uniformierter, die mit erschreckend einheitlichen Bewegungen wie mobile Puppen an den Fäden eines unsichtbaren Regisseurs rechtsum, linksum schwenkten – wer das noch in Erinnerung hat, dem muß der Torso des Parteitagsgeländes von heute mit den Resten des Zeppelinfeldes und seiner Tribünenfassade wie ein kläglicher Nachlaß erscheinen. Aber dieser Eindruck verfliegt bald, wenn man tiefer in das Gelände eindringt, sich von seinen weiten, leeren Flächen nicht schrecken läßt und plötzlich vor der »Kongreßhalle« steht. Vor diesem Monstrum in Hufform, mit dem wir uns noch näher befassen werden, befallen einen die Schauder begreifender Ahnung, zumal, wenn man weiß, daß dieser am weitesten fortgeschrittene Großbau des Dritten Reiches nur *ein* Objekt war auf jenen 60 Quadratkilometern, die der Gesamtplan für den Ausbau des Reichsparteitagsgeländes vorsah.
Der Befehl dazu war schon bald nach dem 30. Januar 1933 von Hitler gegeben worden, mit der Direktive, dort in Nürnberg für eineinhalb bis zwei Millionen Menschen Platz zu schaffen.[10]
Damit war die Lawine losgetreten. Im Herbst 1934 legte Albert Speer die bis ins letzte ausgearbeiteten Zeichnungen vor. Sie fanden nicht nur die volle Zustimmung des Auftraggebers, sondern wurden auf der Pariser Weltausstellung des Jahres 1937 auch mit dem »Grand Prix« ausgezeichnet. Rückgrat des Areals war die zwei Kilometer lange Große Straße, ein Paradekorso von hundert Metern Breite. Im Norden stieß die Straße an das *Märzfeld*, auf dessen Fläche von 735 000 Quadratmetern Truppen manövermäßige Schauübungen abhalten sollten. Bei dieser lange vor dem Kriege fertiggestellten Militärstraße hatte man an alles gedacht. Sie war mit Granitplatten ausgelegt worden, um dem Gewicht von

Panzern standzuhalten, und ihre Oberfläche war aufgerauht, damit die Stiefel der Wehrmachtsformationen, die in 50 Meter breiten Gliedern an Hitler vorbeimarschieren sollten, Halt fänden.
Speer kann sich in seinen »Erinnerungen« nicht die beiläufige Bemerkung verkneifen: Damit sei das Vorbild der Antike weit übertroffen, der Palastbezirk der persischen Könige Darius I. und Xerxes in Persepolis aus dem 5. Jahrhundert vor unserer Zeitrechnung – der habe nur 450 mal 275 Meter betragen, also kümmerliche 124000 Quadratmeter.
Solche Vergleiche hatten es dem »GBI« (Generalbauinspektor) überhaupt angetan, denn gleich darauf fährt er fort: Zur Einfassung des *Märzfeldes* seien Tribünen vorgesehen gewesen, die 160000 Zuschauern Platz geboten hätten und die von 24 vierzig Meter hohen Türmen »rhythmisch« unterteilt werden sollten. Für die Ehrentribüne in der Mitte war eine weibliche Skulptur vorgesehen, die, Krönung des Ganzen, mit ihren 60 Metern Höhe nicht nur die 36 Meter hohe Kolossalfigur des Nero auf dem römischen Kapitol bei weitem übetroffen hätte, sondern auch die Freiheitsstatue von New York noch um 14 Meter.
In wahre Übertrumpfungsschwelgerei jedoch gerät Speer, wenn es um sein »Großes« oder »Deutsches Stadion« geht; 400 000 Zuschauer hatte Hitler gefordert. Der »GBI« übertraf das Soll in seinen Plänen noch um 5000! Und beeilt sich, in seinen »Erinnerungen« stolz anzumerken: »Die größte vergleichbare Anlage der Geschichte war der Circus Maximus in Rom für 150 000 bis 200 000 Personen, während unsere neuzeitlichen Stadien damals bei 100 000 ihre Grenze fanden.«[11]
Der Einblick in die Pläne bestätigt die Drohungen ihres Entwerfers: Das »Deutsche Stadion« wäre in der Tat nicht nur das größte Bauwerk auf dem Nürnberger Reichsparteitagsgelände geworden, sondern auch eines der gewaltigsten in der Geschichte der Architektur überhaupt. 264 Fahrstühle mit einem Fassungsvermögen von 32 000 Menschen waren vorgesehen. Um die Zuschauermenge von fast einer halben Million aufzunehmen, mußte der Stadionrand eine Höhe von fast 100 Metern haben. Das bedeutete eine Entfernung vom Spielfeld, die die Idee von Spezialbrillen auf den

oberen Rängen aufkommen ließ. Um Wirkung und Folgen solcher völlig unkonventionellen Dimensionen zu studieren, wurde im Fränkischen Jura eine vollständige Tribüne aus leichtem Material nach den Planmaßen errichtet. Der Bau wäre doppelt so breit und fünfmal so hoch wie das Berliner Olympiastadion geworden. Diese »Stätte der Kampfspiele« sollte das Olympia der Zukunft werden. Dazu Hitler: »1940 finden die Olympischen Spiele noch einmal in Tokio statt. Aber danach, da werden sie für alle Zeiten in Deutschland stattfinden, in diesem Stadion. Und wie das Sportfeld zu bemessen ist, das bestinmmen dann wir.«[12] Fertiggestellt sein sollte das *Stadion* bis zum Reichsparteitag des Jahres – 1945 ...
Auch die anderen Bauten Nürnbergs waren von diesem Gigantismus nicht weit entfernt. Das *Zeppelinfeld*, Aufmarschplatz für die Politischen Leiter, den Reichsarbeitsdienst und die Wehrmacht, mit turmartigen Bauten und Hunderten hoher Pfeiler, sollte Platz haben für 70 000 Zuschauer, während sich auf dem Feld davor fast die vierfache Menge tummeln konnte.
Nicht ganz so groß die *Luitpoldarena*, der eine Hitlerskizze zugrunde lag. Mit »Führer«- und Ehrentribüne versehen, mit Hoheitsadlern von sieben Metern Höhe und 7,5 Metern Flügelspannweite und vier je 34 Metern hohen, hakenkreuzgeschmückten Stahlmasten gesäumt, sollten dort die NSDAP-Organisationen aufmarschieren, mit 50 000 Zuschauern und der dreifachen Teilnehmerzahl.
Um der *Luitpoldhalle*, einer Stätte für Ausstellungen und politische Kundgebungen mit bloß 9000 Quadratmetern Fläche und kümmerlichen 16 000 Sitz- und 30 000 Stehplätzen, ebenfalls einen Superlativ zu geben, wurde ihr eine Orgel von gewaltigen Ausmaßen eingebaut – mit 220 Registern und 16 013 Pfeifen (die größte zwölf, die kleinste acht Meter).
Aber dann die *Kongreßhalle*, dem Torso des Kolosseums von Rom nachempfunden, dessen Wucht Hitler während eines Staatsbesuches offenbar tief beeindruckte, nachdem er bereits vorher wieder und wieder erklärt hatte: Das Römische Reich sei das einzige wirkliche Weltreich der Geschichte gewesen. Nun sollte der Vorläufer, das Kolosseum, noch übertroffen werden. Hitler, als er im September 1935 den Grundstein zur Kongreßhalle legte: »Wenn aber die

Bewegung schweigen sollte, dann wird noch nach Jahrtausenden dieser Zeuge hier reden. Inmitten eines heiligen Haines uralter Eichen werden dann Menschen diesen ersten Riesen unter den Bauten des Dritten Reiches mit ehrfürchtigem Staunen bewundern.«[13]
Auch an dieser Stätte, wo die Parteikongresse stattfinden sollten und Hitler die Protokolle für die nächsten 800 Jahre festlegen wollte, schwirrt es wieder von Makroziffern. 60 000 Besucher in einem hufeisenförmigen Gebäude von 275 Metern Länge, 265 Metern Tiefe und 68,5 Metern Höhe, unter Verwendung von 46 000 Kubikmetern hellen und rötlichen Graniten aus mehr als 80 Steinbrüchen. Da die Kongreßhalle, im Gegensatz zu fast allen anderen NS-Großbauprojekten, immerhin etwa zur Hälfte verwirklicht worden ist, kann sich heutzutage jeder Nürnberg-Besucher selbst von der monumentalen Scheußlichkeit überzeugen. Sollte er je den Anblick des antiken, an Baumasse jedoch weit übertroffenen Vorbildes von Rom genossen haben, so wird er sich mit Grausen wenden, möglicherweise dann aber doch ein wenig verweilen bei der außerordentlich umstrittenen Gegenwartsfrage, wie mit dem steinernen NS-Erbe Nürnbergs umgegangen werden soll.
Die Kongreßhalle steht in hoher Gunst der städtischen Finanzbehörde, doch dies nicht etwa aus alt- oder neonazistischen Sympathien, sondern weil sie vermietet werden kann, für jährliche Beträge mit sechs Nullen. Eine breite Benutzerpalette tut sich auf – Künstler, Sportler, natürlich auch Vertreter des Kommerzes, sie besonders dringlich. Aus ihren Reihen kam auch der Vorschlag, die Kongreßhalle, oder wenigstens einen Teil von ihr, in einen Konsumtempel umzuwandeln, mit Büroräumen, Shopping-Center, Schwimmbecken und Plätzen für die Alten – also für jeden etwas. Dagegen wehren sich Bürgerkreise, die meinen, daß die Reste der NS-Großbauten erhalten bleiben sollten, als Anschauungsmaterial für Generationen, die von ihrem Lebensalter her keine Erfahrungen mit dem Dritten Reich haben, aber auf diese Weise mit dessen Mentalität bekanntgemacht werden können. Der Kampf der gegensätzlichen Interessen wogt zur Stunde noch hin und her, und hier ist nicht der Platz, sich tiefer mit ihm zu beschäftigen. Es soll jedoch kein Zweifel aufkommen, daß Sympathien und Solidarität

des Autors auf seiten derer liegen, die hier der Nachwelt Abschrekkungsobjekte erhalten wollen, die wie wenige andere geeignet wären, vom Ungeist ihrer Planer und Erbauer zu zeugen.
Ein Wort zu den Kosten der architektonischen Gigantomanie.
Der erste Voranschlag für die Kongreßhalle von 1934 hatte zunächst auf 2,2, dann aber bald auf zehn Millionen Reichsmark gelautet. Anfang 1935 schätzte Albert Speer die Kosten bereits auf 125 Millionen RM. Tatsächlich verschlang die Kongreßhalle bis zum Abbruch der Arbeiten im Jahre 1943 208 Millionen RM.[14]
Diese – für alle anderen Baupläne durchaus typische – Kostenexplosion verfehlte auf Hitler jeden Eindruck. Charakteristisch war seine Reaktion auf die Mitteilung, daß allein für das »Deutsche Stadion« 200 bis 250 Millionen RM aufzubringen wären: »Das ist weniger als zwei Schlachtschiffe vom Typ *Bismarck*. Wie schnell wird ein Panzerschiff zerstört, und wenn nicht, ist es in zehn Jahren Schrott. Aber dieser Bau, der steht noch in Jahrhunderten!« Und dann, exemplarisch für Hitlers Verhalten gegenüber unangenehmen Geldfragen überhaupt, zu Speer: »Weichen Sie aus, wenn Sie vom Finanzminister gefragt werden, was das kostet. Sagen Sie, man hätte bei solchen großen Bauvorhaben keine Erfahrung.«[15]
Aus dem Reichsfinanzministerium wird dann auch, an die Adresse des Reichsinnenministeriums und unter dem Datum des 25. Februar 1935, geklagt: »Vor etwa zwei Monaten war als Gesamtaufwendungen für die geplanten Bauten ein Betrag von 80 Millionen Reichsmark genannt worden, vor etwa vier Wochen hat Architekt Speer die Aufwendungen auf 124 Millionen Reichsmark geschätzt, und neuerdings wird ein Betrag von 150 Millionen Reichsmark genannt... Aus dem Reichshaushalt lassen sich die Mittel nicht zur Verfügung stellen.«[16]
Für den »Führer« waren das Lappalien, auf die er sich nicht einließ. Wie er 1938 einem Vertrauten bekannte, wollte er so gewaltig bauen, »daß selbst die Pyramiden zurücktreten gegenüber den Betonmassen und Steinkolossen... Ich baue für die Ewigkeit – denn wir sind das letzte Deutschland!«[17]
Wie wahr!

München – Hauptstadt der Bewegung

Hier war Hitler lange zu Hause gewesen, hier hatte die Partei ihre frühesten Triumphe gefeiert, hier hatte am 9. November 1923 der »Marsch zur Feldherrnhalle« stattgefunden. Vom Volksmund in »Hauptstadt der Erdbewegung« umgetauft, sollte München von Grund auf umgestaltet werden. Das bestätigt Otto Strasser: Im September 1927 habe er sich mit Hitler getroffen, der dann vor einer Stadtkarte Umbauten beschwor, die München vollständig verändern würden, mit Boulevards und riesigen Durchbrüchen, die alle auf ein Zentrum zulaufen würden: die »Säule der Bewegung«! Der skizzenhafte Grundriß bildete dann auch die Basis für die Münchener Pläne, ganz im Stile megalomaner Architektur.

Eine 6,6 Kilometer lange und 120 Meter breite Ost-West-Achse sollte flankiert werden von Stadthaus, »Halle der Arbeit«, Thermen und Schwimmhalle. Dazu sollten kommen: Bierpaläste, Schauspielhaus, Oper und Operettentheater, alles überdimensional (nach Handskizze, von Hitler kurz nach dem Sieg über Frankreich entworfen, sollte die neue Münchener Oper den dreifachen Raum der Großen Oper von Paris und der Wiener Hofoper einnehmen). Geplant waren ferner eine gewaltige Ausstellungshalle auf der Theresienwiese, ein riesiges Hotel der Organisation »Kraft durch Freude« (KdF) sowie eine ganze KdF-Stadt. Dazu zwei Hochhäuser, in denen der Partei-Verlag Eher untergebracht werden sollte, und – Prunkstück der Münchener Planungen – der neue Hauptbahnhof, die größte Stahlskelettkonstruktion der Welt. Mit 378 Metern Durchmesser, 136 Metern Dach- und 270 Metern Kuppelhöhe hätte das Areal des neuen Münchener Hauptbahnhofes, einschließlich Vorplatz, die sechsfache Fläche der Peterskirche und ihres Platzes ausgemacht!

Der gesamte Schienenverkehr sollte aus der Stadt genommen werden, eine Verlagerung mit astronomischen Folgekosten, da neben dem Südbahnhof auch der West- und der Ostbahnhof an anderen Stellen wiedererrichtet werden sollten. Ein Teil des Schwabinger Stadtgebietes sollte von Monumentalbauten geschmückt, im Raum Giesing/Daglfing die neue Oststadt, in Milbertshofen die Nordstadt erbaut werden. Die Pläne für ein U-Bahn-Netz waren in

Arbeit, ebenso für Vorwerke und Tore, die das Zentrum im Stile mittelalterlicher Stadtfestungen abschirmten. Und um das Ganze sollte ein Autobahnring von 58 Kilometern Länge gelegt werden. Das Herzstück des neuen München aber sollte, dem frühen Plan getreu, das große Siegesdenkmal der Nationalsozialistischen Arbeiterpartei werden – die *Siegessäule der Bewegung*. 214,5 Meter hoch sollte sie aufragen in den Himmel über Bayern (womit sie die Frauenkirche um mehr als das Zweifache überragt hätte), mit Szenen aus der »Kampfzeit« auf einem mächtigen Sockel, mit einem Gigantenfries von elf Metern Höhe (das Parthenonfries begnügte sich mit 90 Zentimetern) und einem über 25 Meter dicken Säulenschaft, der in einen Adler mit einer Flügelspannweite von 35 Metern auslief. Aber schon die Vorarbeiten führten zu reichsbehördlichen Zusammenstößen, bei denen *Hitler* gegen den *Führer* ausgespielt wurde. Das geht hervor aus einem Briefwechsel des Münchener Oberbürgermeisters und Reichsleiters Fiehler mit Hjalmar Schacht, dem Präsidenten des Reichsbankdirektoriums, vom August 1937. Da pariert Schacht den Münchener Griff nach dem Kapitalmarkt zur Finanzierung von Bauvorhaben (bei dem Fiehler sich ausdrücklich auf Hitler beruft) kühl mit der Berufung auf dieselbe Autorität:

»Bei allem guten Willen, Ihren Wünschen entgegenzukommen, muß ich als der für die Führung der Geld- und Kapitalmarktpolitik verantwortliche Minister zu meinem Bedauern an der in meinem Schreiben vom 30. Juli ds. Js. zum Ausdruck gebrachten Stellungnahme festhalten, da durch eine Berücksichtigung sonstiger Finanzierungswünsche, so dringlich sie im übrigen auch sein mögen, die Durchführung der mir vom Führer übertragenen Aufgaben gefährdet würde.«[18]

Wie in Nürnberg, so sollte auch in München 1945/46 in großem Stil mit einem Umbau begonnen werden, der 1950 fertiggestellt sein sollte. In der ehemaligen »Hauptstadt der Bewegung« findet sich von dem bereits Errichteten nichts als das »Haus der deutschen Kunst« und die Verwaltungsgebäude am Königsplatz.

Noch weniger ist davon in *Hamburg* übriggeblieben – geplant als die *Hauptstadt der deutschen Schiffahrt*. Die Ankündigung dazu fiel

bereits im Oktober 1933 (zusammen mit Bremen, was dann zurückgenommen wurde), während der Plan zum Ausbau der Millionenstadt an der Unterelbe 1935 konkrete Gestalt annahm.
Hitler war zum Stapellauf des Schulschiffes »Horst Wessel« nach Hamburg gekommen und hatte in Begleitung lokal führender Nazis einen Ausflug auf dem großen Strom gemacht. Dabei ergaben sich Gespräche über erhebliche Umgestaltungen, die in einem Lieblingsprojekt Hitlers gipfelten – einer Hochbrücke, die sich westlich von Altona in kühnem Bogen über die Elbe spannen sollte. Dazu heißt es in der schriftlich niedergelegten Erinnerung eines Hamburger Stadtdirektors vom 4. Juni 1941:

»Der Führer stand mit einigen Hamburger Herren im Gespräch auf dem Achterdeck der Grille (gemeint ist die »Aviso Grille«, R. G.) und blickte elbabwärts. Er machte dabei, als er von dem Bau einer Hochbrücke sprach, eine Handbewegung gleich einem Brückenbogen über die Elbe und fügte, zu den Höhen am Altonaer Ufer gewendet, die Worte hinzu: Hier sehe ich ein großes monumentales Bauwerk; dies hier unten (er zeigte dabei auf die Getreide- und Kohlenspeicher am Ufer) muß natürlich weg.«[19]

Das genügte.
Am 19. Juni 1936 wird ein erster Entwurf festgelegt – von Fritz Todt, damals Generalinspektor für das Straßenwesen, später Gründer der »Organisation Todt«, bis zu seinem Ende durch Flugzeugabsturz am 8. Februar 1942 Reichsminister für Bewaffnung und Munition (Speer wurde sein Nachfolger).
Die Brücke sollte das Glanzstück eines Gesamtbebauungsplans werden, der im Juli 1939 fertig war. Er hätte die Hansestadt total verändert, ihr Gesicht von der Alster weg dem Elbstrom zugekehrt und die Stadt der Zukunft in fünf neue Zonen geteilt: Neustadt, Wallanlagen, Elbparkgelände, Elbhochstraße, Verwaltungsforum. Auch hier die Große Straße, eine langgestreckte Nord-Süd-Achse. Von einem überhohen Pylonen verpfropft, sollte sie am Ufer der Norderelbe enden. Von dort böte sich ein phantastischer Anblick – nicht nur auf die Riesenpfeiler der Hochbrücke elbabwärts, unter der auch die größten Ozeandampfer mit weitem Abstand wie Spielzeugschiffe hindurchgeglitten wären, sondern auch auf einen

250 Meter hohen Wolkenkratzer, eine Art Gegenstück zur Brücke. Beide Bauwerke waren Hitlers Lieblingsprojekte, und sie gaben ihm Gelegenheit, auf sein verräterisches Trauma zu kommen: das Selbstbewußtsein der Deutschen durch Monumentalbauten zu heben.

Am 10. Februar 1939 geht er in der Berliner Kroll-Oper darauf ein:

»Ich lasse aus diesem Grunde z.B. in Hamburg diese große Brücke bauen. Man wird mir vielleicht sagen: Warum bauen Sie nicht einen Tunnel? Ich halte ihn nicht für so zweckmäßig. Aber selbst wenn ich ihn sachlich für so zweckmäßig halten würde, dann würde ich doch die größte Brücke der Welt nach Hamburg jetzt hinstellen, um dem Deutschen, der vom Ausland kommt oder in das Ausland geht oder der die Möglichkeit hat, das Ausland mit Deutschland zu vergleichen, das Bewußtsein zu geben: Was heißt Amerika mit seinen Brücken? Wir können genau das gleiche. Deshalb lasse ich Wolkenkratzer hinstellen von der gleichen Gewalt der größten amerikanischen. Deshalb lasse ich Berlin zu einer gewaltigen Hauptstadt ausbauen, deshalb in Nürnberg diese gigantischen Anlagen schaffen, deshalb in München desgleichen, deshalb diese riesigen Autostraßen im Deutschen Reich, nicht nur aus reinen Verkehrsgründen heraus, sondern auch noch zusätzlich aus der Überzeugung, daß es notwendig ist, dem deutschen Volk das zerbrochene, an sich früher schon nicht so große Selbstbewußtsein zu geben, das eine 80-Millionen-Nation beanspruchen kann und das es benötigt.«[20]

Ganz dahinein paßt das mächtige Hamburger Gauhaus der NSDAP, eine Volkshalle, die mühelos 50 000 Menschen faßte, und ein Aufmarschplatz davor für die doppelte Zahl. Nur am Rande: Ein neuer Elbtunnel für Autos sollte gebohrt, das gesamte Hafenbecken erweitert und ein neuer Fischereihafen angelegt werden. Im Zusammenhang mit der Umgestaltung Hamburgs soll dann jenes Wort gefallen sein, das Aufschluß geben könnte über Hitlers Neigung zu schlußgeschichtlichen Vorstellungen: »Später können dann die Generationen kommen, die sich darüber freuen, wenn sie Rinnsteine versetzen können und Gaskandelaber von einer Seite auf die andere.«[21]

Tatsächlich war ein wahres Planungsfieber ausgebrochen, mit Entwürfen von Blockeinheiten für Polizei, Justiz, Bahn, Post, für Museen, Bibliotheken, Schulen, Universitätsinstitute. Dazu Bauten

für die SS, für die Hitlerjugend und die Deutsche Arbeitsfront des Robert Ley.
Das Wahnwitzigste an dieser Zerstörung des gewachsenen Stadtkörpers aber war der Plan, die Hamburger Fleete mit 400 Brücken zu überspannen – jene wunderbaren, damals noch unversehrten, stadtgeschichtlich einmaligen Wasserstraßen zwischen der Norderelbe und der Binnenalster, diese nicht zu Unrecht »Venedig des Nordens« genannte Kostbarkeit.
Die gesamte Umgestaltung Hamburgs sollte bis 1965 vollzogen sein.

Die Widrigkeiten kamen früh. Denn leider, so stellte sich heraus, konnte die Hochbrücke über die Elbe nicht, wie von Hitler gewünscht, die Golden Gate Bridge von San Francisco übertrumpfen und damit die längste Brücke der Welt werden. Der weiche Hamburger Untergrund ließ das Gewicht der geplanten freitragenden Fläche zwischen den 185 Meter hohen Pfeilern an den beiden Ufern der Norderelbe nicht zu. Aus dem gleichen Grunde konnte auch der geplante Wolkenkratzer nicht höher als seine amerikanischen Konkurrenten werden, Manhattans betonstählerne Ungetüme, die allesamt auf Fels gebaut worden waren. Auf der Suche nach einem Dennoch-Superlativ bei soviel Enttäuschung verfielen die Planer darauf, den Rekordhunger ihres obersten Bauherrn dadurch zu stillen, daß die Hamburger Hochbrücke die von San Francisco wenigstens an Quadratmetern übertrumpfen würde. Dabei handelte es sich gar nicht um eine Brücke im engeren städtischen Sinn, was der Reichsstatthalter und Gauleiter Hamburgs, Karl Kaufmann, verschämt so umschrieb: »Natürlich wird sie auf den städtischen Verkehr Einfluß haben; ihre eigentliche Bedeutung liegt jedoch in ihrer Rolle als Glied des Reichsstraßennetzes und als repräsentatives Bauwerk des Reiches.«[22]

In Zusammenhang mit den Umbauplänen Hamburgs gibt es auch andere Korrespondenzen, und durch sie kommt man den Voraussetzungen für den Umbau der deutschen Städte ein ganzes Stück näher – der fest eingeplanten Sklavenarbeit.

Am 25. Januar 1940 erhält Karl Kaufmann ein Schreiben mit dem Briefkopf »Der Reichsführer SS – Der Chef des Hauptamtes Verwaltung und Wirtschaft«, unterzeichnet von dem – am 7. Juni 1951 hingerichteten – SS-Obergruppenführer Oswald Pohl:

»Betr.: Einsatz von polnischen Häftlingen im Staatsgebiet Hamburg.
Das Ergebnis der Verhandlung vom 23. d.M. in Ihren Diensträumen fasse ich wie folgt zusammen:
1) Der Einsatz von Häftlingen im Rahmen eines vom Reich zu unterhaltenden Konzentrationslagers zur Lösung verkehrspolitischer Fragen wurde einstimmig begrüßt.
2) Die Stadt Hamburg hat das größte Interesse an der Erweiterung des mit Häftlingen betriebenen Klinkerwerkes der Deutschen Erd- und Steinwerke GmbH. in Neuengamme bei Hamburg.
3) Die Inangriffnahme der besprochenen Arbeiten soll so schnell wie möglich gemeinschaftlich erfolgen. Das Reich stellt die Arbeitskräfte, die auf Kosten des Reiches untergebracht und verpflegt werden, unentgeltlich zur Verfügung, während Hamburg den technischen Stab mit der Planung und Durchführung der einzelnen Arbeitsvorhaben beauftragt.
Gegenstand der Verhandlung war zunächst lediglich die Regulierung der Doven Elbe von Neuengamme Richtung Hamburg und die Erweiterung des Klinkerwerkes zur Sicherung des Bedarfs an Bauklinkern innerhalb Hamburgs im Hinblick auf die nach Beendigung des Krieges in Angriff zu nehmenden Führerbauten.«[23]

Bei seinen Forschungen über die Baupolitik des Dritten Reiches hat das Autoren-Trio Dülffer/Thies/Henke tief gegraben. Dabei stieß es auf eine Korrespondenz, die von zwei wesentlichen Merkmalen des Bauprogramms bestimmt war: von der Langfristigkeit der Planungen und den permanenten Finanznöten. In einem Schreiben der Finanzverwaltung Hamburg vom 16. Oktober 1940 an die »Durchführungsstelle für die Neugestaltung der Hansestadt Hamburg« heißt es:

»Im Finanzierungsplan für die Ausgaben der Neugestaltung sind als jährliche Leistung des ordentlichen Haushalts 60 Millionen Reichsmark für die Dauer von 55 Jahren vorgesehen. Diese 60 Millionen entsprechen in ungefährer Höhe dem Kriegsbeitrag der Hansestadt.«[24]

Nach klagend aufgeführten Einschränkungen in Höhe von 63,4 Millionen Reichsmark, die sich die Haushaltspläne von 1939 und

1940 durch die Neugestaltung haben auferlegen müssen (darunter Verzicht auf Rücklagen und Schuldentilgung), heißt es weiter:

»Aus diesen Erwägungen ergibt sich eindeutig, daß die Leistungen an den Sonderhaushalt in Höhe von 60 Millionen Reichsmark nur unter größter Beschränkung sämtlicher übrigen Aufgaben möglich sein werden. Dies hat wiederum zur Folge, daß etwaige notwendige Ausgaben des Sofort-Bauprogramms und ähnlicher Maßnahmen nur zu Lasten der 60 Millionen RM gehen können. Alle Ausgaben auf diesem Gebiet bedeuten eine entsprechende Verminderung der 60 Millionen RM und Hinausschiebung des Endzieles, nämlich der Durchführung der Neugestaltung Hamburgs.«[25]

Die Planungen werden intensiv fortgesetzt bis November 1941, danach aber keineswegs völlig eingestellt. Das Tagebuch des Hamburger Bürgermeisters Krogmann weist aus, daß noch im August 1944 Bericht über die Arbeiten erstattet worden ist, während die betreffende Dienststelle erst im Juli 1945, also zwei Monate nach der Kapitulation, aufgelöst, der Vertrag mit ihrem Leiter jedoch erst zum 31. Dezember 1945 gekündigt worden ist.

Der Adler über der Weltkugel

Das »erste Bauwerk des neuen großen Deutschen Reiches« – so Hitler im Sportpalast bei der Einweihung – war die *Neue Reichskanzlei* in Berlin. Den Auftrag bekam Albert Speer, im Januar 1938. Hitler eröffnete ihm, daß er in nächster Zeit wichtigste Besprechungen führen müsse, wozu er große Hallen und Säle brauche, »mit denen ich besonders kleineren Potentaten imponieren kann«. Das Gelände stünde zur Verfügung, die Kosten seien gleichgültig. »Aber es muß sehr schnell gehen und trotzdem solid gebaut sein. Wie lange brauchen Sie? Pläne, Abriß, alles zusammen? Anderthalb oder zwei Jahre wären mir schon zuviel. Können Sie zum 10. Januar 1939 fertig sein? Ich will den nächsten Diplomatenempfang in der neuen Kanzlei machen.«[26]

Hier wird der Anschein erweckt, als wenn der Plan für die Neue Reichskanzlei ganz spontan, sozusagen über Nacht, geboren wurde, was Hitler offiziell bestätigte: Er habe am 11. Januar 1938 den Generalbauinspektor Professor Speer mit dem Neubau der Reichskanzlei in der Voßstraße beauftragt und als Termin der Fertigstellung den 10. Januar 1939 festgesetzt.[27]

Inzwischen läßt die vorbildlich-gründliche Arbeit von Angela Schönberger eindeutig erkennen, daß die Planungen für den Neubau viel weiter zurückreichen, bis ins Jahr 1935, und daß darin bereits die Voßstraße zwischen Wilhelmsplatz und Hermann-Göring-Straße ebenso festgelegt war wie die Anordnung der repräsentativen Räume – Ehrenhof, Mosaiksaal, Kabinettsaal, Empfangsraum und Hitlers Arbeitszimmer.[28] Aus diesen Quellen wird auch erkennbar, daß Hitler schon vor dem Tod des greisen Reichspräsidenten Paul von Hindenburg (2. August 1934) den Bau einer »imponierenden Residenz« geplant hatte, die ihn als Staatsoberhaupt ausweisen sollte.

In einer Skizze von 1935 hatte Hitler zwar den Grundriß bestimmt – Längsrichtung des Gebäudes, ehrenhofartige Erweiterung zur Voßstraße, Eingang und Anordnung der Räume hin zum Empfangssaal. Aber erst Speer brachte die Pläne in die Dimensionen der Architektur des Dritten Reiches: große Tore zum Ehrenhof, fünf Meter hohe Flügeltüren vor dem Gang zu einer mit Mosaik ausgekleideten Halle, eine Galerie von 145 Metern Länge (das doppelte Maß des Versailler Spiegelsaals – im ganzen eine Strecke von 220 Metern, ehe der Empfangssaal erreicht wäre). Hitler zu Speer über die beabsichtigte Wirkung dieses Diplomaten-Parcours: »Die werden auf dem langen Weg vom Eingang bis zum Empfangssaal schon etwas abbekommen von der Macht und Größe des Deutschen Reiches.«[29]

Am 2. August 1938 sind Richtfest und Richtschmaus, in der Deutschlandhalle, für 4500 Arbeiter. Dort erfahren sie von Hitler, daß der nächste Diplomatenempfang am 10. Januar 1939 in dem neuen Gebäude stattfinden werde: »Das ist jetzt, meine Volksgenossen, kein amerikanisches Tempo mehr, das ist jetzt schon das deutsche Tempo. Das haben wir, glaube ich, in Europa der Welt zum erstenmal vorgemacht, und das ist auch gut so.«[30]

Tatsächlich empfängt Hitler die Vertreter der ausländischen

Mächte zwei Tage später als geplant. Dazu der »Völkische Beobachter« vom 13. Januar 1939 unter dem Titel »Großdeutschlands Reichskanzlei«:

»Dem Zuwachs an Macht und Größe Deutschlands entspricht auch der äußere Rahmen, in dem der Führer gestern die fremden Diplomaten empfing, denn durch den großartigen Bau der neuen Reichskanzlei hat der Führer in weit vorausschauender Weise ein Baudenkmal geschaffen, das als erster Monumentalbau des Großdeutschen Reiches diesen geschichtlichen Aufstieg versinnbildlicht hat.«

Es ging nur um die Demonstration von Macht. Aus den Tagen der Hitlerschen Hocherwartungen, im Frühherbst 1941, stammt dieses Wort: »Wenn man die Reichskanzlei betritt, so soll man das Gefühl haben, den Herrn der Welt zu besuchen.« Dann wieder die unverbergbar kleinbürgerliche Attitüde, das Imponiergehabe eines Halbstarken, wenn Hitler in seinem Arbeitszimmer angesichts der Intarsien des Schreibtisches – ein halb aus der Scheide gezogenes Schwert – zu Speer bemerkt: »Gut, gut ... wenn das die Diplomaten sehen, die vor mir an diesem Tisch sitzen, werden sie das Fürchten lernen.«[31]

Der Bau entpuppt sich als reine Repräsentation, ohne wirkliche Funktion. Hitler bleibt alltags im alten Reichskanzlerpalais, von dem er einmal gesagt hatte, es sei »einem Seifenkonzern angemessen«.[32] Der holzgetäfelte Kabinettsaal wurde kein einziges Mal seiner Bestimmung zugeführt – es gab unter Hitler kein Kabinett. Dazu eine bezeichnende Arabeske aus Speers Feder:

»Mancher der Reichsminister fragte mich, ob ich ihm einmal vermitteln könne, ›seinen‹ Saal wenigstens zu sehen. Hitler genehmigte das, und so stand mitunter ein Minister für einige Minuten stumm vor seinem Platz, den er nie eingenommen hatte und auf dem eine große blaulederne Schreibmappe lag, die in Goldlettern seinen Namen trug.«[33]

In ihrem grundlegenden Werk über die neue Reichskanzlei von Albert Speer mit dem Untertitel »Zum Zusammenhang von nationalsozialistischer Ideologie und Architektur« kommt die Autorin Angela Schönberger zu einer interessanten Feststellung hinsichtlich des Zeitgeistes, der dahinter stand. Bezüglich der Herrschersymbole in Form von Allegorien, von kostbaren Materialien und Kunsttechniken, die der Visualisierung des Führerprinzips dienten, heißt es:

»Die Wahl dieser Symbole eignete sich aber nicht nur für die Darstellung und Selbstinszenierung Hitlers, sondern sie entsprach auch dem Bedürfnis großer Teile der Bevölkerung nach Repräsentation von Macht und Identifikation mit ihr und der Hinwendung und Identifikation mit dem ›Führer‹. Die außen- wie innenarchitektonische Gestaltung der neuen Reichskanzlei sollte Sicherheit und Dauer garantieren zu einem Zeitpunkt, als der Beginn des Krieges bereits geplant war. So erweist sich der Bau der neuen Reichskanzlei in allen seinen vielschichtigen Bezügen als ein einzigartiges Beispiel von Architektur der Macht, von Suggestion von Macht durch Architektur.«[34]

Und dennoch war diesem ersten Bauwerk des neuen großdeutschen Reiches nur Übergangscharakter, nur Etappendauer zugedacht, denn weit darüber hinaus sollte bis 1950 auf einem viel größeren Gelände die letzte, die allerletzte Kanzlei entstehen – Zitadelle des »Großgermanischen Weltreiches«, Zwingburg einer deutschbeherrschten Erde, das in *Germania* umgetaufte Berlin!

Die Pläne dafür übertrafen alle anderen noch um ein Vielfaches. Rückgrat der Neugestaltung auch hier das axiale System: eine Nord-Süd-Achse von 38,5 Kilometern Länge sowie eine Ost-West-Achse von 50 Kilometern, mehr als 100 Meter breit (um die Pariser Champs-Elysées zu übertreffen) und umrahmt von hohen Büro- und Geschäftsbauten. An den Enden sollten Bahnhöfe errichtet werden, davon als größter der Zentralbahnhof an der Nord-Süd-Achse – ein ungeheures Stahlskelett, mit Kupferplatten verkleidet und glasbedeckt. Darunter vier übereinanderliegende, mit Rolltreppen und Fahrstühlen verbundene Verkehrsebenen – eine Beschämung des New Yorker Grand Central Terminal. Davor führte eine Freitreppe auf einen Platz von 1000 Metern Länge und 300 Metern Breite, den Blick auf ein Panorama frei gebend, das alle baulichen Weltwunder der Antike und sämtlicher folgenden Epochen in den Rang bloßer Maulwurfshügel versetzt hätte: In 800 Metern Entfernung klotzte ein Bauwerk hoch, das ebenfalls auf

einen frühen Entwurf Hitlers aus den zwanziger Jahren zurückging und alle bisherigen Größenordnungen der Städteneuplanung sprengte – der *Triumphbogen*!
Im Schnittpunkt des axialen Straßensystems sollte er mit seiner Höhe von 117 Metern den Arc de Triomphe der französischen Hauptstadt um mehr als das Doppelte überragen, wie auch die Breite von 170 Metern und die Tiefe von 119 Metern das Pariser Vorbild zu einer Spielzeugvorlage degradiert hätte. Der Große Bogen war die Wutreaktion Hitlers auf das Berliner Ehrenmal der Weimarer Republik für die Toten des Ersten Weltkrieges, das er als »armselig und einer großen Nation unwürdig« beschimpfte.[35] Und so sollten denn nach seinem Willen auf dem neuen Triumphbogen alle Namen der Millionen Gefallenen zwischen 1914 und 1918 in Granit eingemeißelt werden. Durch den Anblick des Riesenmals sollte, wie Hitler lange vor dem Krieg äußerte, »der Staatsgast, der aus dem Bahnhof tritt, an die Größe unserer Siege erinnert werden. Und dieser Blick soll mit einer Allee von Waffen eingerahmt sein, welche wir von unseren Feinden in Zukunft erbeuten. Hier werden sie auf marmornen Sockeln aufgestellt sein.«[36]
Aber auch der Triumphbogen war noch nicht der absolute Höhepunkt. Davor lagen noch fünf Kilometer, und die sollten eingenommen werden von Geschäfts- und Vergnügungsstraßen mit einem Runden Platz an der Potsdamer Straße, während es nach Norden zu dann wieder ehern wurde: mit einer *Soldatenhalle*, einem gewaltigen Würfel, dessen Bestimmung unklar blieb, wenngleich eine oberste Anweisung nach dem Waffenstillstand mit Frankreich einen gewissen Hinweis geben könnte. Als erstes Schaustück sollte dort jener Speisewagen aufgestellt werden, in dem im Wald von Compiègne sowohl die deutsche Niederlage von 1918 als auch die französische von 1940 besiegelt wurden. Eine Ehrenhalle im Erdgeschoß sollte mit erbeuteten Trophäen ausgeschmückt und in einer gewölbten Krypta darunter Platz gemacht werden für Hunderte von Sarkophagen – letzte Ruhestätte für Heerführer und andere hohe Militärs, aber auch für Kommandanten von U-Booten und Panzern. All dies wiederum nach Plänen, die schon lange vor dem Kriege fertiggestellt waren.[37]

Aber nun endlich ist das Zentrum des gigantomanischen Labyrinths in der Nähe, ist der innere Rand, der Vorhof der modernen Stein-Stahl-Beton-und-Glas-Höhle eines modernen Minotaurus, erreicht, breiten sich die Pläne für den *Palast des Führers* aus – so genannt, obwohl damit Hitlers Wohnung gemeint ist. Aber wer mag ein Gebäude von einer Million Quadratmetern schon so nennen? Zwei Millionen sind es gar, wenn die dazugehörigen Grünflächen und Gärten einbezogen werden, und da wundert es auch niemanden, daß im Speisesaal Tausende von Gästen und in Hitlers Privattheater immerhin noch vierhundert Zuschauer Platz gefunden hätten – all dies gebettet in übergroße Gesellschaftsräume, Saalfluchten und Wandelhallen.
Da Hitler der lange Anmarschweg der Diplomaten in der Neuen Reichskanzlei außerordentlich gefallen hatte, bestand er bei der Planung des *Führerpalais* darauf, daß der Weg zum *Herrn der Welt* auch hier ein beträchtlicher sein müsse. Speer verdoppelte ihn daraufhin auf einen halben Kilometer.
Nach den Plänen des »GBI« betrug die Fläche für des Führers Wohnstatt das 150fache der ursprünglich von Hitler benutzten Kanzlerwohnung Bismarcks und das 70fache der von ihm als »Verwaltungsbau eines Seifenkonzerns« verhöhnten alten Reichskanzlei. Aber auch diese größte Ansammlung privater Gemächer in der Architekturgeschichte sollte noch einmal vielfach übertroffen werden durch ein Bauwerk, in das Hitler von seinem Palast zu Fuß hätte gelangen können, wenn ihm das nicht unzumutbar viel Zeit gestohlen hätte, eine Stätte, die nun endlich selbst die Pyramiden- und Kolossal-Megalomanie altägyptischer Pharaonen auf hintere Plätze verweisen würde – die *Große Kuppelhalle*.

Vor deren Zahlen noch einmal tief durchatmen.
Mit einer Höhe von 290 Metern, einem Durchmesser von 250 Metern und einer Fläche von 38 000 Quadratmetern wäre sie zur größten Versammlungshalle der Welt geworden, mit Platz für 250 000 Menschen.
Die Kuppel setzte in 98 Metern Höhe zu einer leicht parabolischen Kurve an, offensichtlich nach dem Vorbild des Pariser Panthéon.

Nur, daß der gesamte Kuppeldurchmesser des französischen Ehrentempels von 43 Metern allein schon durch die Lichtöffnung der Berliner Gigantenhalle um drei Meter überboten worden wäre. Die gebirgige Wölbung lastete auf einem viereckigen Granitklotz von heller Tönung, der 315 Meter lang und 74 Meter hoch werden sollte. Der äußere Umfang des Gebäudes – zu dem sich das Washingtoner Capitol zwar nicht ästhetisch, wohl aber größenmäßig verhalten hätte wie eine Hundehütte zu einem Herrenhaus – würde die unvorstellbare Zahl von 21 Millionen Kubikmetern umschlossen haben: das 17fache Volumen der Peterskirche! Von ihrem Bauherrn durchaus gedacht als Kultzentrum des *Großgermanischen Weltreiches*, sollte die Große Kuppelhalle tatsächlich das zentrale Heiligtum der Katholiken auf der Erde ablösen.

An drei Seiten von Wasser umgeben, dessen Spiegelung die Wirkung noch erhöht hätte, war auf der Spitze der Kuppel, in 290 Metern Höhe, eine Laterne vorgesehen, über der ein Adler auf einem Hakenkreuz hockte. Im Frühsommer 1939, so berichtet Albert Speer, deutete Hitler vor dem Modell der Großen Kuppelhalle auf den Reichsadler mit dem Hoheitszeichen in den Fängen und befahl:

»Das hier wird geändert. Hier soll nicht mehr der Adler über dem Hakenkreuz stehen, hier wird er die Weltkugel beherrschen. Die Bekrönung dieses größten Gebäudes der Welt muß der Adler über der Weltkugel sein!«[38]

Bleibt, als letzte der fünf »Führerstädte«, das oberösterreichische *Linz* an der Donau.

Das könnte nach Idylle riechen und tut es auch – unter einem besonders unheimlichen Aspekt: Wenn Hitler den Krieg gewonnen hätte, sollte Linz sein Alterssitz werden.

Zunächst auch hier das Übliche, die volle Sterilität des Monumentalkatalogs – die prächtige Achse, der Glockenturm, das Gebäude der NSDAP, die Gauhalle (für 35 000 Personen). Ferner – ein Aufmarschplatz, an einem Ende der Großen Straße der neue Hauptbahnhof, am anderen der *Platz der Kultur*, ein Riesenkomplex mit Theater, Gemäldegalerie, Bibliothek, Hotels, städtischen Behörden. Dazu zwei Brücken über die Donau, eine stählerne und eine steinerne, all das dem Fluß zugewandt, um ein ganz neues Uferbild entstehen zu lassen, ein *deutsches Budapest*, wie Hitler schwärmte: Es sei ja, geschichtlich gesehen, eine unverzeihliche Parodie, wenn die Hauptstadt der Nachfahren Attilas und seiner Hunnen die schönste Stadt am Nibelungenstrom wäre![39] In der Planung finden sich zwei lokale Besonderheiten: ein Denkmal zur *Befreiung Österreichs* 1938 und eines für Anton Bruckner, der in Linz Domorganist war.

Die Linzer Entwürfe sind wahrscheinlich die frühesten von allen und werden von den Fachwissenschaftlern als Hitlers ureigene Sache angesehen, die eigentliche Auslösung für die Städteplanung überhaupt. Darauf weisen Erinnerungen des einstigen Jugendgefährten Kubizek hin: Die Entwürfe des Fünfzigjährigen von 1939 für Linz hätten denen des Fünfzehnjährigen von 1904 entsprochen. Diese Beobachtung bestätigte Hitlers Leibfotograf Heinrich Hoffmann für den Zwanzigjährigen, während Hitlers zeitweiliger Auslandspressechef, Ernst Franz Hanfstaengl, sich gar genau an das Jahr 1923 als dem der monumentalen Entwürfe erinnern wollte.[40]

Gut ein Viertel der etwa 125 Skizzen, die Hitler in Speers Gegenwart anfertigte – und die der offenbar andachtsvoll sammelte und aufbewahrte –, befaßte sich mit Linzer Bauvorhaben. Als er einmal die historische Befestigungsanlage skizzierte, sagte er: »Hier war mein liebster Spielplatz. Als Schüler war ich zwar schlecht, aber bei unseren Streichen vornedran. Diesen Turm will ich zur Erinnerung an diese Zeit einmal zu einer großen Jugendherberge ausbauen lassen.«[41] Wieder und wieder trat Hitler vor die Linzer Modelle, und noch als er durch den Lauf der Weltgeschichte an den anderen Städteplanungen längst das Interesse verloren hatte, saß er im Bunker der Reichskanzlei allein oder mit dem Linzer Generalbauinspektor Professor Hermann Giesler davor.

In Braunau am Inn geboren, aber hier zur Schule gegangen, kommt mit Linz eine eigentümliche Note dazu – Persönlich-Intimeres, auch Neuralgisches, mit eindeutigen Panikreaktionen. Denn dies war die Region seiner Herkunft, von Kindheit und Elternhaus, und davon sprach Hitler nur ungern. Wenn aber doch, so läßt sich leicht nachweisen, daß die Erinnerungen geschönt waren, verklärt und in völligem Gegensatz zur realen Familienbiographie standen.

Hier gewinnen die Arbeiten der Psychologin Alice Miller besondere Bedeutung. Ich meine den hervorragenden Abschnitt »Die Kindheit Adolf Hitlers – vom verborgenem zum manifesten Grauen« in dem Standardwerk »Am Anfang war Erziehung«. Mag sein, daß die Autorin zu wenig eingeht auf die historischen Triebkräfte und die gewaltigen materiellen Interessen, die Hitler auf seinem Wege zur Macht vorfindet und an deren Spitze er sich dann setzt, ohne je ihre Marionette zu werden – mag sein. Aber die frühen Deformierungen durch das Elternhaus, durch die vom Vater geprägte Atmosphäre der Autorität und der Gewalttätigkeit während der eindrucksfähigsten Periode im Leben eines Menschen – über diese Verformungen läßt die Lektüre keinen Zweifel. Sie entschuldigen nichts, können aber manches erklären. Linz, mehr noch als Braunau, bleibt das Synonym für die organisierte Verschleierung der Biographie Hitlers und seiner wahren Lebensverhältnisse, hinter denen ein für ihn furchtbarer Verdacht hockte: daß sein Vater – nach der Rassenarithmetik der späteren Nürnberger Gesetze – jüdischer Mischling 1. Grades gewesen sei ... Das führte bei Hitler zu hysterischen Reaktionen, von denen Speer eine überaus bezeichnende, deren Anlaß er indirekt selber war, sehr wirklichkeitsnah geschildert hat.

Vorangegangen war eine Fahrt von Budweis nach Krems, im Jahre 1942. Dabei war die Autokolonne in dem Dorf Spital, nahe an der tschechischen Grenze, an einem schönen, stattlichen Haus vorbeigekommen. In ihm habe, einer Tafel zufolge, »der Führer in seiner Jugend gewohnt«. Speer dann weiter:

»Ich erzählte Hitler davon. Er geriet augenblicklich aus der Fassung und schrie nach Bormann, der bestürzt hereinkam. Hitler fuhr ihn heftig an: er habe schon oft gesagt, daß dieser Ort auf keinen Fall erwähnt werden solle. Dieser Esel von Gauleiter habe aber gleichwohl dort ein Schild aufgestellt. Sofort sei das zu entfernen.

Ich konnte mir damals seine Erregung nicht erklären, da er sich andererseits darüber freute, wenn Bormann ihm von der Renovierung anderer Erinnerungsstätten seiner Jugend um Linz und Braunau berichtete. Offenkundig gab es ein Motiv, diesen Teil seiner Jugend auszulöschen. Heute weiß man von dem unklaren Familienhintergrund, der sich in dieser Gegend des österreichischen Waldes verliert.«[42]

Das ist eine sehr poetische Umschreibung dafür, daß dort ein jüdischer Kaufmann auftaucht, der Maria Schicklgruber ein Kind machte – Alois – und der der Mutter vierzehn Jahre lang Alimente zahlte.[43] Dieser jüdische Kaufmann gilt Hitlerforschern als Großvater des *Führers* und Sohn Alois als Hitlers Vater. Nach seinen eigenen Rassengesetzen wäre Hitler demnach als *Nichtarier mit einem jüdischen Großelternteil*, also als »Vierteljude«, einzustufen gewesen! Hier soll sich nicht in derlei Annalen verloren, aber auch nicht verhehlt werden, daß solcher Gipfel des Zynismus der an grausamer Kuriosität nicht zu überbietenden Geschichte des 20. Jahrhunderts durchaus zuzutrauen wäre...

In einer 1946 erschienenen Arbeit mit dem Titel »Das Gewissen der Deutschen und die Konzentrationslager« schreibt Eugen Kogon, der Verfasser des Klassikers »Der SS-Staat«:

»Aus dem bayerisch-österreichischen Innviertel, wo die Überlieferungen des wilden Heerbanns zwischen Weihnacht und Epiphanie noch am lebendigsten sind, kam ein Mann, dem die Niedrigkeit in Form einer schwarzen Haartolle in die Stirn gestrichen und die Lächerlichkeit unter die Nase gewachsen war, ein Mann mit dem stechenden Blick des Gezeichneten...«[44]

In diesen Sätzen widerspiegelt sich etwas vom Urgrund jener dumpfen Herkunft, vom Dunstkreis nachforschungsfeindlicher Obskurität, einer klebrigen Regionalität, die diese Figur der Weltgeschichte in ihrer grandiosen Unbildung nie loswerden wird. Linz – das ist Hitlers Versuch, Vergangenheitsfurcht mit tiefen Selbstverklärungswünschen zu paaren: »Wenn ich den Krieg siegreich beendet habe, dann ist meine Lebensaufgabe erfüllt, und ich ziehe mich auf meinen Linzer Alterssitz über der Donau zurück.«

Das ist eine von vielen Äußerungen Hitlers, die seine Absicht bekunden, sich dermaleinst, jedoch noch vor 1950, von den Staatsgeschäften zurückzuziehen – für niemanden mehr sichtbar, außer dem engsten Kreis, eine in den Wolken der Voralpen entschwundene Gottheit. Es fehlt auch nicht an Bekundungen, die erkennen lassen, wie nahe beieinander parareligiöse Entrückung und kokette Wehleidigkeit lagen: »Vielleicht besucht mich dann gelegentlich noch einer meiner früheren Mitarbeiter. Aber ich rechne nicht damit. Außer Fräulein Braun nehme ich niemanden mit, Fräulein Braun und meinen Hund. Ich werde einsam sein. Wie soll es auch jemand freiwillig lange bei mir aushalten? Keiner wird mehr Notiz von mir nehmen. Alle laufen sie dann meinem Nachfolger nach! Vielleicht einmal im Jahr werden sie bei mir zum Geburtstag erscheinen.«[45]

Solche Sätze werden bestätigt durch den apologetischen »Tischgespräche«-Stenografen Henry Picker, eingeschoben in die Notizen vom 26. April 1942: Hitlers Traum sei gewesen, seinen Lebensabend als schriftstellernder Altpolitiker und Pensionist mit Eva Braun in Linz zu verbringen. »Denn nicht seine Geburtsstadt Braunau empfand er als seine Heimat, sondern die Stadt seiner Schulzeit: Linz.«[46]

Diese Vision birgt der Name der oberösterreichischen Hauptstadt in sich, die Hitler zur Weltstadt machen wollte – wenn er den Krieg gewonnen hätte.

»Und was machen Sie nach dem Krieg, Herr Hitler?« fragte ihn Henriette Schirach, die Frau Baldur von Schirachs, Jugendführer des Deutschen Reiches, Gauleiter und Reichsstatthalter von Wien. »Er schnappte zu.«[47] Und dann notiert die prominente Interviewerin auf einer Serviette die Gedanken des »sofort in Feuer geratenen« *Führers*: Das Schuttaufräumen sei nebensächlich, das sei nur eine Sache geschickter Organisation. Das Wesentliche an einer Stadt bleibe das unterirdische Netz der Kanalisation, weshalb ja auch die Antike die Städte immer wieder an derselben Stelle errichtet habe. Und nun wörtlich: »Sodann stelle ich mir vor, daß man den Start zum Wiederaufbau feierlich mit Musik begeht, es muß ein Rivalisieren der Städte sein, ich werde Prämien für die am schönsten wiederaufgebauten Städte aussetzen ...«[48]

Dies, so Henriette von Schirach weiter, sei nur ein Ausschnitt aus dem Riesenprogramm gewesen, das dem gewonnen Krieg auf dem Fuße gefolgt wäre – mit Feiern, die die Olympischen Spiele von

1936 weit in den Schatten stellen sollten. Siegesparaden der Generäle und Ritterkreuzträger, Freibier, Masseneintopf aus Gulaschkanonen für alle und auf allen Straßen und Plätzen sowie Festaufführungen in sämtlichen Theatern. Was den Städteneubau anbetreffe, so Henriette von Schirach: »Alle diese Pläne bestanden nicht nur in Gedanken, meist lagen sie, fix und fertig bis zur Türklinke ausgearbeitet, in den Schubladen der Architekten.«[49]
Linz – das war sozusagen das Endziel der Städteneugestaltung, das Symbol für den siegreichen Ausgang des großen Kampfes um alles, auch wenn dessen Emblem, der Adler über der Weltkugel, nicht hier aufgestellt werden sollte.

Kein Beispiel in der Geschichte ...

Mit der Neugestaltung der deutschen Städte war es den Nazis – in des Wortes buchstäblicher und übertragener Bedeutung – blutiger Ernst. Nicht nur, daß sie vorhatten, nach dem Kriege Millionenheere von ausländischen Zwangsarbeitern zu billigen und auswechselbaren Bauameisen mit hoch einkalkulierter Verlustrate zu versklaven. Sie waren auch bereit, die Städte selbst hinzumetzeln. An zahlreichen Stellen war mit den Arbeiten begonnen worden, mit Abrissen, Sprengungen, Planierungen, so daß rasch klar wurde, wie wenig es sich dabei um planerische Selbstbefriedigung handelte. Ab 1938 schwappt eine Woge vorbereitender Tätigkeiten über – Grundstücke werden gekauft, Flächen für Arbeiterbaracken ausgesucht, Abbrüche großen Stils betrieben. Dabei wurde gründlich zu Werke gegangen.
Um sich für den Berliner *Triumphbogen* ein Bild von der Tragfähigkeit des Untergrundes (Mergelschichten) zu machen, wurde ein sogenannter Großbelastungskörper hergestellt, ein Betonstrunk von häßlichstem Aussehen, der mit seinen zehn Metern Durchmesser südlich der Kolonnenstraße dräut – zum Verbleiben verdammt in alle Ewigkeit, da so nahe an Wohnblocks nicht gesprengt werden kann, die Arbeit mit der Spitzhacke aber zu teuer und niemandem zuzumuten wäre.

Welche Kahlschläge vorgesehen waren, welche Bereitschaft, organisch gewachsene Stadtstrukturen bis zur Unkenntlichkeit zu verwüsten, das geht auch aus jenem Katalog des Landesarchivs Berlin hervor, der anläßlich der Ausstellung »Von Berlin nach Germania – Über die Zerstörung der Reichshauptstadt durch Albert Speers Neugestaltungsplanungen« erschien und in dem es heißt:

»Man wird sich kaum einer zu kühnen Behauptung schuldig machen mit der Aussage, daß die geplanten Bauten des Nationalsozialismus der Stadt und ihrer Identität schmerzlichere Zerstörungen zugefügt hätten als der Bombenhagel des Krieges, der zumindestens die in den letzten zwei Jahrhunderten gewachsenen Strukturen weitgehend intakt ließ.«[50]

Der Vergleich mag problematisch bleiben, weil er die Toten des Luftkrieges – gewiß absichtslos – unberücksichtigt läßt, er kann aber eine Vorstellung davon geben, was die Verwirklichung der Pläne bedeutet hätte.

Die Zerstörungen durch die Bomber waren übrigens auch der Anlaß makabrer Assoziationen sowohl Speers als auch Hitlers. So wurden die Schäden aus der Luft von der Generalbauinspektion angesehen als »wertvolle Vorarbeit für Zwecke der Neugestaltung«. Und das ganz offenbar in Zusammenhang damit, daß die von den staatlichen Räumungsterminen betroffenen Berliner stapelweise Anträge für eine Verzögerung stellten, während es gegen die Folgen des Luftkrieges keine Einspruchsmöglichkeiten gab.

Hitler äußerte noch 1944 gegenüber Speer: »Für unseren neuen Bebauungsplan hätten Sie allein in Berlin 80 000 Häuser abreißen müssen. Leider haben die Engländer diese Arbeit nicht genau nach Ihren Plänen durchgeführt. Aber immerhin ist ein Anfang gemacht.«[51]

Allein vom Bau der Nord-Süd- und der Ost-West-Achse Berlins sollten etwa 50 000 Wohnungen mit 150- bis 200 000 Menschen betroffen sein – Abrisse, mit denen schon begonnen worden war. Jüdische Bürger mußten zuerst räumen. Dazu wurden in den Wohnungsämtern besondere Ressorts eingerichtet, deren Aufgabe es war, die »Entmieteten« in die Wohnungen anderer jüdischer Bürger zu pferchen – bis zur alsbaldigen Deportation sowohl der ausgebombten wie auch der nichtausgebombten Juden Berlins. Auch wenn es um die Architektur des Dritten Reiches geht – der Holocaust, die »Endlösung«, sie sind immer dabei...

Gelegentlich ist in den Plänen die Rede von Grüngürteln, von Zonen mit niedrigen, also zivilen Bauten, von Eigenheimvierteln und neuen Wohnungen – in Berlin sollten in zehn Jahren 650 000 gebaut werden.[52] Die imposanten Ziffern konnten allerdings nur den täuschen, der weder Vorstellungen von den Abriß-Kahlschlägen in der Reichshauptstadt noch je etwas gehört hatte von der Einwohnerzahl, die das in *Germania* umgetaufte Berlin nach dem gewonnenen Krieg beherbergen sollte – zehn Millionen (um auch mit dieser Zahl Paris, London und New York zu übertrumpfen).
Die Kosten bewegten sich in astromisch-inflatorischen Höhen. Allein die Summe für die Berliner Bauplanung veranschlagte Speer auf vier bis sechs Milliarden Reichsmark. Und er fügt 1969, dem Erscheinungsjahr seiner »Erinnerungen«, an: »...was nach heutigen Baupreisen etwa sechzehn bis vierundzwanzig Milliarden DM gewesen wären.«[53] Nach derselben Quelle sollten während der noch verbleibenden elf Jahre bis 1950, dem Schlußdatum sämtlicher Großbauten der Neugestaltungspläne, in Berlin jährlich etwa 500 Millionen RM verbaut werden, und zwar auf möglichst viele Etats verteilt. Hitler, der Urheber der ganzen Entwurfs- und Planungslawine, blieb auch weiterhin dem Problem der Kosten gegenüber indifferent. Soweit seine Umgebung Einwände und Proteste aus dem Finanzministerium überhaupt zu ihm durchließ, stellte er sich taub. Gleichwohl lag ihm daran, im Volke nicht als Verschwender zu gelten. In Zusammenhang mit der halben Milliarde Reichsmark jährlich für Berlin plädierte er für viele Schatullen: »Wenn es so verteilt wird, fällt es nicht auf, wieviel das Ganze kostet. Nur die Große Halle und den Triumphbogen finanzieren wir direkt.«[54] Die äußersten Monstrositäten, darauf legte Hitler also Wert, sollten ganz allein als sein Werk kenntlich sein, Schöpfungen seiner Produktivität inmitten seiner Megalopolis an der Spree.
In »Hitlers Städte – Baupolitik im Dritten Reich« heißt es: »So wie die Expansion prinzipiell schrankenlos sein mußte und alle bisher

bekannten Weltreiche übertreffen sollte, so wurde die Umgestaltung deutscher Städte durch Größenmaßstäbe ins Auge genommen, die kein Beispiel in der Geschichte besaßen ... Auch der Versuch, den Bedarf an Großbauten für die nächsten Jahrtausende zu erfassen und innerhalb von zwei Jahrzehnten zu befriedigen, ist ein weiteres Indiz dafür, wie losgelöst von bisher gültigen historischen Maßstäben und wie gewalttätig gedacht und gehandelt wurde.«[55]

Die Architektur des Dritten Reiches nach ästhetischen Grundsätzen zu beurteilen verfehlte ihren Charakter. Sie war immer Herrschaftsprophezeiung für noch nicht Unterworfene und Herrschaftsdrohung für Unterworfene – mit Ewigkeitsbestimmung und schlußgeschichtlichem Ziel: dauerhaft wie Steine ...
Diese Architektur wollte sich und ihren Zweck nie verleugnen: Gewalt! Stets streben die Linien in eindeutige Längsrichtung, strikte Geradeaus-Fluchten, mächtige Straßenebenen und Allee-Teppiche, befreit von allen Hindernissen für die Vorwärtsstürmenden, ein grenzenloses Glacis, auf dem alles niedergetrampelt werden könnte, was sich in den Weg stellte. Künftige Macht wird vorweggenommen, Eroberung angekündigt, Größenwahn kollektiv verankert in Herz und Hirn der staunenden Untertanen. Wovon, außer dem vergötterten Führer selbst, kann mehr Suggestion ausgehen als von Bauten? Fragen nach dem Schönen verbieten sich, sie tauchen gar nicht erst auf. Notfalls wird das Greulich-Überragende zum Schönen erklärt. Und alle sind mit von der Partie, keineswegs nur Albert Speer – die Zunft der Ingenieure, der Hoch- und Tiefbau, die Lizenzen vergebenden Behörden, die Entwerfer von Modellen, die Bildhauer, Gipser, Stukkateure und Steinmetze. Daß sie sich über die Arbeit freuen – nicht unverständlich. Aber dahinter ist mehr im Spiele, ist die tiefe Übereinstimmung der Zeitgenossen, wie Angela Schönbauer es so präzise ausdrückte. Die Gewalttätigkeit gefiel, und nichts wirkt gewalttätiger als die Addition von Quadern. Es gab nicht wenige unter den Fachleuten, die am liebsten den Totalabriß der alten Bausubstanz gesehen hätten – mit leeren Räumen läßt sich's am einfachsten und gründlichsten arbeiten!

Gelegentlich kommen die Planer auf die Erde zurück. So bezweifelt Speer 1940 das programmatische Enddatum der Städteneugestaltung in bereits zehn Jahren: Diesen Zeitraum bräuchte die Elite der deutschen Architekten allein, um die Pläne auszuarbeiten. Die Stellung des GBI, des Generalbauinspektors, bei Hofe ist stark genug, um solche Defätismen äußern zu dürfen, denn der oberste Baumeister weiß, daß Speer einer der Getreuesten der Getreuen ist und schließlich doch immer tun wird, was ER von ihm verlangen wird. Dennoch stellt sich immer wieder die Frage nach der Ausführbarkeit, sie umschwirrt die hochfliegenden Ideen wie ein lästiges Insekt. Die Wirklichkeit hat eine unangenehme Eigenschaft – sie setzt Grenzen. Die nimmt man nur ungern zur Kenntnis, und so wachsen die Gefolgsleute der hehren Sache denn auch weit über sich hinaus. Noch im April 1941, im dritten Kriegsjahr, versichert Hermann Göring, der Beauftragte des zweiten Vierjahresplans, daß der Generalbauinspektor für Berlin die monatlich geforderten 70 000 Tonnen Baueisen erhalten werde. Natürlich kann Göring das Versprechen nicht einhalten. Die gesamte Planung, die der Würde wegen bei den meisten Großbauten von Natursteinen ausgeht, steht auf tönernen Füßen.

Die deutschen Vorkommen reichen bei weitem nicht, weder für die Bau- und Planungshysterie der Gegenwart noch der Zukunft. So schwärmen Fachleute aus in die besetzten und die wenigen unbesetzten Gebiete Europas, um nach Steinbrüchen mit großen Reserven zu fahnden. Mitten im Krieg, das Auge starr auf die Zeit nach dem Endsieg gerichtet, werden die finnische, die schwedische, die italienische Steinindustrie von Berlin aus mobilisiert, wird, wo auch immer gebrochen, einheitliche Bearbeitung der Steine gefordert, gelangen Millionenverträge mit Firmen neutraler und besetzter Länder zur Unterschriftsreife (was der französischen Kalksteinindustrie später den Vorwurf der Kollaboration einbringen wird). Speer selbst fährt nach Spanien und verbindet dort das Angenehme mit dem Nützlichen. Er besichtigt die heroischen Festungen und Burgen der *Reconquista*, untersucht aber gleichzeitig den iberischen Granit.

Die ganze Werkelei geht keineswegs reibungslos vor sich. Da stoßen sich vielmehr im Ämterchaos des Dritten Reiches die Kompetenzen hart im Raum. Scheelen Blickes leistet das Reichsverkehrsministerium Widerstand gegen Speers Transportstandarte und -flotte, die all den Marmor, den Travertin und die Füllmaterialien zu Wasser und zu Lande von weit her herbeischaffen soll. Und das ist erst der Anfang, denn allein die Bauplanungen für München und Nürnberg hätten allein schon an Granit die vierfache Jahresproduktion Skandinaviens, Frankreichs und Italiens benötigt.

»Fest steht, daß die baulichen Absichten des Regimes weder innerhalb der gesetzten Termine, geschweige denn im geplanten Umfang überhaupt zu verwirklichen waren. Selbst wenn die Annahme zugrunde gelegt würde, daß der NS-Staat aus dem Kriege als unbestrittene europäische Hegemonialmacht hervorgegangen wäre und auf das Arbeitskräftepotential und die Materialvorkommen des gesamten Kontinents hätte zurückgreifen können, wären die Planziele in unerreichbarer Ferne geblieben.«[56]

Das stört die Gründlichkeit der Planer nicht im mindesten. Eine von Speer im Juli 1940 in Auftrag gegebene Aufstellung des Arbeitskräftebedarfs für die Neugestaltung Berlins kommt für das erste Nachkriegsjahr zu Zahlen, die sich im Verlaufe der zwölf Monate von 39000 auf 182000 steigern sollten – mit deutscher Gründlichkeit bereits unterteilt in 43800 Maurer, 14600 Putzer, 27375 Zimmerleute und knapp 70000 Bauarbeiter. Der Stellvertretende Reichsprotektor von Böhmen und Mähren, Reinhard Heydrich, der Speer noch im Dezember 1941 15000 tschechische Arbeiter schickt, verspricht dem Berliner Generalbauinspektor nach dem Kriege jährlich 50000 Tschechen, deren Jugend in umgekehrtem Verhältnis zu ihrer langen Zwangsarbeitsverpflichtung gestanden hätte.[57] Im übrigen machte man sich um nichts weniger Gedanken als um das Potential von Arbeitskräften nach dem Endsieg. Sie würden in Form von Kriegsgefangenen und zivilen Zwangsarbeitern zu Millionen zur Verfügung stehen – vor allem für Aufräumungsarbeiten und Spezialsprengungen nach neuartigen Methoden: wirksam, aber äußerst risikoreich für die Beteiligten.

Man kann die Architekturpläne der Nazis nach dem Endsieg in einem einzigen Satz zusammenfassen: Sie hätten die organisierte

Entmenschlichung, die totale Entseelung der deutschen Städte bedeutet. Die fünf *Führerstädte* waren dafür nur die Prototypen.

Der »GBI« – ein deutsches Kurzporträt

Von der obersten Naziprominenz hat sich wohl niemand mit der eigenen Vergangenheit öffentlich so ausgiebig auseinandergesetzt wie der 1905 in Mannheim geborene, 1946 im Nürnberger Hauptkriegsverbrecherprozeß zu zwanzig Jahren Haft verurteilte und 1981 in London verstorbene Albert Speer. Dabei bescheinigen ihm die einen Einsichtsfähigkeit und -willigkeit, während andere gerade das bezweifeln und ihm eine besonders infame Selbstrechtfertigung zuschreiben.

Ich will dieser Frage in direktem Zusammenhang mit dem Buchthema auf eigenen Wegen nachgehen.

Mir geht es dabei um den Phänotypus Speer, um eine Person, in der sich das Eigenbild ihrer Zeit widerspiegelt und die deshalb, ungeachtet ihrer hierarchischen Herausgehobenheit, in wesentlichen Zügen doch als exemplarisch gelten kann. Das wird kein Überblick über die Gesamtbiographie des »GBI«, sondern führt uns an den Leitlinien bestimmter Selbstbekundungen Speers entlang, die uns einen Einblick in die Verfassung dieser Persönlichkeit geben und jenen Aggregatzustand aufdecken können, der Speer befähigte zu sein, wie er unter Hitler war – und danach.

»Ich wollte aufrichtig sein.«[58] So heißt es in seinem programmatischen Vorwort des ersten Buches nach der Entlassung aus dem Spandauer Gefängnis, den 1969 erschienenen »Erinnerungen«.

Das gibt zunächst nichts weiter als einen Vorsatz bekannt. Aber gleich darauf schon setzt der Autor ihn der allgemeinen Nachprüfbarkeit aus: »Vor dem Gericht in Nürnberg habe ich gesagt: wenn Hitler Freunde gehabt hätte, dann wäre ich sein Freund gewesen.« Und die Geständniswilligkeit noch vertiefend, fügt Speer an: »Ich verdanke ihm die Begeisterungen und den Ruhm meiner Jugend ebenso wie spätes Entsetzen und Schuld.«[59]

Das ist ein Bekenntnis, das für manchen, auf den die Hitlernähe ebenfalls zugetroffen hatte, absolut unsagbar gewesen wäre, ja sich vielen mit weit größerer Distanz zum *Führer* lebenslang verboten hat. Nun sagt, schreibt da einer: »Ich wäre Hitlers Freund gewesen...« – wenn Hitler freundschaftsfähig gewesen wäre. Er war es nicht. Auch das sagt Speer. Der Eindruck der Geständniswilligkeit wird aber dadurch nicht gemindert, denn es bleibt ein Bekenntnis zum engen Umgang mit einer Geschichtsperson, die in den Augen der Weltöffentlichkeit an politischer Kriminalität nicht ihresgleichen hat.

Meines Erachtens hat Speer damit die Wahrheit gesagt. Es bedarf keiner historischen Sonderkenntnisse, um herauszubekommen, daß er Hitler näher stand als selbst die großen Paladine und Satrapen, als Göring, Goebbels, Himmler. Näher auch als der unermüdliche Martin Bormann, zwar allgegenwärtiger Sekretär, nie aber Dialogpartner. Da hatte sich schon zwischen Hitler und Speer eine besondere Verbindung hergestellt, eine Legierung, die sich als ziemlich dauerhaft erwies. Man muß auch kein Tiefenpsychologe sein, um zu begreifen, wie es dazu kommen konnte, sondern nur einige Kenntnisse der Hitlerschen Biographie haben, seines Verhältnisses zur Kunst und seiner Komplexe aus frühen und unvergessenen Niederlagen. Da war der junge Maler, dessen Bilder niemand ernst nahm; da war die Wiener Kunstakademie, die den Zwanzigjährigen ablehnte, eine nie vernarbte Wunde; da war der verhinderte Architekt während der verhaßten *Systemzeit*, dessen langjähriges politisches Hinterstubendasein in schreiendem Kontrast zur Maßlosigkeit seiner visionären Architekturentwürfe stand. Und da war der Mann, der das Wort *Kunst* mit fanatischer Innigkeit aussprach, ein Fanatismus, der auch auf diesem Gebiet nichts Gutes verhieß.

In Speer nun fand dieser *Künstler* Hitler eine Art Gehilfen und Vollstrecker zugleich. Der *Sender* hatte seinen *Empfänger* gefunden, dem Hitler sein »Gehirneigentum« öffnen und anvertrauen konnte. Durch diese Ingredienzien innerhalb der durch Hitlers Kontaktfähigkeit gezogenen Grenzen kam zwischen dem Ersten Baumeister des Reiches und Speer tatsächlich eine gewisse Intimität zustande, die erstaunlich genug war. »... dann wäre ich sein Freund gewesen.« Das Bekenntis bezweckt, ein Beispiel von Glaubwürdigkeit zu bieten. Der Bekenner dazu im Vorwort seiner »Erinnerungen«: »Ich bemühte mich dabei, der Vergangenheit nicht auszuweichen. Meine Absicht war, mich weder der Faszination noch dem Schrekken jener Jahre zu entziehen.«

Diese Faszination hat zwei Quellen.

Die eine war Hitler. Speer trifft keinerlei Vorkehrungen, das zu verbergen. Er hätte es auch gar nicht gekonnt, denn sie durchglüht den Sechzigjährigen immer noch, und erst recht dort, wo er sie in einem Anfall tatsächlicher oder gespielter Verschämtheit zu dämpfen versucht. Immer wieder, wahrscheinlich oft genug unfreiwillig, erliegt auch der späte Speer bei den Schilderungen zahlreicher Begebenheiten dem Charisma Hitlers. Das bleibt der große Energiespender der Faszination. Deren zweite Quelle aber ist: die eigene, die Speersche Position im Dritten Reich! Je länger man sich in seine Bücher vertieft, desto mehr verfestigt sich der Eindruck, daß Albert Speer das initiale, das anfängliche Staunen über seine Stellung, seine Rolle am *Hofe* nie verloren hat. Das Staunen darüber, daß er, der 1933 erst Achtundzwanzigjährige, sich schon bald in den persönlichen Kreis *des* Mannes aufgenommen sieht, dem die Massen zujubeln, ja, der von ihnen angebetet wird wie eine Gottheit, dem innen- und außenpolitisch alles zu gelingen scheint und der über eine Machtvollkommenheit verfügt wie vor ihm kein König und kein Kaiser, hoch über allen und allem und doch für ihn, Albert Speer, in erlebbarer Nähe – der *Führer* Adolf Hitler!

Das verschlägt Speer die Sprache, vom ersten Augenblick der persönlichen Begegnung an bis in sein Alter. Er konnte sich davon nie freimachen, und das nenne ich die doppelte Faszination im Leben des Albert Speer. Daß er sie nicht zu verstecken versucht, zielt auf seine Glaubwürdigkeit ab. Er wird beim Leser Punkte sammeln, zumal in den Speerschen Reflexionen durchaus auch Kritik an Hitler laut wird. Die große Nähe war ja doch auch ein großer Entlarver. Speer gibt überzeugende Beispiele, wie langweilend, wie lähmend Hitler oft auf den engsten Kreis um ihn herum gewirkt hat. Die Mühsal der erzwungenen, vom irregulären Tag-und-

Nacht-Rhythmus des *Führers* bestimmten Schlaflosigkeit, der qualvoll verborgene Überdruß, den seine Monologe über immer gleiche Themen mit immer den gleichen Kommentaren verbreiteten, die ganze Künstlichkeit von vollständig auf den Einen und Einzigen ausgerichteten Verhaltensmustern, die selbst da noch ritualisiert werden, wo so etwas wie Unbefangenheit aufkommt – all das tut seine Wirkung auf die unmittelbare Umgebung Hitlers.
Aber Speers Kritik macht nicht bei solchen Äußerlichkeiten halt, sie greift tiefer:

»In der Beschreibung Hitlers, wie er mir und anderen entgegentrat, wird mancher sympathische Zug sichtbar werden. Auch wird der Eindruck eines in vieler Hinsicht Befähigten und Hingegebenen entstehen. Aber je länger ich schrieb, desto mehr fühlte ich, daß es sich dabei um oberflächliche Eigenschaften handelte.«[60]

Das schafft Distanz durch Eingeständnis.
Schon im Vorwort der »Erinnerungen« wird angedeutet, was schließlich nach Speers Worten die Entfremdung von Hitler auslöste – allerdings erst nach dessen Ableben. Und dabei scheint die Distanz durch Einsichtsfähigkeit und -willigkeit ihren Höhepunkt zu erreichen, durch einen sozusagen endbiographischen Standort der Erkenntnis:

»Ich werde nie ein Dokument vergessen, das eine jüdische Familie zeigt, die in den Tod geht: der Mann mit seiner Frau und seinen Kindern auf dem Wege zum Sterben. Es steht mir noch heute vor Augen. In Nürnberg wurde ich zu zwanzig Jahren Gefängnis verurteilt. Der Spruch des Militärtribunals, wie unzulänglich er Geschichte aufgezeichnet haben mag, hat eine Schuld zu formulieren versucht. Die Strafe, immer wenig geeignet, historische Verantwortung zu messen, hat mein bürgerliches Dasein beendet. Jenes Bild dagegen hat meinem Leben die Substanz entzogen. Es hat das Urteil überdauert.«[61]

Das wird erst recht nicht ohne Wirkung auf den Leser bleiben. Dann stoße ich in den »Spandauer Tagebüchern« auf die Eintragung vom 22. August 1960. In Zusammenhang mit den Bemühungen höchster bundesdeutscher Stellen um Speers vorzeitige Entlassung heißt es dort:

»Neue Absage Globkes. In einem Brief teilte er mir mit, daß der amerikanische Botschafter zwar Verständnis für den Wunsch der Bundesregierung gezeigt habe, in meiner Angelegenheit vorwärtszukommen, doch halte er den Zeitpunkt für denkbar ungeeignet. Der Fall Eichmann habe die Aufmerksamkeit der Weltöffentlichkeit im Augenblick allzu sehr auf die Untaten des Dritten Reiches gelenkt. In der Tat kommt mir das Verlangen nach Entlassung nahezu absurd vor.«[62]

Ganz abgesehen von dem unüberbietbaren Zynismus der Situation: Hans Globke, als Kommentator der Nürnberger Rassengesetze der Wegbereiter für Eichmann und die »Endlösung der Judenfrage«, nun aber Konrad Adenauers Intimus, Graue Eminenz und Erster Staatssekretär dieser bundesdeutschen Demokratie, teilt dem GBI das Scheitern der beiderseitig gehegten Wünsche nach Strafmilderung mit – ganz abgesehen davon, gerät hier ein Schlüsselname in den Text: der Adolf Eichmanns, Leiter des Judenreferats im Reichssicherheitshauptamt, Organisator der Transporte jüdischer Sternträger in die Vernichtungslager, 1960 vom israelischen Geheimdienst aus Argentinien entführt, am 15. Dezember 1961 wegen Verbrechen gegen das jüdische Volk von einem Gericht in Jerusalem zum Tode verurteilt und am 1. Juni 1962 in Ramla, Israel, hingerichtet.
Am 24. August 1960, zwei Tage nach dem Empfang der oben zitierten Absage, notiert Speer: »Wenn ich es bedenke, bezeichnet Eichmann genau das Problem.«[63]

Diese Aufzeichnung zählt für mich von sämtlichen, ja von allem, was er nach seiner Verurteilung geschrieben hat, zum Aufschlußreichsten überhaupt. Die von Speer daran geknüpften Gedankenverbindungen gewähren einen tiefen Einblick in die Verfassung seiner Persönlichkeit. Entlang der Leitlinie Speerscher Selbstbekundungen sind wir an ihr Zentrum gekommen. Das sei ausgeführt.

Dem Satz »Wenn ich es bedenke, bezeichnet Eichmann genau das Problem« schließt Speer folgende Gedanken an: die »Unrechtsakte bei der Eroberung und Festigung« von Hitlers Macht, die Morde an Röhm und anderen, der Bruch so vieler Verträge, der Krieg und sogar der Wille zur Unterwerfung Europas – »all das lag in der Tradition der europäischen Geschichte«.[64] Machtwille und moralische Skrupellosigkeiten könnten keinen in den Verhältnissen dieses Erdteils wirklich Bewanderten überraschen. Sogar noch der Antisemitismus des Regimes sei nichts Ungewöhnliches gewesen, die Regierungen in Petersburg oder Wien hätten während des ganzen 19. Jahrhunderts Belege dafür geliefert. Zudem habe die Affäre Dreyfus in Paris gezeigt, daß es selbst in Westeuropa so etwas wie einen offiziellen Antisemitismus gab. Mit all dem sei Hitler nicht aus der Tradition ausgebrochen. Aber: »Womit er wirklich ausbrach, war die Radikalität, mit der er seinen verrückten Judenhaß ernst nahm und zu einer Sache von Leben und Tod machte.«[65]

Ehe auf diese Feststellung eingegangen wird, ein Wort zu dem Vorangegangenen: Da werden die zigtausendfachen KZ-Morde vor allem an Vertretern der deutschen Linken, aber auch an bekennenden Christen und auch schon an Juden zu bloßen »Unrechtsakten«; da wird zwischen dem Antisemitismus und Hitlers »verrücktem Judenhaß« ein Gegensatz konstruiert, der die Vergleiche mit Paris und Wien ermöglichen soll; und da wird mit der These, daß dies alles noch in der Tradition der europäischen Geschichte gelegen habe, diese in dem Maße dämonisiert, wie das nationalsozialistische Deutschland dadurch nivelliert und relativiert wird. Das alles jedoch ist nur die Vorbereitung für das Kernbekenntnis. Es lautet:

»Alles kann ich mir vielleicht verzeihen: sein Architekt gewesen zu sein, das läßt sich vertreten; daß ich als Rüstungsminister tätig war, dafür könnte ich mich rechtfertigen. Es ist auch eine Position denkbar, von der aus sich die Beschäftigung von Millionen von Kriegsgefangenen oder Zwangsarbeitern in der Indsutrie verteidigen läßt, auch wenn es nie meine Position gewesen ist. Aber schlechterdings ohne Schutz stehe ich da, wenn ein Name wie Eichmann fällt. Niemals werde ich darüber hinwegkommen, an führender Stelle einem Regime gedient zu haben, dessen eigentliche Energie auf die Menschenausrottung gerichtet war.«[66]

Das Schlimmste an diesem scheinbar offensten aller Speerschen Eingeständnisse liegt nicht darin, daß hier das oft gehörte, volkstümliche »Das mit den Juden, das hätten sie nicht machen dürfen« intellektuell variiert wird, obschon das bereits übel genug wäre; es liegt auch nicht darin, daß mit der Monopolisierung der Naziverbrechen auf den jüdischen Holocaust dieser zu einem Alibi wird, mit dessen Hilfe die Gesamtopferziffer des Vernichtungsapparates halbiert und der *nichtjüdische* Holocaust mit etwa gleichen Mordziffern aus der Geschichte gestrichen werden soll, darunter die systematische Tötung von sowjetischen Kriegsgefangenen mit Hilfe der Wehrmacht, die Massaker an Geiseln und Partisanen, die unter den Salven der SS- und der Armeepelotons zwischen Brest und Kreta, in den Ardeatinischen Höhlen bei Rom und in den Wäldern der westlichen UdSSR zusammmenbrachen. Fahnden wir gar nicht erst danach, auf welch bodenlosen Tiefstand das Speersche Erschütterungsbarometer erst gegenüber den Morden an Kommunisten gefallen wäre, die während jener »Unrechtsakte bei der Eroberung und Festigung« der Nazimacht in Deutschland begangen worden sind.

Das Schlimmste an dieser scheinbaren Selbstbeschuldigung Albert Speers ist der Versuch, die einheitliche Chronik des staatlich institutionalisierten Nationalsozialismus aufzuheben, die Stufe-um-Stufe-Kontinuität des Staatsverbrechens, die Totalität seiner systematischen Kriminalität, kurz – den *Verbrechensverbund* des NS-Staates, gemäß dem Worte Martin Walsers: »In Auschwitz arbeitete unsere ganze Gesellschaft mit.«

Und dies alles, um einen *vertretbaren* und einen *nichtvertretbaren* Sektor der nationalsozialistischen Herrschaftsgeschichte zu schaffen! Dabei beschränkt sich der *nichtvertretbare* auf den jüdischen Holocaust – mit dem Albert Speer, der seine sämtlichen Aktivitäten in der Nazizeit erklärtermaßen rechtfertigen, verteidigen und sich selbst verzeihen konnte, angeblich nichts zu tun hatte. Den *vertretbaren* repräsentiert er selbst. Das ist das Zentrum seiner Eigenbekundungen – diese Spaltung, und mit ihr erteilt er sich letztlich selbst die Absolution. An dieser Sicht haben weder die Niederlage des Dritten Reiches noch die Spandauer Haft, noch die gesamte Auseinandersetzung mit sich selbst, mit seiner Zeit, mit seiner Verantwortung etwas geändert.

Halten wir uns nicht dabei auf, wie unglaubwürdig Speer wird, wenn er, der Rüstungsminister der Jahre 1942 bis 1945, keinen blassen Schimmer gehabt haben will von einem Völkermord, dessen direkte Zeugen in die Hunderttausende gehen, die indirekten aber in die Millionen. Verweilen wir nicht bei dem Aberwitz, daß Speer, der Gebieter über das mächtigste und kriegswirksamste Ministerium, nichts gewußt haben will von den mit Juden aus dem ganzen deutschbesetzten Europa vollgepferchten Zügen in die Vernichtungslager. Stellen wir zunächst jene Frage, die ich nach der Befreiung Tausenden und aber Tausenden Deutschen immer wieder gestellt habe, darunter natürlich eine überwältigende Mehrheit, die niemals auf den Speerschen Kommandohöhen gewandelt hat: Und wenn Sie davon gewußt hätten – was dann?

Ja, was dann? Aus welchen Elementen seiner Biographie sollte geschlossen werden können, daß Speer sich anders verhalten hätte, als er sich verhalten hat? Aus welchen der Hunderttausenden von Wörtern, die er nach seiner Entlasssung zwischen die Deckel umfangreicher Bücher gepackt hat, wäre zu entnehmen, daß die Kenntnis des Holocaust auch nur ein Quentchen an dem Urprinzip gerüttelt hätte, das das Rückgrat all seiner Tätigkeit war und mit dem er, wie oben zitiert, seine Aufgabe als Hitlers Architekt und Rüstungsminister gerechtfertigt hat: das Prinzip des *Fachmanns*?

Es ist die Seele des Phänotyps, um den es hier geht, dieses Prinzip erklärt die ungeheure Effizienz, mit der der NS-Staat bei der Realisierung seiner Pläne rechnen konnte. Dabei stand ihm ein kollektives Potential zur Verfügung. Was aufgetragen war zu tun, mußte *gut*, möglichst perfekt, getan werden. Was immer dieser Auftrag ist, der *Fachmann* funktioniert.

Speer ist von Hitler auf den Podest eines Sonderarchitekten, eben des »GBI«, gestellt worden – und er hat funktioniert.

Speer ist von Hitler zum Reichsminister für Rüstung und Kriegsproduktion berufen worden – und er hat funktioniert.

Was wäre gewesen, wenn Speer zum Organisator des Holocaust bestellt worden wäre?

Die Antwort kann sich jeder selber geben. An keiner Stelle seiner Schriften und Äußerungen hat Speer den Fachmann in sich je in Zweifel gestellt, geschweige denn »erschlagen«. In keinem seiner späteren Bekenntnisse, keinem einzigen seiner Plädoyers für die eigene Wandlung und Läuterung gerät Speer an die eigentliche Misere seines Daseins, die ein kollektives deutsches Elend widerspiegelt: an die Pervertierung des *Pflichtbegriffes*! Sie ist der Nährboden, eine Sache um ihrer selbst willen zu tun, der Nährboden des *Fachmanns* – und dies belastet mit der vollen Hypothek der traditionellen Gehorsamskultur im Sinne des Unter- und des Obertans.
Möglich, daß der *Fachmann* ein internationales Phänomen ist. Aber mit der deutschen Variante unter Hitler gelang es, auf Knopfdruck Menschen wie Insekten zu töten – mit Hilfe des mausgrauen, des ganz gewöhnlichen Staats- und Verwaltungsapparats und seiner bürokratischen Maschinerie. Es war eine perfekte Vertilgungsindustrie, die, wenn Hitler den Krieg gewonnen hätte, weiter und weiter gearbeitet hätte. Wir haben uns also mit diesem »deutschen Kurzporträt« keineswegs vom Buchthema entfernt. Ein gewonnener Krieg hätte die Nachfrage nach dem Phänotyp, dem Fachmann, der nicht fragt, wofür und für wen, inflationär gesteigert – und damit auch seine Wirksamkeit. Die Fähigkeit, Fachleute für *alles*, für jede Aufgabe, jeden Befehl zu produzieren, schaffen Gesellschaften nicht von heute auf morgen. Das bedarf langer Vorbereitungsarbeit, beträchtlicher Inkubationszeit, einer großen Spanne zwischen Beginn und Ausbruch.
Jede Epoche schafft sich *ihre* Phänotypen, jene Zeitgenossen, in denen sie sich personifiziert und von denen sie am getreuesten reflektiert wird. Im Phänotyp vereinen sich alle wesentlichen Wertvorstellungen der Ära, kulminieren ihre Absichten, ihre Fähigkeiten und Anstrengungen. Letztlich von *Systemen* unabhängig, besorgt der Phänotyp die Ziele des gerade herrschenden.

»Wenn ich es bedenke, bezeichnet Eichmann genau das Problem.«
Es ist ein verräterischer Satz, vielleicht der verräterischste in Speers Schriften überhaupt. Daß Eichmann auf seinem Gebiet Fachmann war wie Speer als Architekt und Rüstungsminister un-

ter dem Dach ein und derselben Reichsführung – das hat der »GBI« nie begriffen. Ihm fällt in dieser Situation nichts anderes ein, als die Totalität des Systems, den Verbrechensverbund des staatlich institutionalisierten Nationalsozialismus zu spalten in einen *vertretbaren* und einen *nichtvertretbaren* Sektor. Daß er in der Hierarchie des Dritten Reiches weit über Eichmann stand und dieser unermüdliche Judenjäger nur so weit jagen konnte, wie die von Speers Rüstungsmaschine belieferten Fronten reichten – auch diese Kausalitäten erscheinen weder in den »Erinnerungen« noch in den Tagebüchern. Daß die Eichmanns ohne die Speers nicht denkbar waren, bis dahin haben alle Erkenntnisfähigkeit und -willigkeit des GBI nicht geführt. Eichmann, die Inkarnation des Bösen, wird zum Maßstab, um die eigene Distanz zu demonstrieren. Heute wissen wir, daß diese Distanz so groß nicht war, wie Speer den Zeitgenossen und der Nachwelt weismachen wollte.

Der Stand der Geschichtsforschung erlaubt es heute, Antwort zu geben auf die Frage, wie es in Wirklichkeit mit Wissen oder Unkenntnis Albert Speers aussah.

Vielleicht wäre es ihm leichter gelungen, das von sich selbst entworfene Bild zu erhalten, wenn er sein letztes Buch »Der Sklavenstaat« nicht geschrieben hätte. Wie keines seiner anderen Bücher setzte dieses die kritische Geschichtsschreibung auf Speers Spur und überführte den Vorspruch »Dieses Buch beabsichtigt nicht, die eigene Arbeit unter dem Motto zu verteidigen: Wir waren nicht so schlecht, die SS war der Übeltäter«[67] als bloße Absichtserklärung.

Gerade was Speer ausgelassen hat, überführt ihn seiner Nähe zum Repressions- und Vernichtungsapparat des Reichssicherheitshauptamtes. Der Beispiele sind Legion. Hermann Speer an seinen berühmten Bruder in einem Brief vom 25. Juli 1973: »Ich erinnere mich daran, wie Du mir 1938 erzähltest, Du habest bei Himmler angeregt, in Oranienburg Ziegeleien für den Umbau Berlins einzurichten und dabei ganz gemütlich sagtest: ›Die Judde haben ja schon in der ägyptischen Gefangenschaft Ziegel gestrichen.‹«[68]

Es war Speer, der bei Hitler eine Verordnung erwirkte, nach der »Vergehen gegen die Kriegswirtschaft ... mit Zuchthaus, in schwe-

ren Fällen mit dem Tode« bestraft wurden.[69] Es war Albert Speer, der mit Schreiben vom 12. Februar 1944 an den Reichsminister für Justiz, Thierack, diese Denunziation richtete: »... in der Anlage übersende ich Ihnen einen Band Akten betreffend den Betriebsführer August Heinrich Pagels der Lindener Eisen und Stahlwerke GmbH ... Ich bitte, gegen Pagels ein Ermittlungsverfahren durchzuführen. Insbesondere bitte ich, für den Erlaß eines Haftbefehls gegen Pagels besorgt zu sein, um Verdunkelung zu vermeiden. Heil Hitler! gez. Speer«
Es war Speer, der im Sommer 1944 an den Chef des Reichssicherheitshauptamtes – »Sehr geehrter, lieber Parteigenosse Dr. Kaltenbrunner« – schrieb: »Wenn die Beschuldigungen gegen Generaldirektor Egger (Baumaterial des Betriebes für private Zwecke verwendet zu haben, R. G.) einwandfrei erwiesen sind, dann ist eine Schutzhaft von drei Tagen meiner Ansicht nach unzulänglich. Er gehört dann mindestens für drei Monate in Schutzhaft genommen.«[70] Es war Speer, der noch im Oktober 1944 rücksichtslose Ahndung von »Verfehlungen« forderte: »Ich habe ein Interesse daran, daß mir alle Verfehlungen, die innerhalb meines Aufgabenbereiches (einschl. OT und Transporteinheiten) zur Kenntnis kommen, auf das schärfste geahndet werden.«[71]
Soweit könnte man sagen, es handele sich »nur« um ein perfektes System zur Ausbeutung mittels des rigorosen Strafapparates und nicht um die »Endlösung«, von der Speer nichts gewußt haben will, weil er der Wahrheit ausgewichen sei, wie er es in der Fernsehsendung »Das Tribunal von Nürnberg« ausgedrückt hatte.[72] Aber dann ist da zunächst einmal die Erkundigung Speers vom Obersalzberg aus bei seinem Vizepräsidenten Clahes, in Zusammenhang mit den Neugestaltungsplänen Berlins: »Was macht die Aktion der Räumung der 1000 Juden-Wohnungen? Besonders Räumung Lichtenstein-Allee?«[73] Judenfreundlich ist das nicht, ebensowenig wie dieser Eintrag der Dienststelle: »Gemäß Speer-Anordnung wird eine weitere Aktion zur Räumung von rund 5000 Judenwohnungen gestartet«, um dann nach Beginn der Deportationen zufrieden zu vermerken, daß die »Judenentmietungsaktionen« nun »immer geringeren Aufwand erforderten«.[74]

Auch diese Distanz kann immer noch vorschützen, vom Völkermord nichts gewußt zu haben. Aber es ist Heinrich Himmler selbst, der Speer der Lüge überführt – durch die berühmt-berüchtigte Rede des Reichsführers SS vom 6. Oktober 1943 in Posen. Sie ist so etwas wie ein »Rechenschaftsbericht« über die Vernichtung der Juden, gehalten vor einem internen Kreis ausgesuchter Mitwisser. Davon bekannt sind jene Passagen, in denen Himmler die Täter-Opfer-Situation umkehrt und die Mörder bedauert – »Es ist das Allerhärteste und Schwerste, was es gibt« –, die Ermordung von Frauen und Kindern jüdischer Rasse rechtfertigt – »Ich fühlte mich nicht berechtigt, die Männer auszurotten, sprich also umzubringen oder umbringen zu lassen, und die Rächer in Gestalt der Kinder für unsere Söhne und Enkel groß werden zu lassen« – und zu dem Schluß kommt: Der Auftrag »ist durchgeführt worden, ohne daß unsere Männer und unsere Führer einen Schaden an Geist und Seele erlitten hätten«.[75]

Wenig oder gar nicht bekannt dagegen sind jene Teile der Himmler-Rede, in denen er sich mit den »wirtschaftlichen Schwierigkeiten« in Zusammenhang mit den »großen Judenghettos« beschäftigt – das heißt mit der Deportierung ihrer Insassen in die Vernichtungslager und der Hinterlassenschaft. Unter Bezug auf das Warschauer Ghetto, das inzwischen nach dem Aufstand vom April 1943 dem Erdboden gleichgemacht worden war, sagt Himmler zu den Anwesenden: »Dieses ganze Ghetto machte also Pelzmäntel, Kleider und ähnliches. Wenn man früher dort hinlangen wollte, so hieß es: Halt! Sie stören die Kriegswirtschaft! Halt! Rüstungsbetrieb! – Natürlich hat das mit Parteigenossen Speer gar nicht zu tun, Sie können gar nichts dazu. Es ist der Teil von angeblichen Rüstungsbetrieben, die der Parteigenosse Speer und ich in den nächsten Wochen und Monaten gemeinsam reinigen wollen.«[76]
Speer muß demnach unter den Zuhörern gewesen sein – auch wenn er es abstritt. Himmler hätte ihn sonst wohl kaum persönlich angeredet. Genug.
Ein ungeheuer komplexes Gebäude der Selbstanklage, der virtuosen Zerknirschung, der persönlichen Eingeständnisse entpuppt

sich letztlich als die Intellektualisierung einfacher und massenhaft vorgebrachter Verdrängungs- und Verleugnungsartikulationen, vorgebracht von Millionen und aber Millionen Deutschen in weit geringeren Positionen als Albert Speer, nachdem Hitler den Krieg verloren hatte. Sie alle vereint aber eine Verfassung, ein Aggregatzustand, ein Krampf, der die bundesdeutsche Gesellschaft noch bis hinein in unsere Tage prägt und der für alle Zeiten infolge seines kollektiven Ausmaßes zu den erschütterndsten Kapiteln menschlicher Selbstzerstörung zählen wird – *Geständnisunfähigkeit*!
Ihren Höhepunkt erreicht Albert Speer mit den Sätzen:

»Ich hatte nicht nur an einem Krieg teilgenommen, von dem wir im engeren Kreis niemals in Zweifel sein durften, daß er der Weltherrschaft galt. Ich hatte ihn sogar durch meine Fähigkeiten und durch meine Energie um viele Monate verlängert. Auf der Spitze des Kuppelbaus für das neue Berlin hatte ich jene Weltkugel angebracht, deren Besitz Hitler nicht nur im Symbol anstrebte.«[77]

Wer die Kuppelhalle entworfen hatte, der hatte sich also vielleicht die Hände schmutzig gemacht, aber nicht blutig. Blutige Hände hatte Eichmann …

Die Sonne Afrikas über dem Reich

Der letzte für den Kaiser!

Die Pläne der Nazis für ein großes koloniales Überseereich gehören eigentlich, wie wir gesehen haben, chronologisch zur *zweiten Stufe* des *Programms*. Daß sie dennoch hier in der Rubrik »Die Pläne der Nazis nach dem Endsieg« behandelt werden, hängt mit einer Erkenntnis zusammen, die sich einem beim Studium der Thematik förmlich aufdrängt: Die Verwirklichung des deutschen Tropentraums ist für seine Verfechter bereits der große Sieg.

Da das Schwergewicht der Kolonialpläne auf Afrika liegt, wird dieser Kontinent so etwas wie das *Scharnier zur Weltherrschaft* zwischen der *ersten* und der *dritten Stufe*, basierend auf der Vision eines »Mittelafrikanischen Ergänzungsraums« zwischen dem Atlantik im Westen und dem Indischen Ozean im Osten, dem Sahelrand der Sahara im Norden und dem Sambesi im Süden. Unerschöpflich an Rohstoffen und Menschenreserven, sollte Afrika mit seinen Luft- und Flottenstützpunkten die *Gegenküste* zu einem hoffnungslos isolierten Amerika werden.

Noch einmal bestätigt sich die ungeheure Anziehungskraft der These »Erst Europa, dann die Welt«, also der Glaube an jenen unwiderstehlichen Magnetismus, der den Herrn über den Alten Kontinent ganz automatisch auch zum Herrn über die Welt macht – eine Art Höhepunkt des traditionellen Eurozentrismus, aber in seiner Nazivariante.

Kein Wunder also, daß die Hoch-Zeit auch der deutschen Kolonialpläne in die euphorischen Jahre 1940/41 fällt, mit Ausläufern nach 1942, als viele Deutsche mit dem Abschluß der *ersten Stufe* schon den Endsieg in der Tasche zu haben meinten.

Vorausgesetzt werden konnte eine breite öffentliche Übereinstimmung mit solchen Plänen, die ihre Vorgeschichte hat – in der *Legende von der deutschen Kolonial-Idylle in Afrika* in den Jahren von 1884 bis 1918.

Die herrschenden Vorstellungen von der *wilhelminischen Kolonialepoche* gehören zu den großen und *dauerhaften deutschen Lebenslügen,* und das bis hinein in unsere Gegenwart. Nach wie vor triumphieren Phantasien vom »besseren Kolonialismus« in Togo, Kamerun, Deutsch-Ost- und Südwestafrika – der deutsche Südsee-Archipel spielte nur eine Randrolle. Nach wie vor lebt bei uns die Überzeugung, die Praktiken deutscher Kolonisatoren hätten sich vorteilhaft von denen der Briten, Franzosen, Belgier, Spanier und Portugiesen unterschieden. Tatsächlich jedoch basierte die deutsche Kolonialherrschaft ebenfalls auf den zwei Säulen aller Kolonialismen – nämlich der Ausbeutung und der Gewalt. In diesem Falle allerdings mit der spezifischen Note nahezu ununterbrochener Feldzüge gegen den afrikanischen Widerstand, ein wirklich dreißigjähriger Krieg.

Das begann 1888 mit dem Aufstand der arabischen Oberschicht in Ostafrika, die ihre jahrhundertelange Vorherrschaft durch die plötzlich aufgetauchte Überseemacht Deutschland bedroht sah und sich, natürlich vergeblich, wehrte, der – nach seinem Führer benannte – »Buschiri«-Aufstand. Das setzte sich fort mit Rebellionen in Kamerun von 1893 an, mit dem langandauernden Kampf gegen die kriegerischen Wahehe in Deutsch-Ostafrika und den furchtbaren Massakern dort an den Anhängern des *Maji-Maji-Krieges,* ein ungleicher Kampf bis an die *Grenze des Völkermords.*

Die wurde dann im August und September 1904 überschritten – an den *Hereros.*

Während die Großkämpfe der deutschen Kolonialmacht gegen die Hottentotten und ihren genialen Stammesführer Maharero trotz aller Unerbittlichkeit die biologische Substanz der Afrikaner nicht wirklich gefährdeten, waren die Hereros in ihrer physischen Existenz ernsthaft bedroht. Die mit deutscher Gründlichkeit gesammelten Daten sind in den Kolonialarchiven jederzeit einsehbar. Danach zählten die Hereros bei Beginn der Feindseligkeiten etwa 100 000 Köpfe. Die letzte amtliche Statistik von 1913 dagegen weist

eine Ziffer von 21 699 aus. Dazwischen liegt der Untergang fast eines ganzen Volkes im *Sandfeld,* dem Durstgebiet der berüchtigten Omaheke-Wüste.
Gegen die Hereros, die sich nicht so zähmen ließen, wie es sich die deutsche Kolonialadministration wünschte, war der Sieger über die unterbewaffneten Wahehe und Teilnehmer an der Niederschlagung des chinesischen »Boxeraufstandes« aufgeboten, der »General des mächtigen Kaisers«, wie er sich selbst in Aufrufen an die Afrikaner nannte – General Lothar von Trotha! Als die verzweifelten Hereromassen nach dem blutigen Gefecht am Waterberg vom 11. August 1904 durch die deutschen Linien brachen und in die Omaheke flüchteten, schnitt von Trotha ihnen alle Fluchtwege hermetisch ab – mit einem kanonenbespickten Wall gegen die Eingeschlossenen. Innerhalb der deutschen Grenze (!), so ließ von Trotha verlauten, werde jeder Herero, mit oder ohne Gewehr, erschossen. Er nehme keine Weiber und Kinder mehr auf, treibe sie zu ihrem Volk zurück oder lasse auf sie schießen.
Währenddessen gruben die Hereros noch in zwanzig Metern Tiefe vergeblich nach Wasser. Aber sie verdursteten lieber, als sich ihren deutschen Peinigern auszuliefern.
Daß wir dennoch etwas über das furchtbare Ende wissen, verdanken wir dem Deutschen Generalstab. Seine Chronisten haben den Untergang mit einer – man kann es nicht anders nennen – geradezu perversen Lyrik besungen. Hier eine Kostprobe:

»Die mit eiserner Strenge durchgeführte Absperrung des Sandfeldes vollendet das Werk der Vernichtung. Die Kriegsberichte des General von Trotha aus jener Zeit enthielten keine Aufsehen erregenden Meldungen. Das Drama spielte sich auf der dunklen Bühne des Sandfeldes ab. Aber als die Regenzeit kam, als sich die Bühne allmählich erhellte und unsere Patrouillen bis zur Grenze des Betschuanalandes vorstießen, da enthüllte sich ihrem Auge das grauenhafte Bild verdursteter Heereszüge. Das Röcheln der Sterbenden und das Wutgeheul des Wahnsinns – sie verhallten in der erhabenen Stille der Unendlichkeit. Das Strafgericht hatte sein Ende gefunden. Die Hereros hatten aufgehört, ein selbständiger Stamm zu sein.«[1]

Ich bin in keiner amtlichen Schrift je wieder auf solche Mischung aus verbalem Schwulst und Rechtfertigung von Massenmord gestoßen. Man muß das wieder und wieder lesen, um zu begreifen, in welchem Ungeist deutsche Kolonialpolitik durchgeführt wurde. Sie zeugte einen Typus von barbarischer Roheit, personifiziert durch Männer wie Carl Peters und Major Hans Dominik, Vorläufer nationalsozialistischen Herrenmenschentums, ohne den Trost, daß es sich um Ausnahmen gehandelt habe. Die uns überlieferte Chronik der *Prügelstrafe* in allen deutschen Kolonien Afrikas spricht eine andere Sprache. Die Blätter 7 und 8 des Aktenfaszikels Nr. 5380 im Reichskolonialamt Berlin geben eine vergleichende Prügelstatistik zwischen den Jahren 1901 und 1913 wieder:

Deutsch-Ostafrika:	3467–8057
Kamerun:	315–4800
Deutsch-Südwest:	257–1655
Togo:	162– 832

Bei den Dreharbeiten für meinen im Oktober 1966 vom Westdeutschen Rundfunk/ARD ausgestrahlten Fernsehfilm »HEIA SAFARI – Die Legende von der deutschen Kolonial-Idylle in Afrika« bin ich in der Nähe des tansanischen Ortes Bagamoyo auf ein solches Mordinstrument gestoßen, den *Kiboko,* die Peitsche aus Nilpferdhaut, Exekutivwaffe der Prügler von einst. Aber nicht nur das, es meldete sich auch ein uralter Einwohner, der sich noch an den Vollzug der Prügelstrafe erinnern konnte, so genau, daß er den obligatorischen Ausruf vor dem Ende der jeweiligen Tortur nach vielen Jahrzehnten immer noch in phonetisch einwandfreiem Deutsch wiedergeben konnte: *»Der letzte für den Kaiser!«*

Die deutsche Kolonisation kostete die Afrikaner Millionen Tote. Immer wieder wurden ihre Konsequenzen im Deutschen Reichstag bis 1914 aufs Tapet gebracht, vor allem, aber nicht nur, von der Fraktion der Sozialdemokratischen Partei – die sogenannten »Kolonialskandale«. Sie zählten zu den festen Konfliktthemen des Hauses.

Die letzte Kolonialdebatte im Reichstag vom März 1914 ergab eine niederschmetternde Bilanz: Ganze Regionen seien durch die Methode der Anwerbung und des Arbeitszwanges entvölkert, weite Gebiete durch die hohe Sterblichkeit unter den Plantagenarbeitern verödet. Lohnbuchprüfungen hätten notorischen Betrug an den

rechtlosen Afrikanern aufgedeckt. Die vielgepriesenen Mittel und Aufwendungen für Hygiene und Bildung der »Eingeborenen« hätten nie einen anderen Sinn gehabt, als die Kolonialherrschaft zu etablieren. Und der ebensooft gerühmte Eisenbahnbau sei vor allem unter militärstrategischen Gesichtspunkten durchgeführt worden.
Mit anderen Worten: Während der deutschen Kolonialepoche hatte es nie eine Legende vom »besseren« Kolonialismus gegeben.
Sie kam erst auf mit der kollektiven Unfähigkeit der Deutschen nach 1918, die militärische Niederlage im Ersten Weltkrieg moralisch und historisch anzuerkennen. Wenn schon alle Siegesträume zerstoben und die Illusionen einer zertrümmerten Reichsepoche verflogen waren, dann sollte wenigstens das Deutschtum in Übersee ohne Fehl und Tadel gewesen sein... Das war der Stoff, aus dem dann die Thesen von der »Kolonialschuldlüge« hervorwucherten – und gleich daneben eine endlose Rechtfertigungsliteratur. Es war die Zeit, in der die treuen Seelen der *Askari*, schwarze Angehörige der deutschen »Schutztruppe«, und die erst gestern noch geprügelten und geschundenen Afrikaner als Kronzeugen deutscher Kolonisationsfähigkeit beschworen wurden. Gipfel deutscher Unaufrichtigkeit: Völlig außerstande, das rassistische Wertsystem und den Standpunkt des weißen Herrenmenschen zu überwinden, wurden die gleichen Rassisten nicht müde, ihre einstigen Opfer nun als Fürsprecher zu mißbrauchen.
Die deutschen Quellen der Kolonialepoche malen in starken Farben ein anderes Bild – mit wahren Gebirgen amtlicher Dokumente, mit Reichstagsprotokollen, der unerschöpflichen Flut kritischer Presseberichte, den enthüllenden Bekundungen kolonialer Grausamkeiten in Selbstbeschreibungen durch Buchautoren, die keine Ahnung hatten, daß jenes Zeitalter einmal der Gegenstand einer beschönigenden Legende werden würde. Es ist die lückenlose Eigencharakteristik eines geschichtlichen Fiaskos, für dessen verfehlte Herrschaft ein kollektiv übernommenes Motto geprägt worden war: »Streng, aber gerecht.«
Die Legende blieb über die ganze Dauer der Weimarer Republik

unausrottbar. Die Forderung nach Rückgabe der Kolonien war unantastbar und zählte zu den wesentlichen Postulaten des deutschen Nationalismus.

Dennoch stieß die »Kolonialfrage«, wie sie genannt wurde, nicht auf das einheitliche Interesse der damaligen deutschen Wirtschafts- und Finanzeliten. Jene Schwerindustriellen, die sich am 27. Januar 1932 auf der ebenso berühmten wie folgenreichen Zusammenkunft im Düsseldorfer *Industrieclub* mit Hitler trafen, hatten jedenfalls kaum kolonialpolitische Interessen. Was nicht bedeutete, daß sie der Kolonialforderung innerhalb des NS-Gesamtprogramms etwa hindernd im Wege gestanden hätten. Die Haltung der Montan-Gewaltigen wurde einfach dadurch bestimmt, daß sie sich keinen greifbaren Gewinn versprachen. Dennoch hatten die großen Eigentümer bezeichnenderweise einen Fuß im Türspalt und ihre Vertreter in den entsprechenden Organisationen, zum Beispiel im »Deutschen Kolonialverein«. Namen wie Thyssen, Vögler, Kirdorf können in diesem Zusammenhang genannt werden.

Es gab aber auch einflußreiche Kreise, die aus ökonomisch-kommerziellen Gründen hinter der Kolonialforderung standen, allen voran die Deutsche Bank und das Geldinstitut Disconto-Gesellschaft. Dazu die chemische und die verarbeitende Industrie. Natürlich auch die professionellen Interessenten, die Inhaber der großen Schiffahrtshäuser, wie Woermann und die Reeder der Deutsch-Ostafrika-Linie. Dazu die alten Überseehandelshäuser O'Swald und die Deutsch-Ostafrikanische Gesellschaft.

Von diesen Kreisen könnte nicht behauptet werden, daß sie über die allgemein übliche Betonung nationaler Gesinnung hinaus durch besondere Sympathien für die NSDAP aufgefallen wären, solange die erste Republik am Leben war. Wohl aber läßt sich registrieren, wie rasch unter den veränderten Bedingungen nach dem 30. Januar 1933 bisher eher weltläufig-liberale Positionen und kosmopolitische Haltungen in Befürwortung der neuen Verhältnisse umschlugen, und das in der eindeutigen Erwartung, interessengebundene Wünsche erfüllt zu bekommen. Diese Kursanpassung wurde von nahezu der gesamten konservativen Schicht deutscher Wirtschaftsführer von damals vollzogen.

Hitlers Haltung in der Kolonialfrage war pragmatisch, je nachdem, wie hoch oder wie niedrig die Trauben zu hängen schienen. Sie wurde vor allem bestimmt von seiner Ambivalenz gegenüber England, das er gerade mit dieser Frage einmal zum Bündnis verlocken wollte (bis hin zum langfristigen Verzicht auf deutschen Kolonien), um es dann aber wieder mit kategorischen Forderungen nach Überseebesitz zu bedrohen. Man könnte sagen, daß Hitlers Einstellung zu Kolonien von *den* Prioritäten abhängig war, die er selber setzte.

Das ließ sich zunächst langsam an.

Eher am Rande des Geschehens wird 1934 das *Kolonialpolitische Amt der NSDAP* gegründet (KPA). Ihr Leiter wird der General der Infanterie Franz Ritter von Epp, der schon zwischen 1918 und 1933 unentwegt die Rückgabe der deutschen Kolonien gefordert hatte.

Epp bekommt Schwierigkeiten, als er eine Abteilung des KPA nach Berlin verlegen will, um dort enger mit dem Kolonialreferat des Auswärtigen Amtes zusammenarbeiten – der Reichsschatzminister lehnt die Bewilligung von Geldmitteln für hauptamtliche Kräfte ab. Darauf wendet sich von Epp an Hitler mit einer Denkschrift, in der er die Errichtung eines *Reichskolonialministeriums* anregt. Hitler folgt ihr nicht, verfügt aber, die Vorbereitungen für ein solches Ministerium so voranzutreiben, »daß es im Augenblick der Wiedererlangung von Kolonien in der Lage sei, die Tätigkeit sofort aufzunehmen«.[2]

In der Keimzelle des geplanten *Reichskolonialministeriums,* dem *Kolonialpolitischen Amt der NSDAP,* geht es also, wie bisher, vor allem ehrenamtlich zu. Eigene Geldquellen stehen nicht zur Verfügung, man ist auf Spenden von Partei und Staat angewiesen. Aber die finanzielle Knappheit ändert nichts an dem voluminösen Organisationsgerippe, das bereits existiert. Unter von Epps Leitung gibt es schon Generalreferenten für die Südsee, für Kamerun, für Ost- und Westafrika. Dazu Stabsleiter, eine Rechnungsstelle und ein Amt für Planung, das an alles denkt: vom Bau- und Vermessungs-

wesen über Geologie und Meteorologie, Kolonialpolizei, Land- und Forstwirtschaft bis hin zu Presse, Propaganda, Film und Rundfunk. Es existiert auch ein *Kolonialrat,* der zwar mit SS- und SA-Führern durchsetzt ist, deren Galionsfiguren jedoch Adlige sind, ganz vorn Herzog Adolf Friedrich und Herzogin Adolfine von Mecklenburg.
1937 wird deutscherseits die Hoffnung, sich mit England zu arrangieren, spürbar schwächer. Nicht zufällig wird es *das* Jahr, in dem der Grundriß fast all jener Pläne entsteht, auf die weiter unten eingegangen wird.
Im September 1938 nimmt Wilhelm Canaris, Leiter des Amtes *Ausland/Abwehr* im Oberkommando der Wehrmacht, in drei Punkten Stellung zu einer Entwurfsstudie »Seekriegführung gegen England«:

»1) Wenn Deutschland nach dem Willen des Führers eine in sich gesicherte Weltmachtstellung erwerben soll, bedarf es neben genügend Kolonialbesitz gesicherter Seeverbindungen und gesicherten Zugangs zum freien Ozean.
2) Beide Forderungen sind nur gegen englisch-französische Interessen erfüllbar und schränken deren Weltmachtstellung ein. Sie mit friedlichen Mitteln durchsetzen zu können, ist unwahrscheinlich. Der Wille zur Ausgestaltung Deutschlands als Weltmacht führt daher zwangsläufig zur Notwendigkeit entsprechender Kriegsvorbereitung.
3) Der Krieg gegen England bedeutet gleichzeitig Krieg gegen das Empire, gegen Frankreich, wahrscheinlich auch gegen Rußland und eine Reihe überseeischer Staaten, also gegen die Hälfte bis ⅔ der gesamten Welt.«[3]

Eine stocknüchterne Prognose, die realistische Perspektive eines neuen, des Zweiten Weltkrieges.
Ab 1938 gibt es konkrete Planungen für eine Kolonialflotte und für die Ausstattung der Kolonialhäfen – Vorarbeiten des Militärs, der Reichsbürokratie und Rüstungsindustrie lange vor 1939.
Im März 1940 mahnt Hitler an, die Planungen für die Übernahme der Verwaltung in den Kolonien sobald wie möglich abzuschließen. Dabei bestimmt er eine klare Gliederung: Alle verwaltungstechnischen Angelegenheiten gehören in das Ressort des *Kolonialpolitischen Amtes* der *NSDAP,* alle politischen Fragen zur Wiederge-

winnung von Kolonien in die Zuständigkeit des Auswärtigen Amtes.

Im Mai 1940 entstehen zahlreiche Denkschriften zur Kolonialfrage – im Oberkommando der Kriegsmarine, in der Gruppe *Deutscher Kolonialwirtschaftlicher Unternehmungen*, einer Gründung des Jahres 1936, und in den beiden mit dem Kolonialproblem spezifisch befaßten Institutionen, dem *KPA* und dem *Auswärtigen Amt*. Darin werden, weit über die Gebiete der ehemaligen deutschen Kolonien hinaus, Territorien und Ansprüche erhoben auf Belgisch-Kongo, auf Französisch-Äquatorialafrika und auf das britische Nigeria. Langjährig als Fernziele gehegte Vorstellungen rücken nun weit auf. Die Gewinnung von Kolonien über die einstige Dimension hinaus beginnt einen festen Platz in den strategischen Plänen einzunehmen.

Da bricht etwas durch die Decke, was sich bisher offenbar nur mühsam zurückgehalten hatte, eine Gier nach Weltbeute, die ihre ersten, vorläufigen Reviere absteckt.

Schon vor dem vollständigen Sieg über Frankreich gibt es kein Halten mehr. Am 16. Juni 1940 kommt Hitler auf seine Mahnung vom März zurück, die Vorarbeiten für die Übernahme von Kolonialverwaltungen zu beschleunigen. Am 3. Juli, also unmittelbar nach der Kapitulation Frankreichs und Waffenstillstand, setzt Kapitän zur See Fricke, Admiral und Stabschef der deutschen Seekriegsleitung, ein Memorandum über »Raumerweiterungs- und Stützpunktfragen« auf. Es geht aus von den geographischen Gegebenheiten Deutschlands »am Ende des Krieges«[4] und setzt, noch ohne den Sieg über die Sowjetunion, Deutschland als Herrn des Kontinents ganz selbstverständlich voraus.

Die Denkschrift rät davon ab, Stützpunkte in Nord- und Südamerika, im Raum Asien und Australien zu schaffen, betrachtet aber einen *zusammenhängenden Besitz in Mittelafrika* als äußerst wünschenswert. Alles Land vom Senegal bis zum Kongo, die früheren deutschen Kolonien in Zentral- und Ostafrika sowie Belgisch-Kongo sollten unter die Hakenkreuzfahne kommen. Außerdem werden anvisiert: Dakar, Französisch-Guinea, die Elfenbeinküste, Dahomey, große Teile des Sudans und das britische Niger-Gebiet.

Dazu die Stützpunkte Island, die Kapverdischen Inseln, die Kanarischen Inseln und im Indischen Ozean Madagaskar.
Das Memorandum schließt mit dem Satz: »Inwieweit der Ausgang des Krieges mit England die Möglichkeit einer Erweiterung dieser Forderungen bringen kann, mag dahingestellt sein.«[5]
Noch im Juli 1940 wird Frickes Schrift erweitert durch die Forderung der deutschen Marineleitung nach folgenden Territorien des inzwischen besiegten Frankreich: Conakry, Douala, Pointe Noire. Weiter wird Anspruch erhoben auf Diego Suarez und auf die Komoren, eine Inselgruppe in der Nähe Madagaskars. Großbritannien wird aufgefordert, auf das westafrikanische Freetown und die ostafrikanischen Inseln Sansibar und Pemba zu verzichten. An Deutschland abgetreten werden sollen auch das Atlantikeiland St. Helena, Napoleons letzter Verbannungsort, die Inselgruppen der Seychellen sowie Mauritius im Indischen Ozean. All das vervollständigt durch die deutsche Hand auf dem belgischen Hafen Boma an der Kongomündung, dem spanischen Fernando Póo und den portugiesischen Inseln von São Tomé.[6]
Die Pläne des Oberkommandos der Wehrmacht, vom dortigen Vertreter des Auswärtigen Amtes übermittelt, geben noch eins drauf mit der Ausarbeitung einer kolonialen Neuordnung der Welt, und zwar sowohl unter dem Aspekt eines Ausgleichs mit England als auch dem seiner militärischen Niederlage. In diesem Fall würde die Beute natürlich noch größer ausfallen, aber schon bei einem Ausgleich wäre nach den Vorstellungen der höchsten deutschen Militärs vom britischen Empire so gut wie nichts übriggeblieben.[7]
Angesichts solcher interkontinentalen Sandkastenspiele reibt man sich die Augen, aber die Dokumente lassen keinen Zweifel daran, daß diese Spiele ab Mitte 1940 keineswegs nur als Beschäftigungstherapie spezieller Kolonialorganisationen gedacht waren, sondern sowohl den damaligen Visionen Hitlers als auch denen der Wehrmachtführung entsprachen.
Und nun kommt die Marineleitung damit heraus, wie all das nach ihren Vorstellungen kriegsmaritim zu verwirklichen sei.
Davon kündet ein von Admiral Schniewind unterzeichnetes Me-

morandum vom 6. Juli 1940 mit dem Titel »Grundlagen des Flottenaufbaus«. Es geht von der richtigen Voraussetzung aus, daß die deutsche Seemacht zur Erfüllung solcher Aufgaben untergerüstet sei.

Als die »wahrscheinliche geographische und seestrategische Lage, in der sich Deutschland nach den Ergebnissen des Krieges befinden wird«[8], nimmt man die deutsche Herrschaft über den europäischen Kontinent und über ein großes mittelafrikanisches Kolonialreich an. Dies mit einem England, das unbesetzt und unbesiegt ist und das deshalb Anlehnung an die USA sucht. Die wiederum haben ein vitales Interesse an einem starken England, wodurch die Vereinigten Staaten von Nordamerika unweigerlich zum Gegner Deutschlands werden. Koloniale Betätigung, wachsender Handel, Schutz der Kolonien und ihrer Seeverbindungen führen das Großdeutsche Reich ebenso »zwangsläufig und schicksalshaft zu einer ozeanischen Seemacht ersten Ranges mit im einzelnen noch nicht übersehbaren Möglichkeiten für den großzügigen Ausbau einer Flotte«.[9]

Darum geht es der Seekriegführung vor allem. Handelsschutzaufgaben – gut. Sicherung der Kolonialrouten – auch gut. Entscheidend aber sind für die Marineleitung die offensiven Kampfaufgaben gegen gegnerische Schiffe, sind Stützpunkte, sind Kriegshäfen in Übersee.

Das Konzept der kaiserlichen Kriegsmarine, das die deutsche Flotte und ihre schweren Einheiten, wie bereits erwähnt, im wesentlichen als Gegenkraft zur britischen Home Fleet mit eng begrenztem Operationsraum sah, wird nun rigoros gesprengt. Die Denkschrift vom 6. Juli 1940 spricht klar aus, daß nicht die Nordsee, auch nicht das Nordmeer, sondern der Atlantik, ja die Weltmeere das Operationsgebiet sein werden. Bei ihren Plänen für Großkampf- und Schlachtschiffe haben die Konstrukteure, so wird ausdrücklich angemerkt, weiten Aktionsraum und vorzügliche Hochsee-Eigenschaften zu berücksichtigen.

Hier spiegelt die Schrift aufschlußreich die Verbindung zwischen fester Beharrung der Marinespitze auf dem Herkömmlichen und den Erfahrungen mit den neuen Entwicklungen der Waffentechnik wider. Notwendigkeit des Schlachtschiffsbaus oder Verzicht darauf – das wird zum Zentrum der Überlegungen.

Da sind, unleugbar, die frischen Erkenntnisse aus dem Einsatz von Bombern und U-Booten, die extreme Verwundbarkeit großer Schiffstypen aus der Luft und die weit fortgeschrittene Entwicklung des Unterwasserkrieges. Aber dennoch, in den Augen des deutschen Oberkommandos der Marine hat das Schlachtschiff nicht an Bedeutung verloren. Im Gegenteil: »Die Seekriegsleitung ist davon überzeugt, daß der Kriegsverlauf dazu berechtigt, geradezu von einer Wiedergeburt des Schlachtschiffes zu sprechen.«[10] Nur das Schlachtschiff könne die eigenen Seeverbindungen hinreichend schützen, die des Gegners aber zerschlagen und seine Seeherrschaft ausschalten.

Die strategische Ausweitung des Seekrieges, seine ozeanische Dimension, so fährt das Memorandum des Admirals Schniewind fort, verlangen unter Ausnutzung außereuropäischer Stützpunkte einen vermehrten und beschleunigten Ausbau gerade dieses Schiffstyps. Dazu als Begleitfahrzeuge: Spähkreuzer mit See-Eigenschaften und Aktionsradius für den Atlantik, große kampfkräftige Zerstörer, schließlich Kreuzer und deren wirksamster Rückhalt – das Atlantik-Panzerschiff. Bis diese Flotte fertiggestellt sein wird, werden U-Boote die Hauptwaffe sein.

Dann, wie ein Postskriptum, sechs Zeilen über den »augenblicklichen Flugzeugträgertypus«: Erfahrungen hinsichtlich seiner Zweckmäßigkeiten seien noch nicht abgeschlossen, verzichtet werden könne jedoch auf Träger und Flugzeugkreuzer im Rahmen des Atlantikkrieges nicht.

Im Lichte späterer Erkenntnisse, die im übrigen nicht mehr lange auf sich warten ließen, hat der heutige Leser den Eindruck einer grundlegenden Fehlkalkulation und -einschätzung der tatsächlichen Entwicklung des Hochseekrieges durch die damalige deutsche Marineleitung. Nicht ganz ein Jahr nach jenem Memorandum, am 27. Mai 1941, legt sich, wie bereits erwähnt, das modernste Schlachtschiff seiner Zeit, die von britischen Einheiten manövrierunfähig geschossene »Bismarck«, auf die Seite und versinkt in der Tiefe des östlichen Atlantiks.

Die wirklich großen Seeschlachten des Zweiten Weltkrieges aber, der maritime Kampf zwischen Japan und den USA im Pazifik, sehen neben der U-Boot-Waffe den Flugzeugträger als das Rückgrat des modernen Seekrieges. Das Memorandum »Grundlagen des Flottenaufbaus« erweist sich als eine weitere Variante der nachgerade verblüffenden Realitätsentfremdung der zivilen und der militärischen Führung des Dritten Reiches.

Darüber hinaus war die Schrift symptomatisch für das Fieber, das damals bei der Verteilung des kolonialen Kuchens um sich greift, noch ehe er überhaupt gebacken war. Von Mitte 1940 an kann eine Art Zellteilung der Kolonialpläne beobachtet werden, ihre schier grenzenlose Wucherung in Ministerien, Dienststellen und Behörden für die Zeit nach der Übernahme oder der Eroberung von tropischen Territorien. Und das in einem Geist, für den der folgende Satz aus einem Artikel der »Münchener Medizinischen Wochenschrift« vom 27. Dezember 1940 über die Aufgaben des Arztes in den Kolonien typisch war: »Das neue Deutsche Reich hat seinen Platz an der Sonne des alten Europa bereits erkämpft, auch die Sonne Afrikas wird ihm wieder leuchten.«[11]

Am 5. Juli 1940 erfährt Generalstabschef Franz Halder in einer Morgenbesprechung mit dem Oberbefehlshaber des Heeres, Walther von Brauchitsch, daß dieser befohlen hat, ein Kolonialregiment zu zwei Bataillonen und vier Kompanien aufzustellen und auf einem norwegischen Truppenplatz ausbilden zu lassen. Außerdem sei beim Allgemeinen Heeresamt ein Stab für Kolonialfragen zu errichten.[12] Und am 19. Juli notiert Halder: »10 000 Mann Kolonialtruppen werden aufgestellt.«[13]

Wie sich das Oberkommando der Wehrmacht die Besetzung künftiger deutscher Kolonialgebiete vorstellte, überliefert eine »Koloniale Unterrichtung« vom 8. Juli 1940. Auf Wunsch des Oberbefehlshabers der Kriegsmarine, Raeder, sollten deutsche Marinetruppen, den beiden anderen Wehrmachtteilen Heer und Luftwaffe voran, als erste die Küstengebiete betreten , die Flagge hissen und die Hoheit des Deutschen Reiches ausrufen. Danach hatte ein Gouverneur oder Generalgouverneur, von den Spitzen der einzelnen

Verwaltungszweige begleitet, an Land zu gehen, um mit den Behörden der *Fremdmächte* Verbindung aufzunehmen. Diese Zeremonie sollte abschnittsweise vorgenommen werden. Schon bald nach der Marine sollten Einheiten des Heeres und der Luftwaffe des Landesinnere besetzen, gefolgt von der weiteren Verwaltung für die Kolonien aus Deutschland. Diese Übernahme durch Wehrmacht und Behörden sollte in einem halben Jahr beendet sein.
Wie sehr in dieser »Kolonialen Unterrichtung Nr. 1 des Oberkommandos der Wehrmacht«, Amt Ausland/Abwehr, schon auf Einzelheiten eingegangen wird, läßt diese Verfügung erkennen: »Der Herr Reichskolonialminister (von Epp, R.G.) wird Massenreisen zu Jagd- und Vergnügungszwecken in der ersten Zeit verbieten.«[14]
Reichskolonialminister – das war ein voreilig vergebener Rang, denn weder von Epp noch ein anderer wird je in ihn versetzt werden, da es nicht zu einem solchen Ministerium kommen wird. Nichtsdestotrotz ist nun eine riesige Stabs- und Verwaltungsmaschinerie in die Kolonialpläne der *zweiten Stufe* des *Programms* einbezogen – neben dem Oberkommando der Wehrmacht: die Leitungen von Heer, Marine und Luftwaffe, zahlreiche Dienststellen der Partei und des Staates, das Kolonialpolitische Amt der NSDAP und das Auswärtige Amt. Und dies alles getragen von einer siegestrunkenen Öffentlichkeit nach der Niederlage Frankreichs.
Jetzt wird auch eine *Kolonialordnung der Wehrmacht* entworfen. Sie definiert: »Die Aufgabe der Wehrmacht in den Kolonien ist die Erreichung strategischer Stellungen außerhalb von Europa, die Sicherung des deutschen Kolonialreiches, Mitwirkung bei seiner Aufschließung für die Rüstung und für innerkolonialen, innerafrikanischen und internationalen Verkehr.« Des weiteren gehe es um »Vertiefung des Ansehens des deutschen Soldaten in der Welt und bei der farbigen Rasse«.[15]
Letzteres wäre gar nicht so leichtgefallen, denn in dem von Generalfeldmarschall Wilhelm Keitel unterzeichneten ersten Teil der *Wehrmacht-Kolonialordnung* – »Truppen und Dienststellen« – heißt es lapidar: »Eine Kolonialtruppe nach dem Vorbild der Verhältnisse von 1914 lehnt der Führer grundsätzlich ab... Eingeborenen bleibt der Wehrdienst versagt (Askari).«[16]

Dazu gibt es eine interessante Anmerkung: »General Ritter von Epp hält in den tropischen Gebieten Askari-Truppen für nötig, Chef OKW stimmt dem zu. Die Frage ist noch offen.«[17]
Hier wird ein gewisser Unterschied zwischen einer mehr traditionell-konservativen und einer streng nationalsozialistisch bestimmten Kolonialrichtung sichtbar, dem zwar keine allzu große Bedeutung beigemessen werden sollte, der sich aber doch dokumentarisch niedergeschlagen hat. Zum Beispiel in dem Vorläufer des – nie zustande gekommenen – *Reichskolonialgesetzes*, dem *Deutschen Kolonialkatechismus*, einer Schrift des Gesandten Asmis von der Verbindungsstelle des *Kolonialpolitischen Amtes* an das Reichsfinanzministerium, datiert vom 22. April 1940. Darin heißt es zwar zunächst scharf regimekonform: »Die deutschen Kolonien sind Bestandteile des Reiches, kein Ausland ... Die Reichsgewalt in den deutschen Kolonien übt der Führer und Reichskanzler aus ... In den Kolonien gilt der Grundsatz der Scheidung der Rassen.«[18] Aber dann geht es ganz im altpaternalistischen Stil damit weiter, daß die Förderung des Wohlstandes der Eingeborenen eine der vornehmsten Pflichten jeder deutschen kolonialen Tätigkeit sein müsse und daß ihre völkischen Eigenarten, die Sitten, Gebräuche und Rechtsgewohnheiten geachtet werden sollen, »soweit sie nicht gegen die guten Sitten deutscher Auffassung verstoßen«. Landbesitz solle geschützt werden, Beteiligung von Afrikanern an der Verwaltung sei erstrebt, ebenso medizinische Versorgung und ausreichende Ernährung. Das klingt wie ein Katalog wohlfahrtlicher Fürsorge und ist mit dem NS-Rassendogma völlig unvereinbar.
Sind solche Beteuerungen vor dem Hintergrund der historischen Praxis in den deutschen Kolonien bis 1918 schon mehr als windig, so werden sie vollends hinfällig durch *die* Pläne, die die berufenen Stellen sich inzwischen über die »Eingeborenenpolitik« gemacht hatten und über die wir gut informiert sind. Man kann sich anhand einschlägig-überzeugender Beispiele auf anderen Gebieten sehr gut vorstellen, wie die Reserve konservativer Kolonialtraditionalisten vor dem Versklavungs- und Vernichtungsprinzip des staatlich institutionalisierten Nationalsozialismus nur allzu rasch unter der Sonne Afrikas dahingeschmolzen wäre.

Grundlage der »Eingeborenenpolitik« war die Ideologie des nationalsozialistischen Rassendogmas. In ihr sehen sich zwar wilhelminische Rassismen übernommen, doch geht sie in ihrer Rigorosität, dem Charakter des Dogmas gemäß und proportional zu den maßlosen Zielen der Nazis, viel weiter als alle kaiserlich-nationalistischen Vorläufer. Inzwischen war die These vom deutschen Herrenmenschen, der ein Recht darauf habe, daß ihm andere Völker dienten, tiefer in das öffentliche Bewußtsein eingedrungen als in jeder vorangegangenen Epoche der deutschen Geschichte.
Schon 1938 hatte das *Rassenpolitische Amt der NSDAP* in einem Aufsatz mit dem Titel »Kolonialfrage und Rassegedanke« die Grundzüge der nationalsozialistischen Rassenpolitik in den zukünftigen Kolonien dargelegt. Strengste Rassentrennung, Verbot von Ehen zwischen Schwarzen und Weißen, Verbot überhaupt jeden engeren Kontaktes zwischen ihnen. Kulturelle Veranstaltungen der Weißen haben Afrikanern verschlossen zu sein. Jede höhere Bildung ist unerwünscht. Die Höchstgrenze der Ausbildung wird bestimmt von dem für untere Verwaltungsfunktionen notwendigen Wissen. Kein Afrikaner kann je deutscher Reichsbürger werden.[19]
1940 stellt das *Rassenpolitische Amt der NSDAP* Leitsätze für das geplante deutsche Kolonialreich auf, die von der »naturbedingten Ungleichheit der Menschen« ausgehen. Da das Ziel der Kolonialpolitik die Verbreiterung und Sicherung der wirtschaftlichen Grundlagen Deutschlands ist, was nur mit Hilfe der *Eingeborenen* erreicht werden kann, kommt es auf die psychologisch und praktisch richtige *Menschenführung* an. Wichtigste Aufgabe der Weißen ist es, eine Herrenrolle auszuüben und ihr Leben dementsprechend zu gestalten.[20]
Wieder taucht als Fundament jeder Kolonialpolik die konsequente Trennung der Rassen auf – *Apartheid.* Die Wohngebiete beider Gruppen haben voneinander separiert zu sein, Kommunikation zwischen beiden ist nur mit Genehmigung möglich. Intime Beziehungen werden mit drakonischen Strafen bedroht, afrikanische Sexualpartner von Europäerinnen sind des Todes. Um Versuchungen

vorzubeugen, bestimmen die Leitsätze des *Rassenpolitischen Amtes der NSDAP* ein Einreiseverbot für unverheiratete Weiße und beschränken die Kolonialdienstzeit für unverheiratete Soldaten auf ein Jahr.
Um die Leitsätze durchzuführen und ihre rassenpolitischen Bestimmungen zu kontrollieren, werden für die Verwaltung der Kolonien »Rassenpolitiker« gefordert.
Juristische Basis der deutschen »Eingeborenenpolitik« sollten Gesetze werden, die die Afrikaner grundsätzlich zu unmündigen Beherrschten erklärten. Dazu heißt es in Paragraph 3 eines *Reichskolonialgesetzentwurfs* vom 30. Juni 1940: »Eingeborene sind Angehörige der bodenstämmigen Bevölkerung der deutschen Kolonien. Sie sind Schutzbefohlene des Reiches.«[21] Aber deutsche Gerichtsbarkeit gilt für sie nicht. Ein Sonderrecht legt die Behandlung der Afrikaner bis ins einzelne fest. Aus dem Innenministerium kommt der unverblümte Vorschlag, daß die Bestimmungen zum »Schutze des deutschen Blutes und der deutschen Ehre«, also die Nürnberger Rassengesetze, auf die Kolonien zu übertragen seien. Spätestens an dieser Stelle entblößen eingefügte Klauseln über die »rechtlich gesicherte Lebensform und Erhaltung arteigener Ordnung« der Afrikaner ihre unüberbietbar heuchlerische Infamie.
Dann die sogenannte Arbeiterfrage...
Wohl nicht zuletzt auf Grund der schwer geschichtsbelasteten Erfahrungen aus der wilhelminischen Kolonialepoche wird ihr in den Kolonialplänen der Nazis breiter Raum gewidmet.
Genügend schwarze Arbeitskräfte unter den Bedingungen der kolonialistischen Gewalt zu beschaffen und auszubeuten war seinerzeit die Quelle, die Keimzelle des afrikanischen Widerstands gegen die Deutschen, die Ursache vieler Aufstände und die Erklärung für einen großen Teil der kolonialen Kriegsgeschichte. In einem Bericht über die »Organisierung der Eingeborenenarbeit in Ostafrika und ihre Gestaltungsmöglichkeiten auf nationalsozialistischer Grundlage« wurden schon 1938 Vorschläge gemacht, wie die Frage der Arbeitskräfte geregelt werden könnte und auf welche Weise die Rassenpolitik auf die Afrikaner angewandt werden müßte. Auch darin taucht die strikte Trennung in Räume für Weiße und

Schwarze über das ganze Kolonialgebiet auf. Schwarze dürfen Wohngebiete der Weißen nur dann betreten, wenn dort ihre Arbeitsstätte liegt.

Da die historischen Erfahrungen lehrten, daß nur staatliche Zwangsmaßnahmen den deutschen Kolonisatoren und ihrer Verwaltung eine genügende Zahl von Arbeitern zutreiben konnten, münden alle diesbezüglichen Pläne in der Absicht, gesetzliche Zwangsarbeit einzuführen. Nach einer Forderung des Reichsarbeitsministeriums durfte weder gestreikt noch die Arbeitsstätte verlassen, noch die Arbeit auf sonstige Weise verweigert werden. Zur Regelung der Probleme, die mit der Arbeiterfrage zu tun hatten, sollte bei dem jeweiligen Gouverneur ein Arbeitskommissariat eingerichtet werden. Der Gouverneur ist verantwortlich für die Beschaffung der Arbeitskräfte, wird aber unterstützt von einem Referenten, dem die Arbeitskommissare unterstehen.

Im Juni 1941 schickt der Leiter des Afrika-Referats im geplanten *Reichskolonialministerium*, Bielfeld, an den langjährigen Direktor der Deutschen Bank und führenden Kolonialpolitiker der deutschen Industrie, Weigelt, ein Schreiben, in dem gefordert wird: Bei Mangel an freiwilligen Arbeitskräften kann jeder männliche Arbeiter oder gleichgestellte Fremde zu einer bis zu drei Monaten dauernden Arbeitsleistung gezwungen werden, die bezahlt werden muß. Bei besonderen Anlässen soll die Kolonialverwaltung auch berechtigt sein, unentgeltliche Arbeit zu fordern.[22]

Einen noch darüber hinausgehenden Vorschlag machte die *Gruppe Deutscher Kolonialwirtschaftlicher Unternehmen:* Alle männlichen Afrikaner sollen auf Grund der Steuerlisten erfaßt, registriert und mit einem Arbeitspaß versehen werden, der in einer Blechhülle mitgeführt werden muß. (Es gibt wohl niemanden, der bei dieser Lektüre nicht schockhaft an die entsprechenden Bestimmungen im südafrikanischen Burenstaat denkt...)

In seiner höchst informativen Arbeit »Apartheid auf deutsch – Kolonialpolitische Vorstellungen der Nationalsozialisten«, auf die sich diese Ausführungen stützen, kommt Richard Lakowski auf den inneren, unlösbaren Widerspruch von Zwangsarbeit zu sprechen und führt dazu aus:

»Einerseits war die angestrebte Kolonialwirtschaft ohne Zwangsarbeit nicht denkbar, andererseits mußte Zwangsarbeit einen Widerstand auslösen, der die Kolonialherrschaft überhaupt gefährden würde. Einig war man sich darin, daß jeder Widerstand durch schärfsten Terror im Keime zu ersticken sei. So verwundert es nicht, daß durch die Verordnung der Gerichtsbarkeit für Afrikaner auch das unentbehrliche Requisit des deutschen Kolonialismus, nämlich die Prügelstrafe, wieder eingeführt werden sollte. Einziger Streitpunkt zwischen Justizministerium und Kolonialpolitischem Amt war die Frage, wie man mit dem geringsten Aufsehen diese Strafart gesetzlich sanktionieren konnte.«[23]

Natürlich kann ganz grundsätzlich davon ausgegangen werden, daß die koloniale NS-Praxis die kolonialen NS-Pläne noch einmal fürchterlich übertroffen hätte.
Bis Herbst 1940 liegen detaillierte Pläne für ein Eisenbahnnetz mit entsprechender Verwaltung in den afrikanischen Kolonien vor. Auch andere Gesetzgebungsarbeiten für die künftigen Territorien auf dem Schwarzen Kontinent laufen weiter.
In einem Schreiben an Hermann Göring werden vier Entwürfe vorgetragen: für ein koloniales Blutschutzgesetz und ein allgemeines Reichskolonialgesetz, für die Ausführungsverordnung zum Reichskolonialgesetz und für die Verordnung des Rechtes und der Gerichtsbarkeit für die Fremden in den deutschen Kolonien (die »Fremden« sind, wohlbemerkt, die Afrikaner).
Auch an den Aufbau der Nationalsozialistischen Deutschen Arbeiterpartei (NSDAP) in den Kolonien ist gedacht. Am 2. November 1940 gibt Martin Bormann, Stabsleiter des *Führer-Stellvertreters* Rudolf Heß, bekannt: »Der Stellvertreter des Führers hat die Auslandsorganisationen beauftragt, alle Vorbereitungen für den Aufbau der Parteiorganisation in den Kolonien zu treffen. Ich bitte, dem Gauleiter der Auslandsorganisationen laufend solche Parteigenossen namhaft zu machen, die geeignet und gewillt sind, in den zukünftigen Kolonien tätig zu sein.«[24]
Für den Kolonialdienst werden nun verstärkt Beamte und Polizisten ausgebildet. Bis Mitte 1941 im Postministerium 1100, bei der Reichsbank 101 Beamte, 369 Führer und Unterführer des Reichssicherheitshauptamtes (RSHA), 280 Offiziere und Wachtmeister der künftigen Kolonialpolizei.[25] Die ersten Geschäftsverteilungspläne

zirkulieren in den Büros der Berliner Dienststellen. Planungen und Besprechungen für den Aufbau des Kolonialministeriums gehen weiter.

Von der Wehrmacht wird eine Kolonialbesoldungsordnung ausgearbeitet. Am 25. Juni 1941 erblickt eine Verordnung für die Verwendung fremder Arbeitskräfte in den Kolonien das Licht der Welt. Etwas später erscheinen Pläne für die Stellenbesetzung in Nigeria, Äquatorialafrika, Kenia und Uganda, stehen die Gliederung und Verwaltung von Deutsch-Südwestafrika bereits auf dem Papier. Der Bedarf an weißen Beamten, vom Gouverneur bis zu den Magazinmeistern, wird für Deutsch-Südwest auf 790 Personen beziffert. Gleichzeitig werden Überlegungen zur Verwaltung von Belgisch-Kongo angestellt. Nach dem Stand vom 1. Juli 1941 umfaßt das *Kolonialpolitische Amt der NSDAP* 209 hauptamtlich und 50 nebenamtlich beschäftigte Personen. 7000 hatten sich um Posten im künftigen deutschen Kolonialreich beworben.[26]

Im Berliner Grunewald-Institut absolvieren Hunderte von Lehrern und Beamten kolonialpolitische Lehrgänge, in denen sie auf der Grundlage der nationalsozialistischen Weltanschauung, Rassenlehre und Rassenpolitik vertraut gemacht werden mit der Psychologie der Afrikaner.

Die Abteilungen I bis IV des *Kolonialpolitischen Amtes* haben nichts an Planungen ausgelassen, an alles war gedacht für die große Stunde: an das Rechts- und Schulwesen, an die kolonialen Wissenschaften, den Gesundheitsdienst und das Veterinärwesen, an die Kolonialgeographie und das Bibliothekssystem. Es gibt Pläne für die Kultur der Afrikaner, für die Landwirtschaft, die Probleme des Handels, der Industrie, der Banken und der Währungen, Pläne für die Straßen- und Bauwirtschaft in Übersee, für den Eisenbahnbau und -betrieb, für die Häfen, die Wasserstraßen und das Hochbauwesen.

Im Spätsommer 1941, als die deutschen Truppen auf die Wolga zustoßen, der majestätische Anblick der Kaukasusketten nahe bevorzustehen und die Einnahme Alexandriens, ja der ägyptischen Hauptstadt Kairo nicht mehr unmöglich erscheint, ist im Deutschen Reich alles getan, um die künftigen Kolonien souverän zu verwalten, sind die Pläne bis in die letzten Kapillaren gegangen. Es gab eine Gesundheitsfibel in Kisuaheli, der grenzübergreifenden Verkehrssprache Ostafrikas, exakt ausgearbeitete Besoldungsgrundlagen der zukünftigen Kolonialbeamten, Arbeitsbücher für die Afrikaner – und die Vorschläge der *Deutschen Arbeitsfront* zur Rolle weißer Arbeitsführer in den künftigen Hoheitsgebieten Deutschafrikas.

Da mochte die SS nicht zurückstehen.
Um sich inmitten der Kolonialeuphorie und der hysterischen Ämterrivalitäten einen gehörigen Anteil zu sichern, hatte Reinhard Heydrich, Chef des Reichssicherheitshauptamtes, schon am 20. Juni 1940 in einem Schnellbrief verfügt, sogleich mit der Aufstellung von Verbänden der Sicherheitspolizei und des Sicherheitsdienstes für die Kolonien zu beginnen. Etwas verspätet, doch um so massiver, forderte die SS-Führung Mitsprache bei den Übersee-Plänen.
Das geht unter anderem hervor aus einem geheimen Schreiben des Reichssicherheitshauptamtes an den Reichsführer SS Heinrich Himmler vom 17. Juni 1942: »Betr. Einschaltung Höherer SS-Führer in die Kolonialplanung«. Darin heißt es:

»Vor einiger Zeit sind auf dem Sektor der kolonialen Planung die Organisation *Sisal* und die Organisation *Bananen* aufgestellt worden. Diese beiden Bezeichnungen sind Tarnungen für den Einsatzstab Ostafrika (Sisal) und Westafrika (Bananen). Als Leiter der Organisation Sisal ist Reichsleiter SS-Obergruppenführer Bouhler vorgesehen, der später Generalgouverneur von Ostafrika werden soll. Der Leiter der Organisation Bananen ist der Stabsamtsleiter von Gauleiter Bohle in der AO (Auslandsorganisation der NSDAP – R.G.), SS-Brigadeführer Ruberg. Die Einsatzstäbe haben bereits mit den Vorarbeiten begonnen. U.a. erstreckt sich die Arbeit für Kamerun darauf, die bisherige Bezirksverwaltung in der Planung in eine Provinzialverwaltung umzuändern. Aus etwa 20 Bezirken sollen etwa 5 Provinzen werden, die eine Unterteilung in Bezirke oder Stationen erhalten. Durch diese Einteilung hofft man, die Gesamtplanung zu erleichtern. Man hat dabei nach englischem Vorbild gehandelt, das sich sehr bewährt hat.«[27]

Unterzeichnet hat SS-Führer Otto Ohlendorf, Leiter einer der vier *Einsatzgruppen* (mobile Mordkommandos hinter den Fronten im Osten) und später in einem der Nürnberger Nachfolgeprozesse zum Tode verurteilt und hingerichtet.
Die zweite Häfte seines Geheimschreibens an Heinrich Himmler gewährt Einblick in die für das gesamte NS-System so charakteristischen Kompetenzstreitigkeiten und einen bodenlosen Intrigensumpf. Spürbar hämisch berichtet Ohlendorf seinem obersten Chef, daß, bei gewissen Meinungsverschiedenheiten zwischen Reichsleiter Bouhler und Reichsleiter Bormann über Zuständigkeiten innerhalb der Kolonialplanungen, Bouhler den kürzeren gezogen habe und insofern bei ihm »im allgemeinen nur noch die Gnadengesuche erledigt werden«.[28]
»Gnadengesuche«, das sei vermerkt, für Täter, deren Taten noch gar nicht begangen sind, fiktive Kriminalität in achttausend Kilometern Entfernung von Deutschland und dazu im Schoße der Zukunft...
Aber Ohlendorf muß schon sehr von der Verwirklichungsnähe überzeugt gewesen sein, um zu schreiben: »Man nimmt in maßgebenden Kreisen an, daß Bouhler nicht Generalgouverneur von Ostafrika bleiben wird, sondern daß er, nachdem er draußen in den Kolonien Erfahrungen gesammelt hat, den General Ritter von Epp als Kolonialminister ablösen wird.«
Schließlich sehen sich Ämterrivalität und Siegesgewißheit im letzten Absatz des Geheimschreibens vereint, wenn es heißt:

»Außerordentlich interessiert an dieser Entwicklung ist Gauleiter Bohle, der in der Ernennung Bouhlers eine gewisse Gefahr für das Vorrecht der AO, die Menschenführung in den Kolonien zu haben, sieht. Er hält es für ausgeschlossen, daß die AO neben einem Reichsleiter als Generalgouverneur, gewissermaßen zur Kontrolle der weltanschaulichen Ausrichtung, einen Landesgruppenleiter der AO einsetzt. Damit aber wäre die AO, zum wenigsten in Ostafrika, mit einem ihr seinerzeit verliehenen Recht zur Menschenführung in den Kolonien ausgeschaltet.«[29]

Wer auch immer dieses »Recht zur Menschenführung« ausüben soll – die Kolonien, den *mittelafrikanischen Ergänzungsraum*, das

Herzstück der *zweiten Stufe* des *Programms,* glaubt man schon in der Tasche zu haben.

Mit dem Globus in der Hand

Aus dem Nachlaß des Franz Ritter von Epp liegen zwei Berichte vor, in denen sich die visionäre Phantasmagorie geradezu prismahaft bündelt. Sie dürften nicht nur zu den aufschlußreichsten Dokumenten der Kolonialpläne zählen, sondern auch deren Bedeutung im Gesamtkonzept der deutschen Weltherrschaftsvorstellungen widerspiegeln.
Verfasser ist Dr. Wirth, ein Mitarbeiter von Epps.
Der erste Bericht ist mit dem Datum des 10. August 1941 versehen, also geschrieben nach dem Überfall auf die Sowjetunion und in einer Phase höchster militärischer Triumphe, aber noch vor Eintritt der USA und Japans in den Krieg.
Wirth: Es bahnt sich eine Zweiteilung der Welt an, deren letzte Exponenten Hitler und Roosevelt sein werden. Was die aktuelle Situation betrifft, so zieht sich die Linie, hinter der sich das gegnerische Territorium der angelsächsischen See- und Landmächte erstreckt, von Grönland über Island, England und die Afrika vorgelagerten Inseln quer durch den Kontinent zwischen Freetown im Westen und Mombasa im Osten. Dann buchtet sich die Linie weit nach Norden aus, über Ägypten in den Vorderen und Mittleren Orient – Palästina, Syrien, Irak –, umschließt Indien, das China Tschiang Kai-scheks, Südostasien und Australien. Dazu befindet sich ganz Südamerika im Bannkreis Roosevelts.
Hinter dieser Linie, so Wirth weiter, lagern die großen Rohstoffreserven. Deutschland und das seit Ausbruch des Krieges völlig eingekreiste Japan davon abzuschneiden und beide durch eine langwierige Blockade in die Knie zu zwingen ist die Absicht des Gegners. Aber die Blockierten sind nicht untätig. Deutschland schickt sich an, den russischen Raum zu gewinnen, um blockadefest zu werden, Japan ist in Indochina vorgedrungen und wird versuchen, sich der reichen Ölfelder Borneos und der anderen Roh-

stoffquellen Indonesiens zu bemächtigen. »Bis jetzt sind die Brennpunkte des europäischen und des asiatischen Konflikts noch unabhängig voneinander; der Tag rückt näher, wo sie ineinander übergehen.«[30] Die gespannteste Aufmerksamkeit der Welt ist zunächst auf die deutsch-russische Front gerichtet, wo der Sieg bei den deutschen Fahnen ist, aber »der Widerstand der Sowjetarmee, wohl auch ihre Ausrüstung, war größer, als man erwartet hatte«. Hoffnungen, daß die Armee, daß die Partei, die GPU versagen würden, haben sich jedoch ebensowenig erfüllt wie die auf einen allgemeinen Aufstand. Die Angelsachsen haben einen Bundesgenossen, dem zur Zeit gar nichts anderes übrigbleibt, als sich für ihre schönen Augen zu schlagen. *Mit* Rußland wäre die angelsächsische Macht zweifellos zermalmt worden. Aber der eigentliche Gabelungs- und Ausgangspunkt liegt schon in der vor 1933 festgelegten rußlandfeindlichen Politik der Partei, in dem Glauben, England als Verbündeten gegen den Bolschewismus gewinnen zu können. Diese ideologische Voraussetzung hat sich nicht verwirklicht, was bedeutet, daß Deutschland, genau wie 1914, zwischen zwei Stühlen sitzt.

Von diesem momentanen Trübsinn erholt Wirth sich jedoch rasch. Nach Bereinigung des europäischen Schlachtfelds, fährt er fort, werden sich die weiteren Kämpfe als Kolonialkriege außerhalb Europas abspielen. »Damit kommen wir auf Afrika ... Verzichten *wir* auf Afrika, dann nehmen es ganz gewiß die Engländer oder die Amerikaner.«[31] Deutschland kann in einem Kampf um die Neuverteilung der Erde auf Afrika nicht verzichten. Theoretisch entspricht einem vereinigten Europa vom Atlantik bis zum Ural und vom Nordkap bis Sizilien als kolonialer Ergänzungsraum auch der *ganze* afrikanische Kontinent. Das Schicksal zwingt Deutschland, sich bis zum Äußersten einzusetzen, läßt dann aber auch das Äußerste als verdienten Siegespreis erwarten. Nach Lösung der militärischen Aufgaben in Europa entsteht eine Hauptfront in Afrika, möglichst weit in den Kern des Kontinents hinein verlagert. »Wo heute das Ringen um Erdteile geht, die Forderung also heißt, in weltstrategischen Zielen und Räumen zu denken, ist es mehr denn je notwendig, eine aktive Kolonialpolitik zu treiben.«[32]

So weit der erste Bericht Wirths zur Programmatik »Über Afrika zur Weltherrschaft«, ganz dem *Stufenplan* entsprechend. Die Ausführungen sind in mehrfacher Hinsicht interessant.
Indirekt wird Kritik an Hitlers England- und Rußlandpolitik geübt – weder war es gelungen, die Briten zu Bundesgenossen Deutschland zu machen oder doch wenigstens ihre Neutralität zu gewinnen, noch die Sowjetunion in den Kampf gegen England einzubinden.
Mit deutlichem Unterton weist Wirth darauf hin, daß sich Deutschland abermals in einem Mehrfrontenkrieg befindet. Hier bestätigt sich nicht nur, daß der englische Widerstand den *Stufenplan* des Hitlerschen *Programms* durcheinandergebracht hat, in diesem Bericht vom 10. August 1941 schimmert auch etwas durch von jenem Feindschaftsprimat gegenüber England, der durchaus typisch war für einflußreiche Kreise und eine lange Tradition in Deutschland hatte. Ihrer Meinung nach war nicht die Sowjetunion, sondern England, das britische Weltreich, der entscheidende Hemmklotz auf dem Wege zum deutschen »Platz an der Sonne«. So jedenfalls stellte es sich in manchen Köpfen des Auswärtigen und auch des Kolonialpolitischen Amtes dar, vor allem aber der Marine- und Seekriegsleitung – lag für sie doch die Sowjetunion buchstäblich »auf dem Trockenen«.
Admiral Raeder, der Oberbefehlshaber der Marine, hatte 1940 dreimal vergeblich Hitler vorgeschlagen, den Hauptstoß gegen England zu richten und aus Nordafrika über den Suezkanal nach Palästina und in den Vorderen Orient zu gelangen. In manchen Herzen und Hirnen war der Haß auf das »perfide Albion«, aus der Zeit lange vor 1914 schon, stärker als Furcht und Abscheu vor dem 1917 entstandenen Sowjetsystem. Sie alle scheitern jedoch an *dem* Primat, den Hitler selbst sich gesetzt hatte – den »Lebensraum« im Osten zu erobern und die Juden zu vernichten. Alles andere kam für ihn erst danach.
Die Abweichungen sollten nicht als Opposition oder gar Widerstand gegen die höchste Instanz ausgelegt werden, zumal sie keinerlei Auswirkungen auf den Gang der Geschichte hatten – Hitlers *Programm-Amok* war unbeirrbar. Raeder und seine Befürworter

hielten die Stoßrichtung gegen England für den besseren, gründlicheren Weg, die taktisch richtigere Etappe, um die deutschen Kriegsziele zu erreichen, ohne daß sie auch nur das geringste gegen eine spätere Zerstörung der Sowjetunion einzuwenden gehabt hätten.

Doch die zeigt sich nun, im August 1941, bereits deutlich zu erkennen, zäher, als deutscherseits vermutet – auch an dieser Stelle stockt Wirths Bericht. Aber die Siegeszuversicht hat noch keinen Schaden genommen, und in ihr widerspiegelt sich die überwältigende Mehrheit der Nation. Auch jener Bevölkerungsteil, der zunächst skeptisch war und mit dem Napoleon-Vergleich 1812/13 schnell bei der Hand, hatte sich erheblich reduziert. Zu betäubend sind die Schläge, die die Rote Armee in den vergangenen zwei Monaten seit dem 22. Juni hatte hinnehmen müssen – diesem Deutschland und seiner Armee scheint alles möglich zu sein.

Schon in Wirths erstem Bericht teilen sich die sprungbereite Energie und der kompromißlose Herrscherwille des aggressivsten Staates seiner Zeit unverhüllt mit, fehlt jedes Bewußtsein, was deutsche Besatzung für die Besetzten bedeutet, liegt die Welt dem Zugriff des Hakenkreuzes und seiner Militärmaschine ohne reale Aussicht auf eine Alternative auf Entkommen zu Füßen.

Wer nicht selbst Zeuge des Taumels rauschhafter Allmachtsphantasien vom Sommer 1941 war, der wird sich die innere Verfassung der Deutschen von damals nur schwer oder gar nicht vorstellen können.

Der zweite Bericht Wirths wird am 18. Dezember 1941 geschrieben, also nach dem japanischen Überfall auf Pearl Harbor und der Kriegserklärung Deutschlands an die USA vom 11. Dezember. »1941 ist der Beginn der Neuverteilung der Welt in großem Stil«, heißt es darin eingangs, und das schicksalsträchtigste Jahr – womit Wirth, wenn auch nicht in seinem Sinne, durchaus recht behalten wird.

Die Wehrmacht, so lesen wir weiter, steht am Nordkap, dem Sprungbrett nach Murmansk, der Balkan in deutscher Hand, deutsche Truppen in Athen und Sparta. Rumänien und Bulgarien sind Bundesgenossen Deutschlands, dessen Truppen vor Moskau und Leningrad kämpfen. Deutsch sind Ukraine und Krim, die bolschewistische Offensivkraft ist vernichtet, die Herrschaft über den Kaukasus und den russischen Kolonialbesitz steht auf dem Spiel. Wer wird Indien besitzen? Europa muß lernen, in weiten Räumen, weltpolitisch zu denken, »die Ereignisse immer mit dem Globus in der Hand zu verfolgen und dann auch eine entschlossene Kolonialpolitik großen Stils zu führen«.[33] Es ist der Kampf der Kontinente gegen die Fesseln der überlegenen Seemacht, gegen die ozeanische Einkreisung, Abriegelung, Blockade.

Und nun gibt sich Wirths Bericht hymnisch.

Die Aussichten auf Sieg sind seit dem Eintritt Japans in den Krieg erheblich gestiegen, weil es nicht nur über ein schlagkräftiges Heer, sondern auch über eine hervorragende Flotte gebietet. Japan ist dabei, die größte Machtausdehnung seiner Geschichte zu verwirklichen – Französisch-Indochina, Thailand, Singapur, Burma, Landung auf den Philippinen, fast die ganze Küste Chinas besetzt oder unmittelbar vor der Besetzung wie die britische Kronkolonie Hongkong. Danach Java und Australien! Schließlich: »Die Möglichkeit einer Landung selbst auf amerikanischem Boden, die noch bis vor kurzem als phantastisch gelten mußte, kann heute getrost in die Planung aufgenommen werden.«

Es dürfte nicht viele Dokumente geben, die die deutschen Träume von der Erringung der Weltherrschaft über die *Etappe Afrika* inbrünstiger artikulieren als diese beiden Berichte aus dem Nachlaß von Epp. An ihnen beweist sich noch einmal, wie tief sich, ungeachtet unterschiedlicher Feindprimate und gradueller Vorbehalte gegenüber dem Ablauf der Eroberungschronologie, der *Stufenplan* des *Programms* in die Köpfe der Zeitgenossen gegraben hatte, wie tief auch der Glaube an den Automatismus der Formel »Erst Europa, dann die Welt« war.

Afrika – das wird in den Plänen der Nazis, es sei wiederholt, so etwas wie das *Scharnier* zwischen der grundlegenden *ersten* und der langfristigen *dritten Stufe*.

Afrika – das ist der vorweggenommene Globaltriumph Deutschlands, die Gewißheit der *Arierherrschaft über die Welt*!

Die Drohung ist furchtbar.

Denn diese Pläne haben nichts mehr zu tun mit den herkömmlichen Vorstellungen von Übersee-Besitz, sowenig wie die Macht, von der sie ausgebrütet werden, mit irgendeinem Vorläufer zu vergleichen ist. Die organisierte Irrationalität und ihr mächtig wachsendes Mordpotential, der *Verbrecherstaat*, sie schicken sich an, den Wahnwitz nationalsozialistischer Rassenpolitik auf außereuropäische Erdteile auszudehnen. Das bleibt historische Fiktion, doch uns nicht der Trost, damit die Kolonialakte zuklappen zu können. Denn dieses Deutschland herrscht ja schon über Kolonialgebiete, wenn auch nicht in klassischem Sinn, sondern auf europäischem Boden. Es macht ja keinen Hehl daraus, daß es die besetzten Territorien als Kolonie betrachtet und seine Völker als rechtlose Masse von Arbeitssklaven und Todeskandidaten – *alle* unterworfenen Völker. Doch einige mehr als andere ...

Der letzte Satz in Wirths zweitem Bericht vom 18. Dezember 1941 lautet: »Die Ereignisse zwingen uns auch im Osten zu der Herausprägung einer kolonialen Herrenschicht, die sich damit begnügt, Millionen von Untertanen die anfallende Arbeit leisten zu lassen und sie selber lediglich zu überwachen.«[34]

Dort, im Osten, befinden sich solche *Kolonial-Millionen* bereits in der Gewalt der deutschen Ausbeutungs- und Vernichtungsmaschinerie.

Den farbigen Völkern drohte die Übertragung der Nürnberger Gesetze, die beliebig ausgedehnt werden konnten auf sämtliche Rassen, die die Nazis für minderwertig hielten. Denn der Rassismus der Nazis richtete sich keineswegs nur gegen Juden – gegen sie zentral und sowieso. Er richtete sich vielmehr gegen alle, die nicht dem Wahngebilde des deutschen Herrenmenschen entsprachen.

Die furchtbaren Beweise dafür liegen vor.

Der andere Holocaust

»Grundsätzlich kommt es darauf an, den riesenhaften Kuchen handgerecht zu zerlegen, damit wir ihn erstens beherrschen, zweitens verwalten und drittens ausbeuten können.«[1]

Adolf Hitler am 16. Juli 1941

»›Warum nicht in Rußland leben? Ich möchte gern an der Schwarzmeerküste Fliegerhorstkommandant sein, in der Nähe ein großes Gut bewirtschaften, und dann sollen die russischen Leibeigenen sehen...!‹ und er machte die Bewegung des Schlagens mit der Hundepeitsche.«[2]

Heinrich Graf Einsiedel, Tagebuch der Versuchung

Generalplan Ost oder Der Mut zum chirurgischen Eingriff

Am 25. November 1939 erscheint unter dem umständlichen Titel »Behandlung der Bevölkerung der ehemaligen polnischen Gebiete nach rassenpolitischen Gesichtspunkten« eine Denkschrift des »Rassenpolitischen Amtes der NSDAP«, gezeichnet mit den Namen Wetzel und Hecht. Unter den drei Oberbegriffen *Eindeutschung, Abschiebung* und *Neubesiedlung* ging es darum, etwa 6,6 Millionen Polen aus den einverleibten Gebieten zu vertreiben, 1,5 Millionen Menschen »umzuvolken«, die polnische Intelligenz zu vernichten und »rassisch wertvolle Kinder« ihrer polnischen Eltern zu berauben. Kurz vorher, am 7. Oktober 1939, war Heinrich Himmler zum »Reichskommissar für die Festigung des deutschen Volkstums« ernannt worden. Damit war der SS das Monopol einer nationalsozialistischen Vision zugeschanzt, die früh aus den Haßnebeln Hitlers hervorgewabert war: die Ausrottung des Polentums.

Diese Schrift ist der Vorläufer des *Generalplans Ost* (GPO), dem in bezug auf den Charakter der NS-Weltherrschaft eine Schlüsselbedeutung zukommt, nämlich die rassenpolitischen Theorien der Nazis in die bevölkerungspolitische Praxis umzusetzen!
Der GPO ist ein hemmungsloses Vernichtungsprogramm für Osteuropa und die Sowjetunion im Rahmen der »Neuordnungspläne« und für immer verbunden mit dem Namen des SS-Standartenführers Professor Dr. Konrad Meyer, Hauptabteilungsleiter im Stabshauptamt des »Reichskommissars für die Festigung des deutschen Volkstums« und Direktor des »Instituts für Agrarwesen und Agrarpolitik« der Berliner Universität.
Als Konrad Meyer im April/Mai 1940 den ersten Generalplan Ost verfaßte, war er 39 Jahre alt. Ein Mann von überragenden Fähigkeiten, internationalem Renommee als Wissenschaftler und – ein überzeugter Nazi. 1932 in die NSDAP eingetreten, übersprang der Überflieger mehrere Beförderungsstufen bis zum SS-Standartenführer – Wissenschaftler und Funktionär in einem, ein Mann, in dessen Händen sich die Ämter der »Reichsarbeitsgemeinschaft für Raumforschung« und im »Reichsforschungsrat« nur so häuften. Seit dem Frühjahr 1940 taucht in den Akten der einschlägigen SS-Institutionen immer wieder der Name dieses Chefplaners Ost auf, von dem das Wort stammt: »Wir müssen uns von den halben Lösungen früherer Zeiten abzusetzen versuchen und an Stelle des Kurierens an den Symptomen den Mut zum chirurgischen Eingriff haben.«[3]
Nicht genau datiert, erscheinen im April/Mai 1940 die »Planungsgrundlagen für den Aufbau der Ostgebiete« aus der Feder Konrad Meyers, der *erste* Generalplan Ost. Die Aufgabe: zunächst in großen Umrissen Gedanken für die wechselseitig verschränkte *Eindeutschung* und *Neuordnung* zu entwerfen. Die Pläne beruhen auf bevölkerungspolitischen Voraussetzungen von bisher selbst für nationalsozialistische Begriffe unbekannter Radikalität: Neben der Deportation aller Juden wird Zug um Zug die Abschiebung von 3,4 Millionen Polen gefordert. Die fortgesetzte Massenvertreibung der polnischen Bevölkerung in den östlichen Teil des deutschbesetzten Polen ist die Vorbedingung nicht nur für die *Germanisierung* des Ge-

bietes, sondern auch für eine Tabula rasa, um unter hochmodernen wirtschaftlichen Gesichtspunkten ein ausgeglichenes Verhältnis von agrarisch-ländlicher und städtisch-industrieller Entwicklung herzustellen. In den durch die systematische Vertreibung leeren Gebieten sollte ein »lebensfähiges deutsches Bauerntum« unter einem »volkspolitisch wehrhaften Führertum« einziehen – langfristige Vernichtungs- und Entwicklungsstrategien für die Zeit nach dem Endsieg, ohne jedoch damit zu warten, bis das Ziel erreicht wäre.

Im Frühjahr 1940 beschränken sich die Pläne noch auf den von der deutschen Wehrmacht eroberten Teil Polens, dessen östliche Gebiete von der Roten Armee besetzt sind. Sie bestätigen, wie intensiv die SS-Führung sich um das Ineinandergreifen von Massendeportationen, Germanisierung und Entwicklungsplanung bemühte. Konrad Meyer wird in der Folgezeit noch reichlich Gelegenheit haben, seine Planungen fortzuschreiben und zu erweitern. Aber alle systemtheoretischen Zusammenhänge sind schon in seinem ersten Generalplan für die annektierten polnischen Westprovinzen entwickelt.

Dies sind die »Planungsgrundlagen für den Aufbau der Ostgebiete«:

Das dem Reich angeschlossene Gebiet beträgt 87 600 Quadratkilometer mit einer Bevölkerung von 9,5 Millionen Menschen, von denen 82 Prozent Polen und elf Prozent Deutsche sind. Durch die Deportierung der rund 560 000 Juden noch im Laufe des Jahres 1940 würden etwa neun Millionen übrigbleiben. Das nächste Ziel: für diese Gebiete den Status von 1914 wiederherzustellen, als sich Polen und Deutsche mit ungefähr je 50 Prozent die Waage hielten. Das bedeutete: die jetzt dort lebenden Deutschen, 1,1 Millionen, um 3,4 auf 4,5 Millionen zu vermehren und die Zahl der Polen um eben diese 3,4 Millionen zu vermindern. Es sollten *Siedlungszonen erster Ordnung* geschaffen werden, die die verbliebenen polnischen Bevölkerungsgruppen zunächst einzukreisen und dann zu verdrängen hatten. Die nächste Etappe sollte den deutschen Bevölkerungsteil auf 70 Prozent anheben – was den Zuzug von über zwei Millionen vornehmlich landwirtschaftlicher Berufszugehöriger deutscher

Abstammung nötig machte. Die vertriebenen Polen sollten im sogenannten *Generalgouvernement* zusammengepfercht werden. An der Grenze zwischen dem deutschbesetzten Polen und dem Reich sollte ein Wall deutschen Volkstums entstehen, ein tiefgestaffelter Gürtel germanischer Bauernhöfe, der die vorerst im Reichsgebiet verbliebenen Polen hermetisch vom Hinterland abschnitt. Außerdem aber sollte noch eine breite deutsche Volkstumsbrücke gewissermaßen als Ost-West-Achse errichtet werden, die den Grenzwall gegen das Generalgouvernement mit dem Altreich verband, um so die Reste polnischen Volkstums noch einmal voneinander zu trennen und polnische Inseln zu schaffen. Das Gesamtgebiet der *Siedlungszone erster Ordnung* umfaßte 44 000 Quadratkilometer, also die Hälfte der annektierten polnischen Westprovinzen.

Konrad Meyers Plan geht detailliert ein auf die Besitz- und Bodenordnung, die die Vorherrschaft des neuen deutschen Bauerntums bei gleichzeitig höchster wirtschaftlicher Effizienz zu sichern hatte. Entstehen sollten deutsche Wehrbauernhöfe im Stile von Schulzenhöfen und Rittergütern der mittealterlichen Kolonisation. Sichtbar wird eine charakteristisch romantisierende Note, die sich zum Beispiel in der Rückkehr von der Hektareinteilung zu dem alten deutschen Begriff *Hufe* bestätigt. Erwünscht sind bodenständige unverheiratete Landarbeiter, denen der Aufstieg zum verheirateten Neubauern verheißen wird. Ein fest im Dorf verankertes Handwerk mit kleinbäuerlichem Besitz ist obligatorisch.

Die untere Grenze für die Größe der Wehrbauernhöfe sollte um 20 Hektar, die obere bei 50 bis 200 Hektar liegen (Großhufe). An die Inhaber der Betriebe werden hinsichtlich volks- und wehrpolitischer Aufgaben höchste Anforderungen gestellt. Neben vorbildlichen Fähigkeiten auf landwirtschaftlich-technischem und betriebsorganisatorischem Gebiet war die Erfüllung völkischer Pflichten in bezug auf Familie und Kinderzahl selbstverständlich. Grundvoraussetzung aber war, daß die Siedler »SS-fähig« waren.

Eine Gemeinde sollte 300 bis 400 Einwohner nicht unterschreiten – geteilt in 40 Hofstellen und Wirtschaften mit durchschnittlich zwei Großhöfen über 50 Hektar, 26 bäuerlichen Familienwirtschaften in Hufengröße und zwölf Landarbeiterstellen. In den 40 Kreisen der

Siedlungszone erster Ordnung machte das rund 2800 deutsche Gemeinden aus. Zur Wahrung des Dorfzusammenhangs war das »aufgelockerte Haufendorf« oder das »Reihendorf mit Dorfkern« vorgeschrieben.

Der Plan Konrad Meyers geht mit genauen Zahlen auf jede Einzelheit der Viehhaltung und der landwirtschaftlichen Nutzfläche ein. Nichts ist vergessen, weder die Zahl der Kühe, Schafe, Ziegen und des anderen Nutzviehs noch der Baustoffbedarf mit den Anteilen von Ziegeln, Kalk, Zement, Eisen und Holz. Der Verdichtung des Straßennetzes wird erhöhte Aufmerksamkeit geschenkt. Im Abschnitt »Folgerungen und vordringliche Aufgaben« heißt es: »Das im vorgehenden umfangmäßig gekennzeichnete Siedlungswerk wird sich in zwei Abschnitten vollziehen, von denen der erste innerhalb von drei Jahren nach Kriegsbeendigung, der zweite nach zwei weiteren Jahren zu bewältigen ist.«[4]

Konrad Meyers erster *Generalplan Ost* ist kalt-rational abgefaßt. In ihm wird nichts direkt erkennbar von den Folgen für die betroffenen Polen, von der ungeheuren Leidlawine, die die Verwirklichung des Planes lostreten würde.

Am 24. Juni 1940 meldet sich Heinrich Himmler in der Sache zu Wort, mit einem Bericht, dem er handschriftlich hinzufügt, daß der von Hitler angeregt worden sei, und über den er nun stolz in Sütterlin-Buchstaben setzt: »Der Führer sagte, daß es Punkt um Punkt richtig wäre.«[5]

So technokratisch versiert und verdeckt Konrad Meyers Text ist, so grobschlächtig ist der Himmlersche. Hier eine Zusammenfassung seines Kommentars unter dem Aspekt der *Germaniserung*: Provinzen und Länder sind nur dann wirklich deutsch, wenn sie grundsätzlich bis zum letzten Mann und bis zur letzten Frau deutsch besiedelt werden. Eine gemischtrassige Bevölkerung ist nicht nur eine Gefahr für die Provinzen selbst, sondern für das ganze Reich, da von dieser die »blutliche Vermischung als solche und das schlimme Vorbild der Rassenmischung ausgeht«.[6] Nur so kann die *Eindeutschung*, besser, die *Deutschwerdung* eines Landes erreicht werden.

Was geschieht mit der fremden Bevölkerung? Eingesetzt für den Bau von Städten, Dörfern, Siedlungen und Straßen, wird sie im Prozeß der Besiedlung immer weniger werden. Danach beginnt Zug um Zug die Aussiedlung, verbunden mit einer *Durchsiebung*:

»Gutrassige polnische und sonstige nichtdeutsche Männer und Frauen sollen in einem Verhältnis von 1 zu 7 mit ihren Kindern familienweise und einzeln in Städte und Dörfer verpflanzt werden, während 7/8 weiter nach Osten, in das Generalgouvernement abwandern müßten. Die Frage nach der Deckung des Kräftebedarfs für Arbeiten, die stoßweise Massen von Menschen beschäftigt, ist einfach zu beantworten: Millionen existenzsuchender Menschen des Generalgouvernements und anderer Nachbarländer werden stets zur Verfügung stehen.«[7]

Dann fährt Himmler fort:

»Ein heiliges, für alle Zeiten gültiges Gesetz bei der Verwendung dieser fremdrassigen Wanderarbeiter muß sein – 1) unmöglich und verboten ist jede wirtschaftliche Gleichstellung mit germanischen Menschen – 2) unmöglich und verboten ist jede gesellschaftliche Gleichstellung – und 3) unmöglich und verboten ist jede geschlechtliche Vermischung zwischen diesen fremdrassigen und germanischen Menschen.«

Wer von seiten der Wirtschaft dieses Grundgesetz in den ersten Jahren und Jahrzehnten durchbricht, hat mit den schärfsten Strafen wie Einziehung des Vermögens oder mit der Todesstrafe zu rechnen. »Die Parteiorganisationen und die Deutsche Arbeitsfront müssen die unbeugsamen Garanten für diesen Sozialismus des guten Blutes sein.«[8] Geschlechtliche und blutsmäßige Vermischung müssen bereits heute unter schwersten Strafen stehen. Der Fremdrassige, der eine deutsche Frau oder ein deutsches Mädchen verführt, verfällt dem Strang. Deutsche Männer und Frauen, die sich mit Fremdrassigen, und fremdrassige Frauen, die sich mit deutschen Männern einlassen, kommen ins Konzentrationslager.

»Nur unbeugsame Härte in dieser Frage wird in den Jahren der Stärke und Größe der heutigen Zeit unserem Volk das Gesetz einprägen, daß es zwischen Menschen dieser Art und unserem Volk ebenso wenig eine Verbindung gibt wie zwischen uns und Negern. Unter diesen Voraussetzungen habe ich die Überzeugung, daß wir im Osten auf die Dauer ohne einheimische polnische Arbeiter auskommen können, und daß wir die Polen auch aus wirtschaftlichen Gründen nicht in den Ostprovinzen belassen müssen und dürfen. Alle hier für den Osten ausgesprochenen Gedanken gelten in gleicher Weise für alle von fremder Bevölkerung bewohnten, neu zum Deutschen Reich hinzugekommenen Provinzen.«[9]

Ähnliche Vorstellungen vertieft Heinrich Himmler in einer zweiten Reaktion auf Konrad Meyers ersten Generalplan Ost. Sie lief unter »Geheime Reichssache«, ist undatiert, aber von SS-Obergruppenführer Karl Wolff, seinem Chefadjutanten und Chef des Persönlichen Stabes, mit dem Stempel des 28. November 1940 versehen, und trägt die Überschrift »Einige Gedanken über die Behandlung der Fremdvölkischen im Osten«. Daraus erwähnenswert, weil keine Wiederholung, sind die Gedanken des Reichsführers SS zu zwei Planungen: dem Schulsystem und der »Aussiebung von Kindern guten Blutes«. Wieder zusammengefaßt: Für die nichtdeutsche Bevölkerung darf es keine höhere Schule geben als die vierklassige Volksschule. Deren Ziel muß sein: einfaches Rechnen bis höchstens 500, Schreiben des eigenen Namens und »eine Lehre, daß es göttliches Gebot ist, den Deutschen gehorsam zu sein und ehrlich, fleißig und brav zu sein. Lesen halte ich nicht für erforderlich.«[10] Bei einem Kind, das als rassisch tadellos bewertet und »unseren Bedingungen entsprechend« ist, wird den Eltern eröffnet, daß es auf eine Schule nach Deutschland kommt und für die Dauer dort bleibt.

»Die Eltern werden vor die Wahl gestellt, entweder das Kind herzugeben – sie werden dann wahrscheinlich keine Kinder mehr erzeugen, sodaß die Gefahr, daß dieses Untermenschenvolk des Ostens durch solche Menschen guten Blutes eine für uns gefährliche, da ebenbürtige Führerschicht erhält, erlischt – oder die Eltern verpflichten sich, nach Deutschland zu gehen und dort loyale Staatsbürger zu werden. Eine starke Handhabe, die man ihnen gegenüber hat, ist die Liebe zu ihrem Kind, dessen Zukunft und dessen Ausbildung von der Loyalität der Eltern abhängt.«[11]

Der letzte Absatz dieser Himmler-Schrift als Erläuterung zu Konrad Meyers erstem Generalplan Ost lautet: Die Bevölkerung des Generalgouvernements »wird als führerloses Arbeitsvolk zur Verfügung stehen und Deutschland jährlich Wanderarbeiter und Arbeiter für besondere Arbeitsvorkommen (Straßen, Steinbrüche, Bauten) stellen. Sie wird selbst dabei mehr zu essen und zu leben

haben als unter polnischer Herrschaft und bei eigener Kulturlosigkeit unter der strengen, konsequenten und gerechten Leitung des deutschen Volkes berufen sein, an dessen ewigen Kulturtaten und Bauwerken mitzuarbeiten und diese, was die Menge der groben Arbeit anlangt, vielleicht erst ermöglichen ...«[12]
Hier wird plastisch, was Konrad Meyer unter »Mut zum chirurgischen Eingriff« verstanden wissen wollte.

Es gibt noch eine dritte Reaktion Himmlers auf die Schrift seines Planungschefs im Stabshauptamt des »Reichskommissars für die Festigung des deutschen Volkstums« – aus Madrid. Sie ist einem Dokument zu entnehmen, das vom 22. Oktober 1940 datiert und »Vertraulich – Abschrift – Himmler über Siedlungsfragen« – offenbar von einem Angehörigen der deutschen Botschaft in der spanischen Hauptstadt verfaßt worden ist. Daraus kann man erfahren, daß Himmler vor der dortigen Landesgruppe der NSDAP über moderne Siedlungsprobleme und Fragen des europäischen Ostraums gesprochen hatte. Nürnberger Gesetze, Aufbau der Wirtschaft und der Wehrmacht, die Vereinigung des gesamten deutschen Volkstums durch die Lösung der österreichischen, böhmisch-mährischen und polnischen Frage kennzeichneten – wird Himmler von dem unbekannten Verfasser indirekt zitiert – den neuartigen Weg der Siedlungspolitik. Dann wird die Rede wörtlich so wiedergegeben:

»Ein gewonnener Krieg besteht nicht im Menschengewinn anderen Volkstums, sondern im gewonnenen Acker. Deutschland hat durch seine militärischen Siege zwar im Osten 8 Millionen fremden Volkstums übernehmen müssen, aber bereits alle Vorkehrungen getroffen, um in klarer Trennung die verschiedenen Völker auseinanderzuhalten. Alles fremde Volkstum und besonders das Judentum wird künftig im Generalgouvernement angesetzt werden, was bedeutet, daß dorthin etwa 5 bis 6 hunderttausend Menschen umgesiedelt werden, wobei die Juden in einem gesonderten Ghetto untergebracht werden sollen, und zwar alle Juden aus dem Großdeutschen Reich.«[13]

Der Reichsführer SS in Madrid weiter: Der Generalplan für die Neugestaltung eines Raums von rund 200 000 Quadratkilometern

ist fertiggestellt und wird schon in der ersten Hälfte des nächsten Jahres in Angriff genommen. Deutschland wird so das stärkste Land und das deutsche Volk das gesündeste und leistungsfähigste der Welt werden.
So weit – dreimal – Heinrich Himmler zum Generalplan Ost.
Während all dieser Planungen laufen die Vorbereitungen zum »Unternehmen Barbarossa«.

»Der Führer schenkte mir heute einen Kontinent«

Ungeheuer sind die Territorialgewinne der deutschen Wehrmacht zwischen dem Sommeranfang 1941 und dem Herbst 1942. Jetzt, da die Grenzen Mittelasiens erreicht sind und die Wasser des Kaspischen Meeres von den Besatzungen der Panzerspitzen erschnuppert werden können; da die Linie Murmansk–Kaukasus in deutscher Hand ist und weit und breit kein ebenbürtiger Gegner die »Festung Europa« bedroht; jetzt, da Deutschland tatsächlich die Ausmaße einer Weltmacht erreicht hat und der blockadefeste Kontinentalblock als erste und wichtigste Etappe auf dem Wege zur Weltherrschaft in das Stadium der Verwirklichung getreten ist – jetzt werden alle bisherigen Plandimensionen gesprengt!
Jetzt geraten die Visionen aus Hitler »Mein Kampf« vom Lebensraum im Osten in die praktische Phase, kommt das Schicksal der Slawen unter deutscher Herrschaft detailliert zu Papier, schlagen sich die Ziele nach dem vollständigen Sieg über die Sowjetunion in Zahlen nieder: Von den rund 45 Millionen Einheimischen sollen die meisten hinter den Ural nach Westsibirien deportiert werden – 80 Prozent der polnischen, 75 Prozent der bjelorussischen und 65 Prozent der ukrainischen Bevölkerung. Übrig bleiben würden etwa 14 Millionen Menschen als Arbeitskräfte, während zehn Millionen Deutsche aus dem Reich in die riesigen Räume nachströmen sollten. Wer aus der einheimischen Bevölkerung *eindeutschungsfähig sein* würde, der würde *umgevolkt* werden. Dafür, wie für die gesamte zwangsweise *Germanisierung*, waren von den einen dreißig, von anderen zwanzig Jahre vorgesehen.[14]

Bereits eine Woche nach dem Tag des Überfalls auf die Sowjetunion, am 28. Juni 1941, war von dem späteren »Reichsminister für die besetzten Ostgebiete«, Alfred Rosenberg, das gesamte Territorium bis zum Ural in die personellen Germanisierungspläne einbezogen worden – mit vier Reichskommissaren, 24 Generalkommissaren, 80 Haupt- und mehr als 900 Gebietskommissaren. Als Rosenberg bald darauf von Hitler zum »Reichsminister« ernannt wurde, schrieb er jubelnd in sein Tagebuch: »Der Führer schenkte mir heute einen Kontinent.«[15]
Und jetzt entwickelt sich der *Generalplan Ost* zur *Gesamtplanung Ost*. Sie hat drei Quellen. Die erste ist ein von Konrad Meyer nach seinen »Planungsgrundlagen« vom April/Mai 1940 für Himmler verfaßter Plan vom 15. Juli 1941, der bisher nicht aufgefunden wurde, aber durch andere Dokumente begrenzt rekonstruierbar ist, darunter ein erhalten gebliebenes Begleitschreiben von Meyer an Himmler. Zweite Quelle ist ein Plan des Reichssicherheitshauptamtes, Amt III (SD Inland) des SS-Standartenführers Dr. Hans Ehlich, das ebenfalls verschwunden, aber weitgehend rekonstruierbar ist durch ein aufgefundenes Memorandum aus der Feder Dr. Erhard Wetzels vom 27. April 1942 mit dem Titel »Stellungnahme und Gedanken zum Generalplan Ost des Reichsführers SS«. Darin werden die wichtigsten Teile dieses Plans wiederholt, kommentiert und kritisiert. Dritte Quelle ist eine weitere Denkschrift von Konrad Meyer: »Generalplan Ost. Rechtliche, wirtschaftliche und räumliche Grundlagen des Ostaufbaues«, datiert vom Juni 1942, jedoch Himmler schon am 28. Mai zugestellt.

Im folgenden sollen die Hauptelemente aufgeführt werden von Plänen, wie es sie kein zweites Mal je gegeben hat, auch was ihre Wortschöpfungen anbetrifft: *rassische Aussiebung, Eindeutschung, Wiedereindeutschung, Rückdeutschung, Deutschwerdung, Umvolkung*. Die Beispiellosigkeit gilt jedoch nicht nur für die geplanten Verbrechen, sie gilt auch für die Verschmelzung von Wissenschaft und politischer Kriminalität. Sichtbar wird eine schier berstende intellektuelle Energie, eine enorme Investition an Kopfarbeit und Erfinderbegabung, kurz, der hohe Ehrgeiz einer gelehrten Elite, die bereit war, die Pläne nicht nur von der Theorie in die Praxis umzusetzen, sondern dies auch mit deren höchster Ökonomisierung zu tun. Nichts demonstriert die Integration der Gesellschaft des Dritten Reiches in dessen Vernichtungssystem verräterischer als diese Fähigkeit der damaligen deutschen Wissenschaftler, die Wahngebilde der NS-Reichsführung bis in die letzten Einzelheiten zu rationalisieren und in das Stadium ihrer Realisierung zu führen – von den Grundsätzen der *Germanisierung* über die exakte Strukturanalyse der künftigen *Siedlungsräume* und die juristisch-verwaltungstechnischen Details der neuen *Siedlungsordnung* bis in die gesetzliche Absicherung des Landraubs und der Maßnahmen zur Zwangsarbeit.

Da waren Gebiete vorgesehen, die innerhalb kürzester Frist dem Reich zugeschlagen und total *eingedeutscht* werden sollten. Daran anschließend nach Osten hin sogenannte *Siedlungsmarken*, die nicht mehr – oder noch nicht – dem Reich zugehörig galten, aber »an vorderster Front des deutschen Volkstums« standen. Diese Gebiete sollten in 15 Jahren zur Hälfte *eingedeutscht* sein. Noch weiter östlich waren *Siedlungsstützpunkte* als Städte mit starken deutschen Garnisonen geplant, von deutschen Dörfern umgeben, Knotenpunkte an Eisenbahnlinien und Autobahnen, die zu den *Marken* des Reiches führten.

Total eingedeutscht werden sollten nach Meyers Plan weite Teile Polens. Als künftige *Siedlungsmarken* waren vorgesehen: das *Ingermanland* genannte Gebiet um Leningrad (das, wie Moskau, nach Hitlers Beschluß dem Erdboden gleichgemacht werden sollte), die *Gotengau* genannte Krim mit dem Gebiet von Cherson und die Memel-Narew-Region, einschließlich des Bezirks Bialystok – also litauischer, polnischer und bjelorussischer Boden. An *Siedlungsstützpunkten* waren 36 Plätze geplant, darunter Warschau, Krakau, Lublin und fast alle größeren Städte des sogenannten *Generalgouvernements*. Weitere 14 sollten in den baltischen Republiken, acht in der Ukraine errichtet werden. Die Bevölkerung der Stützpunkte sollte im Laufe dreier Jahrzehnte zu 25 bis 30 Prozent eingedeutscht werden. Im Abstand von 100 Kilometern angelegt, sollten diese Punkte je rund 2000 Quadratkilometer umfassen (damals die Ausdehnung zweier deutscher Landkreise).

Am 12. Juni 1942 schreibt Himmler aus dem Führerhauptquartier, der Generalplan Ost gefalle ihm »insgesamt ganz gut«. Aber er setzt Konrad Meyers Gesamtfrist von 30 Jahren für die Verwirklichung drastisch herab: »In einem Punkt bin ich, glaube ich, falsch verstanden worden ... Wir müssen das im Laufe von möglichst zwanzig Jahren schaffen. Ich persönlich habe die Überzeugung, daß es zu schaffen ist.«[16] Aus diesem Schreiben geht ferner hervor, daß Estland, Lettland sowie das gesamte Generalgouvernement vollständig eingedeutscht werden sollten.
Die Beschäftigung mit dem GPO erreichte ihren Höhepunkt während der großen Sommeroffensive der Wehrmacht 1942. In einer Rede vom 9. Juni schwärmt Himmler von den »Siedlungsperlen« an Don und Wolga und ergeht sich in Visionen, in die sich die nächsten 400 bis 500 Jahre einbezogen sehen. Die Gebiete bis zum Ural sollten so *germanisiert* sein, daß dort 500 bis 600 Millionen solcher Menschen leben würden, statt der gegenwärtig 120 Millionen Slawen.[17]
Am 23. Dezember 1942 übergibt Konrad Meyer die angeforderte Zusammenstellung von Basiszahlen für einen *Generalsiedlungsplan*, in den der Reichsführer SS auch andere europäische Gebiete wie Böhmen, Mähren und Elsaß-Lothringen einbezogen sehen wollte. Diese Unterlagen konnten bisher nicht aufgefunden werden. Aber gewisse Rückschlüsse lassen sich ziehen aus einem Schreiben Himmlers vom 12. Januar 1943, in dem es heißt: »In den Ostsiedlungsraum ist Litauen, Lettland, Estland, Weißruthenien und Ingermanland ebenso wie die Krim und Taurien einzubeziehen.«[18] Prompt bestätigt Konrad Meyer am 15. Februar: »Reichsführer! Gemäß Schreiben vom 12.1.1943 soll der Ostsiedlungsraum um Litauen, Lettland, Estland, Weißruthenien, Ingermanland, die Krim und Taurien erweitert werden.«[19] Das heißt: Alle diese Gebiete, deren südöstlichste die Grenzen Mittelasiens erreichten, sollten dem Deutschen Reich einverleibt werden.
Der GPO sollte aber nicht nur in der Planung steckenbleiben. Als die deutschen Truppen im Spätsommer 1942 die Wolga erreicht hatten und vor Stalingrad standen – Glacis für die entscheidende Offensive des Jahres 1943 –, ordnete Himmler im Vorgefühl des Sie-

ges umfangreiche Maßnahmen zur Verwirklichung des Generalplans Ost an. Sie bündeln sich in einem furchtbaren Begriff – *Zamosc*!

Der andere Holocaust

Am 12. November 1942 erläßt Heinrich Himmler die »Allgemeine Anordnung Nr. 12 c: Auf Grund des Erlasses des Führers vom 7.9.1939 und der Führerweisung über die verantwortliche Führung der Bandenbekämpfung durch den Reichsführer SS und Chef der deutschen Polizei vom 8.8.42 ordne ich an: Die Kreishauptmannstadt Zamosc wird zum ersten deutschen Siedlungsbereich im Generalgouvernement erklärt... Für dieses Jahr bis zum Sommer 1943 sind zunächst Stadt und Kreis Zamosc deutsch zu besiedeln.«[20]

Als Neusiedler der *Germanisierung* waren Volksdeutsche aus Bosnien, aus den besetzten Gebieten der Sowjetunion, aus dem Generalgouvernement und »Sonstige« vorgesehen, diese nicht näher bezeichnet. Zamosc sollte als *Siedlungsstützpunkt* ein wichtiger Knoten am geplanten Hauptkommunikationsweg von Deutschland zur Krim sein und gleichzeitig Volkstumsbrücke zwischen einem germanisierten Baltikum und Osteuropa.

Im Zuge der Aussiedlungen, Umsiedlungen und »Befriedungsaktionen« werden zwischen dem November 1942 und dem März 1943 116 Dörfer mit 41 000 polnischen Menschen geräumt. Sie werden, zunächst noch in Familienverbänden, in Sammellagern untergebracht. Tatsächlich sind sie Gefangene, bewacht, ungenügend verpflegt und in völlig unzulänglichen Unterkünften zusammengepfercht. Es war Winter und Brennholz nicht vorhanden. Aber selbst wenn es Heizmaterial gegeben hätte, so hätte es wenig genützt, da in vielen Baracken die Öfen fehlten.

Die ausgesiedelten Polen wurden in *Wertungsgruppen I* bis *IV* eingeteilt, und zwar nach ganz bestimmten, vom Rasse- und Siedlungshauptamt vorgeschriebenen Merkmalen. Danach galten Polen der Gruppen I und II als *wiedereindeutschungsfähig*. Sie werden über

Litzmannstadt, wie Lodz damals hieß, zwangsweise ins Altreich gebracht. Es gibt Anzeichen dafür, daß solche Familien noch zusammenblieben und nicht auseinandergerissen wurden. Dabei handelte es sich um eine Minderheit in den Sammellagern, bei der nach willkürlichen äußeren Merkmalen »deutsches Blut« vermutet wurde.

Der Wertungsgruppe III ging nach den schwer erforschlichen Kriterien des Rasse- und Siedlungshauptamtes die *Wiedereindeutschungsfähigkeit* ab, so daß nur ihre Arbeitskraft zählte. Diese Polen wurden in Sonderzügen nach Berlin gebracht, ohne ihren arbeitsunfähigen Anhang, was bedeutete, daß die Familien zerrissen wurden. Die Polen der Wertungsgruppe III, die entweder zu jung, zu alt oder zu krank waren, kamen in sogenannte *Rentendörfer*, wie alle Kinder bis zu 14 Jahren und sämtliche Personen über 60. Das waren Dörfer, die nicht zur Aussiedlung vorgesehen waren und deren Bewohner nun zwangsweise ihre entwurzelten Landsleute aufnehmen mußten.

Die *Rentendörfer* mit ihren zahlreichen neu hinzugekommen Alten, Kranken und Kindern waren keineswegs zufällig in der Umgebung von Vernichtungslagern ausgewählt worden. Das Nationalarchiv in Washington verwahrt den Fall des Amtsarztes Wilhelm Hagen aus Warschau, der sich bei Hitler über den beabsichtigten Massenmord an 70 000 aus Zamosc »ausgesiedelten« Kindern beschwerte. Es war vielmehr so, »daß die Einrichtung von Rentendörfern in der Umgebung des Vernichtungslagers Treblinka nur eine Durchgangsstation zur endgültigen Vernichtung war«.[21] Personen der Wertungsgruppe IV kamen gleich nach Auschwitz, also ins Gas.

Der verdienstvolle Erich Kuby, auf dessen Forschung dieser Abschnitt beruht, weiß zu berichten, daß die Arbeitsanweisungen minutiöse Vorschriften über die karteimäßige Erfassung der im Rahmen der Aktion Zamosc in den Sammellagern zusammengetriebenen Polen enthielten. Dafür waren spezielle Karteien mit besonderen Kennzeichnungen angelegt worden: WE = Wiedereindeutschungsfähig, AA = Arbeitseinsatz Altreich, RD = Rentendörfer, KI = Kinderaktion, AG = Arbeitseinsatz Generalgouvernement, KL = Lager Birkenau.

Die Erfassungsprozedur der rassischen Selektion war grausam. In großen Polizeirazzien wurden Menschen wie Wild auf einer Treibjagd eingefangen und einem Durchgangslager zugeführt. Dort nahm ein SS-Eignungsführer zunächst eine grobe Auslese vor – Erich Kuby: »... weiß Gott auf Grund welcher Anzeichen« –, um die Eingefangenen dann je nach Wertungszugehörigkeit in die Speziallager zu verfrachten. Einen Weg zurück gab es allein schon deshalb nicht, weil die zwangsausgesiedelten Personen enteignet und ihre Familien auseinandergerissen worden waren. Von den Ärzten der Arbeitsverwaltung wurden die Arbeitsfähigen dann den unterschiedlichen Formen der Sklaverei zugeteilt.
Die *Eindeutschungsfähigen* der Wertungsgruppen I und II wurden noch einmal einer Feinmusterung unterzogen. Dazu gab es die »Deutsche Volksliste«, die ihrerseits in vier Abteilungen gegliedert war. Zunächst eine Improvisation Himmlers vom September 1940, gab das Reichsinnenministerium ihr im Januar 1942 den gesetzlichen Anstrich. Die *Eindeutschungsfähigen* sollten von den *Nichteindeutschungsfähigen* gesondert werden.
In die Abteilung 1 und 2 der »Deutschen Volksliste« kamen nur Angehörige der deutschen Minderheit, die nachweisen konnten, daß sie vor Kriegsbeginn »aktiv für das Deutschtum« gekämpft hatten. Sie bekamen rückwirkend vom Oktober 1939 die deutsche Staatsangehörigkeit zugesprochen. Für Polen, sie konnten noch so *eindeutschungsfähig* sein, galt dieses Privileg nicht. Wer der Abteilung 3 zugeschlagen wurde, konnte die deutsche Staatsangehörigkeit auf Widerruf erwerben. Wurde sie ihnen aber wieder aberkannt, was, nach Kuby, häufig geschah, so waren die Betreffenden weit schlimmer dran als zuvor. Ihre Familien waren unauffindbar, und sie selber fanden nirgendwo Platz als in dem großen polnischen Zwangsarbeiterheer, das im Reich die niedrigsten Arbeiten zu verrichten hatte.
Alle übrigen polnischen Staatsbürger, also die überwältigende Mehrheit der Bevölkerung, wurden ohne Antrag der Abteilung 4 der »Deutschen Volksliste« zugeschlagen. Dadurch wurden sie zu »Schutzangehörigen« des Deutschen Reiches, was nichts anderes hieß, als daß sie unter dem Etikett »Fremdvölkische« in ihrem eige-

nen Land allen Willkürmaßnahmen der SS, des Repressions- und Vernichtungsapparates ausgesetzt waren. Erich Kuby schließt sein Zamosc-Kapitel »Röntgenbild einer ›Landnahme‹« mit den Worten: »Mit allen daraus erwachsenen Folgen kostete es die Polen etwa 50 000 Tote und verbreitete namenloses Elend in Abertausenden Familien.«[22]

Da es durch die Aktion Zamosc zu schweren Unruhen kam, wurden die Maßnahmen abgebrochen, mit der Absicht, sie verstärkt wiederaufzunehmen, nachdem die entsprechenden Vorkehrungen getroffen worden wären. Dazu kam es nicht mehr.

Aber Zamosc – das war das große Menetekel. Die Vernichtungspläne und -praktiken der Nazis beschränkten sich nicht auf »Umsiedlungsaktionen« begrenzten Ausmaßes. Hinter solchen Wortmasken wie Germanisierung, Volkstumsbrücken, Großsiedlungsgebiete, Einkesselung und rassische Siebung standen der Wille und die Fähigkeit, Millionen von Menschen physisch wie Insekten zu vertilgen, direkt und indirekt, durch Gewalt oder durch Geburtenverhinderung, kurz- oder langfristig, durch Mord oder Arbeit, aber immer in Übereinstimmung mit den wirtschaftspolitischen Interessen der deutschen Herren. Letztlich ging es um die Beseitigung aller Polen und Russen, die den Visionen der nazistischen »Bevölkerungspolitik« entgegenstanden. Darin waren die Juden ohnehin und zentral eingeschlossen.

Aber der GPO geht über diesen, den jüdischen, weitgehend verwirklichten Holocaust hoch hinaus und entwirft das rationale Planungs- und Zahlengerippe eines *slawenfreien* Osteuropas – den nichtjüdischen, den *anderen* Holocaust!

Es war die erklärte Politik der deutschen Besatzung, *den* Teil der polnischen Bevölkerung, der »rassisch nicht verschmelzbar« war (so Himmler), nur so lange im Land zu behalten, wie er als Arbeitskraft benötigt würde. Im Verlaufe der nächsten fünf bis zehn Jahre sollte dieser Teil ausnahmlos ins Generalgouvernement abgeschoben werden, Sammelbecken für die »rassisch nicht Brauchbaren«. Dieser unerwünschte Bodensatz hatte sich inzwischen durch die Umsiedlungsaktionen, Enteignungen und anderen

Zwangsmaßmahmen zu einer riesigen Armutsbevölkerung ausgeweitet. Bis zum Sommer 1942 landeten alle arbeitsunfähigen Angehörigen der Wertungsabteilung III, alle Sechzigjährigen und Kinder unter 14 Jahren in den *Polenreservaten*. Diese Menschen befanden sich fortwährend in der Gefahr, der Wertungsgruppe IV zugeschlagen zu werden – was entweder KZ bedeutete oder *Durchschleusungslager* als Beschränkte, Idioten, Krüppel und Kranke. Sie wurden in kürzester Frist den Mordfabriken zugeführt.
Es ging vor allem darum, die hohe Geburtenrate der »rassisch Tiefstehenden« zu stoppen. Abgesehen davon, daß die Abschiebungen in die *Sammellager* und *Polenreservate* diesem Zweck ebenfalls dienten, gab es besondere Maßnahmen der Geburtenreduzierung, die zwar sofort ergriffen werden sollten, die ihrem Grundcharakter nach jedoch erst langfristig wirken konnten. Die Richtlinie: Alles, was der Geburtenbeschränkung diente, sollte gefördert werden, Abtreibung straffrei sein und das öffentliche Angebot von Abtreibungs- und Verhütungsmitteln in all ihren Formen kein polizeiliches Eingreifen nach sich ziehen. Auch gegen Personen und Institute, die gewerbsmäßig abtrieben, sollte polizeilich nichts unternommen und schließlich sogar die Homosexualität für straffrei erklärt werden.
Das hieß: Alles, was im Reichsgebiet nicht nur traditionell der moralischen Verfemung verfiel, sondern dort auch straf- und zivilrechtliche Konsequenzen schwerster Art nach sich zog (zahlreiche Menschen wurden wegen ihrer Homosexualität ermordet), erhielt in diesem Antigeburtenkrieg gegen die Slawen ausdrücklich Legalität. Es war die Umkehrung jenes Geburtenkrieges, in den die deutschen Frauen und Mädchen durch eine Propaganda gejagt wurden, die um so hysterischer wurde, je höher sich die Gefallenenziffern türmten.
Der Grundgedanke war die Koppelung zwischen Sklavenarbeit und langfristiger Vernichtung. Das von den Nazis als rassisch minderwertig empfundene Slawentum sollte seine Arbeitskraft zur Verfügung stellen, sich aber nicht reproduzieren. Germanisierung und Ausbeutung in den besetzten Gebieten sollten für die Dauer von zunächst einer Generation aufeinander abgestimmt werden.

Das Konzept, die Helotenvölker des Ostens durch Arbeit zu vernichten, wurde erweitert durch Pläne, wie durch neue Methoden die Arbeitskraft von Millionen Sklaven befristet erhalten, ihre Vermehrung jedoch verhindert werden könnte.
Daraus entwickelte sich rasch die Forderung nach zwangsweiser Sterilisierung großer Massen. Sie führte zu Plänen, die unter Leitung des Reichsarztes SS Dr. Grawitz standen und zwischen dem Frühjahr 1940 und dem Sommer 1941 – nun mit dem ungeheuren Zuwachspotential der eroberten Sowjetgebiete – konkrete Gestalt annahmen.[23] Erste Forderung Heydrichs: Wie können in kürzester Frist 1000 Menschen mit möglichst geringem Aufwand an Personen und Material so sterilisiert werden, daß sie nichts davon merken – also heimlich? Drei Methoden standen zur Auswahl – 1) Sterilisation bzw. Kastration durch Röntgenstrahlen – 2) Sterilisation durch ein Pflanzenextrakt – und 3) Sterilisation durch operationsloses Verkleben der weiblichen Eileiter (dies natürlich eine Methode, die wegen der Notwendigkeit eines körperlichen Eingriffs nicht vom Opfer unbemerkt vor sich gehen könnte, also mit einer Zwecktarnung versehen werden mußte).
Keine der Methoden erwies sich als wirklich erfolgreich. Dennoch wurden zahlreiche Menschen sowohl unfruchtbar gemacht als auch durch die Experimente getötet.
Die Tarnmethode der Sterilisierung durch Röntgenstrahlen stand unter der Leitung von Horst Schumann, einem der ersten Tötungsärzte. Das Opfer sollte sich zwei bis drei Minuten vor einem Schalter aufhalten, während es unbemerkt mit Röntgenstrahlen im Genitalbereich beschossen wurde. Diese Versuche, 1942 zunächst, wie es hieß, erfolgreich durchgeführt, wurden dann doch 1944 eingestellt. Die Täter der zweiten Methode – Sterilisierung durch Pflanzenextrakt – gaben bald auf, weil sich erwies, daß das dafür ins Auge gefaßte nordamerikanische Schweigrohr nicht im Treibhaus zu züchten war.
Mehr als jeder andere Name im Zusammenhang mit den Plänen einer langfristig angelegten Geburtenverhinderung großen Stils aber gewann der des Gynäkologen Dr. Carl Clauberg Gewicht und Bedeutung – er wird mit seinen Experimenten als den schrecklich-

sten und qualvollsten für immer eingeschrieben sein in der Geschichte ärztlicher Versuche an Menschen. Clauberg, aus Königshütte in Oberschlesien stammend, hatte zunächst an Tieren erprobt, daß bestimmte ätzende Substanzen, wenn sie nach der Injektion nur eine Zeitlang wirken konnten, die weiblichen Eileiter verkleben und veröden konnten. Aber bald begnügte sich der Gynäkologe nicht mehr mit Tierversuchen – in den Zigeunerinnen von Ravensbrück und den Jüdinnen von Auschwitz stand ihm ein unerschöpfliches Potential für Versuche an Menschen zur Verfügung. Vor allem Block 10 im Stammlager Auschwitz I wird die Stätte des unvergeßbaren Grauens werden.

Den bei Tierversuchen erprobten Substanzen zur Verklebung und Verödung der Eileiter mischte Clauberg nun schwerlösliche und kontrastanzeigende Mittel bei, um den Erfolg durch Röntgenaufnahmen kontrollieren zu können. Die Präparate, die von der Schering AG kamen, wurden griechischen Jüdinnen unter hohem Druck in die Gebärmutter eingespritzt. Die Folgen entziehen sich jeder Beschreibung. Die Schreie der Opfer waren über viele Blöcke hinweg zu vernehmen, schwere Komplikationen die Regel. Von den etwa 150 Jüdinnen in Auschwitz und den 35 Zigeunerinnen des Frauen-KZ Ravensbrück, denen die Substanzen eingespritzt wurden, kamen viele zu Tode. Damit war die von Heydrich gestellte Hauptaufgabe auch der dritten Sterilisierungsmethode gescheitert – das Opfer unfruchtbar zu machen, aber seine Arbeitskraft zu erhalten.

Im nachhinein erschreckenderweise hatte Clauberg sich dennoch erheblich jenen Methoden angenähert, mit denen heute Frauen sterilisiert werden. Er hätte nur auf ein Zusatzgerät zurückgreifen müssen, das von seinem Lehrer Mikulicz-Radecki entwickelt worden war und es ermöglicht hätte, die verklebende und verödende Substanz direkt unter Sicht in die Eileiter einzubringen: den Gebärmutterspiegel. Karl-Heinz Roth von der Hamburger Stiftung für Sozialgeschichte, dessen Forschungen ich diese Information entnommen habe, stellt dazu fest: »Die Komplikationsrate wäre dann mit Sicherheit wesentlich niedriger gewesen. Es läßt sich kaum ausdenken, was es bedeutet hätte, wenn sich Himmler dank

Clauberg der heute gängigen operationslosen Verfahren hätte bedienen können, die ja abgesehen von der zusätzlichen Apparatur auf den von Clauberg entwickelten Verfahren basieren.«[24]
In der Tat. Aber das ist nicht der einzige Aspekt des Entsetzens, das einen bei solchen Überlegungen packen kann. Aus der gleichen Informationsquelle geht hervor, daß die Fortpflanzungstechnologie des Dritten Reiches auch auf einem anderen Gebiet späteren Ergebnissen nahe auf den Fersen war: dem der hormonellen Sterilisierung. Wäre sie damals schon erkannt und angewandt worden, so hätte sich den Plänen kollektiver Geburtenverhinderung die günstigste Perspektive eröffnet.
Der Versuchsserie, mit der in den Hauptlaboratorien der Schering AG und der I.G. Farben experimentiert wurde, lag die Erkenntnis zugrunde, durch äußere Hormonzufuhr den Monatszyklus der Frau so zu steuern, daß der Eisprung in der Mitte des Zyklus nicht stattfindet. Um diese Methode massenhaft anzuwenden, mußten synthetische Ersatzstoffe entwickelt werden. Das gelang auch 1938 teilweise hinsichtlich des Zyklushormons Östrogen, während an der Herstellung eines synthetischen Präparates für das Hormon der zweiten Zyklushälfte bis Kriegsende zwar intensiv gearbeitet wurde, jedoch ohne dabei zu einem durchschlagenden Erfolg zu gelangen. Er hätte die Antibabypille bedeutet, die eine unbemerkte Daueranwendung ermöglicht hätte. Zu dieser Überlegung des Schreckens noch einmal Karl-Heinz Roth: »Es gibt inzwischen genügend Hinweise darauf, daß auch dieser später so erfolgreiche Ansatz ursprünglich den bevölkerungspolitischen Ambitionen des Reichsführers der SS verpflichtet war.«[25]
All diese Pläne bestätigen, daß die Endsieger, noch als die Gaskammern und Krematorien auf Hochtouren liefen, ja, die Skizzen zu ihrer Intensivierung und Erweiterung vorlagen, schon die Zeit nach dem Kriege im Auge hatten: Völkermord – unblutig, operationslos, effizient ... Follikel-Hormonkuren, Durchblasungen – in der Amtssprache der Bevölkerungspolitik der Nazis tauchen Begriffe auf, die uns Heutige in der Diskussion um die Möglichkeiten und die Risiken der Gen-Manipulationen verdächtig bekannt vorkommen: künstliche Befruchtung, Samenbanken, hormonelle

Steuerung der Menstruationszyklen – das alles war schon im Dienste der NS-Menschenaufzucht und -vernichtung vorgedacht worden.

Ein Postskriptum zu Dr. Carl Clauberg.
Er verschwindet 1945 in sowjetischer Kriegsgefangenschaft – 25 Jahre Sibirien. Die braucht er aber nicht abzusitzen. Er ist unter denen, die 1955 von Konrad Adenauer, nach der von Chruschtschow und Bulganin beschlossenen summarischen Entlassung der noch in sowjetischem Gewahrsam befindlichen Deutschen, mit warmen Worten in Friedland empfangen werden. Ohne Verzögerung kommt Clauberg im Universitätsklinikum Kiel unter. Dort fragt ihn niemand nach seiner Vergangenheit. Zwei Jahre später, 1957, wird er jedoch verhaftet. Ich kenne die Anklageschrift des Oberstaatsanwalts Kiel vom 14. Dezember 1956. Obwohl ich vielen NS-Prozessen vor bundesdeutschen Schwurgerichten beigewohnt habe, gehört die Anklageschrift gegen Clauberg zur unerträglichsten Lektüre, der ich mich je beim Studium von Naziverbrechen unterzogen habe.
Zum Gerichtsauftritt des Gynäkologen kommt es jedoch nicht – Clauberg starb kurz vorher. Die Urteile der bundesdeutschen Justiz gegen NS-Täter lassen allerdings wenig Hoffnung, daß Clauberg seiner verdienten Strafe zugeführt worden wäre.
Vergessen ist der Mörder im Arztkittel jedoch nicht. Jüngere Kollegen in Kiel und Hamburg setzten sein Werk fort und erwarben, aufbauend auf den von Clauberg über seine Menschenversuche gewonnen Erkenntnissen der Fortpflanzungsbiologie, internationale Anerkennung.
Der Verdacht, daß niemand von ihnen Clauberg zu seinen Lebzeiten nach Block 10 in Auschwitz gefragt hat, ist bis heute nicht zerstreut worden.

Der Kampf gegen die »Fortpflanzungssucht« der Parias spielte in den Plänen der Nazis für die Behandlung der Millionen ins Reich verschleppten Personen eine wichtige Rolle. Als Beutepotential stand ihnen ein unerschöpfliches Bevölkerungsreservoir im deutschbesetzten Europa, vor allem aber in den unermeßlichen Weiten des Ostens zur Verfügung – Russen und Polen stellten zwei Drittel dieses Sklavenheeres.

Ihre Situation war gekennzeichnet durch Massenunterkunft in Sammellagern, Isolation, Hunger, Mangel an allem – an Kleidung, Schuhen, Wäsche. Dazu kam, neben selbstverständlicher Unterbezahlung, die für jedes Individuum ständige Gefahr, jederzeit irgendeiner der zahlreichen Gewaltmaßnahmen zum Opfer zu fallen. Diese gleich nach den Juden einzustufende, mit den Kennzeichen »P« (Pole) und »Ost« (Russe) gebrandmarkte Paria-Schicht war einem perfekt funktionierenden Überwachungssystem und einem drakonischen Polizeistatut unterworfen. Ihnen schenkten Geheime Staatspolizei, andere Sicherheitsverbände, Teile der Wehrmacht und Sondergerichte innerhalb und außerhalb von *Arbeitserziehungslagern* ihre besondere bürokratische und exekutive Aufmerksamkeit. Oberstes Gebot: jede persönliche Nähe mit Deutschen vermeiden. Die häufigen Hinrichtungen fanden öffentlich in Gegenwart der Leidensgenossen statt. Da sich die Masse der Arbeitssklaven im Altreich befand, stellt die Gesamtheit aller Maßnahmen gegen sie das dar, was Karl-Heinz Roth »die erste generelle Rückübertragung des Generalplan-Ost-Konzeptes auf die reichsdeutschen Verhältnisse« nennt. Die Erfahrungen damit lassen unschwer erkennen, welches Schicksal diesem Beutepotential nach dem Endsieg vorbestimmt war.

Immer unter dem Gesichtspunkt eines gewaltsamen Ausgleichs zwischen der erwünschten Reproduktion von Arbeitssklaven und ihrer unerwünschten Vermehrung, hatte das Überwachungssystem zwei Schwerpunkte: das Verbot sexueller Kontakte mit Deutschen – und die Schwangerschaftspolitik gegenüber den Paria-Gruppen.

Zusammen mit den unteren Gliedern der NSDAP war ein perfektes Meldesystem entwickelt worden, von den Betrieben, also den Arbeitsstätten, über die Jugend- und Arbeitsämter bis zur Gestapo – sie nahm in den Fällen verbotener sexueller Kontakte die Festnahme und die Bestrafung vor.

Neugeborene wurden einem Eignungsprüfer vorgeführt, der im Rahmen der »Rasse- und Siedlungsämter« dem jeweiligen Höheren SS- und Polizeiführer untergeordnet war. Der nahm eine rassische Überprüfung nach bestimmten Merkmalen vor – man kann sich die Szenerie nicht makaber genug vorstellen. Es ging um Zentimeterzahlen (möglichst groß), um die Körperbeschaffenheit (Bautypus), um die Farbe der Haut (möglichst hell), des Haars (blond bevorzugt) und der Augen (natürlich blau). Danach kam es zu einer Gesamtbeurteilung der Persönlichkeit und zu ihrer Einstufung in die Hauptrubriken des Volkskatasters I bis IV. Für das endgültige Urteil über *Eindeutschung* oder *Sonderbehandlung* ging der Fall zusammen mit den Fotos und den Protokollergebnissen an den zuständigen Höheren SS-Führer. Die Entscheidung *Sonderbehandlung* bedeutete den erzwungenen Schwangerschaftsabbruch für die Frau, bei *Eindeutschungsfähigkeit* – Geburt in sogenannten Entbindungsbaracken; für den Mann entweder zwangsweise Eindeutschung oder Vernichtung; für das Neugeborene bei »rassisch guten Anlagen« Trennung von der Mutter und Aufzucht in einem Heim der »Nationalsozialistischen Volksfürsorge« (NSV) oder des Himmlerschen *Lebensborn*, bei »rassischer Minderwertigkeit« Verbringung in eine Kleinkinderpflegestätte, was faktisch das Todesurteil bedeutete. Karl-Heinz Roth schreibt dazu, daß diese seit 1941/42 allmählich aus den besetzten Gebieten reimportierten Prinzipien bis 1944 fortlaufend vervollkommnet und die Amtsärzte, die zunächst bei der Selektion dabei waren, zunehmend ausgeschaltet worden seien: »Aus den Aktenbeständen des Höheren SS- und Polizeiführers West sind umfangreiche Selektionsberichte erhalten und einige Einzelschicksale dokumentiert.«[26]

Das System der rassischen Selektion von *Fremdarbeitern* und *Fremdarbeiterinnen* wurde ab Mitte 1943 nach den Grundsätzen der »Deutschen Volksliste« im gesamten Reichsgebiet eingeführt. Die ersten Entbindungsbaracken und sogenannten Kleinkinderpflegestätten wurden in den Arbeitslagern industrieller Großbetriebe errichtet, also Plätzen von besonders hoher Konzentrationsdichte polnischer und sowjetischer Zwangsarbeiter und Zwangsarbeiterinnen. Obwohl sich die Forschungen darüber noch im Anfangsstadium befinden, gibt es doch schon erschütternde Erkenntnisse. Darunter die Tatsache, daß bei VW alle 400 von polnischen und sowjetischen Frauen Neugeborenen zwischen dem Sommer 1943 und dem Mai 1945 gestorben sind.[27]

Dazu kamen die *Sonderaktionen*, deren Resultat nichts anderes als die physische Vernichtung der Betroffenen war. Es ging dabei nicht nur um chronisch Kranke, sondern vor allem um Geistesgestörte. Sie wurden in Sammelanstalten konzentriert und dann an Stätten weiterverlegt, die inzwischen als Tötungsanstalten der sogenannten *wilden Euthanasie* bekannt geworden sind. Gleichzeitig gab es Vernichtungskampagnen gegen tuberkulosekranke Polen und Russen, Maßnahmen, die sowohl im Altreich als auch in den besetzten Gebieten des Ostens miteinander verbunden getroffen wurden. »Offensichtlich«, so Roth, »hat der Generalplan Ost mit seinen unmittelbaren Rückwirkungen auf das Altreich insgesamt bis 1944/45 ein Realisierungsstadium erreicht, das in bevölkerungs- und gesundheitspolitischer Hinsicht über seine experimentellen Anfänge weit hinaus ging«.[28]

Die vorliegenden Pläne der Nazis nach dem Endsieg lassen keinen Zweifel daran, daß nach den Selektionsprozeduren der »Deutschen Volksliste« und den Einstufungen in die Wertungsgruppen, außer der für »rassisch wertvoll« befundenen Minderheit, die Bevölkerung des riesigen Okkupationsraumes zwischen Archangelsk im Norden und Astrachan im Süden der europäischen Sowjetunion entweder ausgerottet oder über den Ural nach Westsibirien abgeschoben und dort ihrem Schicksal überlassen worden wäre.

Hier öffnet sich die Dimension eines zweiten, eines nichtjüdischen, eines *anderen* Holocaust, dessen Verwirklichung einzig und allein vom weiteren Verlauf des Krieges abhing. Beides, Theorie und Praxis des Generalplans Ost, lassen apokalyptische Visionen auf eine Zukunft zu, wie sie nachweisbar in den Köpfen der Reichsführung existiert hat.

Es ist unmöglich, die futuristischen Vorstellungen des Generalplans Ost als die unrealisierbare Phantasie nazistischer Horror-Theoretiker abzutun, als bloße Herrschaftskonstruktion, Theorie oder Fiktion – weil es unmöglich ist, diesen Plan zu trennen von den Massenvernichtungen, von denen die Menschen des deutschbesetzten Alten Kontinents, besonders aber die Völker des Ostens betroffen waren. Es ist unmöglich, den Generalplan Ost zu trennen von den anderen Verbrechen im deutschbesetzten Osten, so weit die Fronten dort reichten.

Im Verhältnis zur Bevölkerungszahl hatte Polen die meisten Opfer zu beklagen, die während des Zweiten Weltkrieges gewaltsam umgekommen sind. An absoluten Zahlen aber weisen die Völker der Sowjetunion die größte geschlossene Opfergruppe auf, rund 20 Millionen Menschen – Zivilisten, Kriegsgefangene, Gefallene. Dort im Osten entsteht eine Vernichtungsmaschinerie, wie sie die Weltgeschichte bis dahin noch nie gesehen hatte – die mobilen Mordschwadronen der *Einsatzgruppen*, vier an der Zahl, A, B, C und D, von Nord bis Süd über die ganze riesige Ostfront verteilt. In *Einsatzkommandos* aufgegliedert, liefern sie mit den sogenannten *Ereignismeldungen* an die Zentrale, das Reichssicherheitshauptamt Berlin, genaue Berichte, wie viele Menschen wo, wann und wie ermordet worden sind – nach vorsichtigen Schätzungen anderthalb Millionen.

Von den rund 5,7 Millionen sowjetischen Kriegsgefangenen kamen in den Lagern und Sammelstellen zwischen zweieinhalb und drei Millionen um, davon mehr als die Hälfte zwischen Juni 1941 und März 1942. Christian Streit hat diese und andere furchtbare Rechnungen nach deutschen Dokumenten in seinem mittlerweise schon einen Klassiker zu nennenden Buch »Keine Kameraden. Die Wehrmacht und die sowjetischen Kriegsgefangenen 1941–1945« unwiderlegbar aufgemacht. Das Buch zerstört ein für allemal die Legende vom »sauberen Waffenrock« der deutschen Wehrmacht und weist sie nicht nur aus als das entscheidende Instrument zur Verwirklichung der nationalsozialistischen Welteroberungspläne, sondern auch als tief verstrickt in die Praxis des Vernichtungsapparates – das Ende ihrer Entnazifizierung und Enthistorisierung:

Erlasse der Feldmarschälle an die Truppe im Osten, alle völker- und kriegsrechtlichen Bestimmungen internationaler Konventionen zu mißachten und gegenüber den ideologiebedingten Massenmorden der Todesschwadronen die Augen zu schließen; offener Aufruf der Generalität zur Beteiligung an der NS-Vernichtungs- und Ausrottungspolitik im Ostkrieg durch die vier »verbrecheri-

schen Befehle«: Erlaß über die Zusammenarbeit des Heeres mit den Einsatzgruppen – Erlaß über die Einschränkung der Kriegsgerichtsbarkeit – Kommissarbefehl – und Richtlinien für das Verhalten der Truppe in Rußland.
Darin wird zum erstenmal von der Generalität offen Antikommunismus mit Antisemitismus verbunden und der Begriff »Jude« entsprechend der nationalsozialistischen Rassenideologie kriminalisiert, darüber hinaus aber die gesamte Bevölkerung zum Freiwild für die Eroberer erklärt.
Das explosionsartige Wachsen der Ostpläne nach dem Überfall auf die Sowjetunion läßt keinen Zweifel an einer Bevölkerungspolitik, der es nicht bloß um die Verwirklichung eines wahnwitzigen Kolonialismus geht, sondern um die Vernichtung der Nachbarn im Osten, um die Auslöschung des russischen Volkes, dem ein ähnliches Schicksal zugedacht war wie den Juden, ein angesichts der Volkszahl quantitativ weit größerer, eben der *andere* Holocaust.
Von dieser Vernichtungspolitik wären jedoch auch weite Teile der übrigen Nationen unter zukünftiger deutscher Herrschaft betroffen gewesen, besonders die, welche nach dem notorischen Kollektivdünkel in der allgemeinen Wertschätzung gleich nach Juden, Polen und Russen die nächstunteren Plätze einnahmen – Tschechen, Jugoslawen und andere Balkanvölker, übrigens auch die Griechen und die Italiener. Also jene Europäer, in deren Ländern sich der Gewaltapparat schon während der deutschen Besetzung furchtbar ausgetobt hatte – ein Faktum, das die bundesdeutsche Öffentlichkeit bislang nicht besonders zur Kenntnis genommen hat. Wobei noch unbekannter als die Wehrmachtmetzeleien auf dem Balkan, vor allem in Griechenland, die Bestialitäten und Massenmorde an Angehörigen der »Achsen«-Macht Italien durch SS und Armee-Einheiten nach dem Sturz Mussolinis im Juli 1943 sind.

Aufschlußreiches Dokument im Zusammenhang mit dem Generalplan Ost ist eine Rede, die Reinhard Heydrich, Chef des Reichssicherheitshauptamtes und nun auch Stellvertretender Reichsprotektor von Böhmen und Mähren, am 2. Oktober 1941 vor führenden Vertretern des deutschen Besatzungregimes hielt.

Darin ging Heydrich davon aus, daß die ungeheuren Räume, die militärisch besetzt waren, nie wieder herausgegeben werden würden. Die Zukunft des Reiches hing also von der Fähigkeit ab, diese Räume zu halten, zu beherrschen und sie gegebenenfalls mit dem Reich zu verschmelzen. Dann kommt Heydrich auf die zwei Gruppen, in die sich der deutschbesetzte Raum teilte. In dem einen lebten germanische Menschen, die zwar durch schlechte politische Führung und Einfluß des Judentums irgendwie verbogen sind und langsam zu den Grundelementen der Gegenwart zurückgeführt werden müßten – Norwegen, Holland, Flandern, Dänemark und Schweden. Ihnen gegenüber muß eine ganz andere Art der Behandlung gefunden werden als gegenüber der anderen Gruppe – den Slawen und ähnlichen Völkern.

Dann fährt Heydrich fort, wobei er im zweiten Satz den Faden verliert:

»Dies zweite sind die Osträume, in denen man wissen muß, daß Güte nur als Schwäche ausgelegt wird, das sind Räume, wo der Slawe selber gar nicht will, daß er gleichberechtigt behandelt wird, wo er gewöhnt ist, daß der Herr sich mit ihm nicht gemein macht. Das sind Räume, in denen eine deutsche Oberschicht nach der militärischen Entwicklung bis weit nach Rußland hinein, bis weit an den Ural, einmal in der ganz klaren Führungsform als Rohstoffbasis, als Arbeiter für große Kulturaufgaben, als Heloten, wenn ich es ganz drastisch sagen will, für uns eingesetzt werden müssen. Das sind Räume, die man eigentlich behandelt wie die Eindeichung eines neuen Landes an der Küste, indem man ganz im Osten einen Wehrwall von Wehrbauern zieht, um dieses Land einmal abzuriegeln gegen die Sturmflut Asiens, und das man dann durch Querwälle unterteilt, um allmählich diesen Boden für uns zu gewinnen, indem man weiter am Rande des eigentlichen Deutschland, das von deutschem Blut besiedelt wird, immer langsam einen deutschen Wall vorlegt nach dem andern. Unter diesem Gesichtspunkt mögen Sie alle die Aufgaben sehen, die wir nun dort zu erfüllen haben.«[29]

Das klingt wie ein Kommentar zum Grundkonzept des Generalplans Ost und aller auf ihn zulaufenden Schriften, eine ungeheure, nie dagewesene Landnahme von grenzenlosem Eroberungsdrang. Aber *wilde Pläne* waren das keineswegs! Vielmehr ordnet sich auch der GPO ein in den Gesamtplan der »Neuen Ordnung« und ihrer *Raumpolitik*. Diese knüpft unmittelbar an die entsprechenden Thesen aus Hitlers »Mein Kampf« an und fand schon 1935 ihr theoretisches und organisatorisches Zentrum in der »Reichsstelle für Raumordnung«. 1940 ergänzt durch das »Deutsche Auslandswissenschaftliche Institut«, entstanden dort Expansions- und Durchdringungsbegriffe wie »Großraum«, »Führungsvolk«, »Großraumordnung« und »Großraumverwaltung«. Hinter diesen Wortmasken verbirgt sich ein Umgestaltungsprojekt rigorosester Art, das von dem SS-Brigadeführer und Reichsbevollmächtigen für Dänemark, Werner Best, präzise rubriziert worden ist.

Danach ist ein »Großraum der gesamte Raum, der von einem Volke über seinen eigenen Volksraum hinaus zu einer neuen politischen und wirtschaftlichen Einheit zusammengefaßt und gegenüber anderen Großräumen abgegrenzt und zu ihnen in ein Verhältnis gesetzt wird«.[30]

»Führungsvolk« wird definiert als »das Volk, das den Großraum zur Einheit zusammenfaßt, die Großraumordnung schafft und die Großraumverwaltung ausübt«. Gründlich geht Best ein auf die vier Verwaltungsformen der Großraumordnung:

1) *Bündnisverwaltung* – sie bedeutet die formelle Selbständigkeit des betreffenden Staates, der jedoch verpflichtet ist, die Richtlinien und Empfehlungen des *Führervolks* zu befolgen. Kontrolliert wird dieser Staat von der diplomatischen Vertretung des *Führervolks*.

2) *Aufsichtsverwaltung* – dieser Begriff bedeutet, eine Drehung schärfer, einen Staat mit zwar eigenen Regierungsorganen, die jedoch einem Statthalter des *Führervolks* unterstehen.

3) *Regierungsverwaltung* – die gesamte zentrale Verwaltung wird von den Vertretern des *Führervolks* ausgeübt, also Abhängigkeit von ihm. Die wird allerdings noch übertroffen durch die letzte Form:

4) *Kolonialverwaltung* – sie sieht keinerlei Mitwirkung des unterworfenen Volkes an der politischen und wirtschaftlichen Verwaltung des Staates vor, die Stufe totaler Unterdrückung und absoluter Rechtlosigkeit.

Die Kodifizierung nationalsozialistischer *Raumpolitik* war nicht nur der Rahmen, in den sich der Generalplan Ost nahtlos einfügte, sondern auch der Herrschaftsentwurf für das *Großgermanische Weltreich* nach dem Endsieg, die schlußgeschichtliche Einstufung der

Erdregionen nach der Rassenideologie der Nazis und deren Materialisierung in unveränderbaren Machtverhältnissen.
Mit anderen Worten: Die nationalsozialistische *Raumpolitik* war der *Generalplan Ost* für den gesamten Globus.

Den Osten nicht im alten Sinne germanisieren ...

Einen Sonderplatz in den Ostplanungen nehmen die Schriften des »Arbeitswissenschaftlichen Instituts der Deutschen Arbeitsfront« (AWI) ein. 1935 gegründet, stieg es nach Ausbruch des Zweiten Weltkrieges rasch zu einem der wichtigsten sozialpolitischen Planungszentren des Dritten Reiches auf. Alle Arbeiten hatten ein Ziel: die Effizienz des nationalsozialistischen Unterdrückungs- und Ausbeutungssystems in den eroberten Territorien zu steigern.
Die Leitparole dazu hatte Hitler selbst am 16. Juli 1941 in einem Gespräch mit Rosenberg, Lammers, Göring und Keitel gegeben: »Grundsätzlich kommt es darauf an, den riesenhaften Kuchen handgerecht zu zerlegen, damit wir ihn erstens beherrschen, zweitens verwalten und drittens ausbeuten können.«
Das AWI hatte dafür umfangreiche soziologische und wirtschaftspolitische Untersuchungen anzustellen, ein Planungszentrum der »Neuordnung Europas«. Auch dieses Institut hatte, was die Sowjetunion betrifft, nicht bis zum Tage des Überfalls gewartet, sondern schon im Mai 1941 ausführliche Berichte zur sowjetischen Sozialpolitik geliefert. Nach dem 22. Juni 1941 aber macht es sich mit vermehrter Energie an die Arbeit, und zwar auf der Basis modernster planungstechnischer Überlegungen. Eine der ersten, aber dauerhaftesten: Wie kann in den eroberten Gebieten die höchste Ausbeutung mit dem geringsten Widerstand der Bevölkerung in Übereinstimmung gebracht werden?
Im Gegensatz zu Rosenbergs »Reichsministerium für die besetzten Ostgebiete«, aber auch zu Himmlerschen Äußerungen sind die Planungen des AWI in sozialwissenschaftlich nüchternem Ton gehalten – hier ist eine hochintelligente technokratische Elite am Werke. Sie entwirft Überlegungen, wie, von einem Stufenplan aus-

gehend, der europäische Teil der Sowjetunion einschließlich des Ural-Industriegebietes Schritt für Schritt zunächst unter deutsche Kontrolle gebracht und dann in eine deutsche Siedlungszone umgewandelt werden könnte. Die Denkschrift mit dem Titel »Raum formt Sozialpolitik« geht davon aus, daß nur Reste der einheimischen Bevölkerung diese schrittweise Einverleibung überleben, die Gebiete also »slawenfrei« werden würden. Damit setzte das AWI etlichen bisherigen Überlegungen von Eingliederungs- und Anschlußformen im Zuge »volkspolitischer Entwicklungen« und »politischer Ordnungsaufgaben« Konzepte entgegen, die sich unverhüllt den Plänen der SS näherten. Deren Zeitschrift »Das Schwarze Korps« wird dazu am 20. August 1942 unter der Überschrift »Germanisieren?« offen bekennen:

»Unsere Aufgabe ist es nicht, den Osten im alten Sinne zu germanisieren, das heißt dort vorhandenen Menschen deutsche Sprache und deutsche Gesetze beizubringen, sondern dafür zu sorgen, daß im Osten nur Menschen wirklich deutschen, germanischen Blutes wohnen.«[31]

Damit ist das Ziel unverhüllt genannt – die totale Vertreibung und Vernichtung der einheimischen Bevölkerung.
Die Frage, die sich den Planern des AWI sofort stellt, ist die des deutschen Menschenpotentials für die Besiedelung der ungeheuren Räume – sowohl was seine Zahl betrifft als auch den Willen, dort überhaupt zu leben. Klar war, daß es sozialer Anreize bedurfte, um genügend Menschen in die eroberten Gebiete zu bringen – die Schriften des AWI kommen darauf immer wieder zurück. Der Umzug muß mit einem fühlbaren Aufstieg verbunden sein – vom Arbeiter im Altreich zum Vorarbeiter in den eroberten Landstrichen, vom Vorarbeiter in der alten Heimat zum Werkmeister in der neuen. Hier übernimmt das AWI sozialpolitische Grundideen des Generalplans Ost, wie sie uns schon begegnet sind, verharrt jedoch deutlicher auf bestimmten Primaten: Die berufliche Qualifikation sollte hinter der politischen Zuverlässigkeit zurückstehen. In der Denkschrift »Die Erschließung der Rohstoff- und Landwirtschaft des Ostens. Problematisches und Grundsätzliches« aus dem Jahre 1943 heißt es dazu:

»Aus naheliegenden politischen Gründen kommen für den sofortigen Einsatz als Siedler im Osten nach dem Kriege vor allem politische Aktivisten und ehemalige Angehörige der Wehrmacht in Frage, während der Gesichtspunkt der charakterlich bedingten Bodenständigkeit, der beruflichen Qualität und der vorhandenen bzw. zu erwartenden Kinderzahl vorläufig zurücktritt.«[32]

Da die AWI-Leute weit vorausdachten, gingen sie davon aus, daß es ständig an deutschen Arbeitskräften, vor allem hochqualifizierten, fehlen würde. (Hier, wie an manchen anderen Stellen, wird der starke Gegensatz zwischen dem tatsächlichen Kräftepotential des nationalsozialistischen Deutschland und den Erfordernissen seiner Nachkriegsplanungen erkennbar.) Dieser Mangel, so das AWI weiter, werde die gesamte Arbeitsverfassung und Wirtschaftsorganisation Europas ändern und eine völlige Neuordnung der sozialpolitischen Grundlagen erfordern. Zwangsläufige Folge sei eine »Mechanisierung, Rationalisierung und Technisierung des täglichen Lebens, die das weit in den Schatten stellen wird, was bisher etwa in Nordamerika an Ansätzen dazu gemacht worden ist«.
Das heißt: Eine dünne Herrenschicht von Deutschen, in deren Händen sich alle Macht sammelt, muß angesichts des beherrschten Riesenraumes und seiner Ressourcen technisch zu einem wirkungsvolleren System als dem bisherigen kommen. Um ein Gebiet, in dem für die niederen Arbeiten nur *der* Teil der einheimischen Bevölkerung verbleibt, der nicht ausgerottet oder vertrieben worden ist, handgerecht zu zerlegen, wirksam zu verwalten und optimal auszubeuten, muß das System selbst modernisiert werden.
Immer das Ausbeutungsoptimum und die höchste Herrschaftsfähigkeit im Auge, kommt es in den Nachkriegsplänen des AWI zu ganz ungewohnten Tönen. So ist die Rede davon, daß der Zusammenhalt eines derart großen Gebietes mit »den Mittelchen des Untertanenstaates« nicht aufrechterhalten werden könne. Die deutschen Volksgenossen, die da in dem unendlichen Osten die Befehlsgewalt ausübten, seien ja nicht »Untertanen des Reiches«, sondern dessen Träger, also »Herren des Reiches«. Im Gegensatz zu ihnen werde die ortsansässige Bevölkerung zur Arbeitsleistung im Dienste der deutschen Nation verpflichtet sein.[33]

Hochinteressant, was hier den künftigen »Herren des Reiches« im besiegten Osten suggeriert werden sollte: sich angesichts der einheimischen Helotenmasse als Gebieter zu fühlen, die alle qualifizierten Tätigkeiten ausüben und die Herrschaft dazu. Soweit die AWI-Schriften auf diesen Punkt eingehen, hüten sie sich vor jeder Wendung, die zu der Erkenntnis führen könnte, daß die angeblichen »Herren des Reiches« nur die Ober-Heloten sein würden, völlig abhängig von der Zentralmacht und gänzlich in deren eisernem Griff. Die Vortäuschung eines neuen Verhältnisses schien deshalb geboten zu sein. Daß es mit dem Führerprinzip des staatlich institutionalisierten Nationalsozialismus nicht hätte in Übereinstimmung gebracht werden können, bedarf keiner besonderen Erwähnung. Und natürlich ebensowenig die Tatsache, daß dort im Osten der Abstand zwischen dem deutschen Obertan und jedem Einheimischen dennoch unermeßlich gewesen wäre.

Von den Denkschriften des AWI ist die vom 17. November 1941 besonders aufschlußreich. Sie ist versehen mit dem Stempel »Geheim« und analysiert die Ostpläne der Nazis nach dem Endsieg so aufgeschlüsselt wie kaum eine andere.
Nach ihr zeichneten sich auf Grund der großen Siege der Jahre 1940 und 1941 im Westen und im Osten zwei vorrangige Aufgaben ab: die wirtschaftliche Durchdringung des Ostens und die Führung der europäischen Großraumwirtschaft. Es gilt, den Lebensraum des deutschen Volkes zu erweitern und Entwicklungsmöglichkeiten für Jahrhunderte zu bieten. Solange der Krieg dauert, kommt es hinsichtlich der Ausbeutung lediglich darauf an, den Nahrungsmittel- und Materialbedarf des Heeres zu sichern. Nach dieser Feststellung wendet sich die Denkschrift den Plänen nach dem Siege zu.
Zunächst ist es wichtig, die »ehemaligen russischen Gebiete« wirtschaftlich zu durchdringen, das heißt, die besten Rohstoffvorkommen und die besten landwirtschaftlichen Gegenden unter die Leitung Deutscher zu bringen. Jahr für Jahr werden dann geschlossene Siedlungen Zone um Zone weiter nach Osten geschoben. Infolge des Mangels an deutschen Menschen aber werden weite Ge-

biete nur politisch geführt, nicht jedoch wirtschaftlich durchdrungen werden – etwa die Gebiete östlich des Urals, vielleicht bereits solche östlich der Wolga. Diese Territorien bleiben vorwiegend Reservate der Russen und anderer Völker. Danach kommt die Denkschrift auf die Planungsfrage: ob die Gebiete des Ostens lediglich eine – wenn auch äußerst wertvolle und enge – Ergänzung der großdeutschen Volkswirtschaft darstellten oder ob der deutsche und der russische Raum zu einer wirtschaftlichen Einheit verschmolzen werden sollen. Ob also an eine getrennte oder an eine einheitliche Volkswirtschaft gedacht wird.

Sofort taucht in der Denkschrift das Problem auf: Wie kann im Falle einer einheitlichen Volkswirtschaft das Prinzip der Zweiteilung zwischen Einheimischen und Deutschen aufrechterhalten bleiben, da sich doch die mit Deutschen bevölkerten Gebiete von denen mit slawischer Bevölkerung abheben müssen? Bislang bezeichnete der Begriff Volkswirtschaft die Wirtschaft *eines* Raumes mit *einer* im großen und ganzen rassisch einheitlichen Bevölkerung – Staatsraum und Volk deckten sich.

Um der neuen Situation Herr zu werden, wird ein neuer Begriff geboren – die *Staatsraumwirtschaft*. Sie kann durchaus die Wirtschaft zweier Völker umfassen: »Demnach wäre in Zukunft die deutsche Volkswirtschaft als die Wirtschaft der deutschen Volksgenossen in dem von ihm politisch beherrschten Raum zu bezeichnen. Für diese Volkswirtschaft gelten ganz bestimmte organisatorische Formen und rechtliche Normen. Für die gleichfalls in dem vom deutschen Volk beherrschten Raum wohnenden anderen Völker gilt ein anderes, d.h. ein minderes Wirtschaftsrecht... Diese Entwicklung begann mit der Eingliederung der Tschechen, setzte sich fort mit der Einverleibung der Polen und hat ein riesengroßes Ausmaß mit der Eroberung der ehemals russischen Gebiete angenommen.«[34] – so Michael Hepp.

Die Denkschrift beharrt noch einmal: ökonomisches Prinzip, schärfstens zu beachten, bleibt: höchste Leistung mit den geringsten Mitteln und Auswertung nur der besten Rohstofflagerstätten, Bearbeitung nur der besten Böden. Nach dem Kriege muß mit möglichst kleiner Zahl an Menschen möglichst viel erzeugt werden, um die gesamte Rohstoff- und Landwirtschaft auf eine optimale Linie zu bringen, denn – und auch hier wiederholt sich die Denkschrift bewußt – es wird einen großen Mangel an deutschen Menschen geben. Dann wendet sich die Schrift spezielleren Überlegungen zu.

Es besteht kein deutsches Interesse an einer industriellen Überproduktion des Ostens. Das bedeutet, daß das allgemeine Industrialisierungstempo, das die Bolschewisten eingeschlagen hatten, abgebremst werden muß. Die Produktion des Ostens ist nur so weit zu heben, wie es der wachsenden Aufnahmefähigkeit der deutschen Volkswirtschaft entspricht. Dagegen muß die Landwirtschaft intensiviert werden, weil darin die russische Wirtschaft die deutsche zu ergänzen hat.

Die Frage lautet: Wie kann die allgemeine Industrialisierung in den Gebieten der ehemaligen UdSSR abgestoppt, dabei aber gleichzeitig in hinreichendem Maße der Rohstoff für die deutsche Volkswirtschaft gewonnen werden? Darauf antwortet die AWI-Denkschrift: dadurch, daß nach dem Kriege unvermeidlicherweise ein *Kontingentierungssystem* eingeführt wird. Den russischen Völkern werden nur ganz bestimmte Quoten an Eisen, Kohle, Häuten und Faserstoffen zum Verbrauch freigegeben, während alles übrige der deutschen Volkswirtschaft zur Verfügung zu stellen ist. So wird das Mittel der Kontingentierung dazu beitragen, den Lebensstandard der russischen Völker, so Hepp, »auf der politisch gewünschten Höhe zu halten, d.h. in einem merklichen Abstand zum deutschen Volk (etwa 60 v.H.)«.[35]

Die Fertigwarenindustrie des Ostens wird eine untergeordnete Rolle zu spielen haben, andererseits wird man ihr die Produktion von Verbrauchsgütern des täglichen Bedarfs zugestehen müssen. In diesem Zusammenhang kommt die Denkschrift auf ein heikles Thema zu sprechen: Zu den Fertigwaren zählen auch Erzeugnisse der Rüstungsindustrie. Selbstverständlich ist eine solche in keinem Fall in den ehemaligen Gebieten der UdSSR aufzubauen! Die zukünftige Volkswirtschaft des Ostens soll nicht nur wirtschaftlich abhängig sein von der großen deutschen Volkswirtschaft, nicht nur bar jeder Waffenproduktion, sondern auch so gestaltet, daß aus po-

litischen Gründen – noch einmal – ein gewisser Lebensstandard von den dortigen Völkern nicht überschritten wird.
In Rußland werden nur solche Betriebe wieder in Gang gesetzt werden, deren Erzeugnisse lediglich niedere oder normale Arbeitsqualifikation erfordern. Keine Industriewerke, die an einen großen Teil der Belegschaft hohe Arbeitsanforderungen stellen, wie z.B. die Optik, der Flugzeug- und Lokomotivbau. Dadurch würden nur hochqualifizierte russische Arbeiter herangezogen werden – woraus über kurz oder lang soziale Forderungen nach entsprechend höheren Löhnen folgten. Die könnten jedoch nicht gewährt werden, da hohe Löhne den starken Unterschied zwischen der Lebenshaltung der Deutschen und der Völker in den ehemals sowjetischen Gebieten aufheben würden. Des geringeren Lebensstandards wegen muß auch die Arbeitsanforderung gering bleiben. Deshalb werden Russen nur beschäftigt in Rohstoffbetrieben, in der Land- und Forstwirtschaft, in Reparaturwerkstätten und Baufirmen. Nicht aber in Werkzeugmaschinenfabriken, Schiffswerften, in der Schreib- und Nähmaschinenindustrie oder in Flugzeugwerken. Hochwertige und Spezialarbeiten sind ausschließlich von deutschen Arbeitern, Vorarbeitern und Werkmeistern auszuführen.
Wie genau die Denkschrift das Problem gliedert, wie tief sie in die Einzelproblematik steigt, demonstriert der Absatz:

»Unter dem Gesichtspunkt der Arbeitsbeanspruchung und dementsprechend der Lohnansprüche können z.B. in Zukunft im Osten Traktoren gebaut werden, nicht aber die dazu notwendigen Zündkerzen und Bunareifen. Auf diese Weise wird zwar auch eine gegenseitige Abhängigkeit herbeigeführt, deren Schwergewicht aber durchaus zu Gunsten Deutschlands verlagert wird.«[36]

Nach dem Kriege wird ganz besonders das Ziegeleigewerbe im Osten wegen des Zuzugs von Millionen deutscher Volksgenossen in Gang gesetzt werden müssen, um die Wohnungen zu errichten, die zu ihrer Aufnahme erforderlich sind.
Die großen Naturreichtümer im Osten werden die Möglichkeit bieten, die knappen, aber guten Reserven in Deutschland zu schonen, die weniger guten aber zu meiden. So wird ein Teil der deutschen Eisengewinnungsbetriebe nach dem Kriege durch Stillegung ge-

drosselt werden. Nur durch solche Stillegungen – und hier nimmt die Denkschrift des AWI essentielle Punkte des Generalplans Ost auf – wird überhaupt die Möglichkeit geschaffen, eine hinreichend große Zahl Deutscher für die Eisenwerke im Osten zu bekommen.
Genauso wird mit der Kohle verfahren. Die Denkschrift rechnet aus, daß die Stillegung deutscher Steinkohlenzechen im Ruhrgebiet von etwa 20 Prozent der Förderung volkswirtschaftlich vertretbar sein wird und dadurch etwa 125 000 Erwerbspersonen für den Steinkohlenbergbau im Donezbecken frei werden. Die Kohlenzechen im Ruhrgebiet bleiben als Schattenwerke bestehen. So wird der Osten gleichzeitig deutsch durchdrungen und der Lagervorrat im Reich geschont.
Ähnliche Erwägungen stellt das AWI bei der Erdölgewinnung an. Das synthetisch gewonnene Benzin ist dreimal so teuer wie das aus Erdöl. Würden die synthetischen Treibstoffgewinnungsanlagen in Deutschland im wesentlichen stillgelegt werden und als Schattenbetriebe weiterbestehen, so würde das 20 000 Erwerbspersonen für eine wirtschaftliche Verwendung im Osten freisetzen.
Was die Landwirtschaft betrifft, so darf die hundertprozentige Selbstversorgung mit Brotgetreide und Kartoffeln für den jeweils deutschen Lebensraum, d. h. für jene Gebiete, in denen Deutsche geschlossen siedeln, nicht angetastet werden. Der deutsche Bauer wird in erster Linie zur Besiedelung der unmittelbar an das Deutsche Reich anstoßenden Ostgebiete eingesetzt – eine Grenze, die sich von Jahr zu Jahr weiter vorschieben wird.
Dann geht die Denkschrift auf die Möglichkeiten ein, wie Deutsche für die landwirtschaftliche Besiedlung freigesetzt werden können.
Zunächst dadurch, daß im Rahmen einer einmaligen Aktion die Klein- und Kümmerbetriebe geschlossen werden (hier werden keine Zahlen genannt). Dann durch die Verdoppelung der Durchschnittsgröße aller landwirtschaftlichen Betriebe von zwei bis zehn Hektar – sie würde etwa 700 000 Bauernfamilien für die landwirtschaftliche Besiedlung im Osten freimachen. Solche Verdoppelung würde bedeuten, daß im Altreich die kleinste bäuerliche Betriebsgrößenklasse durchschnittlich zehn Hektar aufweisen würde. Da auch noch mancher mittlere Hof erweiterungsbedürftig ist, könn-

ten über den Weg der Betriebsvergrößerung ohne Zweifel bis zu einer Million Neubauern für den Osten gewonnen werden. Rechnet man für diese Osthöfe nach dem Kriege eine Durchschnittsgröße von 50 Hektar – was durchaus möglich ist, da die Betriebe teilweise noch größer sein dürften –, so ergibt das eine landwirtschaftliche Nutzfläche von 50 Millionen Hektar – ein Gebiet, so groß wie das frühere Baltikum und das ehemalige Polen.

Zwischen dem eigentlichen deutschen Siedlungsgebiet und dem Territorium, das den Slawen vorbehalten bleibt – ob am Dnjepr, an der Wolga oder am Ural –, muß sich eine Zone befinden, die lediglich von deutschen Menschen durchdrungen ist, aber von ihnen beherrscht, verwaltet und ausgewertet wird. Diese Zone wird sich erst allmählich vom Westen her in längeren Zeiträumen geschlossen besiedeln lassen. Solange das nicht der Fall ist, werden deutsche Landwirte aus der Masse der Slawen herausgehoben sein müssen, durch ihre politische Sonderstellung und durch ihre wirtschaftlich bestens fundierten Höfe.

Das Entscheidende an der Besiedelung des Ostens bleibt, so fährt die AWI-Denkschrift fort, daß diese vom Westen her geschlossen durchgeführt wird. *Eine* Möglichkeit wäre, in Hinsicht auf die guten Böden, die Besiedelung vornehmlich nach Südosten vorzutreiben, in Richtung auf die Ukraine. Die andere, mehr von politischen Gründen bestimmte – in nordöstlicher Richtung zu siedeln, um das Kernvolk der ehemaligen UdSSR, die Großrussen, zurückzudrängen und sie vor allem von der Ostsee abzuriegeln, während umgekehrt den nichtgroßrussischen Völkern eine gewisse Förderung zuteil wird.

Was Kohle und Eisen betrifft, so ist der östliche Teil der Ukraine ausschlaggebend. Für Buntmetalle und Leichtmetalle kommt ganz vorwiegend der Ural in Frage, mit Ausnahme der bedeutenden Bauxitvorkommen bei Tichwin östlich von Leningrad.

Die Denkschrift des »Arbeitswissenschaftlichen Instituts der Deutschen Arbeitsfront« vom 17. November 1941, eines der interessantesten Dokumente in Zusammenhang mit der Gesamtplanung Ost, schließt mit den Sätzen:

»Etwa in 100 Jahren wäre dann das Gebiet bis zum Ural von Deutschen geschlossen besiedelt, und zwar in der Dichte der derzeitigen sowjetischen Besiedlung – sofern man von der heutigen deutschen Geburtenhäufigkeit ausgeht und sofern es gelingt, sowie überhaupt politisch für zweckmäßig gehalten wird, die ehemals sowjetische Bevölkerung auf Gebiete östlich des Urals zurückzudrängen, die nicht minder fruchtbar und reich an Bodenschätzen sind als der europäische Teil der ehemaligen UdSSR.«[37]

Der ehemaligen ...

Alle diese deutschen Raub- und Eroberungspläne, so modernisiert sie waren – neu waren sie nicht! Das Studium der Geschichte enthüllt ihre bösartige Kontinuität bereits aus dem Zweiten, dem Reich von 1871, und damit auch die Expansionsgelüste des einheitlichen deutschen Nationalstaates. Er war von allem Anfang an eine Gefahr für seine Nachbarn, am ausgeprägtesten jedoch für die im Osten. Besonders charakteristisch dafür ist die sogenannte *Kriegszieldenkschrift* vom 8. Juli 1915, von 1347 Intellektuellen unterschrieben, an den Reichskanzler Theobald von Bethmann Hollweg. Eine nähere Beschäftigung mit ihr lohnt sich.
Unter dem Stichwort »Rußland« wird darin zunächst die Befürchtung ausgedrückt, daß die Bevölkerungsmasse des russischen Reiches – 250 Millionen Menschen in einer Generation – die größte Gefahr für die deutsche und die europäische Zukunft sein wird. Gegen sie kann Deutschland sich nur behaupten, wenn ein starker Grenzwall gegen die vordringende Slawisierung aufgerichtet wird, sowohl im Frieden als auch gegen eine gewaltsame kriegerische Bedrohung – neben dem gesunden Wachstum eigener, deutscher Volkskraft. Nach solchen Formeln von der Bedrohung Deutschlands durch das zaristische Rußland, deckungsgleich mit der späteren Agitation gegenüber dem bolschewistischen, wird ganz unverhüllt die Annexion gefordert, territoriale Eroberung, gewalttätige Landnahme. Man muß die entsprechenden Passagen der Denkschrift vom 8. Juli 1915 im Wortlaut gelesen haben:

»Grenzwall und Grundlage zur Wahrung unseres Volkswachstums aber bietet Land, das Rußland uns abtreten muß. Es muß landwirtschaftliches Siedlungsland sein. Land, das uns gesunde Bauern, diesen Jungbrunnen aller Volks- und Staatskraft, bringt. Land, das einen Teil unseres Bevölkerungszuwachses aufzunehmen vermag und deutschen Rückwanderern, die dem feindlichen Ausland den Rücken kehren wollen oder müssen, neue Heimat in der alten Heimat bietet. Land, das die wirtschaftliche Unabhängigkeit Deutschlands vom Auslande durch eigene Ernährungsmöglichkeiten steigert, das nötige Gegengewicht gegen die fortschreitende Industrialisierung und Verstädterung unseres Volkes bildet, das im Kriege segensreich erprobte Gleichgewicht unserer Wirtschaftskräfte uns bewahrt und das gefährliche Verfallen in englische Einseitigkeit verhindert. Land, das dem Geburtenrückgang wehrt, die Auswanderung hemmt und die Wohnungsnot lindert, dessen Neubesiedlung und Eindeutschung auch dem geistigen Proletariat neue Lebensmöglichkeiten schafft. Solches Land für unsere leibliche, sittliche und geistige Gesundheit ist vor allem im Osten zu finden.«[38]

Land, Land, Land! Und der Begriff *Eindeutschung* ist auch schon da – 1915. Ebenso der Katalog nationalsozialistischer »Lebensraum«-Begründungen, lange bevor die NSDAP gegründet wurde, sowie die These von einem blockadefesten, autarken Deutschen Reich, als ihr späterer Theoretiker und Praktiker, Adolf Hitler, noch als Gefreiter an der Westfront Meldegängerdienste verrichtete.
Germanisierung, Aussiedlung, Umvolkung – das alles wird bereits gedacht:

»Mit dem Grund und Boden ist die russische Bevölkerung nicht so wurzelfest verwachsen wie diejenige im westlichen und mittleren Europa. Im gewaltigsten Maßstab hat Rußland vielmehr immer wieder, bis in die Kriegszeiten hinein, große Teile seiner Bevölkerung verpflanzt. Die hier vorliegenden Möglichkeiten dürfen nicht nach den bescheidenen deutschen Kulturmaßstäben bemessen werden.«[39]

Hier drängen nicht nur zentrale Kontinuitäten zwischen Drittem und Kaiserreich ans Licht des Tages – hier werden auch die Wurzeln jener Tragödie bloßgelegt, in deren Verlauf das Slawentum Osteuropas nach ungeheuerlichsten Dezimierungen durch das monarchische und das nationalsozialistische Deutschland den langwierigen Kampf mit den Germanisierungsaggressionen seines westlichen Großnachbarn als eindeutiger Sieger bestehen – und Deutschland ein Drittel seines nationalen Territoriums verlieren wird.

Durch den Rundfunk nur Musik – unbegrenzt!

Alle Parolen kamen von Hitler – das war das Grundgesetz des nationalsozialistischen Deutschland, und es läßt sich klar wie selten am *Generalplan Ost* nachweisen. Die Umsetzung vom Verbalen ins Faktische aber, von der Anordnung in die Ausführung, übernimmt dann der Staat – die normale, die mausgraue Beamtenschaft, die Parteiorganisationen, die Wehrmacht und der Vernichtungsapparat des Reichssicherheitshauptamtes.

Hitler hat sich mit allen wesentlichen Elementen des GPO persönlich befaßt. Am authentischsten und direktesten kommt das in seinen *Tischgesprächen* zum Ausdruck, dieser Fibel des Nationalsozialismus und Fundgrube nicht nur für Historiker, sondern auch für Tiefenpsychologen. Es gibt darin kein innen- und außenpolitisches Thema, das Hitler ausgelassen hätte, wobei er immer wieder auf »Rußland« zurückkommt. Im Zusammenhang mit dem GPO habe ich eine verhältnismäßig kurze, aber äußerst charakteristische Phase der *Tischgespräche* ausgewählt, die vom September 1941 bis zum Juli 1942. Es ist die Zeit der Hochsiege, jene Epoche von der Schärfe einer historischen Momentaufnahme, als die Hybris des Hakenkreuzes hochschäumte wie nie und das Fundament für die deutsche Weltherrschaft gelegt zu sein schien.

Entnommen habe ich die Ausschnitte der »Jubiläumsausgabe« von »Hitlers Tischgespräche im Führerhauptquartier«, die 1983 von Dr. Henry Picker, sozusagen Leibstenograf dort, herausgegeben worden ist.

Dazu eine Vorbemerkung.

Ungeachtet dessen, daß Picker aus nächster Nähe erfährt, was sein Herr und Meister Jahr für Jahr an Unsäglichkeiten von sich gibt, erweist er sich dennoch als unfähig, seine Verfallenheit an den »Chef« zu überwinden. Pickers eingeschobene und als solche kenntlich gemachte Kommentare und Interpretationen lassen ihn letztlich als Unbelehrbaren erscheinen, wenn er sich auch selbstverständlich der obligatorischen Verdammung des jüdischen Holocaust anschließt. Damit hat es sich dann aber auch schon. Als typischer Vertreter des eingefleischt-doktrinären Antikommunismus ausgesprochen nazistischer Prägung geht Picker jedes Verständnis für die Leiden der Sowjetvölker im Kampf gegen die deutsche Aggression und Okkupation ab. In diesem Sinne habe ich die Lektüre der *Tischgespräche* als einen Skandal ihres Herausgebers empfunden, der charakteristisch ist für die Art und Weise, wie der bundesdeutsche Konservatismus an die Auseinandersetzung mit dem Nationalsozialismus und seinem Erbe geht.

Hitler zur *Germanisierung:*

Ziel seiner Ostpolitik sei – auf lange Sicht gesehen –, etwa hundert Millionen germanischen Menschen in diesem Raum ein Siedlungsgebiet zu erschließen. Man müsse alles daransetzen, mit eiserner Zähigkeit eine Million deutscher Menschen nach der anderen dorthin zu bringen. Spätestens in zehn Jahren wünsche er Meldung darüber zu erhalten, daß in den Deutschland bereits wieder eingegliederten beziehungsweise von unseren Truppen besetzten Ostgebieten (Danzig, Westpreußen, Warthegau, Regierungsbezirk Ziechenau und Bezirk Byalistok) mindestens zwanzig Millionen deutsche Menschen lebten... Man müsse radikale deutsche Volkstumspolitik treiben. Ebenso wie der Deutschritterorden sich nicht mit Glacéhandschuhen durchgesetzt, sondern mit der Bibel auch das Schwert mitgebracht habe, so müßten auch unsere nach dem Osten abkommandierten Männer als Glaubenskämpfer der nationalsozialistischen Weltanschauung unsere Volkstumsbelange notfalls mit Brachialgewalt durchsetzen... Er sei der festen Überzeugung, daß auch sie (die Ostgebiete), wenn die Partei erst fünfzig Jahre Geschichte gemacht habe, ein durch und durch germanisches Gepräge aufweisen würden.[40]

Hitler zur *Siedlungspolitik:*

Der Reichsbauer (soll) in hervorragend schönen Siedlungen hausen. Die deutschen Stellen und Behörden sollen wunderbare Gebäulichkeiten haben, die Gouverneure Paläste... Um die Stadt herum wird auf 30 bis 40 Kilometer ein Ring gelegt von schönen Dörfern, durch die besten Straßen verbunden. Was dann kommt, ist die andere Welt, in der wir die Russen leben lassen wollen, wie sie es wünschen. Nur, daß wir sie beherrschen. Im Falle einer Revolution brauchen wir dann nur ein paar Bomben zu werfen auf deren Städte, und die Sache ist erledigt. Einmal im Jahr wird dann ein Trupp Kirgisen durch die Reichshauptstadt geführt, um ihre Vorstellung mit der Gewalt und Größe ihrer steinernen Denkmale zu erfüllen. Was für England Indien war, wird für uns der Ostraum sein... Man versteht jetzt, wie die Chinesen dazu gekommen sind, sich zum Schutz gegen die ewigen

Einfälle der Mongolen mit einer Mauer zu umgeben. Und man ist versucht, sich einen Riesenwall zu wünschen, der den neuen Osten gegen die mittelasiatischen Massen schirmt ... Am Ende ist die beste Mauer immer noch ein lebender Wall ... Wir dürfen von Europa keinen Germanen mehr nach Amerika gehen lassen. Die Norweger, Schweden, Dänen, Niederländer müssen wir alle in die Ostgebiete hereinleiten; das werden Glieder des Reichs. Wir stehen vor der großen Zukunftsaufgabe, planmäßige Rassenpolitik zu treiben ... Sümpfe wollen wir nicht bewältigen. Wir nehmen nur die bessere Erde und zunächst nur die allerbesten Gründe. Im Sumpfgebiet können wir einen riesigen Truppenübungsplatz anlegen von 350 auf 400 km, mit Strömen drin und allem Hindernis, das die Natur der Truppe bieten kann.[41]
Auch die Krim müsse so ausgebaut werden, daß das deutsche Volk auch nach langen Zeiträumen durch nichts zu bewegen sei, das dortige Stück deutscher Arbeit wieder herauszugeben. Deshalb sei es vordringlich, die Häfen auf der Krim auszubauen und starke Forts auf den Halbengen der Insel anzulegen.[42]

Hitlers Lieblingsidee war übrigens, die Lösung der »Südtiroler Frage« dadurch zu erreichen, daß er die Südtiroler geschlossen auf die Krim umsiedeln lassen wollte. Eine entsprechende Denkschrift hatte der Gauleiter Frauenfeld verfaßt. Dazu Hitler, laut Pickers Stenogramm:

Er halte den Vorschlag für außerordentlich gut ... Damit werde das alte Streitobjekt mit Italien ein für allemal begraben ... Denn kaum irgendwo auf der Erde habe sich ein Volkstum durch die Jahrhunderte besser gehalten als auf der Krim. Sowohl die Tataren als auch die Goten seien lebendige Beispiele dafür. Er glaube auch, daß die Krim in klimatischer und landschaftlicher Hinsicht für das Südtiroler Volkstum durchaus geeignet sei ... Die Verbringung der Südtiroler nach der Krim biete weder physisch noch psychisch besondere Schwierigkeiten. Sie brauchten ja nur einen deutschen Strom, die Donau, hinunterzufahren, dann seien sie schon da.[43]

Hitler zu den diversen Problemen der *Bevölkerungspolitik*:

Der größte Fehler, den wir machen könnten, sei der, der einheimischen Bevölkerung zuviel Fürsorge angedeihen zu lassen ... Ein Wohnen von Deutschen in ukrainischen Städten sei unter allen Umständen zu verhindern ... Denn sonst beginne doch nur in kurzer Zeit das Saubermachen dieser Städte und dergleichen. Die russischen beziehungsweise ukrainischen Städte sollten aber keinesfalls irgendwie hergerichtet oder gar verschönert werden ... Daher (müßten) die Deutschen in später neu zu erbauenden Städten und Dörfern wohnen, die ganz klar von der russischen beziehungsweise ukrainischen Bevölkerung abgesetzt seien.[44]

Zu *Schule* und *Erziehung*:

Wir dürfen vor allem die deutschen Schulmeister nicht loslassen auf die Ostgebiete. Wir verlieren sonst die Eltern und die Kinder... Am besten wäre es, man lehrte sie nur eine Zeichensprache verstehen. Durch den Rundfunk wird der Gemeinde vorgesetzt, was ihr zuträglich ist: Musik unbegrenzt. Nur geistige Arbeit sollen sie nicht lernen. Wir dürfen ja nichts drucken lassen!... Man züchtet sich sonst die grimmigsten Feinde heran![45]

Es solle daher ja kein Lehrer daherkommen und plötzlich den Schulzwang für die unterworfenen Völker verkünden wollen. Kenntnisse der Russen, Ukrainer, Kirgisen und so weiter im Lesen und Schreiben könnten uns nur schaden. Denn sie ermöglichen es helleren Köpfen, sich ein gewisses Geschichtswissen zu erarbeiten und damit zu politischen Gedankengängen zu kommen, die irgendwie immer ihre Spitze gegen uns haben müßten... Man solle es sich daher auch ja nicht einfallen lassen, den unterworfenen Völkern im Radio Dinge über ihre Vorgeschichte zu erzählen... Es sei viel besser, in jedem Dorf einen Radiolautsprecher aufzustellen, um den Menschen auf diese Weise Neuigkeiten zu erzählen und Unterhaltungsstoff zu bieten, als sie zur selbständigen Erlangung politischer, wissenschaftlicher und so weiter Erkenntnisse zu befähigen... (Man müsse ihnen) durch den Rundfunk Musik und noch einmal Musik vermitteln. Denn lustige Musik fördere die Arbeitsfreude.[46]

Von außerordentlicher Bedeutung sei ferner, daß man nicht durch irgendwelche Maßnahmen ein Herrenbewußtsein bei der nichtdeutschen Bevölkerung erzeuge. In dieser Hinsicht müsse man besonders vorsichtig sein, denn gerade das Gegenteil von einem solchen Herrenbewußtsein sei eine der notwendigen Voraussetzungen für unsere Arbeit. Aus diesem Grunde dürfe der nichtdeutschen Bevölkerung auch keinesfalls eine höhere Bildung zugestanden werden... Man müsse ihnen zwar Schulen geben, für die sie bezahlen müßten, wenn sie hineingingen. Man dürfe sie in ihnen aber nicht mehr lernen lassen als höchstens die Bedeutung der Verkehrszeichen. Inhalt des Geographie-Unterrichts dürfe im großen und ganzen nur sein, daß die Hauptstadt des Reiches Berlin heiße und jeder in seinem Leben einmal in Berlin gewesen sein müsse. Darüber hinaus genüge es vollkommen, wenn die nichtdeutsche Bevölkerung, zum Beispiel der Ukrainer, etwas Deutsch lesen und schreiben lerne; Unterricht im Rechnen und dergleichen sei überflüssig... Der ganze Aufklärungsrummel sei Unsinn. General Jodl habe ganz recht, wenn er ein Plakat beanstande, durch das in ukrainischer Sprache das Betreten eines Bahnkörpers verboten werde. Ob ein Einheimischer mehr oder weniger überfahren werde, könne uns doch gleichgültig sein.[47]

Zu *Hygiene* und *Bevölkerungspolitik*:

Was die Hygiene der unterworfenen Bevölkerung angehe, so könnten wir kein Interesse daran haben, ihnen unsere Kenntnisse zu vermitteln und dadurch ihnen eine von ihnen absolut nicht gewünschte Basis für einen ungeheuren Bevölkerungszuwachs zu geben. Er verbiete deshalb, für diese Gebiete Sauberkeitsaktionen unserer Art durchzuführen. Auch der Impfzwang dürfe in ihnen nur für Deutsche gelten. Deutsche Ärzte seien nur für die Behandlung Deutscher in den deutschen Siedlungen einzusetzen. Auch sei es Unsinn, die unterworfenen Völkerschaften mit unserem Wissen auf dem Gebiet der Zahnheilkunde beglücken zu wollen. Man müsse dabei aber vorsichtig zu Werke gehen, damit unsere Tendenz nicht auffalle.[48]

Auch wir müßten uns für unsere neuerworbenen Ostgebiete merken, daß es nicht darauf ankomme, die unterworfene Bevölkerung jeden Tag zu striegeln und etwa gar zur deutschen Sauberkeit erziehen zu wollen. Ob sie sich selbst, ihre Häuser und so weiter täglich mit einer Wurzelbürste reinigten, könne uns ganz gleich sein. Denn unsere Aufgabe sei es nicht, das Aufsichtsorgan ihres täglichen Lebens zu spielen, sondern ausschließlich unsere Interessen sicherzustellen. Zu diesem Zweck müsse man das Leben der Deutschen in den zu kolonisierenden Ostgebieten von dem der einheimischen Bevölkerung so weit als irgend möglich scheiden. In die Gasthäuser der Einheimischen, in denen diese in der Gegend herumspuckten, dürften wir Deutsche nicht hineingehen lassen.[49]

Gesundheitsfürsorge nach deutschem Muster ... wäre heller Wahnsinn. Das Impfen und was es sonst an vorbeugenden Gesundheitssmaßnahmen gebe, komme für die nichtdeutsche Bevölkerung keinesfalls in Betracht ... Man solle deshalb ruhig den Aberglauben unter ihnen verbreiten lassen, daß das Impfen und so weiter eine ganz gefährliche Sache sei.[50]

Zu *Vermehrung* und *Bevölkerungspolitik:*

Wenn nun unter einer deutschen geregelten Verwaltung ... dieses Volk sich noch stärker als bisher vermehre, dann liege das nicht nur nicht in unserem Interesse, sondern im Gegenteil werde uns der volkliche Druck dieser Russen oder sogenannten Ukrainer in gar nicht allzu ferner Zeit wieder gefährlich werden. Wir könnten aber nur ein Interesse daran haben, daß diese Russen oder sogenannten Ukrainer sich nicht so stark vermehrten; denn eines Tages wollten wir ja doch dieses gesamte bisher russische Land deutsch besiedelt haben ... (Er habe) in irgendeiner Abhandlung kürzlich den Vorschlag gefunden, den Vertrieb und den Gebrauch von Verhütungsmitteln in den besetzten Ostgebieten zu verbieten. Wenn tatsächlich irgendein Idiot versuchen sollte, ein derartiges Verbot in den besetzten Ostgebieten in die Praxis umzusetzen, würde er ihn persönlich zusammenschießen. Bei dem Kinderreichtum der einheimischen Bevölkerung könne es uns doch nur recht sein, wenn die Mädchen und Frauen hier soviel wie möglich abtrieben. Man müsse daher einen schwungvollen Handel mit Verhütungsmitteln in den Ostgebieten nicht nur zulassen, sondern geradezu fördern... Die Gefahr, daß die einheimische Bevölkerung sich unter unserer Herrschaft noch stärker als bisher vermehre, halte er für gegeben, das sei bei einer deutschen Führung gar nicht zu vermeiden... Wir müßten deshalb unter allen Umständen Vorkehrungsmaßnahmen gegen eine Vermehrung der nichtdeutschen Bevölkerung treffen.[51]

Hitler zur *verkehrsmäßigen Erschließung des Ostraums*:

Er führte aus, daß bei der Ausdehnung, die das Eisenbahnnetz durch die erforderlichen Ost-Strecken erfahren würde, Eisenbahnlinien benötigt würden, die mit den Maßstäben des Altreiches nicht zu messen wären. Ebenso selbstverständlich, wie wir eine rasche Verbindung mit Konstantinopel benötigten, bräuchten wir auch eine rasche Verbindung zwischen Oberschlesien und Donezbecken. Er denke daran, für diese Bahnen einen Schnellzugbetrieb auf der Basis von 200 Stundenkilometern vorzusehen... Man würde breitere Wagen bauen müssen, die man von vornherein zweistöckig einrichte, wobei insbesondere das obere Stockwerk gute Aussichtsmöglichkeiten bieten müsse. Da diese Wagen nicht auf der normalen Gleisspur, sondern nur auf einer stark verbreiterten – etwa von 4 Metern – laufen könnten, empfehle es sich, die Schnellzugsgleisanlagen so einzurichten, daß sie mit einem oder zwei Zusatzgleisen zusammen auch für einen doppelgleisigen Güterverkehr benutzt werden können... Die Hauptstrecke, wie zum Beispiel die Strecke zum Donezbecken, (müsse) viergleisig gebaut werden. Nur so sei es möglich, den Ostraum – insbesondere wirtschaftlich – so zu erschließen, wie es unseren Plänen entspreche.[52]
Ebenso wie in Ägypten sei in den von uns besetzten Ostgebieten... das allerwichtigste der Straßenbau... Man müsse die Straßen von vornherein so anlegen, daß sie nicht unter Schneeverwehungen zu leiden hätten. Man müsse sie deshalb auf Dämme legen... Das Fundament dieser Dämme müsse allerdings mit Rücksicht auf die Schlammperioden besonders solide ausgeführt werden. Wo man Granit zur Verfügung habe, solle man Granit verwenden; sonst müsse man den Rotstein nehmen, der sich in vielen Flußbetten finde.[53]
Wenn wir die Ostgebiete erst durch Autobahnen erschlossen hätten, spielten Entfernungen, die heute noch Schwierigkeiten machten, keine Rolle

mehr. Was seien denn schon 1000 Kilometer Fahrt nach der Krim, wenn man durchschnittlich 80 Stundenkilometer fahre? Auf der Autobahn könne man die Strecke bequem in zwei Tagen schaffen. Es sei sein fester Entschluß, hinter dem Ostwall das gesamte Ostgebiet durch ein von Berlin ausgehendes radiales Autobahnsystem erschließen zu lassen. Die übliche Fahrbahn von 7,50 Metern sei für dieses Autobahnsystem aber nicht ausreichend. Er werde vielmehr von vornherein drei Fahrbahnen mit insgesamt elf Metern vorsehen... Wenn man erst über die Reichsautobahn von Klagenfurt bis Drontheim, von Hamburg bis zur Krim fahren könne, hätten wir damit ein Verkehrsgerippe, das Entfernungen... zusammenschrumpfen lasse.[54]

Schließlich zu den Themen *Herrschaft* und *Rüstung*:

Wenn wir je einer der eroberten Provinzen das Recht geben, sich eine eigene Wehrmacht oder Luftwaffe aufzubauen, dann ist es mit unserer Herrschaft aus. Der Weg der Selbstverwaltung führt zur Selbständigkeit. Mit demokratischen Einrichtungen kann man nicht halten, was man mit Gewalt einst genommen hat.[55]

Man müsse stets davon ausgehen, daß diese Völker uns gegenüber in erster Linie die Aufgabe haben, uns wirtschaftlich zu dienen... Mit einer staatlichen Verwaltungsorganisation gebe man ihnen eine Möglichkeit an die Hand, sich zu einer großen Einheit zusammenzufinden und diese Organisation eventuell sogar gegen uns zum Einsatz zu bringen. Das höchste, was man ihnen... zugestehen könne, sei deshalb die Gemeindeverwaltung, und auch die nur insoweit, als es zur Erhaltung der Arbeitskraft... erforderlich sei. Auch die Bildung von Dorfgemeinschaften müsse man so gestalten, daß sich keine Gemeinsamkeiten zwischen benachbarten Dorfgemeinschaften herausbilden könnten. Auf jeden Fall sei deshalb die Schaffung einheitlicher Kirchen für größere russische Gebietsteile zu verhindern. In unserem Interesse könne es lediglich liegen, wenn jedes Dorf seine eigene Sekte habe, die ihre eigenen Gottesvorstellungen entwickle. Selbst wenn sich auf diese Weise in einzelnen Dörfern Zauberkulte, wie bei den Negern und Indianern, bilden sollten, könnten wir das nur begrüßen, weil es die Zahl der trennenden Momente im russischen Raum nur vermehre.[56]

Der größte Unsinn, den man in den besetzten Ostgebieten machen könne, sei der, den unterworfenen Völkern Waffen zu geben... Es sei deshalb nötig, daß wir die Aufrechterhaltung der Sicherheit und Ordnung durch eigene Truppen im gesamten besetzten russischen Raum gewährleisten. Die besetzten Ostgebiete müßten deshalb von einem Netz von Militärstützpunkten durchzogen sein... Im übrigen müßten die dort lebenden Deutschen so straff organisiert sein, daß eine auf weite Sicht hinaus geplante deutsche Siedlungspolitik einen immer stärker werdenden deutschen Volkstumskeil in den von uns unterworfenen Raum vortreiben könne.[57]

So weit Hitler in seinen »Tischgesprächen« – es klingt wie die Kodifizierung des Generalplans Ost und dessen Inhalte in eine weite Zukunft hinein.
Dazu gibt es einen bilanzartigen Kommentar, ein Schreiben von Martin Bormann, Hitlers Privatsekretär, an den »Reichsminister für die besetzten Ostgebiete«, Alfred Rosenberg, vom 23. Juli 1943. Darin heißt es:

»Die Slawen sollen für uns arbeiten. Soweit wir sie nicht brauchen, mögen sie sterben. Impfzwang und deutsche Gesundheitsfürsorge sind daher überflüssig. Bildung ist gefährlich. Es genügt, wenn sie bis hundert zählen können. Höchstens die Bildung, die uns brauchbare Handlanger schafft, ist zulässig. An Verpflegung bekommen sie nur das Notwendigste.«[58]

Und Heinrich Himmler ergänzt:

»Der Osten wird unser Truppenübungsplatz sein, wo wir jeden Winter mit soundsovielen Divisionen in Eis und Schnee und Kälte üben werden. Wie die Väter im Jahre 1941, so werden die Söhne in späteren Jahren dort üben, werden ihre Zelte aufschlagen, im Finnenzelt leben, und jede Generation wird hier im scharfen Schuß üben, wird sich bewähren können, so daß wir die Gefahr, daß man weich und bequem wird, wohl für die nächsten Jahrzehnte und Jahrhunderte bannen können.«[59]

Beide Verlautbarungen, die von Bormann und die von Himmler, sind sozusagen Kurzformeln für den Generalplan Ost – vor dem Hintergrund der Hitlerschen Kodifizierung des GPO. Sie vergißt kein einziges seiner Herrschafts-, Ausbeutungs- und Vernichtungselemente.
In dieser unendlichen Anhäufung von Buchstaben, diesem uferlosen Wörteruniversum, findet sich nicht die geringste Andeutung, daß die Schamschwelle des eigenen, des deutschen Volkes den Planern als Risikofaktor erschienen wäre. Der Gedanke taucht gar nicht auf. Die Überlegung eines innenpolitischen Widerspruchs oder gar Widerstandes trübt weder eine einzige Zeile der Pläne noch irgendeinen der zahlreichen Kommentare – sie ist ebensowenig da. Der Weg für die größte Mordmaschinerie der Weltge-

schichte in Form eines unvergleichbaren Verbrecherstaates wäre auf keinerlei demoskopische Hindernisse gestoßen. In ihrem Buch »Der Nürnberger Prozeß« kommen die Autoren Joe J. Heydecker und Johannes Leeb zu einem Schluß, der auf seine Weise das Resultat eines realisierten Generalplans Ost definiert:

»Wenn Hitler den Krieg gewonnen hätte, wäre die Ausrottung von Millionen Menschen in ganz Europa fortgesetzt worden. Wahrscheinlich wäre dann vom Ural bis Grönland kein einziger Jude mehr am Leben geblieben. Eine gesamte Rasse wäre dann den Gaskammern und den Exekutionskommandos zum Opfer gefallen, ebenso wie rund dreißig Millionen Slawen, deren Vernichtung Hitler gewünscht hatte.«[60]

Der nichtjüdische, der *andere* Holocaust war einbegriffen.

Justiz und Polizei – der Anschlag auf die »Gemeinschaftsfremden«

Einer der düstersten Zukunftspläne der Nazis sammelt sich in dem »Gesetz über die Behandlung Gemeinschaftsfremder«. 1943 entworfen, um am 1. Januar 1945 in Kraft zu treten, kam es der Kriegsläufte wegen nicht mehr zur Ausführung. Doch sind seine sechs Artikel mit ihren 14 Paragraphen im Wortlaut der Nachwelt überliefert.

Es sollte, um seinen Inhalt in einen Satz zu fassen, die Voraussetzungen schaffen, um jeden »Mißliebigen«, gleich, wen, ohne jede juristische Formalität beseitigen zu können. Da diese Praxis an sich schon seit Machtantritt des Nationalsozialismus geübt wurde, mußte es sich um einen Kreis von Personen handeln, gegen den das Staatsverbrechertum bisher nicht so vorgegangen war, wie es in seinem Wesen lag. Dabei stellte sich, so unglaublich das klingen mag, heraus: Nach Auffassung Hitlers war ihm die Justiz im Wege! Jene Justiz, die mit höchster Willfährigkeit der Herrschaft seit ihrem Bestehen zugearbeitet hatte, ja ein wesentlicher Teil, eine ihrer tragenden Säulen geworden war – sie war in den Augen der höchsten Machthaber nicht nur nicht willfährig genug, sondern auch überflüssig.

Der Kampf, der sich hier abspielte, und zwar über fast die ganze Länge der nationalsozialistischen Herrschaft hin, seit ihrem Beginn, kann zusammengefaßt werden in der Formel: Entmachtung der Justiz durch die Polizei! Das »Gesetz über die Behandlung Gemeinschaftsfremder« war sozusagen als Endprodukt dieses Prozesses gedacht und gleichzeitig Bestätigung seiner erfolgreichen Durchsetzung. Da hier das »Führerprinzip« des staatlich institutionalisierten Nationalsozialismus voll durchschlägt – und zwar diesmal mit einer riesigen Gruppe auch Deutscher als potentielle Opfer –, soll zum besseren Verständnis die Chronik der Entmachtung kurz in ihren wesentlichen Teilen skizziert werden.
Das NS-Regime hat sich nie mit der Justiz begnügt, sondern sich von Anfang an mit Gestapo, Sicherheitsdienst und Konzentrationslager-System bis dahin in der deutschen Geschichte nicht aufgetauchte Organe jenseits und außerhalb der Justiz geschaffen. Wobei mit Begriffen wie *Schutzhaft* und *Vorbeugehaft* Wortmasken in Mode kamen, die in diametralem Gegensatz zu ihrer Praxis standen. Das heißt, der Prozeß, die Justiz zu verdrängen, ist ein systemimmanenter Vorgang gewesen – ohne daß gesagt werden könnte, ihre Glieder hätten sich wirklich dagegen gewehrt. Der Widerstand, der hin und wieder bläßlich und grundsätzlich formal geleistet wurde, darf nicht darüber hinwegtäuschen, daß die Entmachtung der Justiz durch die Polizei mit Hilfe des Justizapparates stattfand. Es bedeutete, die Geschichte auf den Kopf zu stellen, wenn die Justiz hierbei quasi als Opfer der Polizei mißverstanden würde. Sie hat vielmehr, wieder von geringen Ausnahmen abgesehen, die sofort nach dem 30. Januar 1933 einsetzende Polizeipraxis nicht nur stillschweigend hingenommen, sondern, ihrer ganzen spezifisch reaktionären Natur und Vorgeschichte entsprechend, auch gebilligt. Das Freund-Feind-Denken der nationalsozialistischen Ideologie war ihren Repräsentanten und der vorherrschenden Mentalität des Standes durchaus vertraut, wie zahlreiche Bekundungen aus der Weimarer Zeit beweisen.
Es kann auch nicht gesagt werden, die Justiz habe »von nichts gewußt«. Gerade die – wie gesagt, sehr seltenen – Fälle, in denen Justizchefs gegen die Verhängung von »Schutzhaft« protestierten,

und zwar zuweilen erfolgreich, bestätigen genaue Kenntnis der Polizeipraxis. Beide Machtorgane des Dritten Reiches wirkten eng zusammen, und dies von vornherein. Die Weisung des Reichsjustizministeriums an die Generalstaatsanwälte, *Schutzhäftlinge* möglichst nicht in Vollzugsanstalten unterzubringen, spricht Bände. Viele Personen wurden zudem nach Aufhebung der Haft von der Justiz an die Gestapo übergeben, was Konzentrationslager mit allen Risiken für Leib und Leben bedeutete. Bekannt sind Fälle, in denen Staatsanwälte, die mit Gerichtsurteilen nicht einverstanden waren, die Geheime Staatspolizei von sich aus benachrichtigten, so daß die Betreffenden sogleich von ihr in Empfang genommen werden konnten – ein Tausende von Malen vollzogenes Ritual mit und ohne offizielle Dokumentierung. Es gab auch Vereinbarungen dieser Art zwischen Ermittlungsrichtern und Geheimer Staatspolizei, Kontakte, zu denen das Justizministerium die Behördenvorstände wärmstens ermutigte. Seit dem 28. Mai 1937 existierte ein Erlaß an die Generalstaatsanwälte, einen Beamten der Staatsanwaltschaft bei dem jeweiligen Oberlandesgericht als *politischen Abwehrbeauftragten* zu benennen, jederzeit bereit zum Gespräch über staatspolizeiliche Probleme. Seit Ende 1937 hatte das Reichsjustizministerium auch einen Verbindungsmann zum Reichssicherheitshauptamt, Dach des Polizeiapparates, im Hause.

Schon kurz nach dem 30. Januar 1933 hatte es aufgrund eines Erlasses des Ministeriums an die Justizverwaltungen und Strafvollzugsanstalten Anweisungen gegeben, nach denen alle Häftlinge, die wegen einer politischen Straftat in Straf- oder Untersuchungshaft einsaßen, vier Wochen vor der Entlassung der politischen Polizei gemeldet werden mußten zwecks Prüfung, ob *Schutzhaft* erfolgen solle oder nicht. Diese Regelung wurde am 29. Oktober 1935 gegenüber den Leitern der Vollzugsanstalten bekräftigt.[61] Ab 18. Januar 1937 mußte die entsprechende Anzeige auch dem Sicherheitsdienst (SD) gemacht werden. Das Resultat war, daß nicht nur *politische* Straftäter im engeren Sinne nach ihrer Entlassung aus der Straf- oder Untersuchungshaft sofort in den Gewahrsam der Gestapo und des SD kamen, sondern auch solche, auf die dieser Begriff nicht zutraf, also Zuchthäusler und Gefängnisinsassen, die wegen anderer als politisch auslegbarer Delikte verurteilt worden waren. Dabei galt die besondere Aufmerksamkeit der politischen Polizei den sogenannten »Asozialen«, also jenen Menschen, die zu den speziellen Opfergruppen des »Gesetzes über die Behandlung Gemeinschaftsfremder« werden sollten, und zwar weit über die bereits gegen sie verwirklichte Praxis hinaus. Die »Ordnungsregel« wirft ihre Schatten weit voraus...

Wegen »Rassenschande« verurteilte Personen wurden selbstverständlich nach ihrer Entlassung sofort der Gestapo übergeben. Im Zuge der *Vereinfachungstendenzen*, die für den gesamten Entmachtungsprozeß der Justiz durch die Polizei charakteristisch waren, hatten die Strafvollzugsbehörden ohnehin seit Herbst 1941 Anweisung, der örtlichen Gestapodienststelle die Entlassung jedes jüdischen Häftlings voranzukündigen, nachdem dies ein halbes Jahr zuvor für die örtliche Kriminalpolizei galt.

Dem Gesamtsystem der Zusammenarbeit zwischen Justiz und Polizei lag die unschwer zu erkennende Absicht zugrunde, den Rechtsapparat ungeachtet seiner gehorsamen, ja liebedienerischen Anpassung an die Herrschaftswünsche mehr und mehr unter die Kontrolle der politischen Polizei zu bringen. Noch einmal – ernsthaften Widerstand dagegen hat es von seiten der Justiz nicht gegeben. Ihre Position war ohnehin von ihrer bloßen Existenz innerhalb des Verbrecherstaates durch und durch korrumpiert. Wurde in ihm doch pausenlos gemordet, ohne Unterlaß, 24 Stunden am Tag, und das mit steigender Tendenz, ohne daß die Justizorgane gemäß ihrem gesetzlichen Auftrag diesen Morden nachgegangen wären. Die Tatbestandsmerkmale für das Kapitalverbrechen *Mord* – Heimtücke, Grausamkeit, niedere Beweggründe – waren aber keineswegs damals außer Kraft gesetzt. Das all jenen ins Stammbuch, die ständig davon reden, die Justiz habe während der Nazizeit doch nur bestehende Gesetze befolgt. Das hat sie, vor allem hinsichtlich des Mordparagraphen, eben nicht getan! Und wenn darauf eingewendet wird, das hätte sie ja auch gar nicht können, selbst wenn sie gewollt hätte, da die Machthaber sie daran gehindert hätten, so ist – ganz abgesehen davon, daß sie nicht gewollt hat – darauf zu antworten: Eben diese Unmöglichkeit zeigt den wahren Standort der Justiz, die ihrer Natur nach unabhängig sein soll – was ja nun, nach dem Einwand ihrer Machtlosigkeit, selbst von ihren Apologeten nicht mehr behauptet werden kann. Tatsächlich aber begnügte sich die Justiz nicht mit einer passiven Rolle, sondern war im Laufe der Jahre, und erst recht nach Kriegsausbruch, selber zu einem integrierten Teil der staatlichen Tötungsmaschinerie geworden, indem sie sich ihre eigene Ausrottungsklientel schuf. Über 32 000 Todesurteile sind von den deutschen Richtern, Volksrichtern, Sonderrichtern und Kriegsgerichtsräten gefällt worden (bei dem Verdacht einer bis zu dreimal so hohen Dunkelziffer) – straflos gefällt worden, denn kein einziger von ihnen ist von der bundesdeutschen Justiz je rechtskräftig verurteilt worden.

Genützt haben ihr Gleichgesinnung, Unterwerfung, vorauseilender Gehorsam und die Flucht nach vorn in Übereifer und Guillotinierungs-Hysterie nichts – der NS-Exekutive stand sie dennoch im Wege. Und deren oberste Herren haben daraus keinen Hehl gemacht. Zunächst Heinrich Himmler, Reichsführer SS und Chef der deutschen Polizei, der unumwunden erklärte, er, dem jede normierte Ordnung zutiefst zuwider sei, habe sich »von vornherein auf den Standpunkt gestellt, ob ein Paragraph unserm Handeln entgegensteht, ist mir völlig gleichgültig, ich tue zur Erfüllung meiner Aufgaben grundsätzlich das, was ich nach meinem Gewissen verantworten kann und dem gesunden Menschenverstand entspricht«.[62] Zu dieser Zeit hatte die Justiz zwar nicht den Reichsführer SS zu ihrem obersten Herrn erklärt, wohl aber, daß auf dem Gebiete des Rechts »der Führer und nur er das Zeitmaß der Entwicklung«[63] bestimme – obschon das rein formell nicht stimmte. Das kam erst noch, und dann, muß gesagt werden, nicht ohne tiefe Beunruhigung der Justiz. Dies jedoch nicht etwa aus Sorge um das längst aufgegebene Recht, sondern um der bangen Frage willen, was mit ihr, der Justiz selbst, nun werden würde.
Was war geschehen?
Adolf Hitler hatte gesprochen, und zwar ein Machtwort vor dem Deutschen Reichstag, am 26. April 1942. Der stenographische Be-

richt der 8. Sitzung hat den Wortlaut festgehalten. Was Hitler auf ihr vor jubelndem Auditorium forderte, war nicht mehr und nicht weniger als die absolute Vollmacht für sich, ohne jede Rücksicht auf geltende gesetzliche Bestimmungen.

Er kam nicht gleich mit seiner Forderung heraus. Ihr voran gingen lange Tiraden gegen den Weltfeind Nr. 1, die Juden, in beiden alliierten Lagern, dem westlichen wie auch dem bolschewistischen, um dann auf den Kern der Dinge zu kommen. Der lautete, zunächst noch eher pauschal, »daß mir die Nation das Recht gibt, überall dort, wo nicht bedingungslos im Dienste der größeren Aufgabe, bei der es um Sein oder Nichtsein geht, gehorcht und gehandelt wird, sofort einzugreifen und dementsprechend selbst handeln zu dürfen«.[64]

Das Protokoll verzeichnet »lebhaften Beifall«. »Stürmischer Beifall« erfolgt auf den Satz, daß Front, Heimat, Transportwesen, Verwaltung und Justiz nur einem einzigen Gedanken zu gehorchen hätten, nämlich den Sieg zu erringen. Keiner könne auf seine wohlerworbenen Rechte pochen, sondern jeder müsse wissen, daß es heute nur Pflichten gibt. Weiter:

»Ich bitte deshalb den Deutschen Reichstag um die ausdrückliche Bestätigung, daß ich das gesetzliche Recht besitze, jeden zur Erfüllung seiner Pflichten anzuhalten bzw. denjenigen, der seine Pflicht nach meiner gewissenhaften Einsicht nicht erfüllt, entweder zur gemeinen Kassation zu verurteilen oder ihn aus Amt und Stellung zu entfernen, ohne Rücksicht, wer er auch sei oder welche erworbenen Rechte er besitze.«

Darauf, drohenden Untertons:

»Ebenso erwarte ich, daß die deutsche Justiz versteht, daß nicht die Nation ihretwegen, sondern daß sie der Nation wegen da ist.«

Sodann, noch genauer:

»Das heißt, daß nicht die Welt zugrunde gehen darf, in der auch Deutschland eingeschlossen ist, damit ein formales Recht lebt, sondern daß Deutschland leben muß, ganz gleich, wie immer auch formale Auffassungen der Justiz dem widersprechen mögen.«

Am konkreten Fall:

»Ich habe – um nur ein Beispiel zu erwähnen – kein Verständnis dafür, daß ein Verbrecher, der im Jahre 1937 heiratet und dann seine Frau so lange mißhandelt, bis sie endlich geistesgestört wird und an den Folgen einer letzten Mißhandlung stirbt, zu 5 Jahren Zuchthaus verurteilt wird in einem Augenblick, in dem Zehntausende brave deutsche Männer sterben müssen, um der Heimat die Vernichtung durch den Bolschewismus zu ersparen, d. h. also, um ihre Frauen und Kinder zu schützen.«

Und nun, endlich, kommt Hitler auf den Punkt:

»Ich werde von jetzt ab in diesen Fällen eingreifen und Richter, die ersichtlich das Gebot der Stunde nicht erkennen, ihres Amtes entheben.«

Damit jedem klar wird, was die Uhr geschlagen und welches Ausmaß die Erfüllung der Hitlerschen »Bitte« hat, beendet Hermann Göring, Präsident des Deutschen Reichstages, die Sitzung mit den Sätzen:

»Der Führer muß daher – ohne an bestehende Rechtsvorschriften gebunden zu sein – in seiner Eigenschaft als Führer der Nation, als Oberster Befehlshaber der Wehrmacht, als Regierungschef und Oberster Inhaber der vollziehenden Gewalt, als Oberster Gerichtsherr und als Führer der Partei jederzeit in der Lage sein, nötigenfalls jeden Deutschen – sei er einfacher Soldat oder Offizier, niedriger oder hoher Beamter oder Richter, leitender oder dienender Funktionär der Partei, Arbeiter oder Angestellter – mit allen ihm geeignet erscheinenden Mitteln zur Erfüllung seiner Pflichten anzuhalten und bei Verletzung dieser Pflichten nach gewissenhafter Prüfung ohne Rücksicht auf sogenannte wohlerworbene Rechte mit der ihm gebührenden Sühne zu belegen, ihn im besonderen ohne Einleitung vorgeschriebener Verfahren aus seinem Amt, aus seinem Rang und seiner Stellung zu entfernen.«[65]

Zum Zeichen der Zustimmung erheben sich die Abgeordneten des Deutschen Reichstages ohne Ausnahme von ihren Plätzen. Unter »Sieg Heil!«-Rufen endet die Sitzung, um 16 Uhr 24 Minuten.

Das Ergebnis stellt alles in den Schatten, was sich in der Geschichte bisher an Macht in der Hand *eines* Menschen gesammelt hatte, selbst Systeme, die Karl Marx die »asiatische Despotie« genannt hat. Wahrlich, diese Form moderner Leibeigenschaft hätte ihre Vorläufer aus der Ära der Sklavenhaltergesellschaften von Kambyses über Sargon und Timur bis Iwan dem Schrecklichen vor Neid erblassen lassen – und sei es wegen der unvergleichlich wirksameren technischen Ausstattung von Herrschaft, als es sie je in vorangegangenen Epochen der Geschichte gegeben hatte.

Die Justiz, in ihrer innersten Existenz in Frage gestellt, reagierte abermals mit der Flucht nach vorn: Das Prinzip der unabhängigen Rechtspflege, ohnhin seit 1933 einer Farce, sollte nun auch offiziell aufgegeben werden, der *Führer* als Super-Revisionsinstanz fungieren, mit Bestätigungsrecht für jedes Strafurteil. Bei Nichtbestätigung könnten der Reichsjustizminister und die Oberlandesgerichtspräsidenten das Strafmaß neu festsetzen, so daß die Strafzumessung der Gerichte »keinen Anlaß zu Klagen geben« würde.[66] Außerdem sollte der Reichsjustizminister im Falle, daß ein Strafgericht ein Verfahren »nicht meistere«, dieses einem anderen Gericht übertragen.

Alle diese Vorschläge blieben Stückwerk, weil sie mit ihrem nach wie vor bürokratischen Ballast Hitlers Totalitätsanspruch, der letztlich auf die Beseitigung der Justiz überhaupt aus war, nicht genügten. Hitler wartete übrigens nicht bis 1942, sondern hatte seinen Anspruch lange vor dessen offizieller Übertragung durch den Reichstag praktiziert. Was, um nur *ein* Beispiel zu nennen, durch einen Eingriff aus dem Jahre 1941 belegt wird. Hitler hatte aus der Presse erfahren, daß ein Mann namens Markus Luftglass, Jude, wegen Hortens von Eiern von einem Sondergericht zu zweieinhalb Jahren Gefängnis verurteilt worden war. Darauf erhielt der Staatssekretär im Reichsjustizministerium, Franz Schlegelberger, unter dem Datum des 25. Oktober 1941 ein Schreiben des Reichsministers und Chefs der Reichskanzlei, Hans Heinrich Lammers, in dem es hieß: »Der Führer wünscht, daß gegen Luftgas auf Todesstrafe erkannt wird. Ich darf Sie bitten, das Erforderliche beschleunigt zu veranlassen und dem Führer zu meinen Händen über die getroffenen Maßnahmen zu berichten.«[67]

Das geschah vier Tage später, am 29. Oktober 1941, und zwar wie gewünscht zu Händen von Lammers: »Betr.: Strafsache gegen den Juden Luftglass (nicht Luftgas) S. L2 JS 840/41 – Auf den mir

durch den Herrn Staatsminister und Chef der Präsidialkanzlei des Führers und Reichskanzlers übermittelten Führerbefehl vom 24. Oktober 1941 habe ich den durch das Sondergericht in Kattowitz zu 2 ½ Jahren verurteilten Juden Markus Luftglass der Geheimen Staatspolizei zur Execution überstellt. Heil Hitler! Ihr sehr ergebener Schlegelberger.«[68]
Markus Luftglass war 70 Jahre alt, als er hingerichtet wurde.

In der Zeit um die Reichstagsrede Hitlers vom 26. April 1942 wurde im nationalsozialistischen Schrifttum ganz offen von einer »Justizkrise« gesprochen. Sie führte zur Ablösung des 1941 zum amtierenden Justizminister vorgerückten Franz Schlegelberger, dessen Willfährigkeit also nicht honoriert wurde.
Im Grunde bestätigten sich an einem unwürdigen Beispiel Dialektik und Mechanismus der antiken Tragödie, nämlich durch eben jene Maßnahmen, mit denen man ein bestimmtes Schicksal abwenden will, es nur um so rascher herbeizuführen. Anpassung und Übereifer der Justiz unterm Hakenkreuz beschleunigten ihre Ausschaltung und Entmachtung zugunsten der Polizei. Mochte die Justiz in obrigkeitsstaatlicher Tradition der permanenten Anpassung so »hart« sein, wie sie wollte – für das Wohlwollen der politischen Führung war sie immer noch nicht, war sie nie hart genug.
Profiteure waren die Gestapo und der ganze Polizeiapparat, der durch sie gekennzeichnet wird. Was ihm vorschwebte, war, möglichst alle Kompetenzen der Justiz zu übernehmen, »Korrekturmaßnahmen«, die Stück um Stück durchgeführt wurden, wie zum Beispiel die Übergabe »fremdvölkischer« Gefangener der Justiz an die Geheime Staatspolizei. Was die Polizeiführung wollte, war eigene Strafverfolgung der »Fremdvölkischen«, womit vor allem Juden und andere »Asoziale« gemeint waren – der Zugriff über das allmächtige Rassendogma schien dieser Führung noch den raschesten Erfolg bei der Kompetenzenübernahme zu versprechen.
Und nun, über Begriffe wie »Gemeinschaftsfeindlichkeit«, »Asozialität« und die ihnen zugehörigen Eigenschaftswörter »gemeinschaftsschädigend« und »gemeinschaftsschädlich«, wird jene Ebene erreicht, auf der der Entmachtung der Justiz durch die Poli-

zei der Stempel der Unumkehrbarkeit aufgeprägt wird. Dies mit bereits grausamster Praxis in der Gegenwart, aber doch unter deutlicher »Nach-dem-Krieg«-Perspektive, Tabula rasa der Sieger, hemmungsloses »Großreinemachen« entfesselter Germanisierer und omnipotenter »Endlöser«! Es sollte der Triumph der Polizei über die ohnehin kaum noch erkennbaren Reste einer Institution werden, die über Jahrtausende hin wenigstens dem Titel nach Gerechtigkeit und Sühne suchte.

All das schlägt sich nieder in einem Entwurf zum »Gesetz über die Behandlung Gemeinschaftsfremder«.[69] Er ist der Aufmerksamkeit eines jeden wert, dem es um die *Vollcharakteristik* des Nationalsozialismus geht.

Nach den sechs Artikeln und 14 Paragraphen des Gesetzes ist »gemeinschaftsfremd«, wer sich nach Persönlichkeit und Lebensführung, insbesondere wegen außergewöhnlicher Mängel des Verstandes oder des Charakters, außerstande zeigt, aus eigener Kraft den Mindestanforderungen der Volksgemeinschaft zu genügen; wer aus Arbeitsscheu oder Liederlichkeit ein nichtsnutzes, unwirtschaftliches oder ungeordnetes Leben führt und dadurch andere und die Allgemeinheit belastet oder gefährdet; wer einen Hang oder eine Neigung zum Betteln oder Landstreichen, zu Arbeitsbummelei, Diebereien, Betrügereien oder anderen nicht ernsten Straftaten oder zu Ausschreitungen in der Trunkenheit hat oder aus solchen Gründen Unterhaltspflichten gröblichst verletzt; oder wer nach seiner Persönlichkeit und Lebensführung erkennen läßt, daß seine Sinnesart auf die Begehung von ernsten Straftaten gerichtet ist (gemeinschaftsfeindlicher Verbrecher und Neigungsverbrecher).

Dies in Artikel I, Paragraph 1, »Gemeinschaftsfremde«.

In Artikel II, Paragraph 2, »Polizeiliche Maßnahmen gegen Gemeinschaftsfremde«, heißt es: »Gemeinschaftsfremde werden durch die Polizei überwacht«, und: »Erfordert die Person eines Gemeinschaftsfremden eine schärfere Bewachung, als sie in den Anstalten der Gau(Landes-)fürsorgeverbände möglich ist, so bringt ihn die Polizei in einem Lager der Polizei unter.«

Paragraph 4 des Artikels II bestimmt: »Der Gemeinschaftsfremde hat die Kosten seiner Unterbringung zu erstatten.«

Artikel III befaßt sich mit den »Strafrechtlichen Maßnahmen gegen Gemeinschaftsfremde.« In seinem Paragraphen 6 wird Zuchthaus von unbestimmter Dauer angedroht, sofern nicht auf eine schwerere Strafe, also Todesstrafe, zu erkennen ist. Noch ist die Justiz im Spiele, denn es heißt: »Der Richter setzt im Urteil das Mindestmaß der Zuchthausstrafe fest; es darf nicht weniger als 5 Jahre betragen.« Sogleich wird aber angefügt: Wenn der Richter zu der Überzeugung gelangt, daß ein gemeinschaftsfeindlicher Verbrecher eine Einordnung in die Volksgemeinschaft nicht mehr erwarten läßt, »so überweist er ihn als unverbesserlich der Polizei«. Und wenn der Schutz der Volksgemeinschaft, so weiter in Paragraph 6, oder das Bedürfnis nach gerechter Strafe es erfordern, verfällt der Gemeinschaftsverbrecher der Todesstrafe.
Nachdem der Paragraph 7 des Artikels III den Begriff »Neigungsverbrecher« definiert hat – wiederholte verbrecherische Betätigung, mit Gefängnis von unbestimmter Dauer zu bestrafen –, kommt der Paragraph 8 wieder auf den Kern des Gesamtgesetzes: »Erlangt die Justizbehörde während des Vollzugs der unbestimmten Strafe die Überzeugung, daß ein gemeinschaftsfeindlicher oder ein Neigungsverbrecher eine Einordnung in die Volksgemeinschaft nicht mehr erwarten läßt, so überweist sie ihn als unverbesserlich der Polizei.«
Und noch einmal, gravierender, gleich hinterher: »Kann der zu unbestimmter Strafe Verurteilte nach achtjährigem Strafvollzug nicht entlassen werden, so ist er als unverbesserlich der Polizei zu überweisen.«
Jeder, der unter den Begriff »gemeinschaftsfremd« fällt – Arbeitsscheue, Arbeitsbummelanten, Liederliche, Landstreicher, Diebe, Betrüger, Trunkenbolde und Vernachlässiger von Unterhaltspflicht –, wird ebenfalls der Polizei überwiesen, wie auch Unverträgliche und Streitlustige – so die Ausweitung des Katalogs der potentiellen »Gemeinschaftsfremden« in Paragraph 9.
Der Paragraph 10 befaßt sich mit der Entmannung von Sittlichkeitsverbrechern. Anlässe dafür: Nötigung zur Unzucht, Schändung, Unzucht mit Kindern, Notzucht, Unzucht zwischen Männern, öffentlich vorgenommene unzüchtige Handlungen, aus Ge-

schlechtslust begangene Tötungen, Körperverletzung, Tierquälerei sowie Vollrausch.
Während der Artikel IV, »Minderjährige Gemeinschaftsfremde«, verfügt, daß solche von ihnen, die in einem Lager der Polizei untergebracht werden, in ein Jugendlager einzuweisen sind, befaßt sich Artikel V unter Paragraph 13 mit der »Unfruchtbarmachung«: »Gemeinschaftsfremde, bei denen ein für die Volksgemeinschaft unerwünschter Nachwuchs zu erwarten ist, sind unfruchtbar zu machen.«
Und unter Artikel VI, »Schlußvorschriften«, Paragraph 14:
»Das Gesetz tritt am 1. Januar 1945 in Kraft. Es gilt auch in den eingegliederten Ostgebieten ... Der Reichsminister des Innern, der Reichsminister der Justiz und der Chef des Oberkommandos der Wehrmacht erlassen die zur Durchführung und Ergänzung dieses Gesetzes erforderlichen Rechts- und Verwaltungsvorschriften auch auf dem Gebiet des bürgerlichen Rechts im Einvernehmen mit den beteiligten Reichsministern und dem Jugendführer des Deutschen Reichs.«

Am 1. Januar 1945 befindet sich das nationalsozialistische Deutschland im Zustand voraussehbarer Agonie. In Ost und West haben die alliierten Heere entweder die deutschen Grenzen erreicht oder verkünden die Gewißheit, daß sie sie bald erreichen werden – noch zwölf Tage bis zur letzten Winteroffensive der Roten Armee, noch vier Monate und eine Woche bis zum Ende des Zweiten Weltkrieges in Europa durch die Kapitulation der Wehrmacht vom 8. Mai 1945.
Das »Gesetz über die Behandlung Gemeinschaftsfremder« tritt nicht mehr in Kraft, aber alle seine Elemente, ohne Ausnahme, waren Bestandteile der NS-Tötungs- und Vernichtungspraxis sowohl des jüdischen und des nichtjüdischen Holocaust als auch zahlreicher weniger bekannt gewordener Mordaktionen überall im deutschbesetzten Europa durch Wehrmacht, SS, Gestapo, Sicherheitsdienst und andere Polizeiorgane.
Der *Entwurf* ist so ausführlich behandelt worden, um einen Einblick in die konkreten Tendenzen der Organisation und Entwick-

lung eines siegreichen Deutschland zu geben – sie alle trieben auf die *Vereinfachung* der Tötungsmaschinerie zu.

Was sofort ins Auge springt, ist die ungeheure Ausweitung des Opferpotentials – und ihre Systematisierung. Wären schon unter den Deutschen selbst aber Millionen Menschen betroffen gewesen – nach vollständiger Ausrottung der jüdischen Bürger des Reiches –, so läßt sich nur dunkel erahnen, zu welchen Vernichtungsziffern es in den okkupierten Gebieten jenseits der deutschen Grenzen auf Grund eines solches Gesetzes gekommen wäre. Und dies auch dann schon, wenn Deutschland nur länger über Europa geherrscht hätte, als es tatsächlich geherrscht hat.

»Gemeinschaftsfremde« – sie wären die »arischen Juden« geworden, in Größenordnungen, die die Arithmetik der Wannsee-Konferenz mit ihrer jüdischen Opfergruppe von potentiell elf Millionen weit hinter sich gelassen hätte. Mit ihnen, den »arischen Juden«, wäre nicht anders verfahren worden, als mit den Juden des Reiches verfahren worden ist: Sie wurden herausgenommen aus dem allgemeinen Rechtssystem und dem völlig rechtlosen Polizeisystem überantwortet. Diese Übernahme von Kompetenzen der Justiz durch die Polizei geschah mittels der dreizehnten Verordnung zum Reichsbürgergesetz vom 1. Juli 1943. Das einzige, was die Justiz noch zu tun hatte, war also, totale Willkür in eine »Rechtsvorschrift« zu fassen.

Tatsächlich wurde die rechtlose Praxis jedoch seit Jahren geübt. Ihre Ausdehnung auf die »Gemeinschaftsfremden« hatte bereits unter den gegebenen, realen Bedingungen der deutschen Herrschaft in der ihr von der Geschichte belassenen Frist begonnen. Was aber ein siegreicher Krieg oder auch nur seine wesentliche Verlängerung für die ins Auge gefaßte Opfergruppe bedeutet hätte, das präzisieren die Autoren des Werkes »Recht, Verwaltung und Justiz im Nationalsozialismus« – die Juristen Martin Hirsch, Diemut Majer und Jürgen Meinck – gegen Ende des Buches in Sätzen, die ihre Fassungslosigkeit offenbaren: daß jenes Gesetz es ermöglicht hätte, »willkürlich jeden Mißliebigen ›auszumerzen‹, d.h. durch die Polizei und die Gerichte seiner Freiheit zu berauben, mit dem Tode zu bestrafen oder ihn der Exekution durch die Polizei zu

übergeben. Deutschland wäre damit sogar kraft ›Gesetzes‹ zu einem einzigen Konzentrationslager geworden, wie selbst führende Nationalsozialisten erkannten... Auf diese Weise stellte der Entwurf zugleich eine Zusammenfassung der bisher vom Regime verübten Verbrechen dar. In seiner Brutalität und Primitivität ist er eines der abschreckendsten Beispiele für die Zustände in einer totalitären Diktatur.«[70]
Dem ist nichts hinzuzufügen.

»Richter des Führers«

»Priester sind wir, denn wir pflegen die Gerechtigkeit«

Am 11. Mai 1942 macht der Reichsminister und Chef der Reichskanzlei, Lammers, unter »Betrifft: Denkschrift über Justizreform« zwei Aktennotizen: 1) Bei einem Vortrag am 7. Mai habe Hitler ihm mitgeteilt, von einem namhaften Juristen eine Denkschrift über die Justizreform erhalten zu haben, die beachtlich sei und die er ihm, Lammers, zugehen lassen wolle. 2) Am 8. Mai habe Staatssekretär Schlegelberger beiläufig bemerkt, daß er glaube, die vom Führer erwähnte Denkschrift sei vom Oberlandesgerichtspräsidenten Rothenberger verfaßt worden.[1]
Daraufhin bittet Lammers den persönlichen Adjutanten Hitlers, Gruppenführer Schaub, ihm die Denkschrift zu besorgen. Am 6. Juni 1942 erhält er Antwort, aber nicht von Schaub, sondern vom »Schatten des Führers«, Bormann: »Sehr geehrter Herr Reichsminister! In Erledigung Ihres an Herrn Gruppenführer Schaub gerichteten Schreibens vom 11. Mai überreiche ich Ihnen in der Anlage die gewünschte Denkschrift über Justizreform von Herrn Senatspräsidenten Dr. Rothenberger, Hamburg.«[2]
Kurt Rothenbergers Denkschrift trägt den Titel »Gedanken über eine nationalsozialistische Justizreform«, ist 26 Schreibmaschinenseiten stark und dürfte ohne weiteres zu den erstaunlichsten Dokumenten nationalsozialistischer Nachkriegsplanung zählen. Sie zeigt einerseits, mit welcher Panik der gesamte Stand auf die Entmachtung der Justiz durch die Polizei reagiert, und andererseits seine Bereitschaft, sich restlos nach den Wünschen der nationalsozialistischen Führung verändern zu lassen, wenn er dadurch nur weiter an der Macht partizipieren kann. Nachdem die Justiz in äußerster Willfährigkeit zum Verlust ihres eigenen Einflusses zugun-

sten der »Sicherheitsorgane« beigetragen hatte, tritt Rothenberger die Flucht nach vorn an – in die Prostitution. Er fordert den »Richter des Führers«!

Das passiert nicht zufällig zu einem Zeitpunkt, da viele in Deutschland der Meinung sind, daß das Jahr 1942 den Abschluß des »Rußlandfeldzuges«, den Sieg über die Sowjetunion bringen wird, die »Neuordnung Europas«, Voraussetzung der globalen. Rothenberger setzt sie als Gewißheit in die Form einer Art Präambel und verquickt das sogleich mit seinem Thema: »Das Ziel dieser gewaltigsten Neuordnung der Welt ist, daß zum erstenmal in der Weltgeschichte nicht die Macht, sondern das Recht siegen wird.«[3]

Dann definiert er den außerordentlich unbefriedigenden Status quo, von dem aus die Veränderung vor sich gehen muß, so:

»Daß bei einer solchen ›Weltrevolution‹ bestimmte Gebiete des menschlichen Lebens nicht Schritt halten können, ist selbstverständlich. Zu diesen Gebieten gehört neben den gesamten Geisteswissenschaften auch das Rechtsleben... So bringt eine geschichtliche Umwälzung wie die heutige notwendigerweise eine Rechtskrise und insbesondere eine Justizkrise mit sich, und entsprechend der Größe der Umwälzung sind auch der Umfang und die Tiefe dieser Krise... Es muß ein ganz neuer Begriff der Justiz, vor allem ein nationalsozialistisches Richtertum entstehen, und dazu genügt nicht die Salbe des Apothekers; nur, wie sich später zeigen wird, das Messer des Chirurgen kann die Lösung bringen.«[4]

Das »Messer des Chirurgen« kennen wir schon, vom »Generalplan Ost«...

Panik macht konfus, und das ist auch der Schrift des Dr. Rothenberger zu entnehmen – nicht immer leicht zu begreifen, was die Stoßatmigkeit des Autors meint. Dennoch wird Rothenberger an zwei Punkten stets ganz unmißverständlich: wenn es um die Selbstanklage der Justiz geht, dies übrigens bis hinein in Wehleidigkeit, und darum, wie der beklagte Zustand in Richtung der »Richter des Führers« korrigiert werden sollte.

Die Selbstanklage: Der Richterspruch habe nicht die Autorität, die er in einem autoritären Staat haben sollte, auf der einen Seite. Auf der anderen beklage sich die Justiz über diesen Zustand, über die weitgehende Ausschaltung des Rechtsweges, die Korrektur von rechtskräftigen Urteilen durch Maßnahmen der Polizei (!), über das schwindende Vertrauen des Volkes zum Richter und über die allgemeine Minderbewertung des Richters in Presse, Rundfunk, Film usw.

Die Wehleidigkeit: Der deutsche Richter, der eigentliche Repräsentant der Justiz, stehe einsam und schutzlos da.

Dann der entscheidende Satz, sozusagen der Angelpunkt, um den sich Rothenbergers Denkschrift dreht, ihr Salz, ihre Botschaft, ihr Drängen und Flehen: »Vor allem ist es der Justiz und dem deutschen Richter bisher nicht gelungen, das Vertrauen des Führers zu erwerben.«[5]

Nachdem mit dieser zweifellos zutreffenden Feststellung einer der höchsten Justiz-Repräsentanten des Dritten Reiches zu erkennen gibt, daß sich die bisherige – und sich in diesem Jahr 1942 geradezu rasend steigernde – »Kopf-ab-Praxis« seines Standes das ersehnte Ziel nicht zu erreichen vermochte, resümiert Rothenberger: »In dieser Situation haben die für die Organe der Rechtspflege Verantwortlichen eine historische Verpflichtung: die der Selbsterkenntnis.«[6]

Es sei zu fragen, warum Führer, Partei und Volk die Justiz kritisierten und welche Vorschläge die Justiz selbst dem Führer machen könne, um diesen Zustand zu beseitigen.

Rothenberger kommt zur Sache.

Die Dynamik des Nationalsozialismus, so weiter, schließe die im Wesen der Justiz liegende Statik aus, der unabhängige Richter sei das traurige Überbleibsel einer liberalistischen Zeitepoche und ein eigenes Reichsjustizministerium neben Reichsinnenministerium und Polizei ohne innere Berechtigung. Daher sei es verständlich, daß von alten Parteigenossen die Forderung erhoben werde: Kampf dem Richter an sich, und zwar als Reaktion auf den Justizstaat des 19. Jahrhunderts und seine neutrale, unpolitische Rechtsprechung. Der bürgerlich-liberale Justizstaat sei aber durch die Einheit des Reiches endgültig abgelöst worden, die Justiz nur ein Glied des Staates:

»Die Justiz hat der politischen Führung zu dienen. Rechtspflege ist nicht Kontrolle der Führung, ist auch nicht Schutz des Einzelnen gegenüber dem Staat, sondern ist eine Funktion der Gemeinschaft, die der Ordnung des Gemeinschaftslebens zu dienen hat. Die Justiz muß selbst an eine radikale Reform herangehen, und zwar im Interesse des Reiches.«[7]

Und nun kommt es, das Eigentliche, worum es geht – um den drohenden Machtverlust der Justiz im Kompetenzchaos des Dritten Reiches, dies vor dem Hintergrund der Dauerturbulenzen rivalisierender Behörden, des hysterischen Kampfs um die schwankende und wetterwendische Gunst des »Führers«, des Auf und Ab der befürchteten Distanz und der ersehnten Nähe zu ihm: Ohne die Reform bestehe die Gefahr, daß eine unorganische, allmähliche und planlose Aushöhlung und Zersplitterung der Justiz erfolge:

»Dem Führer müssen daher ganz klare Vorschläge darüber vorliegen, wie eine solche Justiz, insbesondere wie ein nationalsozialistischer Richter aussehen soll... Alles Geschrei um Rechtlosigkeit, um Willkür, um Rechtsunsicherheit usw. ist zur Zeit mangelnde Einsicht in die politische Situation. Die Frage ist nur, ob ein starkes Richtertum mit dem nationalsozialistischen Führerstaat an sich, also dauernd, oder nur zur Zeit nicht vereinbar ist.«[8]

Die Frage wird Rothenberger im Sinne dauernder Vereinbarkeit bejahen, und zwar (nach seinem eigenen Eingeständnis von bereits faktischer Rechtlosigkeit, Willkür und Rechtsunsicherheit) durch die absolute Herrschaft eben dieser Rechtlosigkeit, Willkür und Rechtsunsicherheit. Alle drei schienen dem Präsidenten des Hamburger Oberlandesgericht 1942 noch keineswegs erreicht zu sein.
Bei seinen nun folgenden Vorschlägen beruft sich Rothenberger auf den italienischen Faschismus, auf Vereinbarungen, die auf einer deutsch-italienischen Tagung 1939 in Wien getroffen worden seien: »Der Richter leitet im Gegensatz zu anderen Staatsdienern seine Befugnis unmittelbar von der Staatsführung ab.«[9]
Wir sehen, der Selbsterhaltungstrieb des Juristen Rothenberger tastet sich zielstrebig voran. Orientiert an der »Reichsunmittelbarkeit« privilegierter Städte im Mittelalter, soll nun so etwas entstehen wie die »Führerunmittelbarkeit« der deutschen Justiz. »Keine Ordnung ohne starkes Recht.«[10]

Mit diesem letzten Wort – Recht – fällt Rothenberger ohne Absicht in jene liberalistischen Denkschemata zurück, die er im nationalsozialistischen Sinne ja gerade überwinden will, denn anstelle von Recht meint er natürlich »Richter«, und zwar Richter des Führers, auf dessen Charakteristika er nun geradewegs zuschreitet, eingeleitet mit dem Satz: »Die oberflächliche Betrachtung, ein autoritärer Staat vertrage kein starkes Richtertum, ist also falsch.«[11] Je stärker ein Staat innerlich fundiert sei, desto stärker sei die Gerechtigkeit in ihm gewährleistet: »Und der Repräsentant dieser Gerechtigkeit ist die Figur des Richters.«[12]

Die eigene Projektion bringt Rothenberger verblüffenderweise ins Schwärmen. Im Richter, nicht im Verwaltungsjuristen, erblicke das Volk den »Garanten des Rechts«, unbeeinflußbar von Freund und Feind, entscheidend über Leben und Tod, in jede Sphäre menschlichen Lebens eingreifend, in die höchsten Güter des Volkes wie Freiheit, Ehre, Familie, Arbeit, Boden: »Er hat die Hand am Schwerte des Staates.«[13]

Bei der Schilderung solches Justizberserkers, solches richterlichen Verwüsters aller Zivilisation und jeden Restes von Menschlichkeit geht es mit Rothenberger endgültig durch. Mitgerissen vom Schwung der Verzweiflung um die eigene Existenz sowohl im gegenwärtigen, mehr aber noch in einem künftigen Deutschland, erkühnt er sich zur Vision einer ganz neuen Hierarchie des siegreichen Nationalsozialismus:

»Auch der Politische Leiter – und sei es der beste – oder der Landrat oder der Beamte der Geheimen Staatspolizei kann nicht zugleich Richter sein. Sie alle haben völlig andere Aufgaben. Sie haben zu führen, zu gestalten, zu planen und vorauszuschauen. Ihre Entscheidungen sollen auch gerecht sein, aber die Idee der Gerechtigkeit ist nicht die Maxime ihres Berufes. Sie alle bedürfen eines Gegengewichts in Gestalt eines Richters, von dem der große Ulpian* sagt: ›Priester sind wir, denn wir pflegen die Gerechtigkeit und verkünden die Kenntnis des Guten und Gerechten‹ ... Das in einem starken Richterum verkörperte deutsche Gerechtigkeitsideal muß – da es zeitlos ist – in den künftigen Bau eines nationalsozialistischen Reiches mit eingefügt werden.«[14]

* Domitius Ulpianus, römischer Jurist, von 170 bis 228 nach unserer Zeitrechnung, hatte maßgebenden Einfluß auf die Leitung des römischen Staates.

Über den gegenwärtigen, mit der Vision so gar nicht vereinbaren Zustand solle die deutsche Justiz aber nicht wehklagen oder resignieren. »Sie hat sich den Spiegel vorzuhalten und zu fragen: Was kannst du selbst dazu beitragen, um dem Führer eine Justiz oder ein Richtertum zur Verfügung zu stellen, zu dem er Vertrauen haben darf?«[15]

Elastische Gesetzgebung

Dann proklamiert Rothenberger das Ideal der Gerechtigkeit und ihrer organisatorischen Praxis: Nur der »Führer« darf Recht sprechen! Nach Überwindung der Gewaltenteilung ist er nicht nur Gesetzgeber und Inhaber der vollziehenden Gewalt, sondern auch oberster Gerichtsherr. An sich stünde also nur ihm die Befugnis zur Rechtsprechung zu – theoretisch. Dann gäbe es kein Richterproblem und keine Rechtskrise mehr. Aber das könne er nicht...
Nun endlich ist Rothenberger an den Nervus rerum gelangt:

»Deswegen hat er seine Befugnis auf den einzelnen Richter zu übertragen, und zwar unmittelbar, also ohne verwaltungsmäßige Zwischeninstanz. Denn der Richter handelt anders als jeder andere Beamte, der Glied einer oft sehr langen Beamtenhierarchie ist – kraft eines vom Führer ihm unmittelbar erteilten Auftrages. Das ist der Sinn der Weisungsfreiheit. Denn jede andere private, parteiamtliche oder staatliche Stelle hat sich jeglicher Einmischung oder Beeinflussung zu enthalten.«[16]

Rothenberger hat sich, wie wir sehen, in Rausch geredet. Er steht unmittelbar vor dem zentralen Punkt und steuert nun direkt auf den Kern der Sache zu:

»Dieser Vorrangstellung entspricht aber auch die Verpflichtung des Richters, ausschließlich nach nationalsozialistischen Grundsätzen Recht zu finden. Denn ein Richter, der in einem unmittelbaren Lehensverhältnis zum Führer steht, muß richten wie der Führer. Damit dies gewährleistet ist, muß ein unmittelbarer Verbindungsmann ohne Zwischeninstanz zwischen dem Führer und dem deutschen Richter vorhanden sein, und zwar auch in Gestalt eines Richters, des ›Richters des Führers‹.«[17]

Nun ist es heraus! Über solchem Richter – nur noch der »Führer«. Oder umgekehrt: gleich unter diesem, sozusagen sein Nächster – dieser Richter.
Nach der Selbsterhöhung folgen die praktischen Vorschläge, wie das Amt funktioneren soll. Der »Richter des Führers« habe den anderen Richtern (offenbar so etwas wie »Unter-Richter des Führers«) den authentischen Willen des »Führers« zu vermitteln. Gleichzeitig habe er auf Anfragen der Richter in laufenden Prozessen bindende Auskünfte über grundsätzliche politische, wirtschaftliche oder rechtliche Fragen zu erteilen, die vom einzelnen Richter nicht übersehen werden könnten. Daß es im Einzelfall zu einem wirklich gerechten Urteil komme, sei nur durch eine »elastische Gesetzgebung« mit weitgehender Ermessensfreiheit des Richters möglich. Solches lebendige Volksrecht, mit dem »Führer« als Gesetzgeber, werde vom Volk verstanden: »Nationalsozialistische freie Gesetzgebungsmethode, Schaffung eines lebendigen Volksrechtes und Qualität der Richter stehen also in notwendiger Wechselwirkung.«[18]
Deshalb – weg mit den gegenwärtigen, mit den Richtern alten Typus! (Denen also ihr ganzer, oft genug vorauseilender Gehorsam nichts geholfen hätte. Wobei unwillkürlich die Frage auftaucht, ob sich Rothenberger nun selbst zum alten Eisen zählte oder ob er sich durch seine Denkschrift persönlich als obersten »Richter des Führers« andiente.)
Aus seiner Absicht, der Mehrheit seiner Kollegen, ja nahezu dem ganzen Stand den Arbeitsplatz zu rauben, macht der Oberlandesgerichtspräsident Hamburgs jedenfalls keinen Hehl: »Man muß nüchtern und klar erkennen, daß der gegenwärtige Richtertyp – damit soll keinem einzelnen Richter ein Vorwurf gemacht werden – seiner geschichtlichen Entwicklung, seiner Ausbildung und seiner Auswahl nach dieser Forderung nicht entspricht und auch nicht entsprechen kann.«[19]
Der zeitgenössische Richtertyp, so Rothenberger ungeachtet der Tatsache, daß er selbst zur Generation der Attackierten gehört, stehe in klarem Widerspruch zum Wesen des Nationalsozialismus, ein Geschöpf des 19. Jahrhunderts und seines Liberalismus – es

müsse weiter zurückgedacht werden. Tief ins Germanische, in die wabernde Urzeit hinein, möchte man kommentieren bei dem, was Rothenberger nun aus der Feder fließt:

»Der Nationalsozialismus wird den Begriff des deutschen Richters als Urtyp ebenso wieder zum Leben erwecken, wie er die Begriffe Führer, Gefolgschaft, Volksgemeinschaft, Ehre, Treue, Bauer, Boden wieder geschaffen hat. Er wird auch den Begriff des deutschen Richters als Urtyp der menschlichen Gesellschaft freilegen müssen von allem ihm Wesensfremden, das infolge der Entwicklung der letzten Jahrhunderte ihm anhaftet.«[20]

Der Urrichter sei die Abkehr von der Idee des Beamtenrichters, und die Wesensmerkmale des Urrichters seien: starke innere Autorität, Selbständigkeit und Weisungsfreiheit.
Natürlich ausgenommen die vom »Führer«, hat Rothenberger an dieser Stelle vergessen hinzuzufügen, aber das widerfährt ihm durch die Panik, die die ganze Denkschrift durchweht und deren Botschaft man in den Klartext bringen könnte: Es müssen noch mehr, es müssen noch viel mehr Köpfe rollen als bisher! Denn was Rothenberger hier versucht (und worauf er sich wahrscheinlich später hat herausreden wollen), ist ja keineswegs die Absicht, ein Refugium des Rechts zu bewahren gegen den Anspruch des Verbrecherstaates auf unumschränkte Vollzugsgewalt, sondern eben solche schrankenlose Vollzugsgewalt gerade mit Hilfe der neuen »Justiz« zu erreichen und »legal« abzudecken. Und dann geht es den Herren Kollegen tatsächlich an den Speck:

»Die Autorität des Richterspruches leidet, je mehr Richter als unbedingt notwendig vorhanden sind. Aber auch praktische Erwägungen machen eine radikale Verringerung der Richterzahl zur zwingenden Notwendigkeit ... Der durchgreifende Personalabbau, der in der gesamten deutschen Verwaltung nach dem Kriege einsetzen muß, ist bei dem Richter um so dringender und um so begründeter, als die Verringerung dem Wesen des Richtertums als dem Repräsentanten des einen Rechts und der einen Gerechtigkeit entspricht.«[21]

Bei der rigorosen Demontage des eigenen Berufsstandes schreckt der Oberlandesgerichtspräsident auch vor konkreten Zahlen nicht zurück: »Die Heranziehung von ca. 200 geeigneten Leitern, die bei

Kriegsende bereitstehen müssen für die von Grund auf andere Erziehung unseres Nachwuchses, ist daher die erste und dringendste Aufgabe... Die Forderung, daß die Richterzahl erheblich verringert werden muß – ich schätze für das Altreich von 16000 auf ca. 8000 –, stellt die Justiz vor das Problem einer grundlegenden Reform ihrer ganzen Organisation.«[22]

Es wird auch gleich eine Altergrenze gesetzt – 35 Jahre. Vorher kann niemand Richter werden. Denn, so Rothenberger, der Richter müsse das Leben kennen. Also sei es nötig, daß er nicht nur wisse, wie es »hinter der Rampe« zugehe, innerhalb der gesicherten Beamtenlaufbahn, sondern auch »vor der Rampe«. Künftige Richter sollten sich deshalb zunächst in anderen Berufszweigen bewähren – Bank, Industrie, Handel, Landwirtschaft, Schiffahrt –, im aktiv gestalteten Partei- und Verwaltungsleben, im In- und Ausland.

Dann geht die Denkschrift auf Prestige und Moneten ein:

»Die Stellung des deutschen Richters muß ideenmäßig und materiell so ausgestaltet werden, daß sie auch den Besten des Nachwuchses Anreiz bietet. Die Staatsführung bringt der Richterstellung durch eine elastische Gesetzgebung und die dem Richter gewährte Weisungsfreiheit, die niemand sonst im Führerstaat hat, ein so starkes Vertrauen entgegen, daß sie auch nur die Besten dieses Vertrauens für würdig halten kann. Wer A sagt, muß auch B sagen. Soll es in einem Führerstaat für die Rechtspflege weisungsfreie Männer geben, so können es nur wenige und qualitativ hervorragende Männer sein.«[23]

Rothenberger geht dabei von einem schrumpfenden Arbeitsaufwand der so umgestalteten Justiz nach dem Sieg aus, von einer Entlastung der Gerichte durch eine über die Politik herbeigeführte »Befriedung des Volkes«, jedoch auch dadurch, daß Rechtsgebiete, die einen mehr verwaltungsmäßigen als richterlichen Charakter tragen, anderen Ressorts übertragen werden. Aber natürlich: »Der politische Mittelpunkt der gesamten Rechtspflege – die Strafrechtspflege – muß dagegen in vollem Umfang bei der Justiz bleiben, da sie keinesfalls durch Aufgliederung unter mehrere Ministerien zerrissen und zerspalten werden darf.«[24]

Der bisherige vierstufige Instanzenweg – Amtsgericht, Landgericht, Oberlandesgericht, Reichsgericht – soll auf einen dreistufigen reduziert werden: Kreisgericht, Gaugericht, Reichsgericht. Basis ist das Kreisgericht, das nicht, wie bisher, mit drei Richtern, sondern nur mit einem besetzt werden soll. »Überhaupt muß das Einzelrichtertum das Ideal und die Regel der Rechtspflege sein... Der Kreisrichter muß der menschlich und fachlich tüchtigste Richter sein.« Berufungsgericht ist das Gaugericht am Sitz des Gauleiters und Oberpräsidenten, besetzt mit drei Richtern nach Führerprinzip, Revisionsgericht ist das Reichsgericht, besetzt mit drei oder fünf Richtern, ebenfalls nach Führerprinzip.

Dabei plädiert Rothenberger für die Verlegung des höchsten Gerichts von Leipzig nach Berlin, in die Hauptstadt, möchte aber auch dessen Aufgaben reduziert sehen auf zwei Bereiche – Wahrung der Rechtseinheit und der Rechtssicherheit.

Rothenberger will den »Rat« aus den Titeln haben – nicht mehr Amtsgerichts-, Landgerichts-, Oberlandesgerichtsrat, sondern nur Richter: »Der Richter rät nicht, sondern ›richtet‹. Der seiner Tätigkeit und der Sache entsprechende Titel ist daher ›Richter‹.«

Am Ende faßt der Hamburger Oberlandesgerichtspräsident noch einmal zusammen, wie er sich die »Schaffung eines nationalsozialistischen Richtertyps« vorstellt:

»1. Durch eine radikale Ausbildungsreform

2. Durch einen radikalen Abbau der Richterzahl

3. Durch eine Heraushebung des Richtertums aus dem allgemeinen Beamtentum.«

Aus dem letzten Absatz dieser denkwürdigen Schrift:

»Das bedeutet eine Justizreform an Haupt und Gliedern... Die interne Vorbereitung und Entscheidung im einzelnen erfordert sehr viel Zeit. Daher müssen diese Probleme intern möglichst sofort angefaßt werden, nicht obwohl, sondern gerade weil Krieg ist. Nicht etwa, daß die praktisch während des Krieges in Kraft treten sollen, aber die Planung muß bei Beendigung des Krieges fertig sein. Die aus dem Felde zurückkehrenden Frontkämpfer können erwarten, daß die Vorbereitungen für ein nationalsozialistisches Richtertum mit dazu beitragen, die Werte, die sie erkämpft haben, für alle Zukunft zu erhalten... Ein qualitativ hochstehendes und starkes Richtertum ist aber unerläßlich für die gewaltigen Friedensaufgaben des großgermanischen Reiches.«[25]

Die Denkschrift Rothenbergers zählt zu den radikalsten Nachkriegsplänen der Nazis auf dem Verwaltungsgebiet. Sie gibt gleichzeitig Auskunft darüber, wie sicher sich ihr Verfasser des deutschen Sieges war, und das zweifellos in Übereinstimmung mit der damaligen Mehrheit. Mit dieser exemplarischen Gewißheit einer langen Herrschaftsdauer Hitlerdeutschlands verrät sie aber auch, wie unwahr und unwahrhaftig deshalb jene später immer wieder vorgegebene Rechtfertigungshaltung war, die so tat, als habe man den 8. Mai 1945 stets vorausgesehen und seine Handlungen unter dem Druck des Regimes danach eingerichtet, schon seinerzeit ahnend, daß man sich einstmals werde verantworten müssen. So abenteuerlich der Schwindel heute auch anmuten mag, er war für die Schuldabwehr nach 1945 charakteristisch.
Wahrscheinlich wird sich auch Rothenberger nach dem Untergang des Dritten Reiches dieser Lüge bedient haben, wenngleich in seinem Falle selbst der Gutwilligste kapitulieren müßte. Denn was er hier entwirft, ist eindeutig und nicht zu verwechseln: Der »Richter des Führers« soll als *Sprachrohr des Führers* auch dessen *Fallbeil* sein. Hier ist ein Mann, der sich Jurist nennt, bereit, sich aller Rechtsgüter zu entledigen, also auch derer, die sich möglicherweise angesichts der verhältmäßig kurzen Herrschaftsdauer des Hakenkreuzes noch in Gesetzen und Köpfen erhalten hatten. Rothenberger entwirft, im Rahmen der »Neuordnung«, das Fresko totaler Rechtlosigkeit – verfolgt von der Vorstellung, daß sein Berufsstand ansonsten nicht mehr nötig sei, nicht mehr gebraucht werde. Nichts soll bleiben von den Errungenschaften, die in dem jahrtausendealten Kampf zwischen Recht und Macht dieser abgetrotzt worden waren – es wird Tabula rasa gemacht.
Rothenbergers »Justizreform« ist genau *die* »Rechts«-Maske, die die »Neuordnung«, das heißt die völlige Unterjochung unter deutsche Herrschaft, braucht, ohne jeden organisatorischen Ballast, die offene Verwandlung von Legislative in Exekutive, mit verkürzten Instanzen und absolut zuverlässigem Personal zugunsten höchster Bestrafungs- und Mordeffizienz.
Aber der Sache wohnt ein – dem Verfasser der Denkschrift offenbar unbewußtes – Element der Selbstzerstörung inne, das an Ironie

nicht mehr überboten werden kann: Jedes einzelne Wort Rothenbergers bestätigt die Überflüssigkeit der Justiz, rechtfertigt ihre Ablösung durch die Polizei. Nichts, was diese nicht auch tun könnte – denn Rothenbergers Denkschrift, das ist die Aufhebung des Rechtskörpers überhaupt. Keine Frage, daß die Nazis, von Rothenberger mit allen notwendigen Argumenten versehen, nach dem Endsieg entsprechend gehandelt hätten.

Der Lauf der Weltgeschichte hat Hitler bekanntlich auch dieses Beschlusses enthoben. Da sie aber trotzdem weiterlief, drängt sich die Frage auf: Was ist denn mit Rothenberger nach 1945 geschehen?

Der ehemalige Präsident des Oberlandesgerichts Hamburg im Dritten Reich und unfreiwillig verhinderte »Richter des Führers« durfte noch eine ganze Generation angehender Juristen rechtlich belehren...

»Europa marschiert« – die »Neuordnung der Sieger«

Großraumwirtschaft – unter deutscher Führung

Alle diese Sieg- und Nachkriegspläne der Nazis münden in den Überbau ihrer »Neuen Ordnung«. Dabei ändern sie sich entsprechend der militärischen Lage und den jeweiligen internationalen Kräfteverhältnissen, am konkretesten immer die Pläne für Europa. Das aber nicht etwa als Minimalforderungen und auf diesen Kontinent beschränkt. Vielmehr bleibt zwischen den Plänen zur Herrschaft über ganz Europa und den überseeischen und Weltherrschaftsplänen der Nazis ein beständiger Zusammenhang.

In den verschiedenen Stufen des Programms zur Realisierung der *Arierherrschaft über die Welt* stellen die »Neuordnungspläne« der Jahre 1940/41 ein besonderes Kapitel dar. Sie offenbaren umfassend und komprimiert, worin im Hochgefühl des künftigen Sieges die Eroberungs- und Kriegsziele der politischen Führung, der Wehrmacht sowie der mächtigen Konzerne und ihrer in der Reichsgruppe Industrie zusammengeschlossenen Eigentümer und Manager bestanden. Auch jene Pläne zur »Neuordnung«, die vor dem Überfall auf die Sowjetunion entstanden, schließen ungesagt und konspirativ die künftige deutsche Herrschaft über die UdSSR ein, ehe sie dann parallel zum Generalplan Ost laufen werden und die Bedingungen sondieren, zu denen der so entstandene »Großwirtschaftsraum« zum Kampf um den »Wanderpokal Erde« antreten kann. Dieser Begriff – Großraumwirtschaft – taucht jetzt immer wieder in öffentlichen Reden, privaten Gesprächen und Denkschriften auf, ja, es werden Organisationen gegründet, die sich nach ihm benennen, so die »Gesellschaft für europäische Wirtschaftsplanung und Großraumwirtschaft«, die bereits unmittelbar nach Ausbruch des Zweiten Weltkrieges, am 21. Oktober 1939, entstand. In ihrer Denkschrift vom 31. Mai 1940 lesen wir: »Eine kontinentaleuropäische Großraumwirtschaft unter deutscher Führung muß in ihrem letzten Friedensziel sämtliche Völker des Festlandes von Gibraltar bis zum Ural und vom Nordkap bis zur Insel Zypern umfassen, mit ihren natürlichen kolonisatorischen Ausstrahlungen in den sibirischen Raum und über das Mittelmeer nach Afrika hinein.«[1]

Und weiter heißt es darin, daß es aus außenpolitischen Gründen notwendig erscheine, diese kontinentaleuropäische Großraumwirtschaft unter deutscher Führung nicht als eine *deutsche* Großraumwirtschaft zu bezeichen, sondern grundsätzlich immer nur von Europa zu sprechen, » . . . denn die deutsche Führung ergibt sich ganz von selbst aus dem politischen, wirtschaftlichen, kulturellen und technischen Schwergewicht Deutschlands und seiner geographischen Lage.«[2] Interessanterweise taucht damals schon der uns heute nur zu vertraute Terminus »Europäische Wirtschaftsgemeinschaft« auf.

Jetzt werden die Konzernleitungen zu Initiatoren von »Neuordnungsprogrammen«, wie es sie in dieser Vielfalt bis dahin nicht gegeben hat. Unter dem Motto »Wünsche für den Friedensvertrag und Neugestaltung der europäischen Wirtschaftsbeziehungen« werden sie zusammengefaßt und in einer Sitzung des »Großen Beirates der Reichsgruppe Industrie« am 3. Oktober 1940 kommentiert: Die nationalen Volkswirtschaften Europas stellen eine Großraumgemeinschaft unter deutscher Führung dar. Was die eigene, die Rolle der Großindustrie anbetraf, hieß es: »Wenn wir schließlich die Führung Europas haben, dann müssen wir auch Einfluß haben; und das setzt eben voraus, daß wir uns diejenigen Positionen in Europa verschaffen, die wir brauchen, um unsere führende Rolle spielen zu können.«[3] Nach der militärischen Eroberung der Länder sollten die Vorstellungen der deutschen Konzernherren mit Marktregelungen, Zwangskartellierungen und Kapitalverflechtungen herbeigeführt werden. Als Nahziele galten die direkte Angliederung eroberter und die völlige Gleichschaltung vom Reich abhängiger Gebiete, wie es bereits mit dem »Protektorat Böhmen und

Mähren«, der klerikal-faschistischen Slowakei und dem völlig rechtlosen »Generalgouvernement« praktiziert worden war. Dabei sollte durch Vertreibung und Ausrottung der einheimischen Bevölkerung ein Stammland von etwa 100 Millionen Menschen geschaffen werden, Kern des zukünftigen deutschen Weltreiches und zugleich das Zentrum eines Großwirtschaftsraums von rund 200 Millionen Menschen.

In diesen Plänen erscheinen Vorstellungen von totaler Unterdrükkung, von Kollaboration, nationaler Scheinautonomie und – später, als die Siegesgewißheit nicht mehr ganz so uneingeschränkt war – auch solche, die so etwas wie eine »Lehre vom besseren Nationalsozialismus« aufstellen werden. Wovon noch zu sprechen sein wird, weil es sich um eine besonders interessante Facette der »Neuen Ordnung« handelte.

Von ihr werden alle Bereiche berührt und vorgeplant, auch die monetären, und zwar kontinental und interkontinental. In einer Ausarbeitung der Volkswirtschaftlichen Abteilung der Deutschen Reichsbank vom 20. Juni 1940 über »Probleme der äußeren Währungspolitik nach Beendigung des Krieges« teilt dieses mächtigste Finanzinstrument des Dritten Reiches die Welt – vorläufig – in riesige Interessenzonen auf der Basis wirtschaftlicher Großräume ein. Soweit »gegenwärtig übersehbar«, sollten sich darin Deutschland, Italien, Japan, die Sowjetunion, Großbritannien und die USA teilen. Das klingt fast nach Partnerschaft. Aber es sind zwei Pferdefüße in der Reichsbank-Schrift, die die wahren und viel unbescheideneren Absichten der Verfasser und der politisch-militärischen Herrschaft dahinter offenbaren. Erstens die Forderung: »Nach Beendigung dieses Krieges muß auch eine Neuverteilung der kolonialen Rohstoffgebiete erfolgen.« Und zweitens: »Der deutsche Wirtschaftsraum wird nach wie vor eine wehrwirtschaftliche Autarkie anstreben.«[4]

Bei der Konzipierung der weltweiten »Neuordnungspläne« der Jahre 1940/41 stehen die großen deutschen Konzerne an erster Stelle, die Montan- und Kali-Monopole, die Nichteisenmetall-, die Elektro- und Optik-Firmen – und die I.G. Farben. Viele der von der Reichsgruppe Industrie unter dem Dach des Reichwirtschaftsministeriums ausgearbeiteten Kriegs- und Nachkriegsziele schlugen sich, wie wir bereits gesehen haben, in den Eroberungsplänen des Oberkommandos der Wehrmacht, des Oberkommandos des Heeres und der deutschen Seekriegsleitung nieder. Gleichzeitig entstanden Großraumwirtschaftspläne für die »Neuordnung Europas« im Innen-, Außen- und Propagandaministerium. Wie sehr sich die Planungen überschlugen und zu welch grotesken Folgen diese Hysterie führte, läßt die Niederschrift einer Besprechung im Reichswirtschaftsministerium über »Fragen der wirtschaftlichen Neugestaltung Europas« vom 15. Juli 1940 erkennen. Darin erklärt der Direktor der Deutschen Bank, Rudolf Eicke, daß manche Ämter Maßnahmen eingeleitet hätten, die seines Erachtens viel zu weit gingen. So habe das Verkehrsministerium ein Rundschreiben an die deutschen Reeder entsandt, »demzufolge nach dem Kriege eine Erhöhung der deutschen Handelsflotte von 4 auf 8 Mio t erforderlich sei und infolgedessen zahlreiche Schiffe der besiegten Länder in die deutsche Flotte eingegliedert werden müßten. Dieser Erlaß habe praktisch dazu geführt, daß die einzelnen deutschen Reeder jetzt damit beschäftigt seien, viele Schiffe des Auslandes zu benennen, die sie gern übernehmen möchten. Dabei sei es fraglich, ob diese Schiffe nach den vielen Versenkungen überhaupt noch alle vorhanden seien.«[5]

Leiter der Reichsgruppe Industrie war damals Wilhelm Zangen. Eine »Zukunftsbetrachtung« von ihm gewährt Einblick in Pläne und Vorstellungen, deren Siegesgewißheit noch völlig ungebrochen ist. Am 7. Februar 1941 führte Zangen in einem Vortrag mit dem Titel »Die Kriegswirtschaft der deutschen Industrie« unter dem ganz selbstverständlichen Aspekt des gewonnen Kampfes aus: »Zu den innerdeutschen Wirtschaftsaufgaben kommt die wirtschaftliche Neuordnung Europas. Der Aufbau des großeuropäischen Wirtschaftsraumes wird Investitionsprogramme großen Umfangs bringen. Neue Rohstoffquellen müssen erschlossen, das Verkehrsnetz der neuen Entwicklung entsprechend ausgebaut werden. Da aber auch bei Gewinnung großer kolonialer Räume innerhalb des Großwirtschaftsraumes eine vollständige Autarkie nicht erreicht werden kann, muß weiterhin exportiert werden.«[6]

Zangen geht davon aus, daß die endgültige Form der wirtschaftlichen Beziehungen zu den eroberten und annektierten Ländern – ob Währungs- oder nur Zollunion – zwar von der Politik bestimmt wird, aber noch nicht gefunden worden ist. Und dabei wird, ganz plötzlich, eine Sorge sichtbar, eine Furcht: ob nämlich jene nationalsozialistischen Geister, die von der Großindustrie und den Finanzherren vor acht Jahren gerufen und an die Macht gebracht worden waren, sich nun, da ungeheure Beute winkt, dafür auch erkenntlich zeigen würden. Wie sah es denn mit dem Verhältnis zwischen Staatsmacht und Privatunternehmern aus? Wohl hatte sie sich ihnen bisher von der besten Seite gezeigt, doch die Marionetten-Illusionen von 1933 waren längst verflogen – Hitler ließ sich keineswegs an Fäden ziehen, er zog vielmehr selber an ihnen. Und das ungeheure Gewicht, das der Staatsherrschaft durch ihre scheinbar unbremsbaren politischen und militärischen Erfolge zugewachsen war, hatte ihr eine Eigenmächtigkeit verliehen, für die es, was das Verhältnis zwischen Staat und den großen Eigentümern betraf, kein Beispiel gab.
Zangen, vorsichtig: »Auch in rein wirtschaftlicher Hinsicht liegen die Dinge nicht einfach. Entsprechend dem Führergrundsatz, daß der Staat die Wirtschaft nur lenken, nicht aber selbst wirtschaften soll, wird die wirtschaftliche Zusammenarbeit mit den Staaten des Großraums im einzelnen weitgehend in der Hand der Privatwirtschaft liegen. Die Planungsarbeit ist in Vorbereitung. Hier liegen besonders dankbare konstruktive Aufgaben der deutschen Industrie und der sonstigen Wirtschaft, die nicht nur auf Grund der politischen Überlegenheit, sondern auch durch ihre längeren Erfahrungen zur Führung berechtigt und verpflichtet sind.«[7]
Zuvor, am 25. Oktober 1940, hatte sich ein anderer Repräsentant der deutschen Wirtschaft, Hermann J. Abs, über die »Neuordnung« zu Wort gemeldet – derselbe Abs, der unter den Fittichen der Adenauerschen Restauration und noch danach seine Rolle als Finanzfachmann weiterspielen konnte, als sei er nie in die Blutgeschäfte der Hitlerherrschaft verstrickt gewesen.
Ihm ging es um eine »aktive Kapitalpolitik« angesichts der neuen Perspektiven, um die Auswahl der »richtigen Zielländer« für die

Kapitalausfuhr – was, wie Abs eingangs eines Vortrags vor dem Deutschen Institut für Bankwissenschaft und Bankwesen erklärte, für deutsche Investoren keinerlei Schwierigkeit bot: Schon vor 1914 habe die deutsche Kapitalausfuhr die ganze Welt zu ihrem Operationsgebiet gemacht. Dann weiter: »Heute bietet der europäische Raum unserer politischen Einflußsphäre reiche und lohnende Möglichkeiten, um den Rahmen unserer Leistungsfähigkeit zu füllen. Man denke nur an eine den Gesamtbedürfnissen des Großraums Rechnung tragende Ausgestaltung des Verkehrswesens. Noch heute ist die Haupteisenbahnstrecke von Bukarest über Ungarn nach Deutschland in ihrem überwiegenden Teil eingleisig! Gerade die Kooperation mit den europäischen Nachbarn, die als Kapitalausfuhrländer in Betracht kommen, wird dazu beitragen, die Kräfte des europäischen Gesamtraumes zum Nutzen aller schneller zu entwickeln. Daß Deutschland daneben vor allem dem Bedarf zu genügen hat, der aus der Entwicklung eines eigenen Kolonialraumes entspringt, und daß dieser bevorzugtes Objekt einer aktiven Kapitalpolitik zu sein hat, bedarf keiner besonderen Begründung.«[8]
Dann wendet Abs sich den Ländern des europäischen Südostens zu, denen sein besonderes Interesse gilt. Die Beziehungen der deutschen Wirtschaft zu ihnen hatten ihre Tradition, aber dies in dem ganz einseitigen Sinne von Rohstofflieferanten. Das genügt der »Neuordnung« jedoch nicht mehr, denn Abs fragt: »Können wir aber, wie die Dinge heute liegen, hierbei stehenbleiben, oder müssen wir einen Schritt weitergehen und uns systematisch an der Industrialisierung der Rohstoffländer beteiligen? Für den Südosten hat der Mitteleuropäische Wirtschaftstag diese Frage rückhaltlos bejaht und den Vorschlag gemacht, den deutschen Unternehmern, die sich an der weiteren Industrialisierung der Südostländer mit Kapital beteiligen wollen, auch diejenigen Industrien freizugeben, die für den eigenen Bedarf der Südostländer arbeiten, also für die eigentlichen Binnenindustrien dieser Länder.«[9]
Ein halbes Jahr später ist auch die Region Südosteuropa unter deutscher Herrschaft und der »Neuen Ordnung« eingegliedert, und zwölf Monate nach der Rede von Hermann Abs stehen die

deutschen Truppen vor Moskau. Die Fesseln, die sich der deutsche Wirtschaftsimperialismus bis dahin mühsam angelegt hatte, werden nun gesprengt, die »Neue Ordnung« bekommt eine völlig neue Dimension. Das Programm Adolf Hitlers, in seiner Stiftungsurkunde »Mein Kampf« offen bekannt, hat das Zentrum der *ersten Stufe* erreicht. Die großen Eigentümer, die Wirtschaftsführer, die Finanziers von Aufrüstung und Angriffskrieg – sie schicken sich an, mit Hitler über die Grenzen Europas hinaus bis ans Ende der Welt zu marschieren. Aber bevor die Masken nun ganz fallen werden, entschließt sich dieses Deutschland zu einem Täuschungsmanöver, das nicht nur national hellen Aufruhr verursacht, sondern auch international, und zwar bis tief hinein in das Lager der Kriegsgegner.

»Entwicklung und Vernichtung«

Es hatte begonnen mit einer Rede, die der Reichswirtschaftsminister und Reichsbankpräsident Walther Funk im Juni 1940 über die »Wirtschaftliche Neuordnung Europas« gehalten hatte. Sie war programmatisch und berührte neuralgische Punkte internationaler Währungs- und Finanzpolitik, in die global ein riesiger Kreis von Interessenten und Betroffenen einbezogen war. Die wesentlichsten Punkte: Leitwährung im gerade eroberten europäischen Großraum wird die deutsche Reichsmark, die sich nicht mehr am Goldstandard orientiert, sondern allein an der faktischen Macht des siegreichen Deutschland. Langfristig stabile Wechselkurse werden eine gewaltige Handels- und Kreditexpansion einleiten, von Berlin aus wird eine straff gelenkte Investitionsplanung erfolgen. Je nach der ihnen von Deutschland zugeschriebenen Entwicklungsstufe werden die Länder unter deutscher Herrschaft »dem Deutschen Reich ein Maximum an Güterverbrauch zur Erhöhung der Volkswohlfahrt« garantieren.[10]
Begleitet wurde Funks Wirtschaftsprogramm von einer Artikelfolge aus der Feder Robert Leys, Reichsorganisationsleiter der NSDAP und Führer der »Deutschen Arbeitsfront«. Und was darin über das Fundament der »Neuordnung Europas« stand, war dem

kleinen Mann verständlicher als die Thesen aus der Finanzsphäre von Goldstandard, Zentralclearing oder Handels- und Kreditexpansion. Eine neue Lohnordnung und Sozialpolitik des »deutschen Leistungssozialismus« und »-fanatismus« sollten dem Arbeiter einen fahrbaren Untersatz (VW), bessere Gesundheits-, Alters- und Invalidenversorgung sowie vier Zimmer als deutsche Standardwohnung bescheren. In die gleiche Kerbe schlug Hans Kehrl, Präsident der Reichswirtschaftskammer und Hauptabteilungsleiter im Reichswirtschaftsministerium, im September 1940: In Zukunft werde man dem deutschen Arbeiter »an Lebensbedingungen und Lohn das Beste ... bieten und an Auswertung seiner Arbeitskraft, was technisch gegenwärtig überhaupt möglich« sei.[11] Eine solche Revolution von Arbeitsintensität und Einkommen könne sich aber nur im europäischen Großraum vollziehen. Kehrl: »Im Großraum können deutsche Arbeiter in Zukunft nur für hochwertige und bestbezahlte Arbeit, die den höchsten Lebensstandard ermöglicht, angesetzt werden. Produkte, die diese Voraussetzungen nicht erfüllen, werden wir in immer zunehmendem Maße den Randvölkern zur Produktion überlassen und überlassen müssen. Wir werden uns für den deutschen Arbeiter bei der industriellen Produktion Europas die Rosinen herauspicken.«[12]

Das hörte sich für das eigene Volk fast wie das Sozialprogramm eines modernen Wohlfahrtsstaates an, wenngleich mit höchster Effizienz als dessen Voraussetzung: eine aktive Arbeits- und Sozialpolitik, Leistungslohn mit analytischer Arbeitsbewertung, Ausbau des Soziallohns, sozialer Wohnungsbau, ein Volksgesundheitswerk auf den zwei Säulen der Betriebs- und Sozialmedizin und ein Volksversorgungswerk mit Renten aus einem staatlich garantierten Grundsockel, der durch Eigenleistung erhöht werden konnte. Eine Massenverlockung sondergleichen – die Deutschen ein Drohnenvolk über dem abgestuften Rest der übrigen Nationen, der deutsche Arbeiter als Nutznießer und Repräsentant der Herrschaftsmetropole Deutschland!

Die »Neuordnungsdebatte« war in vollem Gange – und stand ganz unter dem Stern eines unüberwindbaren Großdeutschen Reiches, das nicht den Eindruck machte, als hätte es die Grenzen seiner militärischen, politischen und wirtschaftlichen Expansion schon erreicht. Es wäre gut, wenn der Leser die bisherige und die noch folgende »Neuordnungs«-Ideologie der deutschen Sieger im Gedächtnis behielte – für die spätere Gegenüberstellung mit einer Variante unter ganz anderen Vorzeichen...

Ab Mitte 1940 beginnt eine hektische Auseinandersetzung zwischen den rivalisierenden Machtgruppen des Dritten Reiches um die langfristig beste Wirtschaftsstrategie innerhalb der »Neuen Ordnung« – zwischen den Großkonzernen der Reichsgruppe Industrie, anderen Kartell- und Wirtschaftsverbänden, dem Reichswirtschaftsministerium, der »Deutschen Arbeitsfront« und den Vierjahresplanbehörden unter Görings Oberleitung.

Der Status quo und die nähere Zukunft: Deutschland ist mächtig, fähig und willens genug, sich die Reichtümer Europas anzueignen. Auf dem Kontinent noch nicht unter deutscher Herrschaft stehende Länder und Völker bilden nur insofern ein Problem, wie der jeweilige Zeitpunkt ihrer Besetzung ungewiß ist. Innerhalb des Großraums werden nicht nur alle bisherigen Devisenbeschränkungen fallen, sondern auch alle Handelshemmnisse. Deutschland wird das Produktionszentrum mit der höchsten Technologie sowie der höchsten Arbeits- und Kapitalintensität sein. Dem hat sich das gesamte Europa unterzuordnen. Die Länder außerhalb des Großdeutschen Reiches werden gemäß ihrem Entwicklungsstand gestaffelt und unter dem Aspekt langfristiger Investitionsplanungen in eine bestimmte Rangordnung gefügt. Zuoberst Westeuropa mit Frankreich und Belgien an der Spitze als zusätzliche Investitionszentren des deutschen Kapitals. Danach Skandinavien und das »Protektorat Böhmen und Mähren« (mit den Schwerpunkten Energie, Aluminium und Kraftfahrzeuge). Dann Südosteuropa mit seiner intensiven Landwirtschaft und teilweiser Industrialisierung für billige Massenkonsumgüter. Schließlich das »Generalgouvernement«, also der Teil Restpolens, der bei der Aufteilung zwischen der Sowjetunion und dem Deutschen Reich diesem zugefallen war – ein Muster für die entindustrialisierten Länder, verdammt zur Lieferung von Arbeitssklaven und Rohstoffen. Bald wird das ganze

Polen unter deutscher Herrschaft sein – die Pläne für den Überfall auf die UdSSR laufen neben jener »Neuordungsdebatte«, mit deren inhaltlichen Einzelheiten sich hier befaßt wird. Sekundiert durch Hermann Abs' »aktive Kapitalpolitik« der Banken, soll den großen Industriekonzernen der Sprung zur Weltgeltung, das heißt zur sofortigen Konkurrenzfähigkeit mit dem US-Kapital auf den außereuropäischen Märkten ermöglicht werden – dadurch, daß die deutschen Konzerne innerhalb des Reichsmarkblocks die Führungsgremien, die Aktienmehrheiten und die Schlüsselpositionen in Händen halten, daß Patentmonopole, Steuervergünstigungen und Standortvorteile für die deutsche Industrie gesichert werden, daß es ein deutsches Monopol für die Rohstoffquellen gibt, ebenso wie die Monopolstellung in den Kontingent- und Preiskartellen des Großraums, um von diesen überragenden Führungspositionen aus den Kampf um die weiteren Stufenpläne des Programms gegen andere internationale Wirtschaftsgroßräume und deren Kartelle fortzusetzen.

Hier werden die Begrenzungen unter dem Status quo von 1940 sichtbar. Nach Ansicht der nazistischen Machthaber ist der von ihnen beherrschte europäische Großraum noch nicht in der Lage, den Bedarf an Lebensmitteln und Rohstoffen zu decken, langfristig eine aktive Handels- und Kolonialpolitik zu betreiben und für die Infrastrukturvorhaben der kommenden Entwicklungsdekade genügend Arbeitssklaven zur Verfügung zu haben.

Ebenso erkennbar wird der folgerichtige Zwang nationalsozialistischer Expansionspolitik, der ihr unvermeidlich innewohnende Aggressionsdruck, die Logik der »entfesselten Gesellschaft« des Dritten Reiches. Um auf weite Sicht mit den anderen Weltmächten, besonders »Amerika«, konkurrieren zu können, muß die Sowjetunion zerschlagen werden – selbst wenn das nicht der zentrale Punkt der *ersten Stufe* des *Programms* gewesen wäre. Nur so konnte sich aus dem europäischen Großraum ein kontinentaleuropäischer Großwirtschaftsraum entwickeln, der dann auf die Rohstoffvorkommen des Nahen Ostens und Afrikas übergreifen, das britische Weltreich zerstören und schließlich dem Endgegner USA gegenüberstehen würde. Bis hierher hat sich das Prinzip der »Neuordnung« in voller

Klarheit herausgeschält – *Entwicklung und Vernichtung*! So nennt es Karl-Heinz Roth, dessen verdienstvoller Forschung im Rahmen der Hamburger Stiftung für Sozialgeschichte des 20. und des 21. Jahrhunderts (Jan Philipp Reemtsma) diese Einzelheiten zu verdanken sind. *Entwicklung* und *Vernichtung* – die Kombination im Rahmen der »Neuen Ordnung« stellt die gefährlichste Herausforderung ihrer Epoche dar, weil sie gehandhabt wird von einem Regime, das sich schon 1940 erwiesenermaßen von Skrupeln nicht aufhalten läßt und die Furcht des Auslands vor seiner beispiellosen Effizienz und Dynamik durchaus verständlich macht.
Würde es diesem Deutschland mit seiner bisher so erfolgreichen Raubstrategie des Blitzkrieges gelingen, sich auf die Dauer zu konsolidieren? Würden die Erfinder des »deutschen New Deal« mit ihrer Verknüpfung von Arbeitsbeschaffung und Hochrüstung den Neid einer Welt auf sich ziehen, die selbst in ihren entwickeltsten Ländern der Massenarmut so gut wie hilflos gegenüberstand, gar nicht zu reden von der sozialen Katastrophe, der sich die Mehrheit der Weltbevölkerung ausgeliefert sah? Würde ausgerechnet die Naziführung, die die deutsche Arbeiterbewegung erbarmungslos zerschlagen hatte, durch die Funkschen und Leyschen Pläne nicht nur die Werktätigen des eigenen Landes fester an sich ziehen, sondern auf einer Erde himmelschreiender Ungleichheiten auch zu Hoffnungsträgern für die in Hunger und Elend lebenden Milliarden werden? Tauchte nach den anscheinend unbesiegbaren deutschen Blitzsieg-Militärs nun auch noch eine ebenso ungestüme wie unüberwindbare Sozialelite auf, die dabei war, ihre demokratischen Feinde das Fürchten zu lehren?

Keynes, Morgenthau und die »Neuordnung«

Die Trompetenstöße der nationalsozialistischen »Neuordnung Europas« schreckten, wie gesagt, die ganze damalige Welt auf. Die sozialen Losungen des NS-Programms entsprachen den Forderungen, Wünschen und Sehnsüchten der internationalen Arbeiterschaft – sie lagen in der Luft und wurden dementsprechend in den

Kapitalen des Westens, aber auch in Moskau, sehr ernst genommen. Die kontinentale Reichsmark-, Clearing- und Wohlstandszone schien offensichtlich unvermeidbar, schon in der Gegenwart, erst recht aber in der Zukunft, und London und New York richteten sich darauf ein. Die Resonanzen von dort lassen eine Mischung aus Beklemmung und Bewunderung erkennen. Aber wie würde konkret reagiert werden?

Die erste nachhaltige Reaktion kam aus England, vom Informationsministerium. Es war immerhin so geschockt, daß es keinen Geringeren als den britischen Volkswirtschaftler John Maynard Keynes, später Earl of Tilton, aufforderte, öffentlich gegen die nazistische »Neuordnung« aufzutreten und auf die Segnungen von Goldstandard und Privateigentum hinzuweisen.

Darauf ließ sich Keynes, der Verfasser des berühmten Werkes »Die allgemeine Theorie der Beschäftigung, des Zinses und des Geldes« (1936), nicht ein. Der Mann, der die Vollbeschäftigung in den westlichen Industrienationen durch zusätzliche staatliche Nachfrage (neben der von Unternehmen und privaten Haushalten) erreichen wollte und dessen Theorien dann nach dem Zweiten Weltkrieg die Grundlagen der »sozialen« Marktwirtschaft wurden, dieser John Maynard Keynes ging seine eigenen Wege bei der ihm offiziell gestellten Aufgabe. Er ließ die NS-Neuordnungspläne in seiner Zeitschrift »Economic Journal« genau untersuchen und kam zu dem sensationellen Resultat, daß die neuen finanz- und wirtschaftspolitischen Instrumente erstklassig und hocheffizient waren, jedoch untrennbar verknüpft mit weiteren militärischen Eroberungen im Stile der bisherigen Raub- und Angriffskriege.[13] Der alte Finanzfuchs, der als Berater des britischen Schatzamtes schon dessen Delegation auf der Friedenskonferenz von Versailles 1919 geleitet hatte, fühlte sich beunruhigt: Mußte man die neuen Wirtschaftstechniken dieses mächtigen Deutschland aufgreifen, um gegen sie bestehen zu können? Und welche Folgen würde das für das demokratische Gefüge haben?

Es wurde 1941, bis Keynes sich an die Arbeit machte. Mit ihr legte er, als direkte Reaktion auf die »Neue Ordnung« der Nazis, die ersten Fundamente zur britischen Nachkriegsplanung für Europa

und zu Bretton Woods. Der Name dieses Ortes in New Hampshire, USA, wurde das Symbol für jenes drei Jahre später, am 23.7.1944, geschlossene Abkommen, das von 44 Ländern unterzeichnet und zur »Mutter« des Weltwährungsfonds und der Weltbank wurde. Das Ziel war eine universale Neuordnung der Weltwirtschaft mit stabilem internationalem Zahlungsverkehr und dem Aufbau eines neuen Weltwährungssystems. Was immer davon nach den Vorstellungen seiner Väter realisiert wurde oder nicht (die Sowjetunion unterzeichnete die Verträge, ratifizierte sie dann aber nicht): Bretton Woods war letztlich die Antwort auf jene Schrecksekunde, in die vor allem die westliche Welt durch die Neuordnungspläne der deutschen Sieger von 1940/41 gestürzt wurde.
Gleichzeitig mit den britischen Wirtschaftsplanern regten sich auch die US-amerikanischen. Im Sommer 1940, als die erste NS-Sozialfanfare aus der Mitte des kriegsversehrten Alten Kontinents über den Atlantik schallte – also noch vor dem deutschen Überfall auf die Sowjetunion und dem japanischen Angriff auf Pearl Harbor –, hatten sich die US-Wirtschaftler auf eine mehr panamerikanische Konsolidierung im Hegemonialbereich der westlichen Hemisphäre eingerichtet, um von dieser imperialistischen Position aus einen Wirtschaftskrieg gegen die Nazis zu führen.
Unter den Befürwortern der eher isolationistischen Binnenkonsolidierung befand sich übrigens eine starke Gruppe von NS-Sympathisanten – Wallstreet-Gewaltige, Industrie- und Finanzbosse, auch etliche Militärs bis in hohe und höchste Ränge. Diese Machtgruppe verlor zunächst erheblich an Einfluß, einmal durch die gewaltige deutsche Militärexpansion der Jahre 1941/42, aber dann auch vor allem unter dem sich immer mehr vertiefenden Eindruck des nazistischen Neuordnungskonzepts der gelenkten *Entwicklung und Vernichtung*. Dennoch war der Machtverlust dieser Gruppe, wie noch zu zeigen sein wird, nur ein vorübergehender. Von ihrem unfreiwilligen Rückzug angesichts der Tatsache, daß ab Dezember 1941 die USA nun selbst das Objekt der nazistisch-faschistisch-militaristischen Weltaggression geworden waren, werden eine Zeitlang Großbritanniens global orientierte Keynesianer und die erklärt antinazistische Morgenthau-Gruppe des Rooseveltschen Fi-

nanzministeriums profitieren, was ebenfalls an gegebener Stelle näher auszuführen sein wird.

Fest steht, daß die deutsche Neuordnungspropaganda Engländer und Amerikaner zu einem programmatischen Gegenkonzept zwang. Und daß nun auch das Land, das sich unter den Furien des Weltkrieges zum wirtschaftlich und technisch mächtigsten Staat der Erde entwickelt, die USA, nicht nur allen isolationistischen Fesseln und Traditionen für immer ade zu sagen, sondern sich auch die gleichen Fragen zu stellen hatte wie der viel bedrohtere britische Bundesgenosse schon lange zuvor: Was konnte der langfristigen und hocheffizienten Herrschaftsperspektive der ungestümen deutschen Sieger entgegengesetzt werden, einer Perspektive moderner Währungs-, Handels- und Entwicklungstechniken, die für die ganze Welt sichtbar entworfen worden waren? Vollbeschäftigung, gesteigertes Masseneinkommen, soziale Sicherheit – war das nicht ein mächtiger Sprung nach vorn? Und wenn diese Visionen entworfen wurden von einem Staat, der sich mitten im Kriege befand – und ihn gegen fast die ganze übrige Welt führte –, zu welchen Leistungen wäre der imstande im Falle eines Nachkrieges und Friedens nach *seinen* Vorstellungen und Zielen?

So wurde nun auch in den USA gefragt, und um die Gefahr ganz klar herauszuschälen, sei hier von uns aus eine Frage nachgesetzt, die jede Berechtigung hat: Die deutsche »Neuordnung« basierte auf einer Gewalt, die sich immer wieder aus sich selbst heraus regenerierte und ihrem Wesen nach keine andere Grenze kennen konnte als das »Ende der Welt«. Aber wie gewarnt war die Menschheit denn in der Hoch-Ära der nazistischen Kriegs- und Nachkriegspläne 1940/42 davor, daß dieses Programm von einem Verbrecherstaat entworfen wurde, der im Zusammenwirken von *Entwicklung und Vernichtung* eine ungeahnte Wirkkraft erreichte? Wie gewarnt also zu einem Zeitpunkt, da selbst notorische Nazifeinde unter den Kriegsgegnern Deutschlands Auschwitz und die Endlösung wohl eher für die Fabelkonstruktion eines perversen Antifaschismus gehalten haben?

Man sollte sich keinen Zweifeln hingeben, daß sich unter den britischen und US-amerikanischen Ökonomen einflußreiche Kreise befanden, die durchaus bereit waren, sich auf die Herausforderung der deutschen Pläne mit ihrer Koppelung von »Neuordnung« und Vernichtung einzulassen, und daß sie im Hintergrund auf ihre Zeit warteten. Daß die Verbrechen der Nazis dabei für sie irgendeine Rolle gespielt hätten, wird nirgends ersichtlich.

Das war bei der bereits erwähnten Gruppe um Roosevelts Finanzminister Henry Morgenthau anders, und es wird Zeit, davon zu rühmen. Ohne diese Männer zu idealisieren, deren Finanz- und Wirtschaftsstrategien ohne Zweifel vor allem die Prosperität der USA für Krieg und Nachkrieg im Auge hatten – unbestritten ist, daß sie erbitterte Gegner des Nationalsozialismus waren und eine Nachkriegs-Weltwirtschaft anstrebten, die nicht von dessen hocheffizientem Vernichtungskurs mitgeprägt werden sollte. Es waren die Morgenthau-Leute, die die in den USA immer unpopuläre These, die Sowjetunion trüge die Hauptlast gegen den nazistischen Imperialismus, öffentlich vertraten, die sich, bei aller Ablehnung des Repressionssystems der UdSSR, dem primitiven und absichtsvollen Antisowjetismus verweigerten und die imponierenderweise vor einer links-sozialstaatlichen Antwort Europas und der Welt auf die Sirenentöne der nazistischen »Neuordnung« keinerlei Ängste zeigten.

In der Bundesrepubik ist es immer noch üblich, den Namen Morgenthau als Synonym für die Agrarisierung eines geschlagenen Deutschland zu nehmen, und dies zeitlich weit hinaus über eine von der NS-Propaganda geprägte, von Rachefurcht und Vergeltungsschock geplagte und weiter höchst hitlerhörige Nachkriegszeit, die von ihrer ganzen Beschaffenheit her gar nicht anders konnte, als die eigene, erschreckend enthumanisierte Mentalität auf die siegreichen Kriegsgegner zu projizieren.

Falsch! Wie noch erläutert werden wird, hatten die »New Dealer« im Morgenthauschen Finanzministerium sehr genaue Vorstellungen von der volkswirtschaftlichen Situation eines Deutschlands ohne Sieg. Und diese Vorstellungen mit den völlig berechtigten Maßnahmen, die den Großaggressor ein für allemal ausschalten sollen, in Übereinstimmung zu bringen – das wird der eigentliche, der historische Morgenthau-Plan sein. Daß er scheitern wird,

braucht nicht gegen ihn zu sprechen – vor allem nicht angesichts welcher Profiteure, wie wir sehen werden ...
Eine andere, britische Antwort auf die deutsche »Neuordnung der Sieger« war der Beveridge-Plan vom November 1942, so benannt nach dem englischen Sozialpolitiker William Beveridge – ebenfalls ein internationaler Paukenschlag. Der Plan kündigte eine umfassende Politik des sozialen Fortschritts als lichte Nachkriegsvision an, mit dem Kern eines verstaatlichten Gesundheitswesens, das alsbald in Angriff genommen werden sollte. Die Kenntnis seines späteren Fiaskos auf Grund offensichtlicher Ineffizienz dürfte heute und längst schon zur Allgemeinbildung zählen. Die damalige Wirkung aber kann wohl nur der ermessen, der von der Not der lohnabhängigen Massen des Vereinigten Königreiches weiß, von der Armut, dem Elend im Mutterland der ersten industriellen Revolution. Und davon, daß die Folgen des »Blitz«, der deutschen Luftangriffe auf die Städte des englischen Industriegürtels, vor allem auf die Metropole London, nach einer verbesserten Gesundheitsversorgung förmlich schrien. Schließlich – wer konnte etwas haben gegen Ankündigungen, die von einer staatlichen Mindestversorgung für jedermann, einem Ausgleich bei Einkommensverlusten durch Krankheit, von unbefristeter Zahlung der Arbeitslosenunterstützung und einem obligatorischen Kindergeld sprachen, während ein Ministerium für soziale Sicherheit darüber wachen würde, daß dies auch alles eingehalten werde? Heute sind wir klüger, heute wissen wir, daß das meiste Papier blieb, Zukunftsmusik. Und doch hat der Beveridge-Plan Wirkung gehabt auf die sozialen Kämpfe im Nachkriegs-Großbritannien, die zeigten, daß die Stichwörter unvergessen waren.
In Bewegung gesetzt hatte diesen und andere Pläne in den Staaten der Anti-Hitler-Koalition die »Neue Ordnung« der deutschen Sieger, eine vorher in solcher Form nie dagewesene Fata Morgana grenzenloser Herrschaft, die eingebettet war in einen überbordenden Optimismus für die eigene, die Sache des Nationalsozialismus. Es hatte unter ihm sehr bald schon eine so tiefe Identifikation zwischen Führern und Geführten, Herrschern und Beherrschten, Regierung und Volk gegeben, wie sie in der Geschichte der Deutschen

einmalig war. Nie aber war die Übereinstimmung so elementar gewesen, nie so magnetisch wie in jener kurzen Phase niederschmetternder Katastrophen für den Gegner, da dem strahlenden Sieger alles möglich schien.

Die »Lehre vom besseren Nationalsozialismus«

Dringt man tiefer ein in das Studium der »Neuen Ordnung«, so stößt man auf ganz bestimmte Differenzierungen, die einen hochinteressanten Einblick gewähren in das Feld innerer Auseinandersetzungen um den richtigen Weg zur höchsten Effizienz der mörderischen *Entwicklung-und-Vernichtungs-Kombination.* Erst diese Differenzierungen geben Kenntnis von der ganzen Abgründigkeit der »Neuen Ordnung« und ihrer Initiatoren und Organisatoren. Ich habe dafür drei Beispiele ausgewählt, nicht zufällige, sondern ganz bestimmte. Denn ihre Namen haben auch nach 1945 in der Bundesrepublik Deutschland eine bezeichnende Rolle gespielt.

Das erste Beispiel trägt den Namen Edwin Erich Dwingers, Jüngeren und Jungen von heute zu ihrem Glück kein Begriff mehr, wohl aber noch manchem Angehörigen der alten und älteren Generationen – Dwinger, *der* deutsche Schriftsteller des frühen Antikommunismus, Teilnehmer am Ersten Weltkrieg gegen Rußland, dann in der Weißen Armee, als Aleksandr Wassiljewitsch Koltschak gegen Moskau zog, und schließlich jahrelang in sowjetischer Gefangenschaft.

Mit vielen Büchern, die fugenlos in das antisowjetische Klima der Weimarer Republik paßten, hatte Dwinger das Seine dazu beigetragen, Millionen Lesern das Gruseln vor dem Osten zu bewahren, wozu auch drastisch geschilderte Sexualnöte der deutschen Gefangenen mit breit ausgemalten Folgen beitrugen.

Aus der Feder dieses Mannes, der am 22. Juni 1941 wieder mit einer Panzerdivision gegen Moskau zieht, fließen dann im Herbst 1942 erstaunliche Gedanken, eine Art »Lehre vom besseren Nationalsozialismus«. Die Denkschrift, in der sie niedergelegt wird, trägt den Titel »Wesensfundamente einer Ostraumpolitik« und geht davon aus, daß der Krieg gegen die Sowjetunion allein militärisch nicht gewonnen werden kann. Die deutsche Ostpolitik muß deshalb, so Dwinger, grundsätzlich umgeschaltet und einer höchst entwickelten Taktik unterworfen werden, da die Deutschen nur noch auf diesem Gebiet überlegen, der revolutionären Opferfreudigkeit und Leidensfähigkeit der Gegenseite jedoch unterlegen seien. Bis nach Sibirien kann der deutsche Soldat dem verbliebenen Sowjetstaat nicht folgen, weil der zu besetzende Raum auch die größte Armee der Welt aufsaugen würde. Worauf es also ankommt, ist, innerhalb des deutschen Machtbereiches eine Politik zu betreiben, die sich nicht länger über die inneren Kräfte der restlichen Sowjetunion täuscht – und ihr so den revolutionären Stachel nehmen kann. Nach dieser Ouvertüre geht Dwinger auf seine Vorstellungen von einer deutschen »Ostraumpolitik« ein.

Die von deutschen Truppen besetzten Gebiete umfassen insgesamt eine Einwohnerschaft von 80 Millionen Menschen. Den biologischen Gefahren, die sich aus dieser Zahl ergeben, kann nur durch die Nationalisierung all dieser Völkerschaften entgegengetreten werden, um sie so in Gegensatz zur restlichen Sowjetunion bis zum Kampf auf deutscher Seite zu bringen. Da eine Verdrängung der Völker (womit Dwinger ganz offensichtlich ihre physische Ausrottung meint) bei der riesigen Geburtenzahl völlig aussichtslos ist, müssen sie für deutsche Interessen eingesetzt werden. Um sie aber in eine absolute Gegenposition zur verbliebenen Sowjetunion zu bringen, ist eine klare *Nationalisierung* auf *völkischer Grundlage* unumgänglich, gerade was die Randvölker betrifft, die an den Rest der UdSSR stoßen. In der Nachbarschaft des Internationalismus sind nur solche Völker unansteckbar, die ihren eigenen Nationalismus in extremer Form leben können. Deshalb hat auch ihre übermäßige Ausbeutung zugunsten Europas zu unterbleiben, da sie nur der gegnerischen Propaganda zugute kommt. Diesen Erkenntnissen müßte die Form der deutschen Herrschaftsausübung entsprechen, das wäre die sicherste Art, um die Völker in der unmittelbaren Nachbarschaft des bolschewistischen Reststaates eigenständig zu erhalten – und mit 10 000 Mann 100 Millionen zu beherrschen.

Partisanen, so fährt Dwinger fort, sind keineswegs nur egoistische Räuberbanden, sondern überwiegend Revolutionskämpfer von höchstem altruistischem Ethos, die großen Partisanenführer zudem häufig legendäre Gestalten aus dem Bürgerkrieg, ihr Ansehen durch die Literatur fest in der Masse verankert. Wie schon damals sind sie auch heute wieder revolutionäre Elite, tragen fast alle die Orden aus jener Zeit und üben vor allem auf die Jugend großen Einfluß aus. Diese Partisanenbewegung zu bagatellisieren wäre der größte Fehlgriff. Ein Volk wird nur besiegt, wenn man ihm den Kopf zermalmt. Der Kopf aber ist die revolutionäre Idee. Sie hat die Massen zum erstenmal mobilisiert, aus der Passivität geführt und zu Aktivisten gemacht und in diesen seit Jahrtausenden ruhenden Kräften Ungeheures aufgeweckt. Und damit tritt eine der größten Aufgaben an den deutschen Menschen heran, nämlich diese Menschen der *europäischen Völkerfamilie* zuzuführen. Die Deutschen dürften sich nicht darüber hinwegtäuschen, daß in ihrem Gefolge über all diese Völker Leiden kamen, auf jeden Fall und in jedem Sinne aber Verschlechterungen. In der Nachbarschaft der Rest-Sowjetunion, die sich selbst »das freieste Land der Welt, die echteste Heimat der Werktätigen« nennt, in irgendeiner Weise entmündigte Sklavenvölker zu halten ist jedenfalls auf die Dauer eine völlige Unmöglichkeit.[14]

So weit Edwin Erich Dwinger mit seinen Vorstellungen zur »Neuordnung Europas«, die nicht nur nicht mit der bisherigen Okkupationspraxis übereinstimmten, sondern gerade aus ihr heraus zu Ansätzen gelangten, die getrost als Gegenpraxis bezeichnet werden könnten. Dennoch lag ihr nichts weniger zugrunde, als die deutsche Herrschaft in Frage zu stellen. Die gesamte Denkschrift war vielmehr ein Aufruf, sie durch neue Taktiken zu festigen, nachdem die Sowjetunion im ersten Anlauf nicht überrannt werden konnte. Unbezweifelbar jedoch scheint mir Dwingers Glaube an die Möglichkeit und Realisierbarkeit dieses Wechsels – woran sich zu erinnern für eine wichtige Schlußfolgerung weiter unten wichtig wäre, zumal Edwin Erich Dwinger mit dieser Ansicht nicht allein stand.

Das bestätigt das zweite Beispiel, dessen Name auf Giselher Wirsing lautet. Auch der wird wohl vor allem älteren Jahrgängen geläufig sein, besonders jenen, die in den Medienlandschaften der Nazizeit *und* der Bundesrepublik Deutschland zu Hause waren. Denn Giselher Wirsing wirkte sowohl in der einen als auch in der anderen Ära an publizistisch weit überdurchschnittlicher, ja hervorragender Stelle – einmal als SS-Sturmbannführer und Chefredakteur der »Münchener Neuesten Nachrichten« und anderer NS-Zeitschriften (»Die Tat«, »Das XX. Jahrhundert«, »Signal«) während der gesamten zwölf Hitlerjahre – und dann, von 1954 bis 1970 und wiederum als Chefredakteur, bei »Christ und Welt«. Die ersten Sätze dieses Christenmenschen aus einer Denkschrift mit dem Titel »Die Zukunft der deutschen Herrschaft in Rußland« vom August 1942 lauten, unter »1. Die Sicherung des Raumes«:

»Die gewaltigen Räume, die von unseren Truppen bis zum Herbst 1942 erobert wurden, können und werden niemals wieder aufgegeben werden. Niemals wieder darf Deutschland und Europa durch eine russisch-asiatische Despotie bedroht werden. Dies bedeutet, daß ein Gebiet, das voraussichtlich zwischen 70 bis 90 Millionen Menschen in sich bergen wird, auf die Dauer von Deutschland – unter begrenzter Mithilfe der übrigen europäischen Völker – beherrscht werden muß. Die breitere Öffentlichkeit im Reich ist sich vorerst nur ganz bedingt bewußt, daß wir im Laufe des letzten Jahres den entscheidenden Schritt von der Großmacht im alten europäischen Sinne zum Herrschaftsvolk im weltgeschichtlichen Sinne getan haben.«[15]

Aber dann beginnen auch bei Giselher Wirsing die taktischen Sorgen mit der »deutschen Herrschaft im Osten«. Und die sehen, konzentriert, so aus: Um einen vollen Sieg zu erringen, ist die vollständige Beruhigung und Befriedung des rückwärtigen Gebietes erste und dringendste Voraussetzung. Der künftige Aufbau des Ostens muß bereits weitgehend während des Krieges entschieden werden. Sonst besteht die Gefahr, daß nur eine etwa hundert Kilometer breite Zone hinter der Hauptkampflinie fest in deutscher Hand ist. Der Partisanenkrieg kann ohne die bereitwillige und aktive Mithilfe der Bevölkerung schon wegen der ungeheuren Ausdehnung des Landes nicht bewältigt werden. Die Einstellung der Bevölke-

rung zum deutschen Herrscher ist also von ausschlaggebender Bedeutung.
Wie Dwinger kommt auch Wirsing auf die Beeinflussung der Sowjetbürger durch den Kopf, der zermalmt werden muß – die revolutionäre Idee. Zwanzig Jahre Bolschewismus sind nicht spurlos an den Völkern der Sowjetunion vorübergegangen. Es hat sich eine Abwehrkraft gegen jede Eroberermacht entwickelt. Sie wird sich nicht von heute auf morgen, wohl aber auf die Dauer zeigen – wenn es nicht gelingt, die »Neue Ordnung« auf Werten aufzubauen, denen sich auch die Masse der sowjetischen Völker verpflichtet fühlen kann. Das Zeitalter der reinen Ausbeutungskolonie kann in gewissen Teilen Afrikas aufrechterhalten werden, aber kaum irgendwo in den von der Technisierung und ihren psychologischen Folgen erfaßten asiatischen Zonen. Es bleibt infolgedessen nur die Möglichkeit, daß man das Volk in den besetzten Gebieten entweder radikal auszurotten versucht oder aber, daß man von vornherein eine Ordnung aufbaut, die mit dem Ausbeutungsstil des britischen Zeitalters nichts gemein hätte.[16]
Man darf hinzufügen: Mit diesem Stil hätten die Völker unter deutscher Herrschaft wohl nur zu gern getauscht, wenn das als Alternative zu ihrer Wahl gestanden hätte!
Dennoch beruft sich Wirsing gleich hinterher auf ein sonst vielgeschmähtes Vorbild: Die Sowjetunion ist so groß, daß sie nur von Schwerpunkten aus beherrscht werden kann – und dafür bietet die britische Verwaltungsmethode in Indien das beste Beispiel.
Dann fährt er in seinem Plädoyer für einen »besseren Nationalsozialismus« fort: Schon die Erfahrungen im Protektorat und im Generalgouvernement haben gezeigt, wie schwierig es ist, auf Dauer mit einer widerwilligen Bevölkerung zu arbeiten. Ein Rußland, das, auf lange Sicht gesehen, der Schauplatz eines unendlich sich hinschleppenden Kleinkrieges wäre, würde für die Deutschen keinerlei Sinn haben, selbst wenn es gelänge, der Partisanen und derjenigen Bevölkerungsteile, die ihnen offen oder heimlich zuspielen, allmählich Herr zu werden.
Darauf kommt jene Passage, mit der sich der Zukunftsplan des SS-Funktionärs und NS-Chefredakteurs am weitesten von der De-

facto-Situation und den erklärten Weisungen der obersten Führung entfernt: Das Kernproblem in Rußland wird die Verbindung einer zielbewußten deutschen Führung mit einem System russischer Selbstverwaltung sein, die zunächst auf den kleinsten Einheiten der Dorfverbände aufbaut und durch die der Russe in die Lage versetzt wird, in dem von uns gezogenen Rahmen sein eigenes Schicksal mitzugestalten.
Bekanntlich waren Hitlers Ansichten gerade darin absolut gegenläufig.
Endlich faßt Wirsing den Sinn seiner Denkschrift über »Die Zukunft der deutschen Herrschaft in Rußland« unter dem Stichwort »Der Großwirtschaftsraum« so zusammen: Der deutsch-europäische und der russische Wirtschaftsraum ergänzen sich gegenseitig in hervorragendem Maße. Deshalb besteht die Möglichkeit, den Lebensstandard der russischen Bevölkerung langsam zu heben, während Europa durch die russischen Agrarprodukte den größten Teil seines Zuschußbedarfs mit Ausnahme gewisser tropischer Erzeugnisse zu decken vermag. Auf längere Sicht muß die Entwicklung des russischen Raumes die fast völlige Unabhängigkeit von Übersee und damit die Errichtung einer völlig unangreifbaren Bastion bedeuten.[17]
Obwohl keinerlei Zweifel bestehen kann, daß der Geist dieser Denkschrift dem nationalsozialistischen Herrschafts- und Regimeverständnis entspricht und es hier nicht um ein unterschiedliches Ziel, sondern um verschiedene Wege in die »Neue Ordnung« geht – die angeschlagenen Töne machen sich exotisch genug aus angesichts des realen Mordinfernos, in das die faktische Ostpolitik das deutschbesetzte Territorium der Sowjetunion seit Mitte 1941 verwandelt hatte.

Das dritte Beispiel abweichender Vorstellungen von der »Neuen Ordnung« dürfte fast noch erstaunlicher sein. Es stammt von Theodor Oberländer, seines Zeichens Hauptmann in der Abteilung Abwehr II des Amtes Ausland/Abwehr im Oberkommando der deutschen Wehrmacht. Der Prof. Dr. agr. et rer. pol., Jahrgang 1905, wird 1953 Bundesvertriebenenminister im Kabinett Adenauer und bleibt es bis 1960. Wegen seiner Zugehörigkeit zur Ukrainer-Einheit »Nachtigall«, der vorgeworfen wurde, beim Einmarsch 1941 in Lemberg Juden ermordet zu haben, öffentlich heftig umstritten, auch in den eigenen CDU-Reihen, aber nie in einem Gerichtsververfahren verurteilt, konnte Theodor Oberländer sich dennoch lange als Minister und Vertriebenenfunktionär behaupten. Dies auch, oder vielleicht erst recht, nachdem die Justiz der DDR in einem Verfahren Theodor Oberländer zum Tode verurteilt hatte.

Zu seiner Verteidigung hat er sich immer wieder auch auf Schriften berufen, in denen er sich, nach eigenen Bekundungen, gegen die deutsche Politik im besetzten Teil der Sowjetunion gewandt habe. Was hat es damit auf sich?

Eine dieser Schriften hat Oberländer im Juni 1943 während seiner Tätigkeit als Abwehroffizier verfaßt, die Studie »Bündnis oder Ausbeutung?«. Darin geht die Kritik an der De-facto-Besatzungspolitik von den hier zitierten Beispielen am weitesten, sind die vorgetragenen Umschichtungen innerhalb der »Neuen Ordnung« die detailliertesten.[18]

Wie Dwinger ist auch Oberländer der Ansicht, daß der Krieg in den »befreiten Ostgebieten« allein militärisch und ohne die innere freiwillige Option der »befreiten Völker« nicht gewonnen werden kann: Der Kampf hat ergänzt und unterstützt zu werden von politischen Waffen, die ab sofort die ständigen Begleiter der militärischen Maßnahmen sein müßen. Bei geschickter Verkündung und Durchführung läßt sich die vielfach befürchtete und unerwünschte Festlegung der deutschen Ostpolitik nach dem Sieg durchaus vermeiden. Diese Maßnahmen sind: restlose Aufgabe der in der Tat durch nichts begründeten Auffassung, daß die Ostgebiete nur von »unterwertigen Menschen« bewohnt sind und daher im Kolonialstil des 19. Jahrhunderts regiert werden können. In den Völkern der Ostgebiete müßen politische Faktoren erblickt werden, deren Reaktionen für den Endsieg von entscheidender Bedeutung und daher in Rechnung zu stellen sind.

Den ersten Rang nimmt die Agrarfrage ein – deshalb beschleunigte Agrarreform und Wiederentwicklung der Selbstverwaltung! Die landeseigenen Kräfte, die sich in freudiger Bereitwilligkeit für den Aufbau der Selbstverwaltung zur Verfügung stellten, wurden überall ausgeschaltet und stehen in wachsender Enttäuschung über Deutschland verbittert beiseite. Die deutschen Siedlungspläne sind von der deutschen Volkskraft abhängig, und die ist begrenzt. Deshalb keine Propagierung uferloser Siedlungsziele. Jetzt, wo sich ganz klar die Möglichkeit einer langfristigen Verteidigung Europas abzeichnet, muß an die Stelle des kurzfristig erzwungenen Wirtschaftserfolges die langfristige Planung mit entsprechender Menschenbehandlung treten.

Die Wahl der Mittel ist entscheidender als der blitzschnelle Erfolg. Die Umstellung mag durch das Nachlassen drastischer Arbeiterfangmethoden und wirtschaftlicher Erfassungsmaßnahmen vorübergehend einen geringeren Ertrag für das Reich einbringen, sie schafft aber zugleich mit einer die politischen und wirtschaftlichen Gebiete erfassenden Erziehung die Garantie für eine stetige Dauerleistung. Dieser Umbruch in der Ostpolitik muß erkennbar und total sein. Es wäre ein folgenschwerer Irrtum, die Dynamik zu verkennen, die der gegenwärtigen Lage im Osten innewohnt, sie bewegt sich auf die Entscheidung zu. Erfolgt der geforderte Umbruch in der Ostpolitik nicht eindeutig und rechtzeitig, so sind die Sowjet-Losungen »Zweiter Vaterländischer Krieg« , »Jeder Sowjetbürger ein Partisan«, »Sowjetnationalstaat« und »Slawen, vereinigt euch« – heute zum Teil noch bloße Parolen – die bittere Wirklichkeit von morgen.[19]

Die Studie Theodor Oberländers »Bündnis oder Ausbeutung?« vom Juni 1943 wurde abgefaßt im Vormonat der endgültigen äußeren Wende an der Ostfront: Der Gegenschlag zur dritten Sommeroffensive der deutschen Wehrmacht erstickt diese im Keim und leitet mit der vernichtenden Panzerschlacht im Kursker Bogen vom 5. bis zum 12. Juli den unaufhaltsamen Vormarsch der Roten Armee nach Westen ein.

Der Lauf der Weltgeschichte erübrigte weitere Planungen dieser Art.

Dennoch zählen die zitierten Beispiele in Zusammenhang mit der »Neuordnung der Sieger« für mich zur aufschlußreichsten und interessantesten Lektüre bei der Arbeit an diesem Buch.
Der Leser wird zugeben, daß dies erstaunliche Töne sind innerhalb einer zivilen und militärischen Gesellschaft, der die Ideologie vom »ostischen Untermenschen« traditionell vertraut war und die sicher nicht offen, wohl aber intern empört reagiert hätte, wenn die Massenvernichtungen, deren Zeugen so viele von ihr im Osten geworden waren, an Völkern Westeuropas vollzogen worden wären.
Keinem der Zitierten geht es um etwas anderes als um die deutsche Herrschaft, und dabei wiederum um nichts, als um deren Effizienz. Die »Lehre vom besseren Nationalsozialismus« hat weder einen anderen Inhalt noch einen anderen Sinn. Sie wurde aufgestellt von Nationalsozialisten, deren taktische Bemühungen auf einer fundamentalen Verkennung beruhten, auf einer falschen Voraussetzung – daß nämlich der Nationalsozialismus reformierbar sei! Gerade dazu aber erwies er sich außerstande, und dies eben in voller Übereinstimmung mit seiner wahren Natur. Er war nicht menschlich zu machen. Als im Sommer 1942 von der direkten, mit Hilfe der Wehrmacht organisierten Massenvernichtung sowjetischer Kriegsgefangener und Zivilisten auf die Ausbeutung des Sklavenpotentials zum Nutzen der deutschen Rüstung umgeschaltet wurde, geschah dies nicht aus Humanität (ein Wort, das in dieser Nachbarschaft kaum über die Lippen kommen will), sondern aus rationalem Kalkül. Am Prinzip der *Entwicklung und Vernichtung* änderte sich nichts, außer daß die Ausbeutungsphase vor den dementsprechend später eintretenden *Tod durch Arbeit* trat. Es war ja kein Zufall, daß das deutsche Okkupationssystem in der UdSSR mit dem Potential des Antistalinismus nichts anzufangen wußte – der Nationalsozialismus hätte denn seine Natur überwinden müssen, also seine Unfähigkeit, sich zu reformieren. Ohne *sie* erkannt zu haben, werden ihre Folgen von Dwinger, Wirsing und Oberländer beklagt. Die »Lehre vom besseren Nationalsozialismus«, die so mancher bis in unsere Gegenwart beschwört, und sei es in der Aufteilung zwischen einem »guten« und einem »schlechten« Nazismus, ist *die* Irrlehre seiner Anhänger von einst und ihrer Nachfolger.

Die nationalsozialistische Judenpolitik, Antisemitismus und Holocaust, wird übrigens an keiner einzigen Stelle von ihr berührt und in die beabsichtigte »Reform« einbezogen, nirgendwo, mit keinem Wort, keinem Buchstaben ...

Der Fall I.G. Farben

Die »Neuordnung der Sieger« wäre nur unvollständig behandelt ohne die Rolle, die die I.G. Farben in ihr spielten – und die diesem Chemie-Imperium zugedacht war: das wehrindustrielle Rückgrat der »Neuen Ordnung« zu werden. Es ist die Geschichte der Ausplünderung eines ganzen Kontinents, Europas, mit der unverhüllten Absicht, die Konzernherrschaft auch über die anderen Kontinente zu gewinnen – was hier im Zeichen der »Neuordnung der Sieger« und auf seine wesentlichsten Stationen reduziert wiedergegeben werden soll.

Im Herbst 1932 waren die I.G. Farben, größtes deutsches Chemiewerk, in Bedrängnis geraten. Kostspielige Versuche, aus Kohle Benzin zu machen, hatten zu Verlusten in Höhe von Hunderten Millionen Reichsmark geführt. Die Unternehmensführung war sich nicht einig, ob die Versuche eingestellt oder fortgesetzt werden sollten. In diesem Konflikt wurden zwei Männer der Konzernspitze zu Adolf Hitler entsandt, Chef der NSDAP, nach den Wahlen vom 31. Juli 1932 mit 37,4 Prozent der Stimmen stärkste politische Kraft im Parteienspektrum der sterbenden Weimarer Republik. Auf die Frage, wie er zur Erhebung eines Schutzzolls auf Rohölimporte stehe, antwortete Hitler: Er würde diesen Zoll erheben – und außerdem paßten die Hydrierexperimente der I.G. Farben – Benzin aus Kohle – in sein Programm.[20]

Die vorliegenden Dokumente aus den Ermittlungen der Finanzabteilung der US-Gruppe des Kontrollrats gegen die I.G. Farbenindustrie A.G. vom September 1945 lassen klar erkennen, daß seit 1934 eine ausgeprägte Unternehmenstendenz bestand, Produkte von entscheidender militärischer Bedeutung herzustellen. Nach der Verkündung des Vierjahresplans von 1936 nahm die Entwicklung einen vollständig militärischen Charakter an, traten militärische Erwägungen gänzlich in den Vordergrund. Die Beziehungen zwischen I.G. Farben und der Wehrmacht wurden immer enger, was schließlich zu einer kontinuierlichen Union zwischen den Vertretern beider Seiten führte.

Zu diesem Zweck wurde ein Büro eingerichtet, die sogenannte Vermittlungsstelle W, die sich ausschließlich um die Verbindung zu den Militärs zu kümmern hatte. In einem vertraulichen Bericht dieser Stelle vom 31.12.1935 heißt es: »Die I.G. wird im Kriegsfall den wehrwirtschaftlichen Behörden als ein großes Lieferwerk gegenüberstehen, das seine wehrwirtschaftlichen Belange – soweit dies technisch möglich ist – aus sich selbst ohne organisatorischen Eingriff von außen regelt. Das Arbeiten in dieser Richtung ist grundsätzlich mit dem Reichskriegsministerium, Wehrwirtschaftsamt und von dort aus mit dem Reichswirtschaftsministerium vereinbart.«[21]

Etwa zur gleichen Zeit beauftragten die Wehrbehörden die I.G. Farben mit der Ausarbeitung von Produktionsplänen für den Kriegsfall. Jetzt begann jeder I.G.-Betrieb, seine eigenen Produktionspläne zu entwickeln und an die Vermittlungsstelle W weiterzureichen, die sie ihrerseits an das Reichswirtschaftsministerium und das Wehrwirtschaftsamt weitergab. Auf diese Weise lagen 1939 Pläne zur Produktion kriegswichtiger militärischer Güter vor – Chemikalien, Zwischenprodukte für Sprengstoffe, Kohle-Elektroden für die Aluminium- und Chlor-Elektrolyse –, die bei Kriegsausbruch sofort in Kraft gesetzt werden sollten.

»Kriegsspiele«, ganz offiziell so genannt, hatten schon bald nach 1933 in den einzelnen Betrieben der I.G. Farben stattgefunden. Zum Beispiel, welche Konsequenzen der Abwurf von 100- oder 500-Kilogramm-Bomben auf bestimmte Werke hätte, wenn dabei Gasbehälter oder wichtige Versorgungsleitungen getroffen würden. An solchen »Spielen« nahmen Offiziere aller Waffengattungen teil.

Der Eindruck, die I.G. Farben hätten lediglich Aufträge der Wehrmacht oder NS-Regierung ausgeführt, wäre falsch. Hier war schon lange vor dem 1. September 1939 ein Rüstungsmoloch entstanden, der auch so etwas wie eine Forschungsanstalt für die Kriegspläne der Nazis geworden war. An seiner Spitze stand ein Brain-Trust, der darauf sann, wie das militärische Potential und die Angriffskraft Deutschlands vermehrt werden könnten. Aus dieser Rüstungsbeflissen-, ja -besessenheit entstanden viele Projekte, von deren Notwendigkeit und Bedeutung die Wehrmacht erst überzeugt werden mußte.

Das wird bestätigt von einer geheimen Denkschrift der Vermittlungsstelle W vom 2. Juni 1939, in der es heißt: »Eine ganze Reihe von Problemen haben manche I.G.-Stellen zunächst von sich aus bearbeitet, und erst später, nachdem bereits gewisse Versuchsresultate vorlagen, wurden Wehrmachtstellen für diese Probleme interessiert. Verhältnismäßig selten sind die Fälle, in denen die Wehrmacht von sich aus an die I.G. mit einer bestimmten Frage herantrat.«[22]

Laut jenem Bericht legten die I.G. Farben etwa 30 bis 40 Prozent ihrer militärischen Projekte der Wehrmacht zur Zustimmung vor. Selbst der Eindruck, die I.G. Farben hätten es bei der Produktion kriegswichtiger Güter belassen, wäre falsch. Sie waren auch sonst noch der Naziherrschaft auf mannigfache Weise dienstbar, etwa auf dem Gebiet der Innen- und Außenpolitik, an deren Formulierung und Durchführung die I.G. beteiligt war. Sie war im Reichstag vertreten, und ihr führender wissenschaftlicher Experte, Dr. Carl Krauch, stand Hermann Göring zur Seite – der Reichsmarschall hatte den I.G.-Manager zum Leiter der Forschungs- und Entwicklungsabteilung für die chemische Industrie in der Vierjahresplanbehörde ernannt. Dadurch war die Verschmelzung des Chemie-Riesen mit den aggressiven Kriegsplänen der Nazis vollständig, waren die I.G. Farben zu einem Schlüsselunternehmen, zu einem integralen Bestandteil des deutschen Angriffs auf Europa und die Welt geworden. Der Konzern stand an der Schwelle einer neuen Zeitrechnung.

Schon vor dem Ersten Weltkrieg hatten die Vorläufer der 1925 gegründeten I.G. Farben – Badische Anilin- & Soda-Fabrik; Farbenfabriken vorm. Friedr. Bayer & Co.; Farbwerke vorm. Meister Lucius & Brüning; Kalle & Co. AG; Actien-Gesellschaft für Anilin-

Fabrikation (AGFA); Chemische Fabriken Weiler-ter Meer u. a. – zu den mächtigsten internationalen Chemiegruppen gezählt. Sie hatten neben den amerikanischen und britischen Giganten auf diesem Gebiet weltweit operiert und sich nach 1914 vom wilhelminischen Siegfrieden unerhörte Expansionen erhofft. Die Liste der Auslandsbeteiligungen füllte Bände, wie auch die der I.G.-Niederlassungen, besonders in Lateinamerika – Rio, Lima, Buenos Aires, Santiago. In den dreißiger Jahren hatten die I.G. Farben mit Tarnfirmen, direkten und indirekten Beteiligungen an Eigentum im Ausland wie ein Riesenkrake der Chemieproduktion über Ozeane hinweg nach ganzen Kontinenten gegriffen, ein Multi mit gewaltigen Fangarmen, unersättlich und darauf aus, die internationale Fast-Monopolstellung vor dem Ersten Weltkrieg nicht nur wiederzuerringen, sondern noch zu überbieten.

Den I.G. Farben konnte nichts gelegener kommen als eine deutsche Regierung mit Eroberungsplänen, die, weit über die europäische Dimension hinaus, die Weltherrschaft anstrebten. Ein anderes Konzept kannte der Moloch nicht. Stets sprungbereit, folgte er deshalb der militärischen Aggression von Anbeginn an auf dem Fuße.

Das erste Opfer war die österreichische Pulverfabrik Skoda-Werke Wetzler, um die sich die I.G. Farben schon lange vor dem »Anschluß« vergebens bemüht hatten. Verhandlungspartner war die Wiener Creditanstalt gewesen, eine der größten Banken des Landes. Unmittelbar nach dem Einmarsch der Wehrmacht am 13. März 1938 schreibt der Unterhändler mit der Creditanstalt über die Skoda-Werke, Max Ilgner, an den Vorstand der I.G. Farben: »Die Leitungen der Creditanstalt und der Skoda-Werke Wetzler, mit denen bisher die Verhandlungen wegen des Aktienerwerbs geführt wurden, wechseln; wir stehen vor einer neuen Situation.«[23]

Wie wahr! Die Geschäftsanteile Rothschilds wurden konfisziert, Skoda ging in den Besitz von I.G. Farben über, und die Creditanstalt sah sich unter die Kontrolle der Deutschen Bank gestellt. Danach wurde die österreichische Chemieindustrie reorganisiert, in einer neuen Gesellschaft, der Donau Chemie AG., die sich in ausschließlichem Besitz der I.G. Farben befand.

Danach war die Tschechoslowakei an der Reihe.
Das Unternehmen hatte schon drei Monate vor der Besetzung des Sudetenlandes seine Maßnahmen getroffen. Es ging vor allem um die Farbstoffwerke Aussig und Falkenau. Wie sich diese Wünsche dann zur gegebenen Zeit erfüllten, verrät ein vertraulicher Bericht der Volkswirtschaftlichen Abteilung der I.G. Farben vom 29. Januar 1941: »Am 1. Oktober begann der Einmarsch der deutschen Truppen, am 3. Oktober wurde Falkenau besetzt und am 9. Oktober Aussig. Alle Werke des Parger Vereins im Sudetenland wurden einem Kommissar, Direktor Dr. Kugler, unterstellt.«[24]
Kugler war I.G.-Farben-Mann.
Der Dank für die leichte Beute bestand in einem Telegramm des I.G.-Vorstandsvorsitzenden Hermann Schmitz an Hitler: »Unter dem Eindruck der von Ihnen, mein Führer, erreichten Heimkehr Sudetendeutschlands ins Reich stellt Ihnen die I.G. Farbenindustrie Aktiengesellschaft zur Verwendung für das sudetendeutsche Gebiet einen Betrag von einer halben Million Reichsmark zur Verfügung.«[25]
Viel war das nicht angesichts der Beute, die die Firma einheimsen konnte, zumal der Raub, gegen vergeblichen tschechischen Protest, an den rechtmäßigen Besitzern nur in Höhe eines einzigen Jahresumsatzes entgolten wurde. Am 7. Dezember 1938 war alles unter Dach und Fach, ein internationaler Wirtschaftsvertrag mit zahlreichen Unterverträgen, Klauseln und Unterklauseln, die in bloß dreißig Tagen zustande gekommen waren. Es gab keinen Zweifel mehr, wer der Herr im Hause war. Nach der Besetzung des restlichen Territoriums im März 1939 übernahm die I.G. dann die gesamte Farbstoffindustrie der Tschechoslowakei.
Das nächste Opfer ließ nicht lange auf sich warten – Polen.
Dort handelte es um drei Werke: »Boruta«, »Winnica« und »Wola«. Die größte der drei Gesellschaften, »Boruta«, ging für ein Ei und Butterbrot in den Besitz der I.G. über. An der »Winnica« war sie schon lange heimlich über eine französische Firma beteiligt gewesen, eine Tarnung, die nun unter den neuen Machtverhältnissen entfallen konnte und den hundertprozentigen Eigentumswechsel zugunsten der I.G. Farben erheblich vereinfachte.

Am wenigsten Federlesen wurde mit der »Wola« gemacht – sie befand sich in jüdischem Eigentum. Darüber unterrichtete der I.G.-Verkaufsleiter Georg v. Schnitzler das Reichswirtschaftsministerium in einem Schreiben vom 14. September 1939, mit der gleichzeitigen Empfehlung, den »nichtarischen Familienbesitz« zu schließen.[26] Und so geschah es dann auch. Als die Maschinen und Betriebsanlagen der »Wola« verramscht wurden, beteiligten sich die I.G. Farben an der Fledderung. Den polnischen Eigentümern blieb nichts. Es ist wahrscheinlich, daß sich der Verlust auch auf ihr Leben bezog.

Vier weitere kleine Farbstoffunternehmen wurden auf Betreiben der I.G. stillgelegt. Von den polnischen Farbstoffwerken blieb nur die »Pabjanice« unbehelligt. Was seinen Grund darin hatte, daß sie sich in schweizerischem Besitz befand.

Als ein Sonderfall der I.G.-Farben-Raubzüge im deutschbesetzten Europa erwies sich Frankreich, getreu seiner ohnehin großen politischen und ökonomischen Kollaborationsbereitschaft. Zunächst wollte die I.G. die französischen Chemieunternehmen wieder »kaufen«, natürlich zu Tiefstpreisen, wenngleich wiederum nicht zu so tiefen wie in Polen, da der westliche Nachbar trotz seines gallischen Makels schließlich weit oberhalb des osteuropäischen Untermenschentums rangierte.

Aber dann, nach dem deutschen Sieg über Frankreich, zeigte sich, daß viele seiner Industriellen, und keineswegs nur auf dem Chemiesektor, mit den Deutschen zusammenarbeiten wollten. Einer unter ihnen tat sich besonders hervor – Joseph Frossard, Präsident des führenden französischen Chemieunternehmens »Etablissement Kuhlmann«. Es war derselbe Frossard, der den I.G. Farben die heimliche Beteiligung an den polnischen Farbstoffwerken »Winnica« ermöglicht hatte.

So kam es im November 1941 zwischen den I.G. Farben (51 Prozent) und den französischen Chemieunternehmen zur Gründung der »Société Anonyme de Matières Colorantes et Produits Chimiques, Francolor«. Damit waren die wichtigsten farbstoffproduzierenden Firmen Frankreichs samt aller Aktiva, Fabriken, allen Grundbesitzes, aller Patente, Warenzeichen und Herstellungsver-

fahren unter dem Zepter der deutschen Mehrheitsaktionäre. Alle übrigen Farbstoffgesellschaften, die sich nicht übernehmen ließen, wurden auf Betreiben der I.G. Farben aufgelöst.
Die neue Gesellschaft, kurz S. A. Francolor, erhielt als Gegenleistung für den Verzicht auf die Kapitalmehrheit weniger als ein Prozent der I.G.-Farben-Aktienanteile.
Das Wichtigste für die deutschen Okkupanten aber war die Bereitschaft der französischen Chemieindustriellen, mit ihren Werken nicht nur voll der Kriegsproduktion beizutreten, sondern sich auch willig der »Neuen Ordnung« einzugliedern.

Wie die I.G. Farben diese »Neuordnung« sahen, und welche Rolle sie selbst darin zu spielen gedachten, das hatte ihre Denkschrift vom 3. August 1940 ausführlich dargelegt, ein Dokument brutaler Offenheit. Es war einem Begleitschreiben beigefügt, das, versehen mit dem Stempel »Streng vertraulich« und von den Herren Schnitzler und Krüger unterzeichnet, an den Ministerialdirigenten Dr. Schlotterer im Reichswirtschaftsministerium gerichtet war. Wie es darin heißt, ist die Denkschrift verfaßt worden in der Erwartung, daß Europa von Deutschland erobert werde und daß sich innerhalb der sich daraus ergebenden »Neuordnung« auch eine solche für die I.G. Farben ergeben müsse.[27]
Danach sind die I.G. Farben mit ihrem Anteil am Weltchemiemarkt, so mächtig er auch ist, nicht zufrieden, und die Denkschrift entwirft, wie das zu ändern sei. Sie bezieht darin außer dem zum damaligen Zeitpunkt bereits deutschbesetzten Europa – Frankreich, Belgien, Holland, Belgien, Luxemburg, Dänemark und Norwegen – auch das unbesiegte England und sein Empire in die zukünftige I.G.-Farben-»Neuordnung« ein. Über diesen geographischen Rahmen hinaus aber werden schon die Visionen einer deutschen Weltherrschaft sichtbar (die dann ein Jahr später, im Sommer/Herbst 1941, nach der Besetzung Südosteuropas und angesichts einer offenbar bereits zusammengebrochenen Sowjetunion in den Bereich der Realisierung zu rücken schien).
Es sind Pläne nach dem großen deutschen Sieg über Europa, der die volle Überwältigung der kontinentalen Chemiewirtschaft

durch die I.G. Farben bringen soll, mit einem ausgeklügelten und breit dargelegten System von Zöllen, Kontingenten, Lizenzen, Exportregulierungen und Ursprungszeugnissen auf der erklärten Linie der nazistischen Großraumlehre. In dieses Expansionsprogramm auf den Spuren der deutschen Truppen ist eine schier unerschöpfliche Warenskala einbezogen – Farbstoffe, Färbereihilfen, Textilhilfsmittel, Pharmazeutik- und Dentalprodukte, Sera, Impf- und Riechstoffe, Photographika, Stickstoff, Stickstoffprodukte und Kunstspinnfasern. Der Katalog offenbart eine gigantische Herstellungsmaschinerie, die als Rohstofflieferant und Absatzmarkt die ganze Welt fordert und die bereit ist, alles niederzuwalzen, was sich ihr – und der militärisch-politischen Schubkraft hinter den I.G. Farben – in den Weg zu stellen wagt.

Ihr »Neuordnungsplan« sieht vor, daß England dem Deutschen Reich eine Beteiligung von mindestens 30 Prozent am britischen Farbstoffumsatz garantieren müsse und daß Produkte, die nicht von der britischen Industrie hergestellt werden, allein aus Deutschland eingeführt würden. Im übrigen sollte es Großbritannien verboten sein, auf den europäischen Kontinent, nach Amerika (ausgenommen Kanada), nach China, Japan und Holländisch-Ostindien chemische Produkte zu exportieren. Ein Wirtschaftsdiktat, das makaber genug anmuten mag angesichts der im Hochsommer 1940 nach wie vor unbesiegten Insel und ihrer Empire-Dimension. Was aber begreiflich wird aus der Lektüre der Denkschrift vom 3. August 1940, sind die geradezu trunkenen Siegeshoffnungen, von denen damals auch die Herren der I.G. Farben ergriffen waren und die Georg von Schnitzler später in das Bekenntnis fassen wird: »Wir erwarteten die überwältigende Niederlage Frankreichs und die mögliche Kapitulation Englands, als wir diesen Schriftsatz ausarbeiteten.«[28]

Hinter allem aber steht der Endgegner, der ferne, der mächtigste, gehaßteste und beneidetste Kontrahent – die USA! »Das Schwergewicht der Auseinandersetzung um eine Neuordnung des Weltmarktes wird im Verhältnis zu den nordamerikanischen Konzernen ruhen.«[29] Die Stärkung der panamerikanischen Idee habe den Verlust der schon nach dem Ersten Weltkrieg erschütterten Position Englands gebracht. An seine Stelle würden nun die USA treten.

Neben den Vereinigten Staaten und Lateinamerika erscheint in der Auseinandersetzung um die »Neuordnung« auch der Ferne Osten. Dort muß sich entscheiden, inwieweit sich die europäische Position gegenüber Japan aufrechterhalten läßt. Die stärkere Konkurrenz dort würde wahrscheinlich eher von ihm als von den USA ausgehen.

Die Denkschrift der I.G. Farben über die »Neuordnung«, erst im europäischen, dann im Weltmaßstab nach dem gewonnenen Krieg, offenbart das Zukunftsprogramm eines der rigorosesten Wirtschaftsimperien, die es je in der Geschichte gegeben hat. Es beansprucht nicht weniger als die I.G.-Farben-Herrschaft über die globale Chemieindustrie. Gemäß dem Stufenplan des Hitlerschen Programms war geplant, sich zunächst vollständig des kontinentalen Marktes zu bemächtigen, sodann alle außereuropäischen Länder daraus zu vertreiben, um dann, im Besitze gewaltiger Ressourcen innerhalb des deutschen Herrschaftsbereiches, zur Eroberung des Weltmarktes hinter den immer ausgedehnteren deutschen Fronten zu schreiten.

Dem unaufhaltsam expandierenden Deutschland würde dann auch ein so gefährlicher Gegner wie die USA nicht gewachsen sein – von einem noch Stärkeren isoliert und ökonomisch in die Knie gezwungen, müßte er sich schließlich der deutschen Herrschaft ergeben.

Gerade in der kalten Sachlichkeit ihres Machtwillens ist die Denkschrift der I.G. Farben zur »Neuordnung der Sieger« eine unerträgliche Lektüre. Sie wird aber noch übertroffen durch Planungen des Unternehmens, die zwar auch in die Zukunft weisen, gleichzeitig jedoch schon Wirklichkeit, Vollzogenes, Indikativ der Geschichte sind, ein Historienblatt dieser Firma, das schaudernd erahnen läßt, wozu der I.G.-Farben-Moloch fähig gewesen wäre, wenn Hitler den Krieg gewonnen hätte . . .

Dieses Blatt heißt I.G. Auschwitz – und ist die Geschichte der technokratischen Haupttäter.

Im November 1939 beschließt die Spitze der I.G. Farben, ein weiteres Werk für die Produktion von Buna (Kunstkautschuk) zu errichten, einen fabrikatorischen Großstützpunkt. Die Wahl des Standortes fällt auf Rattwitz bei Breslau. Die Bauarbeiten, im April 1940 begonnen, werden schon im Sommer wieder eingestellt – Fehlpanung! Das Projekt war zu eng entworfen, denn inzwischen war Frankreich besiegt worden... Neue Perspektiven tun sich auf, Kriegsplanungen, in die eine besiegte Sowjetunion bereits einbezogen und deren Hunger nach Arbeitskräften unstillbar ist. Rattwitz war auch fallengelassen worden, weil diese Kräfte dort in der Nähe nicht zur Verfügung gestanden hätten. Die Suche geht weiter, und in sie eingeschlossen ist von vornherein als Fundament der Planung die Massenverwendung von Zwangsarbeitern.
Man findet einen Platz, gelegen am Zusammenfluß zweier kleinerer Flüsse in die Weichsel, ohne daß Überschwemmungsgefahr besteht, in lieblicher Landschaft – Kohlengruben sind auch nicht weit. Beides gibt dennoch nicht den Ausschlag. Den Ausschlag, sich für diesen und keinen anderen Platz zu entscheiden, gibt die Existenz eines KZ in der Nähe, mit 20 000 Häftlingen – Juden.
Der Ort heißt Auschwitz/Oswiecim.
Dort soll das vierte Buna-Werk der I.G. Farben entstehen, als produktionstechnisch modernstes Heereskombinat des Konzerns. So hat es der Technische Ausschuß, das eigentliche Machtzentrum der I.G. Farben, Ende Januar 1941 endgültig beschlossen.[30]
Bereits mit Blick auf den Angriff gegen die Sowjetunion sollen hier die Kapazitäten für synthetisches Benzin und Kunstkautschuk erweitert werden, ohne daß die Pläne dabei stehenblieben. Es geht vielmehr um Planungen, die weit voraussehen in die Zukunft – nämlich die Treibstoff-Synthese mit der Kunstkautschuk-Hydrierung zu verbinden, um so aus einer gemeinsamen Rohstoffgrundlage, einem bestimmten Verschwelungsverfahrten für Steinkohle, die Kunststoffchemie nach dem Endsieg aufzubauen: Weichmacher, künstliche Harze, Lösungsmittel, organische Lösungmittel. (Die großen Umweltverschmutzer und -verseucher unserer Gegenwart, die Pest einer chemiedominierten Gesellschaft – sie wurden also schon damals geplant!)

Damit wird die I.G. Auschwitz zum wichtigsten Investitionsprojekt der I.G. Farben. Doch zu realisieren ist das gewaltige Vorhaben nur, wenn ihm die höchste Dringlichkeitsstufe zukommt, und das ist allein möglich über die unmittelbar kriegswirtschaftliche Produktion von Benzin und Buna. Das langfristige I.G.-Konzept will aber nicht zuviel investieren, will keine zu großen Kapazitäten von Kunst-Benzin und -Gummi ausbauen: Es rechnet ja schon mit der Niederwerfung der Sowjetunion, das heißt mit ihrem Erdöl, durch das die viel teurere Syntheseindustrie eingestellt oder doch erheblich reduziert werden könnte!
Unter dieser futuristischen, vollständig von der »Neuordnung der Sieger« geprägten Perspektive wurde der Standort Auschwitz ausgewählt. Riesige Umweltschäden der Region eingeplant, ist hier alles Benötigte vorhanden: Kohle, Wasser, Eisenbahnanschluß und – Arbeitskräfte. Am 26. Februar 1941 ordnet Heinrich Himmler an, daß die I.G. Auschwitz vom KZ Auschwitz »in jedem nur möglichen Umfang zu unterstützen sei«.[31] Die Bevölkerung, jüdische und nichtjüdische Polen, wird aus einem vierzig Quadratkilometer großen Gebiet vertrieben und ihres Besitzes beraubt, auf Grund eines Erlasses, den Hermann Göring schon am 18. Februar erwirkt hatte. Zurück blieben lediglich 2000 Polen für die ersten Bauarbeiten.
Im Hochjahr der Siege 1941 modifiziert sich die Zukunftsplanung der I.G. Farben nach den ersten furchtbaren Schmetterschlägen der deutschen Wehrmacht gegen die Rote Armee. Deren Niederlage gewiß, verabschiedet die Reichsführung bereits im Juli den sogenannten Göring-Plan. Nachdem der östliche Gegner völlig zerschlagen sein wird, ist der strategische Luftkrieg gegen die USA zu eröffnen – und gegen jeden, der sich in Übersee dem deutschen Weltherrschaftsanspruch entgegenzustellen wagt. Die I.G. Auschwitz aber soll die dafür benötigten Produkte herstellen – Methanol, Tetraäthyl, Isooktan, also hochwertige Flugtreibstoffe.
Die gesamte Anlage – die unmittelbare für die Kriegsproduktion wie auch die weiterführenden Planungen – basiert auf der Mobilisierung von Zwangsarbeitern, von Sklavenheeren. Und so wird die I.G. Auschwitz zum Motor für die Erweiterung des Lagers Ausch-

witz. Bei einem Besuch dort befiehlt Himmler dem Kommandanten Höß, es auf einen Umfang für 30 000 Häftlinge auszubauen. Zunächst einigen sich I.G. und KZ Auschwitz auf 1000 Zwangsarbeiter, die von der SS zu einem Preis von drei bis vier Mark pro Tag verliehen werden.[32] Alle Voraussetzungen für ein Entwicklungsprojekt größter Ordnung sind erfüllt, zumal sich die von Kattowitz ausgehende Landesplanung dem I.G.-Auschwitz-Konzept nach und nach vollständig unterwirft.

Kraft ihres Eigengewichts setzt die I.G. sich selbst ins Planungszentrum der Region, kauft Konkurrenten und Lizenznehmer auf, pfropft sich der Administration über. Das Ziel: Die Region soll ein chemisches Produktionszentrum auf allen Gebieten der Schwelchemie werden – bezeichnenderweise war der annektierte, der Ostteil Oberschlesiens vom Generalplan Ost des Konrad Meier ausgespart und der industriellen Entwicklung vorbehalten worden.

SS und KZ werden für die I.G. Auschwitz in hohem Maße funktionalisiert. Auf verschiedenen Konferenzen kommen I.G.-Ingenieure, -Architekten und -Chemiker mit dem KZ-Kommandanten zusammen, um das Problem der Arbeitskräfte zu besprechen. Immer deutlicher wird die Abhängigkeit des gesamten Projektes von der Zufuhr der Zwangsarbeit. Doch wurde nicht jeder genommen. Als Höß bei einem Treffen mit dem verantwortlichen Bauleiter der I.G. Auschwitz, Walter Dürrfeld, sowjetische Kriegsgefangene anbot, lehnte der ab – die Russen waren nicht mehr »verwertbar«.

Zwischen dem Beschluß vom März 1942, das KZ Auschwitz endgültig zu etablieren, und der Existenz I.G. Auschwitz besteht ein enger Zusammenhang.[33] Ein Jahr zuvor hatte es einen Plan Himmlers gegeben, in Auschwitz eine eigene Rüstungsindustrie zu errichten – woraus nichts wurde. Die Gründe dafür sind noch nicht genau erforscht, aber Karl-Heinz Roth, der der Geschichte der I.G. Auschwitz seit Jahren wissenschaftlich nachgeht und dem die Einzelheiten auf diesen Seiten zu verdanken sind, setzt ein elementares Interesse des Konzerns an der Konkurrenzlosigkeit des Großprojekts voraus.[34]

Worauf es ankam, war die effektivste Verwertung von Häftlingsarbeit, und damit sah es in den Augen der I.G.-Manager nicht gut aus. Die Manager sind schockiert über die Ineffektivität der Zwangsarbeit. Das Verhältnis zwischen Todesrate und Ausnutzungsquote stimmt nicht – es wird zu schnell gestorben. Beim geringsten Anlaß schießen die schwerbewaffneten SS-Kordons scharf in die Häftlingskolonnen hinein. Einer der Gründe dafür: Die Arbeitskraft ist billig, die Wirtschaftsbetriebe der SS müssen pro Tag und Häftling nur 0,15 bis 0,45 Reichsmark an das Reichsfinanzministerium zahlen, die I.G. Auschwitz dagegen drei bis vier Mark – die Manager rebellieren! Aber wohl kaum, darf man doch annehmen, wegen der grausamen Behandlungsweise, sondern weil dies den Kalkulationsgrundlagen der I.G. Auschwitz entgegenstand – die täglichen Häftlingskosten entsprachen lediglich 50 bis 55 Prozent der Verwertung von freier Arbeitskraft... Also mußte das Zwangsarbeitersystem individualisierter werden. So sind die Modifikationen seit Anfang 1942 zu verstehen, die Umzäunung zentraler Teile des Baugrunds, um die SS-Wachmannschaften dahinter zu halten; die Unterstellung von Kapos unter Meister und Vorarbeiter, um die langen An- und Abmarschwege mit ihren Energieverlusten zu vermeiden; die Installierung eines eigenen Disziplinarsystems mit Gefängnis- und Erziehungslager und die Pläne zur Errichtung eines eigenen KZ – Auschwitz-Buna.

(Einer von ihnen wurde übrigens bald realisiert: Als im Juli/August 1942 im Stammlager Auschwitz eine Fleckfieber-Epidemie ausbrach, verwandelte die I.G. Auschwitz im Zuge dieser Planung ihr eigenes Fremdarbeiterlager IV in das KZ Auschwitz III, während im November 1943 die gesamten industriellen Nebenlager des KZ Auschwitz dem Standortkommandanten von Auschwitz-Buna unterstellt wurden).

Die Strategie der höchsten individuellen Verwertbarkeit von Zwangsarbeit konnte für manchen sogar einen Todesaufschub bedeuten. Sie ging so weit, daß die I.G. Auschwitz russische und ukrainische Häftlinge in die Synthese- und Hydrierwerke des Reiches schickte, um sie dort zu Betriebs-, Ofen-, ja angelernten Chemiearbeitern ausbilden zu lassen.

Auf dem Höhepunkt verfügte das Bauprojekt I.G. Auschwitz über mehr als 40 000 Arbeitskräfte, davon etwa 30 Prozent Häftlinge.

Deren Frist bis zur Vernichtung schwankte zwischen sechs und acht Wochen, zum Wohle der I.G.-Kostenkalkulation. Was hier zusammenwirkt, läßt einem kalte Schauder den Rücken hinunterlaufen: ein System brutalisierter Vernichtung, das kombiniert war mit modernen Verfahren betrieblicher Sozialpolitik. Das Geheimnis der Effizienz deckt Karl-Heinz Roth auf mit den Worten, daß das System »nur deshalb funktionierte, weil der Leistungslohn durch die drohende physische Vernichtung, durch Zyklon-B ersetzt war«. Die Planungen der I.G. Farben für die effizienteste Verwertung von Arbeitskraft am Standort Auschwitz sahen die ungeheure Summe von 600 Millionen Reichsmark vor. Die Voraussetzung dafür war das grenzenlose Kontingent der Sklavenheere. Die I.G. hat mit einer Belegschaft von vielleicht sieben bis acht Prozent reichsdeutschen Arbeitern, Angestellten und Technikern das Kunststoffkombinat Auschwitz in etwas mehr als drei Jahren errichtet. Das heißt, daß an keinem Ort der deutschen und der besetzten Gebiete effizienter und rücksichtsloser vorgegangen worden ist als bei dieser großen Nachkriegsplanung der I.G. Farben.

Das Projekt hatte nicht nur überragende Bedeutung für die Rüstung und Kriegsplanung, sondern war gedacht als Musterfall wichtigster produktionstechnischer, wirtschaftlicher und sozialpolitischer Fragen und Probleme für die Weltpläne der I.G. Farben, für die Ära nach dem Endsieg.

Die Erfahrungen, die dafür gesammelt wurden, waren unschätzbar. Die Hatz auf Zwangs- und Fremdarbeiter war zunehmend radikalisiert worden, und sie beließ es keineswegs nur beim Standort Auschwitz. Die Manager beschränkten sich auch nicht auf den deutschbesetzten Osten, sondern schwärmten, deutlich brutalisiert, in den Süden und Westen des Kontinents aus.

Hauptopfer von I.G. Auschwitz waren Juden und Russen. Dabei wäre es nicht geblieben, mit ihrer Ausrottung wäre sich nicht begnügt worden. Die schrankenlose Verwertbarkeit von Arbeitskraft war das grundlegende Element für die weitere Kapitalbildung. Diskriminierte Schichten für das Prinzip »Entwicklung und Vernichtung« hätten sich auf dem ganzen Globus in Überzahl finden lassen, in welchem Erdteil auch immer.

Noch einmal Karl-Heinz Roth: »I.G. Auschwitz ... war der Schlußpunkt einer Entwicklung, in der organische Chemiker aus etwas Kohle, Kalk, etwas Salz und einigen anderen billigen Rohstoffen, aus Dreck und Teer und Zwangsarbeit, Vernichtung durch Arbeit, das Spektrum der heutigen Chemie entwickelt haben.«
Der Anteil der I.G. Auschwitz an den Opferziffern der »Neuordnung der Sieger« betrug 30 000 tote Zwangsarbeiter und Zwangsarbeiterinnen.

Großbritannien unterm Hakenkreuz

»Und wenn man in England heute sehr neugierig ist und fragt: ›Ja, warum kommt er denn nicht?‹ Beruhigt euch, er kommt!«

Adolf Hitler am 4. September 1940 auf einer Kundgebung im Berliner Sportpalast

Winston Churchill? Erschossen!

»Himmler hat den König im Tower festsetzen lassen«, berichtete Harry Woods, »aber jetzt sagen die deutschen Generäle, die Wehrmacht solle ihn bewachen.«
Der andere Mann beschäftigte sich mit den Papieren auf seinem Schreibtisch, ohne sich dazu zu äußern. Er drückte einen Gummistempel ins Stempelkissen und knallte ihn auf den Tagesbericht: »Scotland Yard, 14. November 1941«.[1]

So beginnt der Roman des britischen Kriminalschriftstellers Len Deighton »SS-GB«, also Großbritannien unter der Knute der SS im deutschbesetzten England zu Beginn des dritten Kriegsjahres – ein fiktives Buch. Die weltgeschichtliche Situation in der Phantasie des Autors: Deutschland im Bündnis mit der Sowjetunion (deren Alleinherrscher, der »befreundete« Stalin, Emissäre über den Kanal geschickt hat, um den Sieg kräftig mitzufeiern), die USA eine neutrale Macht, die nichts dagegen hat, daß eine tägliche Nonstop-Flugverbindung zwischen London und New York errichtet wird. Deighton eröffnet die Lektüre mit dem Faksimile der siebten von zehn Ausfertigungen einer »Geheimen Kommandosache« des Obersten Befehlshabers der Wehrmacht, datiert vom 18. 2. 1941 – *»Chefsache. Nur durch Offizier«* –, die britische Kapitulationsurkunde! Sie gilt für alle Streitkräfte im Vereinigten Königreich von Großbritannien und Nordirland, einschließlich der Inseln. In sieben Punkten wird die völlige Unterwerfung des Empires unter den Willen der deutschen Sieger gefordert, die Einstellung der Feindseligkeiten zu Wasser, zu Lande und in der Luft auf den 19. Februar 1941 um 9.00 Uhr (Greenwich-Zeit) festgesetzt. Und dann entwirft Len Deighton ein Okkupationspanorama, von dem der »Guardian« laut Verlagswerbung schrieb: »So wäre es nach einer Invasion wohl hier passiert.«

Durch London stampfen die Knobelbecher deutscher Soldaten, die den Anblick ihres Führers nicht zu entbehren brauchen, denn überall zwischen wehenden Hakenkreuzfahnen prangen riesige Porträts von Hitler – und von Stalin, diese von Hammer-und-Sichel-Flaggen umwallt: In Anwesenheit von Goebbels, Ribbentrop und Molotow wird eine »Woche der deutsch-sowjetischen Freundschaft« gefeiert... Oberster Polizeichef Großbritanniens ist SS-Gruppenführer Kellermann. Und nun tauchen sie alle auf, Widerstandskämpfer und Kollaborateure, Kriegsgewinnler und Unbeugsame, die Schattengestalten und die Aufrechten und sämtliche Nuancen dazwischen. Sie alle können sich auf einen Status quo von langer, ja unabsehbarer Dauer einrichten – denn weit und breit ist keine Macht in Sicht, von der die Weltgeschichte rasch korrigiert werden könnte. Und Churchill?

»Erschossen! Von einem Luftwaffen-Exekutionskommando in der Gardekaserne in Berlin-Lichterfelde. Tod durch militärische Hinrichtung war eine besondere Ausnahmebewilligung des Führers... Es heißt, daß Winston sich geweigert habe, sich die Augen verbinden zu lassen, und daß er die Finger zu einem V-Zeichen hochhob.«

Zentralfigur und dennoch nicht im klassischen Sinne »Held« ist der Scotland-Yard-Detektiv Douglas Archer, Superintendent und tief verstrickt in das dichtgeflochtene Intrigennetz zwischen der SS, der Wehrmacht und britischen Widerstandskämpfern. Es geht um die Befreiung des Königs, der im Tower gefangengehalten wird, um seine Rettung nach Amerika und um britische Atombombenformeln, von denen die Besatzer nichts wissen dürfen.

Len Deighton, lange vor diesem Buch bereits ein international bekannter Krimi-Autor (»Ipcress – Streng geheim«; »Finale in Berlin«; »Blitzkrieg«), spinnt in »SS-GB« wohl eine ausgetüftelte, hochspannende Fabel, aber den Reiz dieses unheimlichen Buches erzeugt die gelungene Mischung aus großer Sach- und Fachkenntnis mit bemerkenswerter Phantasie gegenüber einer für Briten nur äußerst schwer vorstellbaren Situation. Es gibt Schilderungen von beklemmender atmosphärischer Dichte, gerade dort, wo scheinbar im Vorübergehen berichtet wird:

»Das Schild ›Soldatenkino‹ am Curzon-Lichtspiel-Theater war klein und unauffällig, und wenn man versuchte, das Restaurant ›Mirabelle‹ zu betreten, konnte es geschehen, daß der mit einem Zylinder geschmückte Portier einem zuflüsterte, daß dieses Lokal ausschließlich von Stabsoffizieren der VIII. Luftflotte benutzt würde, deren Hauptquartier sich schräg gegenüber den Räumen des Kulturministeriums befand. Und wenn man nicht allzu aufmerksam hinblickte, konnte man auch die Schilder übersehen, auf denen ›Jüdisches Unternehmen‹ stand, was so ziemlich alle Kunden, außer ein paar Unverfrorenen, fernhielt. Und im September 1941 pflegte Douglas Archer, so wie die meisten seiner Landsleute, eben nicht allzu genau da- und dorthin zu blicken.«

Leighton schont seine Landsleute nicht. Das System der »blockwardens« ist eingeführt und funktioniert, wie auch der schwarze Markt und der Ausverkauf von Antiquitäten – Kostbarkeiten, die von den deutschen Besatzern waggonweise nach Deutschland verfrachtet werden, mit von der Partie natürlich auch die Kulturgorillas von Hermann Göring, dem kontinentalen Kunstklauer innerhalb der Naziprominenz. Und unter den Einheimischen taucht dann auch erwartungsgemäß jene Spezies auf, die einen Riecher für Notlagen hat, »... Individuen, die einem tausend Paar Gummistiefel oder hundert Kilometer elektrisch geladenen Zaun beschaffen konnten, drei Kreuze und neun lange Nägel«. Aber da ist ebenfalls die Rede von einer Art britischem de Gaulle, Symbol der Befreiung und des Widerstandes von außen – Konteradmiral Conolly. Douglas Archer: »Ein eiskalter Hund, nach dem zu schließen, was ich höre. Obschon ich nicht viel gehört habe. Sich von einem Flugzeugträger in Halifax, Nova Scotia, zu stehlen und sich als Führer von ›Free Britain‹ zu erklären, zeigt eine atemberaubende Kühnheit.« Conolly wird zur Personifizierung der letzten

und einzigen Hoffnung, der von außen. Denn das Inselvolk wird sich nicht selbst aus der Umklammerung der übermächtigen deutschen Sieger lösen können.
Zwar wird Großbritannien nicht nach dem Muster des *Generalplans Ost* regiert, die rassisch höhere Bewertung der Engländer als die der – im Himmler-Jargon – *ostischen Untermenschen* wird erkennbar, aber die Milde ist nur relativ – auch England muß seinen Teil an Zwangsarbeitern, stellen. Sie werden auf den Kontinent verschleppt, und das Volk sieht sich dem ganzen ungeheuren Druck einer »Ordnungsmacht« ausgesetzt, deren Angehörige eines gelernt haben: das, was sie tun, gründlich und perfekt zu tun.
Gestapo und SD (Sicherheitsdienst) sind im Londoner Yard-Gebäude einquartiert. Prototyp der Nazifremdherrschaft über das Mutterland westlicher Demokratie und seine Menschen wird der Waffen-SS-Offizier und Doktor der Rechte, *Huth* – unter einem Inch mühsamer Konzilianzfassade zehn Fuß Gewalt- und Mordbereitschaft. Len Deightons Detailkenntnisse der hierarchischen und organisatorischen NS-Strukturen könnten manchen deutschen Schriftsteller verlegen machen: so, daß gegen SS-Angehörige nur vor ihrer eigenen Gerichtbarkeit verhandelt werden durfte; daß die Gestapo kein Teil der SS war, wohl aber Gestapoleute SS-Angehörige sein konnten wie auch Mitglieder der Nazipartei, der jedoch keineswegs alle Gestapomänner angehörten. Ferner, daß jeder Personalausweis der SS von der »Schutzstaffel« der NSDAP ausgestellt wurde, es aber zwischen beiden keinen anderen organisatorischen Zusammenhang gab. Schließlich, daß das Elitebewußtsein im SD besonders ausgeprägt war und sein Apparat wie kein anderer Einblick in alle Bereiche der geheimen Abwehr hatte.
Der gespenstische Höhepunkt des Deightonschen Besatzer-Freskos ist die Exhumierung der sterblichen Überreste Karl Marx' vom Highgate-Friedhof im schäbigen Norden Londons, um sie zum fernen Roten Platz vor Moskaus Kremlmauern zu verbringen – als abschließende große Geste der deutschen-sowjetischen Freundschaftswoche... Dies in Anwesenheit von Goebbels, Ribbentrop, Molotow sowie dem Premier der britischen Marionettenregierung, und das Ganze akustisch untermalt von deutscher

Marschmusik und russischem Chorgesang, während ein Marmorblock mit den politischen Symbolen Deutschlands und der Sowjetunion darauf wartet, nach vollzogener Exhumierung des Marxschen Skeletts in das leere Grab gesenkt und darin für immer verschlossen zu werden.
Die Sache mißglückt, weil eine Bombe hochgeht, von deren Detonation sich der in gehörigem Abstand von der Unglücksstätte postierte SS-Huth übrigens keineswegs überrascht zeigt... Doch soll hier nicht dem verschlungenen Handlungsfaden weitergefolgt werden, sondern angemerkt sein, daß Len Deighton mit starker Vorstellungskraft eine historische Halluzination erstehen ließ, die über meiner eigenen politischen Biographie wie ein wehrer Alptraum gelastet hatte: die Besetzung der Britischen Inseln, die Naziherrschaft über Großbritannien!
Mir völlig unvergeßlich, wie über eine bestimmte Spanne des Zweiten Weltkrieges hin (der damals, ohne Beteiligung der Sowjetunion und der USA am Kampfgeschehen, noch kein wirklich globaler war) sich alle meine Hoffnungen auf die Insel und seine Menschen richteten. Ganz auf sich gestellt, standen sie dem Kontinentalgiganten sozusagen von Angesicht zu Angesicht gegenüber, getrennt nur durch ein schmales Wasser, das zuvor schon von Invasoren überquert worden war – von Römern, Angelsachsen, Normannen. All meine Zuversicht auf spätere Erlösung hing während der Äonen zwischen der Niederlage Frankreichs und dem Überfall auf die Sowjetunion von der Standhaftigkeit und Tapferkeit der Briten ab, die gesamte Last der Welt ruhte auf ihren Schultern, ihr Fall, ihre Katastrophe wäre der eigene Fall, die eigene Katastrophe gewesen, da es dann keine Hoffnung mehr auf Befreiung der unmittelbar Bedrohten im Machtbereich der Nazis gegeben hätte. Unverbraucht deshalb das Gefühl einer schier berstenden und doch auch wieder ganz innigen Dankbarkeit, die ich noch jedesmal beim Anblick der Kreidefelsen von Dover empfand und empfinden werde, sooft mir ihr Anblick noch vergönnt sein wird.
Zum Glück hat keines deutschen Soldaten Fuß die Insel betreten. Aber was waren die Pläne im Falle ihrer Eroberung durch die Wehrmacht?

»Sonderstab England«

Die Vorstellungen der Sieger für das Schicksal Großbritanniens im Rahmen ihrer »Neuordnung« waren so exakt wie für die bereits okkupierten oder noch zu besetzenden Länder – sie liefen auf die völlig wirtschaftliche und politische Unterwerfung hinaus. Wobei sich wieder die I.G. Farben besonders hervortaten. Schon am 15. Juli 1940, einen Tag, bevor die Hitler-Weisung Nr. 16 vom Oberkommando der Wehrmacht – *Landung in England* – herausgegeben wurde, forderte die »Volkswirtschaftliche Abteilung« der I.G. die Konzernbetriebe auf, Vorkehrungen zu treffen, um nach dem militärischen Sieg über Großbritannien alle Anlagen der chemischen und der mit ihr verbundenen Industrie sofort zu übernehmen.[2] Und zwischen Juli und November 1940 entstanden dann jene umfangreichen Pläne, die Ausfuhr der britischen Chemieprodukte nach dem Kontinent auszuschalten und den verhaßten Konkurrenten den Garaus zu machen, über die im vorangegangenen I.G.-Farben-Kapitel zur »Neuordnung der Sieger« bereits berichtet worden ist. Am 30. Juli 1940 wurde auf Anweisung des Wirtschafts- und Rüstungsamtes OKW ein »Sonderstab England« unter Leitung von Admiral Ancker gebildet. Seine Aufgabe war es, zu planen, wie das britische Wirtschaftspotential am effizientesten den deutschen Interessen untergeordnet werden könnte. Der »Stab England« arbeitete eng mit dem Reichswirtschaftsministerium zusammen und war in sechs *Wirtschaftskommandos* aufgeteilt: London, Birmingham, Newcastle, Liverpool, Glasgow und Dublin.[3]

Am 1. August machte sich die Leitung der Wirtschaftsgruppe *Eisenschaffende Industrie* in der Abwehrabteilung I des Oberkommandos der Wehrmacht Gedanken, wie die Wirtschaftsführer am besten in England verwendet werden könnten. Dazu schlug die *Reichsgruppe Industrie als Generalbeauftragten für Großbritannien* Otto Steinbrinck von den Vereinigten Stahlwerken vor sowie als weitere Beauftragte leitende Männer der Deutschen Edelstahlwerke Krefeld, der Mannesmann-Röhrenwerke, der Gutehoffnungshütte und der Friedrich Krupp AG.[4]

Anfang September 1940 verstärkten die vorgesehenen Besatzungsorganisationen für Großbritannien ihre Tätigkeiten. So versorgte das Wirtschafts- und Rüstungsamt des OKW alle beteiligten Stäbe und Verbände mit einer Schrift, die den Titel »Die Wirtschaft Großbritanniens« trug, eine Arbeit, die am 6. und 7. September vervollständigt wurde durch eingehende Unterrichtungen, welche wehrwirtschaftlichen Sofortmaßnahmen nach der Landung getroffen werden sollten. Am 9. September erließ Walther von Brauchitsch, Oberbefehlshaber des Heeres, Befehle, wie die deutsche Militärverwaltung in England organisiert werden müsse und welche Aufgaben sie habe, nämlich die gesamte Arbeits- und Produktionskraft für die Bedürfnisse der deutschen Kriegswirtschaft auszubeuten. Beschlagnahmt werden sollten: alle wichtigen Industrieanlagen und Forschungsergebnisse, sämtliche Transportmittel und alle Vorräte an Erzen, Holz, Brennmaterial, Fellen, Leder und Futtermitteln. Den wehrfähigen Briten zwischen 17 und 45 Jahren aber war das Schicksal der Deportation, also der Zwangsarbeit auf dem Kontinent, zugedacht.

Um alle diese Pläne nach Landung auf britischem Boden und Besetzung erfolgreich durchführen zu können, wurden sämtliche Maßnahmen bis ins kleinste ausgetüftelt. Die Leitung darüber hatte der Erste Generalstabsoffizier der Operationsabteilung des Heeres, Adolf Heusinger – derselbe, der 1955 Vorsitzender des Führungsrates im Bundesverteidigungsministerium werden sollte, 1957 Generalinspekteur und Leiter des Führungsstabes der Bundeswehr und von 1961 bis 1964 Vorsitzender im Ständigen Militärausschuß der NATO ...

Inzwischen hatte das OKW in gewaltigen Mengen Aufrufe an die Bevölkerung Großbritanniens drucken und als *Geheime Kommandosache* bis hinab zu den Armeekorps und Divisionen versenden lassen. Neben der Aufforderung, Munition und Waffen an die deutschen Militärbehörden abzuliefern, wurde darin zugleich verkündet, daß die demokratischen Freiheiten aufgehoben, die deutsche Währung und das deutsche Strafrecht eingeführt und Widerstandshandlungen mit dem Tode zu bestrafen seien.

Bestens vorbereitet für ihre grausige Arbeit auf der Insel waren Geheime Staatspolizei und SS. Hermann Göring hatte schon am

1. August 1940 Heinrich Himmler beauftragt, Einheiten der Sicherheitspolizei (Sipo) und des Sicherheitsdienstes (SD) bereitzustellen, um mit allen bereits gesammelten Erfahrungen die britische Bevölkerung in Angst und Schrecken zu versetzen. Am 17. September 1940 ernannte Reinhard Heydrich, Leiter des Reichssicherheitshauptamtes (RSHA), seinen Amtschef Franz Six zum Herrn über Sipo und SD auf der Insel. Auf einer »Sonderfahndungsliste Großbritannien« standen die Namen von 2700 prominenten Persönlichkeiten, die verhaftet, und viele Adressen von politischen Institutionen, die überwacht oder verboten werden sollten.[5]
Bis Ende 1940 wurden aus Wirtschaftskreisen viele weitere Vorschläge gemacht, wie Großbritannien am wirkungsvollsten ausgeplündert und unterdrückt werden könnte. Unter den Verfassern zeichnete sich besonders der Präsident der Deutschen Handelskammer in London und Beauftragter des Reichswirtschaftsministeriums, Karl E. Markau, aus. Am 27. September 1940 schlug er dem Oberkommando der Wehrmacht und dem Auswärtigen Amt vor, die handelspolitische Machtstellung Großbritanniens nach der Besetzung einfach dadurch aufzuheben, daß grundsätzlich 51 Prozent aller Aktien von Unternehmen, die über bedeutende internationale Handelsbeziehungen verfügten, von deutschen Konzernen und Monopolen übernommen werden würden. »Das Endziel dieser Maßnahmen ist die Verlagerung von Erfahrungen, Handelswegen und des gesamten Einflusses, der bisher in englischen Händen war, nach Deutschland, und zwar zeitlich auf dem kürzesten und wirkungsvollsten Wege.«[6]
Schließlich sollte ein *Industrieerfassungsstab für England,* vom Generalluftzeugmeister der Luftwaffenführung eingerichtet, sich sämtlicher Entwicklungs- und Forschungsergebnisse der britischen Luftfahrt bemächtigen.
So sahen im großen und ganzen die »Neuordnungspläne der Sieger« für Großbritannien aus. Wenn wir sie mit der Fiktion des Len Deighton vergleichen, so kommen sich beide sehr nahe. Mit einer Einschränkung allerdings – daß auch ein so phantasievoller Brite wie dieser die letzte Dimension des Schreckens doch nicht vor Augen haben kann; daß selbst die kreativste Vorstellungskraft von

Menschen eines Volkes, dem die Nazibesetzung zum Glück erspart geblieben ist, nicht ausreicht, um das Unerlebte in seiner tatsächlichen Grauenhaftigkeit wirklich nachempfinden zu können; und daß eine für andere Völker Tatsachen gewordene Realität ihre Unvorstellbarkeit allein durch die eigene Erfahrung verlieren kann. Was immer sonst zu rekonstruieren möglich ist – dies nicht.

Von Auschwitz nach Himmlerstadt

Eine Scheidung der Asche kann nicht erfolgen

Über Erweiterungspläne von Auschwitz und seinen Vernichtungskomplex gibt es ein Zeugnis, das zu den furchtbarsten Dokumenten zählt, die uns überliefert worden sind: die Patentanmeldung zu einem »kontinuierlich arbeitenden Leichenverbrennungsofen für Massenbetrieb« der Firma J. A. Topf & Söhne, Erfurt, vom 4. November 1942. Ich verdanke es dem Archiv des 1988 verstorbenen Berliner Verlagsvertreters Klaus Kunz, der sich ebenfalls zu publizistischen Zwecken intensiv mit den Nachkriegsplänen der Nazis beschäftigt hatte. Seine Witwe, Christel Kunz, ließ mich Einblick in den Nachlaß nehmen, bei gleichzeitig freundlicher Genehmigung, mich seiner zu bedienen. Was ich in diesem und einem weiteren, später angezeigten Fall tue.

Jeder Besucher des KZ-Museums Buchenwald bei Weimar weiß, daß Topf & Söhne auch diesem Stammlager die Krematorien geliefert hatte. Die Patentanmeldung T 58240 Kl. 24 der Erfurter Firma jedoch sprengt alle bisherigen Dimensionen und entwirft, auf fünf Seiten bis ins letzte detailliert, Leichenverbrennungsanlagen von beispielloser Kapazität. Daß die Konstrukteure dabei wissen, was sie tun und worum es sich handelt, geht, kaum verhüllt, aus den ersten drei Absätzen der »Beschreibung« an das Reichspatentamt, Berlin SW 61, hervor:

»In den durch den Krieg und seine Folgen bedingten Sammellagern der besetzten Ostgebiete mit ihrer unvermeidbar hohen Sterblichkeit ist die Erdbestattung der großen Menge verstorbener Lagerinsassen nicht durchführbar. Einerseits aus Mangel an Platz und Personal, andererseits wegen der Gefahr, die der näheren und weiteren Umgebung durch die Erdbestattung der vielfach an Infektionskrankheiten Verstorbenen unmittelbar und mittelbar droht.

Es besteht daher der Zwang, die ständig anfallende große Anzahl von Leichen durch Einäscherung schnell, sicher und hygienisch einwandfrei zu beseitigen. Dabei kann natürlich nicht nach den für das reichsdeutsche Gebiet geltenden gesetzlichen Bestimmungen verfahren werden. Es kann also nicht jeweils nur 1 Leiche eingeäschert und der Einäscherungsprozeß kann nicht ohne Nach- und Zusatzheizung durchgeführt werden. Vielmehr müssen fortlaufend gleichzeitig mehrere Leichen gemeinsam eingeäschert werden, und während der Gesamtdauer des Einäscherungsprozesses müssen die Flammen und die Feuergase auf die einzuäschernden Leichen unmittelbar einwirken. Eine Scheidung der Asche der mehreren, gleichzeitig Eingeäscherten kann nicht erfolgen; die Leichenasche kann nur gemeinsam verwahrt werden. Man muß somit bei den Verrichtungen, die zur vorgeschilderten Beseitigung der Leichen dienen, nicht von ›Einäscherung‹ sprechen, sondern es handelt sich tatsächlich um eine Leichenverbrennung.
Zur Durchführung dieser Verbrennung – und zwar auch schon nach vorgeschilderten Gesichtspunkten – wurde bisher in einzelnen derartigen Lagern eine Anzahl Mehrfach-Muffel-Öfen aufgestellt, die naturgemäß periodisch beschickt werden und arbeiten. Infolgedessen befriedigen diese Öfen noch nicht voll, denn die Verbrennung geht in diesen noch nicht schnell genug vor sich, um die laufend anfallende große Anzahl von Leichen in möglichst kurzer Zeit zu beseitigen.«[1]

Es geht also eindeutig um eine zentrale Verbrennungsanlage größten Stils, deren Sinn darin besteht, ausschließlich menschliche Leichen möglichst vollständig in Asche zu verwandeln. Topf & Söhne erläutern das Patent umsichtig, klären auf über Anheiz- und Verbrennungszone, Rauchgaszüge und Tunnel-Öfen, bestmögliche Ausnutzung des Brennmaterials und feuerfeste Schamotte-Verkleidung. Unter Fortfall von im Feuer zu bewegenden Konstruktionsteilen kommen sie zu der Versicherung: »Die Leichen gleiten durch eigene Schwerkraft auf entsprechend geneigten und geformten Unterlagen in den beheizten Ofen hinein und dann weiter herab, geraten auf diesem Wege ins Brennen, um schließlich an geeigneter Stelle des Ofeninneren auszubrennen und zu veraschen.«
Das wird mit Figuren und Zeichnungen eingehend illustriert, so etwa zickzackartige Gleitbahnen mit rostartig ausgebildeten Gleitflächen, deren oberste genügend weit ist: »Durch diese Einführöffnung werden die zu verbrennenden Leichen quer zur Längsrichtung des Körpers auf die oberste Gleitbahn a aufgegeben. Um

diese Queraufgabe zu ermöglichen, ist der Ofen mit entsprechender lichter Breite ausgeführt. Die zeitlichen Abstände der Einführung der einzelnen zu verbrennenden Leichen in den Ofen richten sich nach dem Ablauf der Gesamtverbrennung, die ja durch die Eigenart des Ofens möglichst beschleunigt werden soll.«
Erklärt werden: das Schamotte-Ausbrennrost mit der darunter vorgesehenen Asche-Sammelkammer, des weiteren Plan- und Treppenroste, Generator-, Gas- und Ölfeuerung sowie die Vorzüge eines Rauchgas-Luftvorwärmers. Das alles mündet in die Schlußfolgerung:

»Die zu verbrennenden Leichen sind also auf ihrem Wege durch den Ofen ständig den Einwirkungen der ihrer Bewegungsrichtung entgegenstreichenden Flammen bzw. Heizgasen ausgesetzt. Durch seitlich verschiebbare und ebenso bedienbare mehrteilige Schamotte-Schieber kann eine Störung oder Unterbrechung des Leichendurchgangs durch den Ofen erfolgen. Ferner kann durch entsprechend angeordnete Austrittsöffnungen bei einem evtl. Festbacken der Verbrennungsobjekte von außen nachgeholfen werden ... Die Hauptasche sammelt sich unter dem Ausbrennrost l der schon erwähnten Asche-Sammelkammer, wo sie an ihrer Oberfläche auch dauernd der Einwirkung der Feuergase unterliegt, so daß evtl. noch nicht ganz ausgebrannte Reste der Verbrennungsobjekte auch in diesem Ascheraum noch nach- und ausbrennen können.«

So weit Auszüge aus der Patentanmeldung der Firma J. A. Topf & Söhne, Erfurt, vom 4. November 1942.

1985 fragt Klaus Kunz bei einem bundesdeutschen Fachmann für Veraschungsanlagen an, ob der Topfsche Plan eines *Leichenverbrennungs-Hochofens* realisierbar gewesen wäre. Darauf wird dem Berliner bescheinigt und fachlich genau begründet, daß es sich bei der Erfurter Patentanmeldung keineswegs um eine Utopie gehandelt habe.
Den Inhalt dieser Erwiderung faßte Klaus Kunz so zusammen:
Denkbar wären, je nach Konstruktion, etwa 50 Leichen auf einmal, die noch nicht brennen, sondern zunächst, in der ersten Phase, ihren Wassergehalt verlieren. Der eigentliche Verbrennungsvorgang der durch ihr Eigengewicht gerutschten Leichen (denen oben neue nachfolgen) wird in der zweiten Phase bei einer

Temperatur von 1000 Grad Celsius erreicht. In der dritten Phase würden dann die Leichenüberreste vollständig veraschen und automatisch in die Asche-Sammelkammer fallen.
Nachdem der Fachmann aus dem Jahre 1985 zu bedenken gegeben hat: »Genaue Daten und Zeiträume können anhand des Plans nur theoretisch berechnet werden, da exakte Werte naturgemäß nur nach praktischen Erprobungen möglich wären«, heißt es in der Zusammenfassung weiter: Denkbar wäre, bei angemessener Größe des Objektes etwa 50 Leichen auf die Schräglage a bei einer Länge von ca. 25 Metern aufzugeben. Der schon genannte Verdampfungsvorgang in der Position a würde etwa 15 Minuten betragen, »so daß sich bei kontinuierlicher Dauerleistung eine Verbrennungskapazität von etwa 4800 Leichen pro 24 Stunden ergeben könnte«. Die Anheizzeit für einen solchen *Hochofen* berechnete der bundesdeutsche Fachmann auf »wenigstens zwei Tage«. Nach dieser Anheizzeit würde der Ofen dann, auf Grund der Hitzeabgabe der Leichen, keine weiteren Brennmaterialien mehr benötigen, »da er im Selbstheizverfahren seine notwendigen Temperaturen halten könnte«. Für eine konstante »Betriebstemperatur« wäre es allerdings nötig gewesen, wohlgenährte mit ausgezehrten Leichen zu mischen, da ja nur durch den Austritt des menschlichen Fettes eine Gewähr für gleichbleibend hohe Temperaturen gegeben ist.
Denkbar wäre auch eine »Doppelbeschickung« von Leichen gewesen, wodurch sich der oben geschilderte Vorgang lediglich um etwa fünf Minuten verlängern würde, dies aber mit dem Ergebnis, in 24 Stunden 7000 Leichen verbrennen zu können, statt sonst 4800. Die Zusammenfassung der fachmännischen Ausführungen schließt mit dem Satz: »Der Betrachter von außen würde eine Anlage erblikken, aus deren gewaltigem Schornstein in ununterbrochener Folge dichte, schwere und tiefdunkle Rauchwolken entströmten.«
Von Klaus Kunz erbeten, gibt es aus der Feder desselben Fachmanns, mit Datum vom 10. Mai 1985, eine abermalige »Leistungsberechnung«. Sie geht diesmal aus von einem Leichenverbrennungs-Hochofen mit den Maßen: Kellergeschoß – Höhe 5,0 m; Erdgeschoß – 3,75 m; Zwischengeschoß – 3,75 m; Obergeschoß – 4,0 m, was eine Gesamtgebäudehöhe von 17,5 bis 18 m ergeben würde.

Diese Zahlen würden etwa folgende Innenabmessungen bedeuten: Rostschräge a – ca. 5,0 m Länge; Rostschräge a1 – ca. 3,5 m; Rostschräge a2 – ca. 3 m; Schamotte-Ausbrennrost – 1,0 bis 1,5 m.
In einer Stunde könnten unter diesen Voraussetzungen 50 Leichen verascht werden, was einer Tageskapazität von 1200 entspräche. Betrachte man, so in dem Schreiben vom Mai 1985 weiter, diese Ofenleistung aufs ganze Jahr mit der Annahme von 300 Arbeitstagen (die anderen hätte man frei für Revisionen, Reparaturen usw.), so ergäbe sich eine Leistung von 360 000 Körpern. Stelle man sich jedoch vor, daß fünf solcher Anlagen in Betrieb gewesen wären, so ergäbe sich eine Leistung von 1 800 000. Der Fachmann unserer Zeit hält es sogar für möglich, daß, »aus feuerungstechnischen Gründen«, eine Doppeleinheit, also zehn Leichenverbrennungs-Hochöfen, errichtet worden wäre, was zu einer Veraschungskapazität von 3,6 Millionen geführt hätte. »Diese fünf Doppeleinheiten hätten wahrscheinlich von ihrer Dimension her (ohne jetzt die Bauhöhe zu betrachten) in einen Krematoriumsblock der Größe Auschwitz gepaßt.«
Der Fachmann kommt dann noch auf das Problem der Schornsteingröße zu sprechen, bei einer Leistung von stündlich 50 Körpern: Der Querschnitt hätte eine freie Fläche von 6 bis 7 qm haben müssen, größere Dimensionen hätte man damals nicht errichten können. In diesem Bereich des Schornsteins wären vermutlich immer noch Temperaturen von 600 Grad Celsius erreicht worden. »Es ist ja aus den vorhandenen Unterlagen bekannt, besonders aus Auschwitz bzw. Birkenau, daß dort die Schornsteine durch die erhebliche Überbelastung sehr stark gelitten haben und teils erhebliche Rißbildungen zeigten.«
So weit das Schreiben eines zeitgenössischen Veraschungsfachmannes mit Schlußfolgerungen zu der Patentanmeldung T 58240 Kl. 24 der Firma Topf & Söhne, Erfurt, vom 4. November 1942.

Himmlerstadt-B

In den Unterlagen von Klaus Kunz finde ich eine Manuskriptseite, die mir mehr als alles andere während der Arbeit an diesem Buch zugesetzt hat, eine Vision zwar, deren schaurige Möglichkeit jedoch auf den rationalen Daten des Topfschen *Leichenverbrennungs-Hochofens* fußt und hochgerechnet werden kann. Die Schrift ist betitelt »Bemerkungen zur Erweiterung des Auschwitz-Birkenau-Komplexes« und soll hier wörtlich wiedergegeben werden:

»Die längst geplanten Lagerabschnitte B III und B IV sind komplett erstellt; Birkenau wird nicht mehr nach Auschwitz benannt, sondern führt den Namen ›Himmlerstadt-Birkenau‹.
Die technischen Umstände der Selektion, Tötung und Kremation sind grundsätzlich verändert, d.h. auf den neuesten Stand gebracht. In diesem Sinne wurden sämtliche Krematorien – II/III ebenso wie IV/V – abgetragen, die ›Kanada II‹-Effektenbaracken demontiert und die naheliegende Sauna gleichermaßen aufgehoben wie die benachbarten Kläranlagen.
Die Längsfront all dieser abgerissenen Gebäude wird von der neuen Breitspurbahn durchzogen, die in der gesamten Ausdehnung des Lagers drei markante Arbeits- und Entladungsvorrichtungen besitzt. Am vorderen und hinteren Ende befindet sich je ein Verladebahnhof mit jeweils drei gewaltigen Leichen-Hochofenverbrennungsanlagen (1–3 und 4–6) der Firma Topf & Söhne, die – unter Berücksichtigung der notwendigen Reinigungs-, Ruhe- und Anheizzeiten – in der Lage sind, jährlich und ohne Überkapazitäten pro Ofen 1,7 Millionen Leichen zu veraschen, was in praxi bedeutet, daß die gesamten Anlagen in Himmlerstadt-B 10 Millionen Kremationen im Kalenderjahr durchführen können.
Die 6 m breiten und 24 m langen Güterwagen der Breitspurbahn sind doppelstöckig gebaut und haben eine Höhe von 6,8 m. Auf der unteren Ebene werden die Häftlinge transportiert, in relativ kleinen Kabinen von 6 x 6 m; die obere Ebene, mit Durchgängen von Wagen zu Wagen durch den ganzen Zug, dient dem Bewachungspersonal, dem Begleitoffizier und den ›Sanitätern‹.
Im Gegensatz zu früheren Gepflogenheiten wird nicht mehr am Ankunftsort selektiert, sondern – harmlos und unmerklich – bereits bei der Beladung des Zuges. Mütter mit Kindern erhalten eigene Wagen, ebenso alte und kranke Personen, während arbeitsfähige Männer und Frauen in die in der Zugmitte befindlichen Waggons verfrachtet werden. Dies alles geschieht rasch und ohne jegliche Komplikationen, und die Zusammenstellung jedes Transports ist nach der stets gleichen Folge erstellt: vorn (im

ersten Abschnitt) befinden sich die zur Vernichtung bestimmten Menschen, in der Zugmitte die Arbeitsfähigen (zweiter Abschnitt), und im dritten und letzten Teil sind wiederum die Todeskandidaten.
Der Zug beginnt seine mehr oder weniger lange Reise, doch erst eine halbe Stunde vor dem Eintreffen in Himmlerstadt-B werden die Todgeweihten von den ›Sanitätern‹ aus dem Obergeschoß durch feinversprühtes Zyklon B vergast. Bis die Waggons vor den Hochöfen zum Stillstand kommen, sind sie auch bereits wieder weitgehend entlüftet.
Wenn der Zug – gleichgültig von welcher Seite – einläuft, werden an der nächsterreichbaren Anlage die hinteren Leichenwagen abgekoppelt; dann geht die Fahrt bis zum Appellplatz weiter, wo die Wagen mit den arbeitsfähigen Häftlingen abgetrennt werden; der Rest schließlich bewegt sich zur hinteren Hochofenanlage und entlädt dort seinen Inhalt.
Den Leichen werden nicht mehr die Haare entfernt und das Gold aus den Kiefern gebrochen; sie müssen auch nicht entkleidet sein, da die neuen Öfen mit ihren enormen Temperaturen Wäschestücke mühelos zu veraschen imstande sind.«

Wenn Hitler den Krieg gewonnen hätte …

Und die Deutschen?

Gegenpäpste – Ordensburgen – Sonnenräder

Ja, die Deutschen – was sollte mit ihnen nach dem Endsieg geschehen?

Es war der von konservativer Seite immer wieder als »Siegerjustiz« diskriminierte Prozeß gegen die Hauptkriegsverbrecher in Nürnberg 1945/46, der auch diesbezüglich erschreckende Einblicke zutage gefördert hat. In dieser Materie kennt sich niemand besser aus als Joe J. Heydecker und Johannes Leeb, die Autoren des Standardwerks »Der Nürnberger Prozeß«. Was sie zu berichten haben, müßte eigentlich auch jene abschrecken, die sich noch heute, offen oder insgeheim, den Sieg des Hakenkreuzes wünschen.

Das Leben der Deutschen nach dem Endsieg wäre vom Staat bis in die letzte Einzelheit geregelt worden. Die betreffenden Organisationen dazu waren ebenso vorhanden wie der Wille zur absoluten Reglementierung, und nirgends gibt es auch nur ein Indiz dafür, daß irgendein Widerstand des »arischen Kernvolks« in Erwägung gezogen wurde. Dabei mischen sich in den Plänen der Führung wieder Rationales und Irrationales, Spleeniges und nüchterne Kalkulation auf das typischste. So etwa die Absicht des Vegetariers und Nichtrauchers Hitler, dem Speisezettel der Wehrmacht die Fleischkost zu entziehen (da dieser Entzug angeblich auf die siegreichen römischen Legionen zutraf) und die Deutschen zu einem Volk von Tabak-Abstinenzlern zu machen.

Die Wertschätzung des Führers für sie konnte übrigens nicht sehr hoch sein, wollte er ihnen doch nach dem Endsieg das gleiche zumuten, was er den slawischen Untermenschen, soweit sie die nationalsozialistischen Germanisierungs- und Vernichtungspläne überlebt hätten, zugedacht hatte: nämlich Drahtfunk mit offiziellem

Programm, also keine Rundfunkgeräte mit eigener Senderauswahl – »Musik – unbegrenzt«.
Gläubige und ihre Institutionen wären übel drangewesen, und zwar die aller Konfessionen. Es war das Dreigespann Hitler–Rosenberg–Bormann, das sich mit dem Gedanken trug, die Kirchen überhaupt abzuschaffen. Statt des christlichen sollte ein nationalsozialistischer Katechismus religiöser Leitfaden werden und die Bibel ablösen: Alfred Rosenbergs »Mythus«, über den er 1930 ein Buch herausgebracht hatte, das, ähnlich wie Hitlers »Mein Kampf«, auch von den eigenen Anhängern nie aufgeschlagen worden ist – ein wüstes Gemisch aus germanischer Schicksalsgläubigkeit, den Rassenphantasien des französischen Schriftstellers und Diplomaten Joseph Arthur Comte de Gobineau (1816–1882, Begründer der Theorie von der angeblichen Überlegenheit der »Arier« über alle anderen) und den rassenideologischen Deutungen der Geschichte, wie sie der Brite Houston Stewart Chamberlain in seinem 1899 veröffentlichten Werk »Die Grundlagen des 19. Jahrhunderts« vertreten hatte. Alfred Rosenberg, der 1946 als »Urheber des Rassenhasses« vom Internationalen Militärtribunal in Nürberg zum Tode verurteilt worden ist, nannte seinen Kampf gegen das Christentum einen »Seelenkrieg«. Ein Schlaglicht auf die Zukunftsperspektive nach dem militärischen Endsieg mag eine Tagebucheintragung Rosenbergs vom 1. Oktober 1941 werfen: »Es scheint, sagte der Führer, daß ein paar Pfäfflein Kopfschmerzen haben. Davon könne man sie nur befreien, wenn man ihnen den Kopf abnehme.«[1]
In seinem Tagebuch geht Rosenberg näher auf Hitlers Pläne nach Beendigung der Kampfhandlungen ein und zitiert dabei dessen Ansicht: Das Christentum sei durch menschliche Machtmittel eingeführt worden, also könne es auch durch menschliche Machtmittel wieder abgeschafft werden. Nach Rosenbergs Eintragungen befaßte Hitler sich auch mit Überlegungen, in den besiegten und besetzten Ländern Gegenpäpste zu ernennen, um dadurch nach dem Prinzip » Teile und herrsche« sowohl die geistige Kraft als auch die organisatorische Einheit der römisch-katholischen Kirche zu brechen. Erster *Gegenpapst* sollte ein Spanier werden, mit Sitz in To-

ledo. Ihm sollten *Gegenpäpste* in Deutschland und Frankreich folgen. Auch für die Protestanten und ihre Kirchen wurden Zerstörungspläne entworfen. Das Ende des Krieges sollte für Rosenberg das Signal sein, mit Himmler zusammen den Kampf gegen die »zweitausend Jahre alte Institution« Christentum aufzunehmen und zu diesem Zweck in München ein »Institut für indogermanische Geistesgeschichte« einzurichten. Als Ziel gibt er in seinem Tagebuch an, »der vergehenden biblischen eine bessere und noch ältere Lehre unterzuschieben«[2] – wobei der Oberlehrer der Naziideologie an Weisheiten altpersischen und indischen Ursprungs dachte, neben ausdrücklich vorgesehenen Wotanslehren ... Dieser ungenießbare Glaubenstrank sollte über Schule und Erziehungswesen der Jugend eingeflößt werden, um so die christliche Lehre langsam, aber sicher abzutöten.

In seinen »Tischgesprächen« wird Hitler auch in diesem Punkt – Kirchen- und Religionskampf – ganz deutlich. Am 7. April 1942 monologisiert er, von Picker notiert:

Er überlege sich ernstlich, ob man die bisher der Kirche gezahlten Millionen nicht zum größten Teil benutzen solle, um im Osten Wehrbauernhöfe einzurichten. Himmler habe ihm gesagt, daß solch ein Hof sich für 23 000 Reichsmark herrichten und mit dem nötigen Inventar ausstatten lasse. Mehr als 3000 Höfe mit Inventar und allem könne man auf diese Weise schuldenfrei in die Hand von Militäranwärtern überführen, die sich nach Ablauf ihrer 12jährigen Dienstzeit dem Beruf des Bauern zuwenden wollten ... Der katholischen Kirche möchte er eigentlich nur einen Höchstbetrag von 50 Millionen zuwenden. Dieser sei am besten an die Kirchenfürsten zu zahlen, denen man die Verteilung anheimstellen könne ... Mit diesen 50 Millionen würde man mehr erreichen als mit den bisher gezahlten 900 Millionen. Denn: Da die Kirchenfürsten über sie nach eigenem Gutdünken verfügen dürften, würden sie nach den geschichtlichen Erfahrungen ihm dieses Betrages wegen die Stiefel ablecken. Und wenn man sich die Kirchenfürsten mit Geld kaufen könne, solle man es ja tun. Er stehe auch auf dem Standpunkt, daß man jeden Kirchenfürsten, der sein Leben genießen wolle, um Gottes willen nicht stören solle. Gefährlich seien nur die fanatischen Asketen ... Nach diesem Kriege werde er Maßnahmen treffen, die der katholischen Kirche die Nachwuchsgewinnung außerordentlich erschweren würden. Er würde nämlich nicht mehr zulassen, daß Kinder sich bereits mit 10 Jahren für den Eintritt in geistliche Orden entscheiden, wo sie noch gar nicht wissen, was sie mit dem Zölibat und so weiter alles auf sich nehmen. Nach dem Kriege würde nur der sich zum geistlichen Beruf entschließen können, der das 24. Lebensjahr vollendet und Arbeitsdienst und Wehrdienst hinter sich habe. Wer dann noch das Zölibat auf sich nehmen wolle, der möge mit Gott Priester werden. Es gäbe ja auch Verrückte, die ihm für die Parteiführerschaft den Unsinn des Zölibats vorgeschlagen hätten.[3]

Drei Monate später, am 4. Juli 1942, greift Hitler das Thema wieder auf:

Wenn wir einmal nicht mehr jährlich eine Milliarde an die Kirchen zahlten, würden unsere Pfaffen ihre Frechheit auch sehr bald ablegen und, statt auf uns zu schimpfen und uns unverschämt zu kommen, uns aus der Hand fressen. Mit wesentlich geringeren Zuwendungen könnten wir dann die Geistlichkeit so dirigieren, wie es unseren Wünschen entspreche. Man müsse die Zuwendungen dann nur auf einzelne Pfaffen abstellen. Wenn man einem Bischof nämlich für ihn und die ihm unterstellten Geistlichen eine Million ausschütte, werde er die ersten dreihunderttausend Mark davon sofort für seine Privatschatulle kassieren, sonst wäre er kein rechter Pfaff. Durch die Verteilung des Restes auf die übrigen Geistlichen seines Bezirks würde dann ein niedliches Pfaffengezänk ausgelöst werden, an dem wir unsere helle Freude haben könnten.[4]

Unter demselben Datum Hitler dann mit konkret-persönlicher Bösartigkeit gegen den ihm besonders verhaßten Bischof von Münster, Clemens August Graf von Galen:

Wenn er in Kirchendingen vor der Öffentlichkeit schweige, so werde das von den schlauen Füchsen der katholischen Kirche durchaus nicht mißverstanden. Er könne es sich daher auch vorstellen, daß ein Mann wie der Bischof von Galen auch wisse, daß nach Beendigung des Krieges mit ihm auf Heller und Pfennig abgerechnet werde. Wenn es ihm nicht gelinge, sich vorher in das Collegium germanicum nach Rom berufen zu lassen, könne er auch versichert sein, daß ihm bei dieser Abrechnung kein Tüpfelchen vergessen werde... Das Verhalten dieses Bischofs von Galen werde im übrigen ebenfalls ein Grund mit sein, das Konkordat sofort nach dem Kriege aufzuheben, an seine Stelle regionale Regelungen treten zu lassen und die vertraglich zugesicherten Geldmittel der Kirche sofort zu entziehen. Es werde seinen Reichsstatthaltern sicher ein Vergnügen sein, einem Bischof, der sich – vom staatlichen Standpunkt aus gesehen – auf Abwegen befinde, mitzuteilen, daß der Reichsgau wegen momentanen Geldmangels leider zu seinem allergrößten Bedauern die bisher von Fall zu Fall gegebenen Zuwendungen einstellen müsse. Da die Kirche, wenn sie auf

Spenden angewiesen sei, keine 3 Prozent des heutigen Reichszuschusses einscheffle, werde jeder Bischof seinem Reichsstatthalter nachkriechen, um nach Beseitigung des Konkordats und damit des rechtlichen Zahlungstitels Geld zu bekommen.[5]

Mit der Kirche war es wie mit den den Richtern. Sowenig, wie sich deren blutbesudelter Gehorsam ausgezahlt hat bei dem vergeblichen Versuch, Hitlers Huld durch ein justitielles Enthauptungswesen zu erringen, sowenig hat die Zustimmung der Gläubigen und der Amtskirche beider Konfessionen zum Nationalsozialismus, noch ihr mangelnder Widerstand gegen ihn, Hitlers von weitesten Kreisen inbrünstig erwünschte Sympathien hervorrufen können. Wie auf den »Richter des Führers«, so steuerten die Pläne nach dem Endsieg auf eine neudeutsche Religion des »Großgermanischen Weltreiches« zu, von der Christentum und christliches Denken getilgt werden sollten.

Es gab auch schon einen Mittelpunkt dafür, der nach dem Willen seines Schöpfers Heinrich Himmler gleichzeitig das metaphysische Zentrum, das Walhall der deutschen Weltherrschaft sein sollte – die Wewelsburg bei Paderborn.

Himmler befaßte sich damit schon seit 1934 – auf dem Areal der alten Festungsanlage sollte die Stammburg aller Ordensburgen entstehen. 20 Millionen Reichsmark aus der Kasse der SS wurden in der Dekade bis 1944 für das Projekt verbaut, ab 1939 mit der Arbeitskraft von KZ-Häftlingen.

Das Modell der geplanten Anlage mit der Burg als Kern zeigt halbkreisförmig angeordnete, terrassenhaft gegliederte Gebäudegruppen, die nach dem Krieg zu errichtende SS-Stadt. Äußerlich alles im Stile der gewohnten NS-Bauweise und ihrer monumentalen Schlichtheit, drinnen jedoch von einem schwülstigen Raffinement, das der Architekt Bartels ganz an den Phantasien des Bauherrn orientierte. Jede Zimmereinrichtung ein anderer Stil, Extrapracht für hohen und höchsten Besuch – für SS-Größen, für die Paladine Hitlers (wie Göring, Goebbels, Heß) – und, natürlich, für den Erlauchtesten und Allerhöchsten persönlich. Die Zahl der Zimmer ging in die Hunderte, für »Hohe Frauen« (ein Rang, auf den noch eingegangen wird) sollten es allein fünfzig werden. Daneben Gesellschafts- und Konferenzräume, eine Bibliothek, ein »Saal des Hohen Gerichts der SS«, insgesamt eine Anlage, von deren Gigantismus man sich eine Vorstellung machen kann, wenn man weiß, daß die sogenannte »Silberkammer« Tafelgeschirr für 600 Personen barg.

Stabs- und Wachgebäude waren vorgesehen, eine große Freitreppe, die unvermeidlichen schmiedeeisernen Doppelkandelaber, Adler mit SS-Runen in den Fängen und selbstverständlich auch der »Führerbalkon«.

Die Burg, das Herzstück der Himmlerschen Anlage, wurde fast fertig. Auf dem Burgfried, einem gewaltigen Lug-ins-Land, war, von Himmler befohlen, ein Observatorium eingerichtet worden, drinnen, über eine Marmortreppe zu erreichen, ein unterirdisches Gewölbe in den Fels gehauen, das Allerheiligste, der Tempel sozusagen und deshalb auch »Walhall« genannt. Hier sollten nach Kriegsende die Statuen der »zwölf größten Helden des Dritten Reiches« aufgestellt werden. Die Sockel standen schon und konnten eine Vorstellung geben von den Dimensionen der Last, die sie tragen sollten. Von diesen NS-Riesen gesäumt, befand sich in der Mitte des Gewölbes ein Marmorbecken, etwas tiefer gelegen und über Stufen zu erreichen – eine Art Taufplatz für auserwählte »Ordensmeister« der SS.

Über dem Gewölbe, in der ehemaligen Burgkapelle, war eine zweite, quasi geopolitische Kultstätte eingerichtet worden – ein Sonnenrad, in den Marmorboden als Mosaik eingelassen, mit einer runden Platte aus purem Gold –, Mittelpunkt der Burg und damit auch des »Großgermanischen Weltreiches«.

Das ganze SS-Heiligtum sollte umgeben sein von einem großen künstlichen See.

Hier, in der dergestalt umgebauten Wewelsburg, sah Heinrich Himmler sich nach dem Endsieg als »Reichsverweser« und zweiter Mann, während Hitler als Pensionär hoch über Linz waltete.[6]

In diesen Rahmen passen auch die Züchtungspläne für die Deutschen als nordisch-germanische Elite, blond und blauäugig. Dabei sollte Himmlers SS eine entscheidende Rolle spielen – mit Praktiken, von denen alle gewachsenen Wertvorstellungen des ansonsten im Kampf gegen den »asiatischen Bolschewismus« so hoch gepriesenen Abendlandes gnadenlos über den Haufen geworfen wurden.

Am 15. August 1942 befahl Heinrich Himmler seinen SS-Männern, »so rasch wie möglich für Zeugung und Geburt von Kindern guten Blutes zu sorgen«.[7] Tatsächlich wurden nach dem NS-Rassendogma ausgesuchte Frauen und Männer an bestimmten, »Lebensborn« genannten Stätten zu dem einzigen Zwecke zusammengeführt, daß aus diesen Zuchtpaaren die SS-Männer von morgen hervorgingen. In einer geheimen Anweisung befahl Himmler den zu Hause gebliebenen SS-Leuten, sich der Ehefrauen der im Felde stehenden Kameraden anzunehmen und diese dort zu vertreten ...

Die bereits eingeleitete Zuchtpraxis verblaßt jedoch zu einem bloßen Vorspiel angesichts der Pläne, die Himmler für die Zeit nach dem Endsieg entworfen hatte, allen voran die Änderung der Ehegesetze – neben der Auflösung kinderloser Ehen (zum Zwecke der Zwangspaarung mit zeugungs- bzw. empfängnisfähigen Partnern oder Partnerinnen) sollte die Doppelehe eingeführt werden. Dem zugrunde lagen die ungeheuren Blutverluste deutscher Männer an den Tausende von Kilometern langen Fronten. Martin Bormann, Hitlers Schatten, hat dessen Ansicht darüber festgehalten, in einer Denkschrift mit dem Datum vom 29. Januar 1944 (!). Darin heißt es:

»In der Nacht vom 27./28. Januar unterhielt sich der Führer mit uns über das Problem unserer volklichen Zukunft. Aus dieser und früheren Unterhaltungen und Überlegungen sei folgendes festgehalten: Unsere volkliche Lage wird nach diesem Kriege eine katastrophale sein. Wir werden den Krieg militärisch auf jeden Fall gewinnen, ihn volklich aber verlieren, wenn wir nicht zu einer ganz entscheidenden Umstellung der bisherigen Auffassungen und daraus resultierenden Haltungen kommen. Nach diesem Kriege werden wir, wie der Führer betonte, drei bis vier Millionen Frauen haben, die keine Männer mehr haben bzw. bekommen. Der sich hieraus ergebende Geburtenausfall wäre für unser Volk gar nicht zu ertragen: wieviele Divisionen würden – betonte der Führer – uns in 20 bis 45 Jahren und weiter fehlen!... Nun können die Frauen, die nach diesem Weltkrieg nicht mit einem Mann verheiratet sind oder werden, ihre Kinder ja nicht vom heiligen Geist bekommen, sondern nur von den dann noch vorhandenen deutschen Männern. Verstärkte Fortpflanzung des einzelnen Mannes ist – selbstverständlich vom Standpunkt des Volkswohls – nur bei einem Teil dieser Männer erwünscht. Die anständigen, charaktervollen, physisch und psychisch gesunden Männer sollen sich verstärkt fortpflanzen, nicht die körperlich und geistig Verbogenen... Wenn ich in der Tierzucht darauf achte, daß nur zueinander passende Tiere miteinander verkoppelt werden, so muß ich die für alle Säugetiere geltenden Regeln auch beim Menschen beobachten. Folgerung: Wir müssen wünschen, daß die Frauen, die nach diesem Krieg keinen Ehemann mehr haben oder bekommen, mit möglichst einem Mann ein eheähnliches Verhältnis, aus dem möglichst viele Kinder erwachsen, eingehen... Schon oben hatte ich angeführt, es müsse jede Diffamierung volklich erwünschter Verhältnisse unterbunden werden. Wer eine Frau, die ohne Ehemann (im jetzigen Sinn) Kinder bekommt, beleidigt, muß hart bestraft werden... Ich möchte nach dem Kriege im Sonnenwinkel solche Wohnungen für Mitarbeiterinnen der Parteikanzlei, die Kinder bekommen, schaffen.«[8]

Auch hier zeigt sich wieder ganz eindeutig: Die Parolen kommen von Hitler – für »Aufzucht« und Doppelehe ebenso wie für die Vernichtung. Dann werden sie übernommen, ausgearbeitet und praktiziert.

Zuerst und vor allen anderen sollten Frontkämpfer mit hohen Auszeichnungen die Erlaubnis für eine Doppelehe erhalten. Himmler hat sich zu dem Komplex eingehend gegenüber Felix Kersten, seinem Leibarzt, geäußert, in privaten Gesprächen – ohne daß zwischen diesen und den offiziellen Plänen etwa eine Differenz bestanden hätte:

»Ich bin persönlich der Ansicht, daß unsere Entwicklung dazu führt, mit der Einehe zu brechen. Die heutige Form der Einehe ist ein satanisches Werk der katholischen Kirche, die Ehegesetze selbst sind unmoralisch. Wie oft begegnet man in der verbrieften Einehe der Auffassung einer Frau: Wozu auf mein Äußeres noch so sorgfältig achten wie vor der Ehe? Ich habe ja meinen Schein, der den Mann bindet... Im Falle der Doppelehe wird die eine Frau für die andere der Ansporn sein, dem Idealbild in jeder Beziehung nahezukommen, die Haare auf den Zähnen und die Schlampigkeit werden verschwinden.«[9]

Was Himmler vorschwebte, war eine hierarchische Abstufung der Doppelehe. Darüber sagte er:

»Die erste Frau behält besondere Rechte. Sie führt die Bezeichnung ›Domina‹, die das auch amtlich zum Ausdruck bringt. Die zweite Frau weiß das von vornherein. Im übrigen ist das eine Sache der Gewohnheit. Lassen Sie einmal ein oder zwei Generationen darüber hingegangen sein, dann wird es als selbstverständlich betrachtet, daß der Mann eben zwei Frauen statt einer hat. Im übrigen werden wir der ersten Frau, wenn sie nicht mit der zweiten einverstanden ist, das Recht einräumen, sich von ihrem Manne zu trennen, doch ohne daß dieser Mann verpflichtet ist, ihr Unterhalt zu gewähren. In anderen Ländern besteht ja auch die Mehrehe, warum soll es bei uns nicht gehen.«[10]

Natürlich kommt in diesem Zusammenhang auch das Problem der unehelichen Kinder auf. Himmler bekennt, daß es vielfache Überlegungen dazu gäbe, und erklärt die Stellung, die das Bürgerliche Gesetzbuch den »sogenannten unehelichen Kindern« gewähre, als »typisch für die doppelte Moral«. Dann fährt er fort:

»Ausdrücklich heißt es im Gesetz, daß ein uneheliches Kind und dessen Vater nicht als verwandt gelten. Hier wird, um das Gesicht der bürgerlichen Gesellschaft zu wahren, die Natur vom Recht vergewaltigt. Der Vater hat keinerlei Möglichkeit, auf die Erziehung des Kindes einzuwirken und es als sein Kind zu behandeln, also das Natürlichste zu tun, was man sich nur vorstellen kann. Es ist ja rechtlich nicht sein Kind, sondern das Kind einer fremden Frau, mit der er nichts zu tun hat, außer daß er zahlen muß. Heiraten darf er die Mutter des Kindes auch nicht, denn er ist schon verheiratet. Lebt er mit der Mutter zusammen, so sieht dies das Gesetz als ›Konkubinat‹ an, und die Polizei muß wegen Erregung öffentlichen Ärgernisses einschreiten. Sie sollten einmal sehen, was da täglich an Anzeigen bei uns einläuft. Alle Wege zu dem Kind sind ihm praktisch verbaut. Will er es adoptieren, so verbietet es ihm wiederum das Gesetz, wenn er eigene Kinder hat oder die Möglichkeit besteht, daß er noch Kinder bekommt. Mit anderen Worten, das Gesetz bezweckt gerade das Gegenteil von dem, was wir dringend benötigen: Kinder und immer wieder Kinder.«[11]

Himmler zeigt auch gleich den Weg, um dahin zu kommen und den Gordischen Knoten des in Kraft befindlichen Rechtes zu

durchschlagen: »Man muß einfach den Mut haben, hier einen entscheidenden Schritt zu tun, auch wenn wir uns dabei den noch größeren Haß der Kirche zuziehen. Auf etwas mehr oder weniger kommt es nun auch nicht mehr an.«[12]
Eine Lieblingsidee Himmlers waren die »Hohen Frauen«, dem Vorbild der römischen Vestalinnen entlehnt, aber makellos gesiebt nach den nordischen Rassenprinzipien der Naziideologie. Zum Zwecke ihrer Züchtung war Himmler auf den Gedanken einer »Frauen-Hochschule für Weisheit und Kultur« gekommen, mit den Zulassungsvoraussetzungen: »Hohe Geistesgaben, Hingabe an die NS-Ideenwelt, vollendete Anmut und Körperbeschaffenheit, germanisches Aussehen«.[13]
Sie, die »Hohen Frauen«, sollten über allen ihren Geschlechtsgenossinnen stehen.

Afrika und Polarwinter

Während der großen Eroberungen der Jahre 1940/42 entstand eine Spezies von Plänen, die das Weltherrschaftsstreben der Nazis in unverhüllter Form offenbarte: die Entwürfe für Toten- und Ehrenmale, backsteinerne oder granitene Wahrzeichen deutscher Globalherrschaft, Visionen in weltweiten Dimensionen, deren Radius sich vom Nordkap über den Ural bis nach Südafrika erstreckte.
Einige dieser Skizzen liegen mir vor.[14] Sie zeigen gewaltige Steingebirge – kegelförmige, wie der Entwurf für ein Mal irgendwo »im Osten«, also in der niedergeworfenen Sowjetunion, oder würfelförmige, wie das im polnischen Kutno (das natürlich längst *eingedeutscht* gewesen wäre). Bei Oslo war ein amphitheaterhaftes Rund geplant, mit einer obeliskartigen Stele in der Mitte, die von einem Adler gekrönt werden sollte, während eine Ehrenstätte an der Weichsel an die dräuende Wucht der vatikanischen Engelsburg erinnert. Viele dieser Ungetüme gemahnen an wilhelminische Denkmalarchitektur, was kein Wunder ist – der Schöpfer der Baupläne war Wilhelm Heinrich Kreis (1873–1955). Seit 1909, nach

Wettbewerbserfolgen auf dem damals hochaktuellen Gebiet des Denkmalwesens, in der Branche tätig, zeigte sich Kreis auch später ganz unfähig, sich von der Kunstpolitik der kaiserlichen Ära zu lösen. Unter den Nazis stieg der Prof. Dr.-Ing. zum Generalbaurat auf, der sich nun nicht mehr mit monumentalen Industrie- und Warenhausbauten begnügte, sondern der Architekt der »Kriegermale des Ruhmes und der Ehre« werden wollte.

Den Entwurf einer solchen von ihm im Osten geplanten Stätte besang Kreis (wie immer, so auch hier mit Interpunktion und Schreibweise des Originals wiedergegeben) folgendermaßen:

»Im Innern Rußlands in ehrfurchtsvoller Weihe vor soviel Opfern und im Gedenken der gewaltigen Siege und standhaften Winterschlachten und an den größten Heldenkampf der Geschichte ist das größte Ehrenmal geplant. Auf ansteigender breiter Kuppe aus weiter, weiter Ebene soll sich steinerner Hügel von großer Form erheben. Ein Ring bildet den ausladenden Sockel, viele Stufen bilden den Hügel, der von einem Adler bekrönt ist. Um ihn stehen auf Schilde gestützt die gepanzerten steinernen Recken aller mitkämpfenden Nationen. Das gewaltige Portal ist von vier Pfeilern gefaßt, auf denen Löwen Wache halten. Im Innern des steinernen Ehrenhügels tritt man durch den von oben erhellten Vorraum und in einen gewölbten Gang durch die Stärke der mächtigen Mauern und gelangt in die Halle der toten Helden. Aus der Höhe strahlt ein verdecktes Licht in die Halle. Im versenkten Boden der Mitte ist aus allen Teilen des weiten russischen Kriegsschauplatzes Erde unter einer großen runden Steinplatte vereinigt. Das gewaltige Ehrenmal wird für alle Helden des Osten die Ruhmeshalle sein.«[15]

Dieser Alptraum eines Tausende von Kilometern nach Osten gerückten und ins Gigantische vergrößerten Völkerschlachtdenkmals von Leipzig war nicht der letzte einschlägige Bauplan des Wilhelm Kreis. Weitere Entwürfe für Krieger- und Ehrenmale gibt es für Standorte an der Saar und an der Kanalküste, in Norwegen, an den griechischen Thermopylen und – nicht näher lokalisiert – in Afrika.

Denn, so hatte Himmler am 7. September 1940 vor den Offizieren der SS-Leibstandarte »Adolf Hitler« ausgerufen: »Wir werden Garnisonen haben weit im Süden von Afrika, und wir werden Garnisonen haben im Polarwinter.«[16]

Bei der Betrachtung dieser »Krieger- und Ehrenmale« schaudert es einen. Hingeklotzt in starrer Unbeweglichkeit und drohender Protzigkeit, sind sie die Symbole einer entseelten, vollständig auf sich selbst zurückgeworfenen Herrschaft ohne jedes humane Attribut. Hier soll nicht der Fehler gemacht werden, das Los der von Deutschland Besiegten mit dem der Sieger zu nivellieren – der Abstand auch ihres Letzten noch zu den rechtlos Unterworfenen wäre unermeßlich, die Distanz unüberbrückbar gewesen, und zwar ganz gewiß sehr genossen und ausgekostet von Millionen uniformierter und ziviler Besatzer. Und doch verraten die unzerstörbaren Zitadellen der physischen und psychischen Unterdrückung anderer Völker gleichzeitig auch die Pläne, die den Deutschen selbst von der Führung zugedacht waren: sich als Drohnen der Erde zu fühlen, als Inhaber absoluter Macht, während sie tatsächlich nichts anderes sein würden als über die Kontinente zerstreute Zwingherren unter der Befehlsgewalt des neuen deutschen »Blutadels«, der SS-Oligarchie, die außer der eigenen Allmachtgruppe niemanden auch des eigenen Volkes als gleichberechtigt anerkennen würde.
In den Zukunftsträumen der potentiellen Weltherren war die rassisch hochstilisierte deutsche Nation wenig mehr als der Hammer, mit dem auf den Amboß der übrigen Menschheit eingeschlagen werden sollte, Oberheloten, die aufgerufen waren, sich ihren Machtrausch über uferlos erniedrigte Opfer zu erkaufen und dabei in Meeren von Blut zu waten – wo immer sie hinkommen würden.
Die Deutschen als ewige Okkupanten – keine Formel trifft die Pläne der Nazis nach dem Endsieg genauer als diese.

III. Vom Triumph in der Niederlage

Der gespaltene Endsieg

»Was immer geschieht und was immer man sagt – Moskau ist die Mutter.«

Michail Bulgakow, russischer Schriftsteller

»Taifun« – die Schlacht um Moskau

Die Trumpfkarte

Alle diese Pläne zerklirren im Dezemberfrost des Jahres 1941 vor Moskau.

Es hat sich bei uns und anderswo eingebürgert, den Untergang der 6. Armee des Feldmarschalls Friedrich Paulus bei Stalingrad im Winter 1942/43 als die *Wende* des Zweiten Weltkrieges zu bezeichnen. In einem äußeren Sinne mag das stimmen – von da an ging es nur noch zurück. Die heute verfügbaren Quellen aber lassen ohne weiteres den Schluß zu, daß das eigentliche Stichereignis der Wende der gescheiterte Großangriff auf Moskau war – genauer: die sowjetische Gegenoffensive vom 4. bis zum 17. Dezember 1941. Natürlich, die Linien historischer Abläufe gehen ineinander über, ihre Grenzen sind fließend. Und wenn man die inneren Zusammenhänge des gescheiterten Endsieges weiter zurückverfolgen will, so stößt man unweigerlich auf die Standhaftigkeit von Churchill-England – ihm war es zu verdanken, daß Hitlers *Stufenplan* durcheinandergeriet. Denn ein nicht unbeträchtlicher Teil der militärischen Schlagkraft blieb so im Westen und – aus denselben Gründen – in anderen Regionen des deutschbesetzten Europa gebunden. Bei einem unterlegenen oder auch nur neutralen England wäre die deutsche Ausgangsposition für den Krieg im Osten viel günstiger gewesen. Da dann dort ein ernst zu nehmender Gegner, eine Invasion vom Atlantik her in absehbarer Zeit nicht zu erwarten gewesen wären, hätte es eine eher symbolische Truppenstärke zwischen der Biskaya und Narvik auch getan. Es bleibt zumindest fraglich, ob die Sowjetunion des Jahres 1941 dieser vermehrten militärischen Schubkraft des Aggressors hätte standhalten können und Moskau nicht doch erobert worden wäre.

Läßt man sich jedoch nicht auf den Konjunktiv der Geschichte ein, so muß der Roten Armee die Palme für den entscheidenden Schlag, sozusagen die Urniederlage der Wehrmacht, zuerkannt werden. Zwar wird sich die deutsche Angriffsmaschine im kommenden Frühling und Sommer noch einmal aufraffen, wird die Heeresgruppe Süd weitere 500, ja stellenweise fast 1000 Kilometer tiefer auf sowjetischem Territorium vordringen. Doch die Heeresgruppen Nord und Mitte sind nach den schweren Verlusten des vergangenen Herbstes und Winters zu keinen Offensivhandlungen mehr fähig.
Die Hauptschlachten werden 1942 auf der Krim geschlagen, entlang der Nordküste des Schwarzen Meers, über Donez und Don hinaus bis an den Unterlauf der Wolga und hinauf auf die Höhen des Kaukasus, um an das Baku-Öl zu kommen – und es dann doch nicht zu erreichen. Es ist der *weiche Leib* des Riesenreiches, der da getroffen, verwüstet, in ein Flammeninferno verwandelt und von Millionen Granattrichtern gezeichnet wird, furchtbar für die Völker der betroffenen Regionen. Aber der politische, ökonomische und rüstungstechnische Kreislauf der Sowjetunion, so angeschlagen sie ist, wird nicht zerstört – ihr Herz, Moskau, schlägt weiter.
Es ist bezeichnend, daß kein neuer Zentralstoß auf die Hauptstadt zu gemacht wird, wie er vom ersten Schuß des Überfalls im Morgengrauen des 22. Juni 1941 an selbstverständlich war. Die Lektion erwies sich als nachhaltig, als ein unüberwindlicher Schock. Trotz aller Schwächung durch das despotische Stalin-Regime, trotz des hohen Verlustes an fähigen, ja an Elite-Militärs und -Parteikadern durch die damals noch gar nicht lange zurückliegenden Schauprozesse, trotz der beispiellosen Gefallenen- und Gefangenenzahlen der Roten Armee – trotz alldem hatte sich erwiesen, daß dieses angeblich schon seit Jahrzehnten vor dem Zusammenbruch stehende Rußland, der »Lebensraum« für die deutsche Expansion, nicht zu besiegen war. Das Menetekel aber hieß – Moskau!
Obschon der Preis dafür ungeheuerlich war – Blut, Ozeane von Blut auf beiden Seiten der Kämpfenden –, mag die Menschheit über die deutsche Niederlage im Angesicht der Kremltürme einen Seufzer der Genugtuung ausgestoßen haben, damals schon, wäh-

rend der Geschehnisse, und erst recht danach, später, als die Geschichte Überblick zuließ. Der Autor dieses Buches bekennt sich zu ihm, denn es war sein eigener Stoßseufzer.

Der Krieg gegen die Sowjetunion geht zurück auf einen improvisierten Plan vom Herbst 1940 und wird als Rußlandfeldzug am 18. Dezember des Jahres in den Grundsätzen der Weisung 21 niedergelegt: Geheime Kommandosache, Führerhauptquartier, Der Führer und Oberste Befehlshaber der Wehrmacht, Chefsache, Nur durch Offizier, Weisung Nr. 21 – Fall Barbarossa: »Die deutsche Wehrmacht muß darauf vorbereitet sein, auch vor Beendigung des Krieges gegen England *Sowjetrußland in einem schnellen Feldzug niederzuwerfen.*«[1]
Zuvor waren überaus genaue Informationen eingeholt worden:
Nur für den Dienstgebrauch – Militärgeopolitische Angaben über das Europäische Rußand – Mappe G – Zentralrußland (ohne Moskau), Textheft, abgeschlossen am 15. Mai 1941, Generalstab des Heeres. Militärische Gesamtbeurteilung: »Zentralrußland ist das Herz Rußlands, dessen Besitzergreifung durch eine sehr starke, bewaffnete, fremde Macht ganz Rußland lähmen und den Zusammenhalt aller übrigen Teile des weiten Sowjetreiches untereinander lockern würde, ihn auf die Dauer sogar zerstören könnte. Das weitaus wichtigste Angriffsziel innerhalb Zentralrußlands ist Moskau.«[2]
Und aus der gleichen Quelle, am 20. Juni 1941, 48 Stunden vor dem Angriff, unter »Militärische Gesamtbeurteilung«:

»Moskau ist jedoch nicht nur das Hauptangriffsziel von Zentralrußland, sondern eines der wichtigsten des gesamtrussischen Raumes, kurz gesagt von ganz Osteuropa. Im Stadtkern konzentriert sich der ins Gigantische gesteigerte Apparat der Behörden und Dienststellen, durch die die UdSSR in politischer, weltanschaulicher und wirtschaftlicher Hinsicht gelenkt und überwacht wird. Moskau ist der beherrschende Knotenpunkt des Eisenbahn-, Flugverkehrs- und Fernmeldewesens von ganz Rußland ... Mit der Besetzung bzw. Zerstörung Moskaus werden der militärische, politische und wirtschaftliche Führungsapparat und wichtige Grundlagen der Sowjetmacht lahmgelegt, aber eine Kriegsentscheidung wird nicht herbeigeführt. Der größte Gegner bleibt dann immer noch der Raum, der ostwärts von Moskau sich ins Grenzenlose verliert. Ob allerdings ostwärts vorhandene Sowjettruppen nach dem Fall der Hauptstadt noch politisch fest in der Hand der Führungsstellen stehen, ist eine politische, keine militärische Frage.«[3]

Zwei Tage später fallen 141 deutsche Divisionen in die Sowjetunion ein. Sie werden bis Ende Juni auf 153 Großverbände verstärkt.

Deutscherseits wird der Gegner von vornherein schwer unterschätzt. Nach Angaben der Abteilung *Fremde Heere Ost* hatte sich die Zahl der sowjetischen Großverbände zwar von 147 im Januar 1941 bis zum Tage des Überfalls auf 221 Divisionen vergrößert. Aber offenbar glaubte die deutsche Führung, daß dieses Potential entweder gar nicht oder nur unwesentlich erhöht werden könnte. Tatsächlich jedoch werden Anfang August 360 sowjetische Divisionen und Brigaden im Kampf stehen, ohne daß das deutsche Oberkommando des Heeres die eigenen Kräfte entsprechend vermehren könnte.

Die deutschen Truppen greifen mit drei gewaltigen Militärverbänden an – den Heeresgruppen Nord, Mitte und Süd, insgesamt fast vier Millionen Soldaten. Vorgesehen war eine Zangenbewegung, durch die große Teile der Roten Armee noch westlich der Linie Dnjepr–Düna dezimiert und die Reste an einem Entkommen in die Tiefe des russischen Raumes gehindert werden sollten. Panzerkeile sollten die Front so weit vortreiben, daß deutsches Gebiet durch die sowjetische Luftwaffe nicht mehr erreicht werden konnte. Schließlich sollte eine vorläufige Endlinie Murmansk–Ladogasee–Astrachan erreicht werden, von der aus etwaig verbliebene Industriegebiete im Ural durch Bomber ausgeschaltet werden konnten. Der Schwerpunkt des Angriffs lag beiderseits der Pripjetsümpfe, wobei die Heeresgruppe Mitte aus dem Raum nördlich von Warschau mit besonders starken Panzer- und anderen motorisierten Verbänden die Sowjettruppen in Weißrußland zerschlagen und Smolensk einnehmen sollte – Angelpunkt für den Vorstoß auf Moskau. Vor Eroberung der Hauptstadt sollten Leningrad und Kronstadt eingenommen werden, um danach die vereinten Kräfte der Heeresgruppen Nord und Mitte gegen die Metropole richten zu können.

Deutschland hallte damals wider von Sieges- und Sondermeldungen des Oberkommandos der Wehrmacht. Allein in der Doppelschlacht von Bialystok-Minsk wurden 330 000 Gefangene gemacht, über 3000 Geschütze und 3332 Panzer erbeutet – etwa die Zahl, mit der die deutschen Truppen den Ostkrieg begonnen hatten.[4] Der Dnjepr wurde überschritten, und am 16. Juli 1941 hatten die Vorausabteilungen der Heeresgruppe Mitte Smolensk erreicht. Die Heeresgruppen Nord und Süd jedoch hatten ihre vorgesteckten Abschnitte in Richtung Leningrad und Ukraine nicht in der erwünschten Frist erreicht, so daß die wichtigste, die Heeresgruppe Mitte, Teilkräfte an beide abgeben mußte. Hier beginnt die Planmäßigkeit gestört zu werden, hier melden sich erste Unsicherheiten, ob sich der konzipierte Ablauf der Kampfhandlungen einhalten ließe. Sie wirken sich um so nachhaltiger aus, als eine Alternative nicht vorgesehen war, sondern das Oberkommando des Heeres in typischer Selbstüberschätzung geglaubt hatte, auf sie verzichten zu können. Der gesamte deutsche Angriffsplan basierte auf der Voraussetzung, daß die Rote Armee rasch vernichtet werden würde, ohne ins Innere entweichen zu können.
Ende Juli aber mußte Hitler erkennen, daß seine Termine – Moskau bis zum 15. August zu erobern und danach den Ostkrieg bis zum 1. Oktober zu beenden – nicht eingehalten werden konnten. So sah er denn die einzige Möglichkeit, seinen *Stufenplan*, wenn auch mit Zeitverzögerung, doch noch durchzuführen, die Rote Armee zu zerschlagen und die operative Freiheit zurückzugewinnen, in einem letzten gewaltigen Kraftakt, bei dem alles auf *eine*, auf die *Trumpfkarte Moskau* gesetzt wurde.

»Taifun« – die Schlacht um Moskau

Und hier die Chronik der zerschlagenen Hoffnung auf Endsieg und deutsche Globalherrschaft im zeitraffenden Datenspeicher der Weltgeschichte.
Am 6. September 1941 unterschreibt Hitler die Weisung Nr. 35 – den Befehl zum Angriff auf Moskau.

Am 19. September erläßt das Oberkommando der Wehrmacht aus dem Führerhauptquartier die Ergänzung zur Weisung Nr. 35: »Der bevorstehende Angriff auf die Heeresgruppe Timoschenko erhält den Decknamen ›Taifun‹. Der Chef des Oberkommandos der Wehrmacht. I.A. gez. Warlimont.«[5]

Erste Phase – die Doppelschlacht bei Wjasma und Brjansk und die Umfassungsschlacht bei Kiew, immer noch große Siege.

Am 30. September haben die deutschen Truppen an der Hauptfront des gesamten Ostkrieges eine Nord-Süd-Linie erreicht, die sich vom Onega-Ladogasee bis zur Krim und dem Asowschen Meer hinzieht, im Rücken Smolensk – und dort keine 300 Kilometer von Moskau entfernt.

Am 2. Oktober richtet Hitler einen Tagesbefehl an die Ostfront: »Soldaten! Heute ist nun der Beginn der letzten großen Entscheidungsschlacht dieses Jahres. Sie wird diesen Feind, und damit auch den Anstifter dieses ganzen Krieges, England selbst, vernichtend treffen. Denn indem wir diesen Gegner zerschlagen, beseitigen wir auch den letzten Bundesgenossen Englands auf dem Kontinent.«[6]

Am 8. Oktober wird in Moskau zum erstenmal über beschleunigte Evakuierungsmaßnahmen beraten und den ausländischen Diplomaten offiziell mitgeteilt, daß sie die Stadt in den nächsten Tagen verlassen müßten. Zur gleichen Zeit erklärt der Chef des Wehrmachtführungsstabes, Generaloberst Alfred Jodl, auf einer Lagebesprechung im Führerhauptquartier: »Mit der gelungenen Bildung der drei Kessel nördlich Melitopol, östlich Brjansk und westlich Wjasma haben wir endgültig und ohne Übertreibung diesen Krieg gewonnen.« Daraufhin gab der Reichspressechef Dr. Otto Dietrich der in- und ausländischen Presse bekannt, daß der Rußlandkrieg entschieden und die UdSSR besiegt sei.[7]

Doch am 16. Oktober dämpft Dietrich mit der Tagesparole: »Die aus sowjetischer Quelle endlich vorliegenden Eingeständnisse über die siegreichen Operationen vor Moskau können gut hervorgehoben werden, doch ist in Aufmachung und Kommentar der Eindruck zu vermeiden, als ob Moskau das Hauptziel der Operationen sei und diese Stadt etwa demnächst fallen würde.«[8]

Was war in der Woche zwischen dem 8. und dem 16. Oktober geschehen? Schnee war gefallen, zwar naß noch und rasch schmelzend, aber die gefürchtete Schlammperiode war damit eingeleitet. Dennoch erreicht auf dem Nordflügel die 1. Panzerdivision die Stadt Kalinin an der Wolga, womit sie, tief im Rücken der Sowjettruppen und nach 300 Kilometern fast ungehinderten Vormarsches, nur noch 150 Kilometer von Moskau entfernt steht.
Am 3. November setzt milder, am 6. strenger Frost mit eisigen Ostwinden ein.
Am Vormittag des 7. November findet in Moskau, wie jedes Jahr, die große Feier der Oktoberrevolution von 1917 mit einer machtvollen Truppenparade statt. Zur gleichen Zeit trifft das deutsche Hauptquartier der Heeresgruppe Mitte in Orscha, 100 Kilometer westlich von Smolensk, die letzten Vorbereitungen für die Schlacht um Moskau. In den Stäben werden bereits die im Maßstab von Meßtischblättern ausgegebenen Karten der Hauptstadt studiert. Die Vormarschrouten sind genauestens eingezeichnet.
Am 15. November erreichen die Panzergruppen 3 und 4 Wolokolamsk und sind damit nur noch 100 Kilometer vom Moskauer Stadtzentrum entfernt.
In Deutschland setzt eine hektische Kampagne zur Sammlung warmer Kleidung für die Ostfront ein – noch nie dagewesenes – Schwächeeingeständnis der nationalsozialistischen Führung. Aber als am 16. November, einem Sonntag, die 3. Panzerarmee mit dem direkten Angriff auf Moskau beginnt, kämpfen die deutschen Soldaten weiter in ihren Sommeruniformen. Georgij Konstantinowitsch Schukow, damals Armeegeneral und Oberbefehlshaber an der Mittelfront, später Marschall der Sowjetunion, wird sich erinnern: »Mitte November hatten alle unsere Soldaten warme Kleidung.«[9]
Am 26. November wird die Stadt Istra an der Rollbahn nach Moskau von der SS-Division »Das Reich« genommen. Es sind nur noch 35 Kilometer, die den Nordflügel der deutschen Heeresgruppe Mitte von der sowjetischen Hauptstadt trennen. Obwohl die Temperatur am 27. November auf 40 Grad unter Null sinkt, nähert sich die 4. deutsche Panzerarmee weiter und rückt auf 27 Kilometer

heran. Ein anderer Vorstoß, auf Krasnaja Poljana, 30 Kilometer vom Stadtrand entfernt, bleibt im schweren Gegenfeuer stecken.
Am 2. Dezember treiben die deutschen Truppen nordwestlich von Moskau, im Abschnitt Kalinin-Wolokolamsk, einen schmalen Keil bis zum Vorort Chimki voran. Es ist der weiteste Punkt, den die Deutschen je von Westen erreichen, und der naheste an Moskau. Die vorgeschobenen Beobachtungsposten der Panzergruppe 4 können durch ihre Scherenfernrohre die Spitzen der Kremltürme erkennen.
Die Parole für die Rote Armee, überliefert als Ausspruch des Politkommissars W. G. Klotschkow: »Genossen, wir können nicht zurück, denn hinter uns liegt Moskau!«[10]
Unterdessen schließt der Chef des Generalstabes, Marschall Schaposchnikow, die Vorbereitungen für die Gegenoffensive ab.
Gegen Mittag des 2. Dezember meldet Generaloberst Hoepner dem Generalfeldmarschall von Kluge, daß die Panzergruppe 4 am Ende sei – körperliche und seelische Überanstrengung, nicht mehr tragbarer Ausfall an Menschen, mangelhafte Winterbekleidung.[11]
Schon vorher, Ende November, hatte der Oberquartiermeister des Oberkommandos der Wehrmacht, General E. Wagner, notiert: »Wir sind am Ende unserer personellen und materiellen Kraft.«[12]
Am 3. Dezember bricht die 2. Panzerarmee ihren Stoß auf Moskau vom Süden her ab.
Im Morgengrauen des 4. Dezember greifen die frischen Divisionen der 20. sowjetischen Armee »Gorki« an. Pausenlos rennen ausgeruhte Sibiriaken-Regimenter gegen die deutschen Linien an. Die sowjetische Gegenoffensive hatte begonnen: Schukow waren weitere 100 000 Mann, 300 Panzer, 2000 Geschütze sowie Raketen-Artillerie-Abteilungen und 1400 Flugzeuge zugeteilt worden. Entscheidend aber – von den insgesamt 34 sowjetischen Fernost-Verbänden verteidigen 21 Moskau! Stalin hatte die Truppenverschiebung über 10 000 Kilometer ohne Bedenken vornehmen können – Richard Sorge hatte ganze Arbeit geleistet. Der für die Sowjetunion spionierende deutsche Journalist konnte dem obersten Verteidiger im Kreml aus Tokio zuverlässig melden, daß die Japaner keinen Angriff auf die Sowjetunion planten ...

Der Traum vom »Blitzsieg« über diesen Gegner ist ausgeträumt.
Am 5. Dezember erhält das 24. deutsche Panzerkorps den Befehl, die vorgeschobene Linie Tula–Serpuchow südlich von Moskau zu räumen – der Rückzug hatte begonnen.
Am Sonnabend, dem 6. Dezember, greifen die Truppen der sowjetischen Westfront zwischen Naro-Forminsk und Gorlowo, westlich der Hauptstadt, zusammen mit den Verbänden der Südwestfront unter Marschall Timoschenko, auf einer Breite von mehr als 300 Kilometern an und gehen zur Offensive über. 80 gutausgerüstete und wintergewohnte Divisionen stoßen auf der ganzen 800 Kilometer langen Front von Kalinin im Norden bis Jelez im Süden vor. Jeder dritte dieser Rotarmisten kommt aus Sibirien. Gegen die schwankende deutsche Front werden über eine Million Soldaten, an die 700 Panzer und verstärkte Artillerie geworfen. Teile der deutschen Panzergruppe 4 müssen bis zu 60 Kilometer zurückgenommen werden.
In der Nacht vom 6. auf den 7. Dezember geht auch die 10. sowjetische Armee zur Gegenoffensive über – aus dem Raum Rjasan fällt sie der sieggewohnten Panzerarmee des Generaloberst Heinz Guderian in die südliche Flanke.
Am Abend des 7. Dezember gibt das offizielle sowjetische Informationsbüro TASS bekannt, daß die deutschen Truppen schwere Verluste durch die Gegenangriffe der Roten Armee erlitten haben. Es ist die erste Meldung für die Moskauer, daß die unmittelbare Bedrohung nachgelassen hat – und die erste offizielle Kunde von der sowjetischen Gegenoffensive. Zudem ist es der Tag des japanischen Eintritts in den Krieg gegen die USA und damit das eigentliche Datum seiner Ausweitung in einen wirklichen Weltkrieg.
Am 8. Dezember verfügt Hitler an der Ostfront die »sofortige Einstellung aller größeren Angriffsoperationen« und den »Übergang zur Verteidigung«.[13] Eine Woche später notiert Generaloberst Hoepner: »An der 150 km breiten Front, in der ich jetzt sieben Korps mit 22 Divisionen gegen etwa 43 russische Divisionen führe, gibt es keine Stelle, die nicht irgendwie gefährdet oder gar durchbrochen ist. Ich habe keine Division, die angriffsfähig oder gegen stärkeren Feind abwehrkräftig ist. Die Kfz haben keinen Betriebs-

stoff, die Pferde keinen Hafer. Die Leute schlafen im Stehen ein. Die Straßen sind vereist, die Waldwege verschneit. Der Boden ist ein Meter tief gefroren, so daß man sich nicht eingraben kann.«[14]
Guderian muß mit seinen verbliebenen Panzern fast 130 Kilometer zurückgehen, hinter die Oka und die Upa.
Im Wehrmachtbericht des 17. Dezember wird zum erstenmal das den Generationen des Ersten Weltkrieges noch wohlbekannte Wort vom »Stellungskrieg« gebraucht – Eingeständnis, daß das deutsche Ostheer vom Angriff in die Defensive übergegangen war.
Dieses Bekenntnis mußte Hitler schwer abgerungen werden, in einem Kampf seiner Wunschvorstellungen mit der Wirklichkeit. Der aber fand vor allem statt zwischen Hitler und seinen militärischen Lakaien im Hauptquartier einerseits und hohen und höchsten Frontkommandeuren, in endlosen, nervtötenden Auseinandersetzungen mit den immer gleichen Gegenpositionen. Hitler: halten, halten, halten! Die Front-Generalität: mit Frontbegradigungen taktieren, wenn nötig, Rückzug. Dieser Konflikt, in dem die deutschen Militärs letztlich Hitlers Krieg besser führen wollten als er selbst, ist uferlos dokumentiert. Als aufschlußreiches Beispiel hier einige Auszüge aus dem Kriegstagebuch der Heeresgruppe Mitte vom 19. Dezember 1941, zunächst über den Zustand der Männer:

»Die Rückschläge sind auf den weit unter der Grenze der Leistungsfähigkeit herabgesunkenen körperlichen und seelischen Zustand der eigenen Truppe, die Furcht, in russische Gefangenschaft zu geraten, die dezimierten Gefechtsstärken, den Betriebsstoffmangel, die angespannte Versorgungslage und den schlechten Zustand der Pferde zurückzuführen. Hinzu kommt das Gefühl der Wehrlosigkeit gegen die schweren russischen Panzer...«[15]

Dann Feldmarschall Günther von Kluge an Franz Halder, Generalstabsschef des Heeres, auf Hitlers ständige Durchhalteappelle:

»Wenn ich nichts zu fressen habe, kann ich nicht mehr kämpfen. Es genügt schon, wenn der Russe auch nur mit schwachen Kräften auf den Versorgungswegen steht... Ob der Führer will oder nicht, er muß eine rückläufige Bewegung befehlen. Wenn die Versorgung nicht klappt, ist der Zusammenbruch schnell da... Der Führer muß aus seinem Wolkenkuckucksheim heraus und mit beiden Beinen auf die Erde gestellt werden.«[16]

Deutsche Militärs mußten ziemlich verzweifelt gewesen sein, um einen derart unüblichen und für sie persönlich durchaus gefährlichen Ton anzuschlagen – wobei nicht der Eindruck erweckt werden darf, daß er etwa exemplarisch gewesen sei. Das war er nicht, und bei vielen Angehörigen der Generalität unter keinen Umständen, wie auch immer. Es ist Franz Halder selbst, der in diesem gespannten Dialog mit von Kluge den Beweis antritt, zu welchen Leisetretern gerade die höchsten Militärs gegenüber Hitler inzwischen verkommen waren. Halder, als von Kluge ihn bestürmt, die gesamte Heeresgruppe Mitte zurückzunehmen: »Ich wage es nicht, dem Führer zu sagen, daß ich Meldungen bekommen habe, daß bei der Rückwärtsbewegung eines Bataillons 80 Prozent Erfrierungen vorgekommen sind. Der Führer werde dann erwidern, daß diese Verluste bei einem Halten der Stellung nicht eintreten.«[17]
Das war am 26. Dezember, fünf Tage, nachdem das Deutsche Nachrichtenbüro (DNB) gemeldet hatte: »Der Führer hat mit dem 19. Dezember 1941 das Oberkommando des Heeres übernommen. Generalfeldmarschall von Brauchitsch scheidet aus.«[18]
»Taifun« – das war der Anfang vom Ende.

Die Schlacht um Moskau kostete die Deutschen mehr als eine halbe Million Menschen, 1300 Panzer, 2500 Geschütze, über 15 000 Kraftfahrzeuge und weit über 100 000 Ausfälle durch Erfrierungen. Trotz eigener ungeheurer Verluste hatte die sowjetische Führung keine wirklich lebenswichtige Position aufgegeben und die Rote Armee der scheinbar unbesiegbaren deutschen Wehrmacht die erste Niederlage seit dem September 1939 beigebracht.
Hitler, unfähig, Unterlegenheit anzuerkennen oder sie gar zu verantworten, gab »atmosphärischen Bedingungen« die Schuld: »Bei sechs Wochen guten Wetters wäre Rußland von Deutschland liquidiert worden.«[19] Für Goebbels und die Reichspropaganda war damit das Stichwort erteilt: Das deutsche Ostheer sei nicht von der Roten Armee, sondern vom Schlamm, von der Kälte, vom russischen Winter geschlagen worden. Die Sprachregelung wurde nur allzu begierig aufgegriffen von einem bis dahin siegverwöhnten Volk, das ohnehin schon früher keine Neigung gezeigt hatte, Nie-

derlagen zu akzeptieren, dessen inzwischen auf den Wahngebilden nazistischer Höherwertigkeitsideen aber noch enorm gewachsenes Selbstwertgefühl mit dem Moskauer Fiasko vollends nicht mehr in Übereinstimmung zu bringen war. Diese Unfähigkeit hatte bereits ihre schlechte Tradition, da sich schon nach dem Ersten Weltkrieg die Mehrheit der damaligen Deutschen außerstande gezeigt hatte, die militärische Niederlage von 1918 anzuerkennen. Es hat wenig gegeben, was mehr zu Hitlers Aufstieg und seiner schließlichen Machtübernahme beigetragen hat als diese nahezu kollektive Unfähigkeit, für die Desaster der nationalen Geschichte selbst einzustehen. Statt dessen hatte sich eingebürgert, die eigenen Katastrophen in die Verantwortung fremder Mächte und Regierungen zu delegieren. Da das im Falle des Moskauer Fiaskos vom Herbst und Winter 1941 schlecht möglich war, mußte nun also die Natur herhalten.

Zu dieser Frage sollen zwei Kenner zitiert werden – Klaus Reinhardt und Janusz Piekalkiewicz. Reinhardt, Autor des Buches »Die Wende von Moskau«, schreibt dazu, unter Bezug auf Hitlers Bemerkung, daß im Osten Kältegrade herrschten, »wie wir sie in den letzten 150 Jahren in Rußland nicht mehr erlebt haben . . .«: »Es ist jedoch eindeutig klar, daß das Ostheer nicht durch den Kälteeinbruch, sondern schon vor der Kältewelle aufgrund des katastrophalen Zustandes der eigenen Verbände, wegen des Zusammenbruchs der Versorgung und vor allem wegen des anhaltenden Widerstandes der russischen Truppen in den Abschnitten aller drei Heeresgruppen zum Stehen gebracht worden war.«[20]

Und Piekalkiewicz, ein international anerkannter Militärfachmann, Autor des Buches »Die Schlacht um Moskau«, faßt die Bilanz, entgegen dem wahrscheinlich vom Verlag erwünschten Untertitel »Die erfrorene Offensive«, in die Sätze: »Nach einer oft zitierten Darstellung sollen die deutschen Truppen vor Moskau nicht von der Roten Armee, sondern vor allem durch ›General Winter‹ besiegt worden sein. Dafür war aber die deutsche Wehrmacht zu kampfkräftig, um von Schlamm, Schnee oder Frost bezwungen zu werden. Entscheidend waren der hartnäckige Widerstand und das riesige Menschenpotential. Kein Zweifel besteht darüber, daß die sowjetischen Truppen weit weniger unter den Folgen des Klimas in ihrem Lande zu leiden hatten als die Deutschen.«[21]

Nach dem Untergang der 6. deutschen Armee bei Stalingrad verharrten die Gegner in einer Art erschöpfter Regungslosigkeit bis weit in das Jahr 1943 hinein. Und während sich die deutsche Führung, in Erwartung einer westalliierten Landung, längst auf eine Verteidigung der *Festung Europa* eingestellt hatte, setzt sich im Juli, nach der furchtbaren Panzerschlacht im Kursker Bogen, einer weiteren vernichtenden Niederlage der Wehrmacht, die Rote Armee unaufhaltsam nach Westen in Marsch, um erst Anfang Mai 1945 vor dem Reichstagsgebäude in der zerstörten deutschen Hauptstadt haltzumachen. Es bleibt das welthistorische Verdienst der Sowjetunion, der Militärmacht des nationalsozialistischen Deutschland die entscheidenden Schläge an der Hauptfront des Zweiten Weltkrieges versetzt und damit zu einer Niederlage beigetragen zu haben, wie sie so vollständig in der Geschichte nicht ihresgleichen haben dürfte.

Das heißt nicht etwa, den militärischen Beitrag, den die Streitkräfte der USA und Großbritanniens zum Ende des Dritten Reiches geleistet haben, gering einzuschätzen. Was immer daran stimmen mag, daß die *Zweite Front* in Westeuropa hinausgezögert worden sei oder nicht, Tatsache bleibt, daß die Wehrmacht auf die Landung mit starken Kräften vorbereitet sein mußte und daß sie damit einen Zweifrontenkrieg führte, noch bevor die vereinten anglo-amerikanischen Streitkräfte unter dem Oberbefehl Dwight D. Eisenhowers ihren Panzerfuß auf den dröhnenden und bebenden Boden der französischen Normandie setzten. Damit waren die Potenzen, die Ressourcen und die Kapazitäten des Deutschen Reiches hoffnungslos überfordert – die Invasion vom 6. Juni 1944 leitete den endgültigen militärischen Zusammenbruch ein.

Dennoch blieb die deutsch-sowjetische Front weiter Hauptschauplatz des gigantischen Ringens, ist dort der bei weitem größte Teil der materiellen und personellen Kräfte des Heeres gebunden, gestellt und zerschlagen worden. In das Bewußtsein der Weltöffentlichkeit sind dafür die Namen Moskau, Stalingrad, Kursk und Dnjepr gedrungen, aber die Geschichtsschreibung hat inzwischen

längst erkannt, daß die großen Schlachten des Jahres 1944 in Bjelorußland, im Baltikum, in Rumänien, Karelien, Ungarn und Jugoslawien hinter ihnen nicht zurückstehen. Waren in Stalingrad vom November 1942, dem Monat der Einkesselung, bis zum Februar 1943 22 deutsche Divisionen vernichtet worden, so waren es im Juni/Juli 1944 binnen weniger Wochen 30, die in Bjelorußland, und 18 Divisionen, die einen Monat später in Rumänien zugrunde gingen. Keine Schlacht im Westen oder in Italien, eingeschlossen die um Monte Cassino oder Anzio-Nettuno, südlich von Rom, reicht heran an die großen Kesselschlachten von Witebsk und Bobruisk, von Brody und Iasi-Kischinjow im Sommer 1944. Die Territorialerfolge dieser gewaltigen Kämpfe waren das Glacis für die letzte sowjetische Winteroffensive vom Januar 1945 aus den Weichsel-Brückenköpfen von Baranow und Pulawy und für den allerletzten Sturm auf Berlin aus den Oder-Stellungen heraus.
Fast bis zuletzt hat Hitler – und mit ihm die Reichsführung und eine weitgehend nationalsozialistisch indoktrinierte Bevölkerung – geglaubt und gehofft, die Anti-Hitler-Koalition werde sich angesichts der bevorstehenden Ausweitung des sowjetischen Machtbereiches, im Zuge des Vormarsches und seiner Siege, spalten, werde instabil oder gar funktionsunfähig werden. Das geht unter anderem hervor aus einem Schreiben des Chefs der Seekriegsleitung, Admiral Wilhelm Meisel, vom 28.9.1943: »Wenn auch deutscherseits militärische Folgerungen aus den divergierenden Tendenzen auf der Gegenseite keinesfalls gezogen werden dürfen, so sind doch zweifellos im politischen Sektor Entwicklungskeime anzunehmen, die auf die militärischen Entschlüsse abfärben. Unsere Aufgabe ist es, so kraftvoll wie möglich zu kämpfen.«[22] Das gibt sich aber schon wenig später gedämpfter, ja resigniert. Nachdem die ersten Nachrichten von der alliierten Außenministerkonferenz in Moskau durchgedrungen waren, stellt die deutsche Seekriegsleitung am 30. Oktober 1943 fest: »Die eigenen Hoffnungen, daß sich aus der politischen Spannung auf der Gegenseite für uns eine Lagebesserung ergeben könnte, die sich in nicht allzu ferner Zeit auswirkt, dürften zerronnen sein, wenn sich die bisherigen Andeutungen über das Konferenzergebnis als zutreffend herausstellen.«[23]

Sie stellten sich als zutreffend heraus.
Auch wenn es die »divergierenden Tendenzen« unter den Alliierten in sich hatten – wie der Leser dieses Buches bald schon erfahren wird ...

Hitler wußte seit Moskau, daß sein Stufenplan, ja sein ganzes Programm gescheitert war. Die Kriegserklärung an die USA vom 11. Dezember 1941 war bereits kein freigefaßter Entschluß mehr. Mit der machtvoll begonnen sowjetischen Gegenoffensive vor Moskau hatte sich gezeigt, daß Deutschland dem Potential der Alliierten an Menschen und Material nichts Gleichwertiges mehr entgegenzusetzen hatte. Nachdem Japan am 1. Dezember den Krieg gegen die USA beschlossen und die Regierung Tojo die Achsenmächte Deutschland und Italien darüber informiert hatte, gab Hitler am Abend des 4. Dezember resigniert seine Einwilligung zu einer deutschen Kriegsbeteiligung gegen die Vereinigten Staaten. Es war eine Unterschrift, die verschleiern sollte, daß seine Pläne zerstört und die Initiative in diesem nun zu einem wirklichen Weltkrieg ausgeweiteten Kampf der Kontinente auf die andere Seite übergegangen war. Hitlers Bemerkung vom 3. Dezember gegenüber dem japanischen Botschafter Oshima, er wisse noch nicht, wie man die USA besiegen könne, wirkt eher hilflos.[24] Wahrscheinlich waren ihm Zweifel schon früher gekommen, denn anders ist die Äußerung nicht zu verstehen, die Hitler am 25. Oktober 1941 zu dem später hingerichteten Außenminister Italiens und Schwiegersohn Mussolinis, Graf Galeazzo Ciano, gemacht hatte – eine spätere Generation werde sich mit dem Problem Europa–Amerika auseinanderzusetzen haben.
Die Strategie Hitlers zur Gewinnung der deutschen Weltherrschaft war gescheitert. Aus dem großmäuligen »Neuordner« war nichts geworden als ein verzweifelt um seine eigene physische Existenz kämpfender Großverlierer. Das Bild Adolf Hitlers rundet sich zu dem eines Mannes mit völlig der Wirklichkeit entrückten Weltumsturzplänen, dem sich die gewaltige Kraft der damaligen deutschen Nation willig und hingebungsvoll zur Verfügung stellte, um dann doch nur angesichts des Scheiterns von diesem umjubelten und ge-

liebten Führer verächtlich beschimpft und zu nichts anderem gebraucht zu werden, als das sichere Ende des eigenen, millionenfach verwirkten Lebens so weit wie möglich hinauszuschieben – spätestens seit Moskau hat Hitler von diesem Scheitern gewußt. Und so kommt es denn zu Aussprüchen wie dem am 21. November 1941 zu dem dänischen Außenminister Scavenius: »Wenn das deutsche Volk einmal nicht mehr stark und opferbereit genug sei, sein eigenes Blut für seine Existenz einzusetzen, so soll es vergehen und von einer anderen, stärkeren Macht vernichtet werden. Es verdiene dann nicht mehr diesen Platz, den es sich heute errungen habe.«[25]
Das wird ergänzt durch einen Ausspruch, den Hitler vor der Tischrunde am 27. Januar 1942 machte, also während schwerer Abwehrkämpfe an der gesamten Ostfront: »Ich bin auch hier eiskalt. Wenn das deutsche Volk nicht bereit ist, für seine Selbsterhaltung sich einzusetzen, gut – dann soll es verschwinden.«[26]
Und all das gipfelt in dem Bekenntnis eines Mannes, dessen Gewalttätigkeit, Herrschsucht, Zynismus und Größenwahn Millionen und aber Millionen Deutsche in des Wortes buchstäblicher und übertragener Bedeutung zu Füßen gelegen haben:
»Ich habe in meinem Leben immer Vabanque gespielt.«[27]

Kein koloniales Geplauder

Da schon die *erste Stufe* des *Programms* gescheitert war, konnte die *zweite* gar nicht in Angriff genommen werden, geschweige denn die *dritte*. Wie teilte sich das Bewußtsein dafür mit? Wie wurden die Planer für den Endsieg fertig mit dem verhältnismäßig rasch eingetretenen Wandel, wenig mehr als zwei Jahre nach Kriegsausbruch, daß nicht nur die Ära der Blitzsiege vorbei war, sondern Deutschland auch dem Zweckbündnis von Gegnern mit tatsächlichem Weltmachtformat unterliegen, der Krieg also verloren werden könnte?
Noch vor dem Herbst 1941 wurden die Zeitpläne für die *zweite Stufe* zurückgesteckt – gleichzeitiger Vorstoß gegen den Nahen Osten, von Afrika aus über den Suezkanal und durch Bulgarien und die

Türkei auf die britischen Stellungen zu. Es war die zähneknirschende Reaktion auf den unerwartet hartnäckigen Widerstand einer unbesiegten Sowjetunion, an dem die erklärten deutschen Ziele im Osten – Mitte August: Einnahme Moskaus, Anfang Oktober: Ende des Feldzuges – zerbrachen. Noch im Sommer 1941 waren die geplante Eroberung Gibraltars und die Errichtung einer deutschen Bastion in Nordwestafrika aufgegeben worden.

Wie malte sich die neue Situation in den Köpfen von Planern, denen die Verwirklichung ihrer weltweiten Entwürfe ganz selbstverständlich erschien und die nach allem, was wir von ihnen wissen, bis dahin keinerlei grundlegende Zweifel hegten? Dafür sei das Beispiel eines Mannes angeführt, in dem sich die Kontinuität deutscher Geschichte personifiziert, des alten Kolonial- und Freikorps-Kämpfers Franz Ritter von Epp. Der General der Infanterie und Leiter des Kolonialpolitischen Amtes der NDSAP war so etwas wie ein Synonym für das Herzstück der *zweiten Stufe* des *Programms* – den Traum des »Mittelafrikanischen Ergänzungsraums«. Keine Behörde, kein Amt hatte detailliertere Pläne ausgearbeitet als die, denen von Epp vorstand. Wir führen sein Beispiel um so lieber an, als es sich bei ihm um einen Typus handelt, der mehrere Epochen der deutschen Reichsgeschichte verkörpert, also kein frischgebackener Nazi des Jahrgangs 1933 war. Dennoch war er Nazi und gibt damit Auskunft, wie fließend damals die Grenzen gewesen sind zwischen solchen Begriffen wie *national*, *deutschnational und nationalsozialistisch*.

Die Zweifel kommen von Epp verhältnismäßig spät. Nach Ausbruch des Ostkrieges gibt es Umstellungen, Aufrufe, Prioritäten, die vom Kampfgeschehen bestimmt sind. Aber da ist noch keine Unsicherheit, daß die *zweite Stufe* durchgeführt werden wird. Verspätet vielleicht – das könnte schon sein. Doch bis dahin weiß man sich zu helfen. Am 20. November 1941 erläßt von Epp folgenden *Aufruf*:

»Als Leiter des Kolonialpolitischen Amtes fordere ich alle kolonialen Pflanzer und Fachleute aus den Kolonien oder aus den sonstigen tropischen Gebieten, die sich für den künftigen Einsatz in unseren Kolonien bei meinem Amt gemeldet haben, auf, sich für die südlichen Länder der besetzten Ostgebiete zur praktischen Betätigung in ihren Fachgebieten für die Dauer des Krieges zur Verfügung zu stellen. Ein solcher Dienst im Osten ist bedingt durch die Größe der Aufgaben, die sich aus der Versorgung des deutschen Volkes während des Krieges ergeben. Es bedeutet nicht, daß unsere Kolonialwirtschaftler ihrer eigentlichen Aufgabe entfremdet werden sollen ... Ich weiß, daß Sie, meine deutschen kolonialen Pflanzer, freudig dem Vaterland in den Zeiten der höchsten Energieentfaltung unseres Volkes auf einem nicht-afrikanischen Gebiet dienen werden. Wer sich hierbei bewährt, kann gewiß sein, bei dem späteren kolonialen Einsatz in erster Linie berücksichtigt zu werden.«[28]

Das nächste aufschlußreiche Dokument aus der Feder von Epps trägt das Datum des 13. September 1942 und klingt schon nachdenklicher. Es findet sich in seinem Nachlaß und ist offenbar an niemanden gerichtet, sondern eine Aufzeichnung von Gedanken, die das ganze Lebenswerk von Epps berühren. Da war zunächst der 11. Dezember 1941 – die USA sind auf dem Kriegsschauplatz erschienen, »der aktivste unserer Feinde in Afrika«. Und dann diskriminiert von Epp *die* Machtmotive, von denen die deutsche Expansions- und Kolonialpolitik der zweiten Stufe bestimmt war, als »Habgier der USA«:

»Alles deutet daraufhin, daß sie die Absicht haben, Afrika nicht nur als Stützpunkt zur Hilfe für ihre Alliierten am Kap, in Ägypten, im Irak, im Iran und im Bolschewikenreich auszunützen und auszugestalten, sondern ... in einem beträchtlichen Teil von Afrika die Herren zu bleiben. Ihre habsüchtigen Blicke richten sich nicht nur auf den ehemaligen deutschen Besitz, sondern auch auf den ganzen Tropengürtel südlich der Sahara, auf die reichen Mineralgebiete im belgischen und rhodesischen Bereich und auf das französische Westafrika. Der stärkste und gefährlichste Widerpart von uns scheinen mir die USA zu werden.«[29]

Die Kolonialfrage im bisherigen Sinne, so fährt von Epp fort, existiere nicht mehr, sondern sei nach beendigtem Krieg zu einer solchen der *Raumverteilung* geworden: »In diese Raumverteilung ist unser Kolonialbesitz mit eingebettet. Es wird sich, so wie das Weltbild sich bis jetzt durch den Lauf des Krieges gestaltet hat, längst nicht mehr nur um *unsere* Kolonien handeln, sondern darum, ob Afrika als Ergänzungsraum für Europa erhalten bleiben soll oder nicht.«

Der Ritter, dessen Herkunft noch im Kaiserreich wurzelte und dessen altmodische Photos ihn nach meiner Erinnerung stets mit einem Stahlhelm zeigten, hatte die neue Raumpolitik-Theorie des Nationalsozialismus durchaus begriffen. Nur daß bei diesem »Denken in Kontinenten« nun die Gegenseite ein Gewicht zu bekommen drohte, das in den Plänen der Nazis dem zur Weltherrschaft strebenden Deutschland vorbehalten sein sollte. Nach von Epp aber war, was die *zweite Stufe* anbetraf, mit dem Kriegseintritt der transatlantischen Großmacht eine ganz neue Situation eingetreten – ein zwar noch europa- und afrikaferner Feind, der jedoch augenscheinlich dabei war, trotz schwerster Anfangsverluste im Pazifik die Initiative gegenüber Japan zu gewinnen. »Ich für meine Person glaube, daß gegenüber unseren kolonialen Zielen die USA die Hauptgegner sein werden und daß sie etwas Anderem als der Gewalt nicht weichen werden.«[30]

Wie aber sah es damit aus? Die USA waren ja nicht der einzige Gegner. Da war immer noch der Kampf im Osten, und dies im September 1942, dem Datum des Von-Epp-Schreibens, seit fast fünfzehn Monaten. In den Köpfen der Sieg-Planer tut sich etwas, langsam, aber unaufhaltsam:

»Es ist ganz klar, daß, solange das Niederwerfen der militärisch immerhin gewaltigen Sowjetmacht nicht vollzogen ist, der Kampf um das erwähnte Dreieck zwischen Mittelmeer, Kaspischem Meer und Persischem Meerbusen nicht durchschlagen kann... Bevor wir im Mittelmeer nicht die Herren sind, kann man von einem Angreifen der Kolonialfrage nicht sprechen. Bis dahin ist es noch ein weiter Weg.«[31]

Die Weltgeschichte ist dabei, den *Stufenplan* zu korrigieren (wenn auch in scheußlichem Deutsch). Das geht noch klarer aus den folgenden Sätzen von Epps hervor:

»Es wäre unklug, um eine Sache, die noch in so weiter Ferne liegt, in der Öffentlichkeit herum zu reden und den Gegner aufmerksam zu machen auf das, was man will. Das wollen wir den viel schwätzenden Demokraten überlassen... Man soll ein an sich schon mit tausend Dingen belastetes Volk nicht von dem Ziel seiner augenblicklichen Höchstspannung ablenken. Das wäre ungeschickt, es ließe aber auch jegliches Fingerspitzengefühl vermissen, denn man kann annehmen, daß eine große Zahl von Menschen, die gespannt auf die großen, tatsächlich vor sich gehenden Dinge blicken, jetzt nicht durch koloniales Geplauder unterbrochen sein wollen.«[32]

Das klingt fast schon wie Abschied, wie *zweite Stufe*, wie *Afrika, ade*! Was völlig den Tatsachen entsprach.
Dem war höheren Orts bereits vorher Rechnung getragen worden. Das wird ersichtlich aus einem Schreiben vom 6. September 1941, das Martin Bormann, Leiter der Parteikanzlei, aus dem Führerhauptquartier an den Reichsminister und Chef der Reichskanzlei, Dr. Hans Heinrich Lammers, richtete.
Lammers hatte mehr als ein Jahr zuvor, am 15. Juni 1940, im Hochrausch des Sieges über Frankreich, den obersten Reichsbehörden von dem Auftrag Hitlers an ihn Kenntnis gegeben, die vorbereitenden Arbeiten für die zukünftige deutsche Kolonialverwaltung mit Nachdruck zu fördern und die notwendigen Vorbereitungen für die Errichtung eines Reichskolonialamtes zu treffen. Daraufhin hatten, wie bereits geschildert, eine große Zahl von Dienststellen mit umfangreichen Vorarbeiten begonnen und auch Presse und Rundfunk laut in das gleiche koloniale Horn getutet. Sich darauf beziehend, heißt es nun in dem Bormann-Brief an Lammers vom 6. September, nicht ohne untergründige Süffisanz:

»Infolge der neuerlichen Entwicklung der Dinge im Osten erscheint es fraglich, ob die seinerzeitige Anordnung des Führers im gleichen Umfang noch heute den Absichten des Führers entspricht. Wenn dies auf Grund der Zukunftspläne im Osten, wie ich vermute, nicht mehr der Fall sein sollte, würden hierdurch sowohl die Vordringlichkeit als auch der Umfang der kolonialen Vorbereitungsarbeiten erheblich verringert werden.«

Und dann, die nächste Etappe der Kolonial-Demontage bereits vorwegnehmend:

»Es scheint mir erforderlich, in Ergänzung der bisher schon getroffenen Maßnahmen zur Einsparung von Arbeitskräften und Material bei nicht unbedingt kriegswichtigen Aufgaben die Entscheidung des Führers über diese Frage einzuholen.«[33]

Das Schreiben markiert den eigentlichen Anfang vom Ende der groß propagierten Pläne vom »mittelafrikanischen Ergänzungsraum«, diesem gewaltigen Luftimperium unter der Tropensonne. Und der Vorbote des endgültigen Aus kommt, während von Epp noch an bloße zeitliche Verschiebung des *Stufenplans* glaubt, mit einem abermaligen Schreiben Martin Bormanns an Lammers, wieder mit der jeden etwaigen Widerspruch von vornherein einschüchternden Absenderadresse »Führerhauptquartier«, vom 7. Januar 1942. Der unheimliche »Schatten Hitlers« bezieht sich darin auf Unabkömmlichkeitsanträge des Kolonialpolitischen Amtes für den unmittelbaren Kriegsdienst und vermerkt dann mit der Bormann eigentümlichen Genugtuung bei der Übermittlung von Nachrichten, die im Sinne des Empfängers nachteilig sind:

»Seit unserer Rücksprache über die Uk-Stellungsanträge des Kolonialpolitischen Amts hat sich die Sachlage gründlich verändert, denn, wie Sie wissen, müssen gegenwärtig 600 000 Menschen zu den Waffen gerufen werden, denen weitere folgen werden. Obwohl die Partei nur die notwendigsten Kräfte freigestellt hatte, wie von allen Stellen, auch von der Wehrmacht, mehrfach anerkannt wurde, habe ich auf Anordnung des Führers jetzt noch einmal einen erheblichen Prozentsatz der Uk.-Stellungen aufheben lassen. Genau so rücksichtslos muß in sämtlichen Verwaltungen vorgegangen werden. Wir können diesen Krieg, wie hier dieser Tage mehrfach betont wurde, nur gewinnen, wenn wir jede überflüssige Arbeit von jetzt ab rücksichtslos, wie es der Russe tut, den letzten Mann und die letzte Frau kriegswichtig ansetzen.«

So steht es, fehlerhaft und in echtem Nazideutsch, eindeutig da, aber dem Absender noch nicht eindeutig genug. Weshalb Bormann noch zwei Schlußsätze anfügt:

»Ich habe deshalb erhebliche Bedenken, die vom Kolonialpolitischen Amt gewünschten Freistellungen durchzuführen, zumal es sich hier um Männer handelt, die im Osten zweifellos notwendiger gebraucht werden. Alle Dinge, die genau so gut nach dem Kriege erledigt werden können, müssen nach dem Kriege erledigt werden, wie der Führer mehrfach betonte.«

Und dann, noch eins drauf:

»Wenn wir diesen Krieg verlieren, nützt uns auch die schönste koloniale Verwaltung nichts.«[34]

Unter solchen Interna vollzieht sich widerwillig die Korrektur der nationalsozialistischen Sieg- und Nachkriegspläne. Und immer ist

die Sowjetunion, die unbesiegte, im Spiele, immer wird auf ihre Rolle dabei zurückgekommen, immer wieder führen alle Wege der Planungsrevisionen nach Moskau – und zum Stichwort seiner gescheiterten Eroberung: »Taifun«!
Um auf der Kolonialspur zu bleiben – hier kommt das endgültige Aus in zwei Etappen, beide gesiegelt von dem unvermeidlichen Martin Bormann, und das während des Untergangs der 6. Armee bei Stalingrad. Das erste der beiden Schreiben trägt das Datum vom 26. Januar 1943 und ist an den Leiter des Kolonialpolitischen Amtes, Reichsleiter Ritter von Epp, gerichtet:

»Im Auftrag des Führers teile ich Ihnen mit, daß die Tätigkeit des Kolonialpolitischen Amtes und die des Reichskolonialbundes bis zum 15.2.1943 völlig stillzulegen ist. Die zu diesem Zwecke freiwerdenden Arbeitskräfte sind unverzüglich sowohl mir wie dem Reichsschatzmeister zu melden.«[35]

Das zweite Schreiben ist die »Anordnung 9/43« vom 17.2.1943, fußend auf dem Hitler-Erlaß vom 13. Januar des Jahres über »den umfassenden Einsatz von Männern und Frauen für Aufgaben der Reichsverteidigung« – die amtliche Urkunde für das Ende der Kolonialpläne und ihrer emsigen Bürokratie.

Es gibt da noch ein Notabene in Zusammenhang mit dem bereits zitierten Dr. Wirth, von Epps Mitarbeiter, an dessen hymnische Berichte vom 10. August und vom 18. Dezember 1941, also während der deutschen Siegesära verfaßt, sich der Leser noch erinnern wird. Im Nachlaß des Ritters findet sich der Auszug eines vertraulichen Berichtes Dr. Wirths vom 31. Dezember 1942, und der klingt ganz anders als die frohe Botschaft des Vorjahres von den uferlosen deutschen Möglichkeiten in Übersee. Wirth sucht darin nach der Wurzel des Übels, weshalb alles so anders gekommen ist als geplant, und er gerät dabei in ebenso wehmütige wie zornige Überlegungen.
Wehmütig: Noch im Sommer 1940 sei es möglich erschienen, über Französisch-Nordafrika sogar nach Kamerun und Belgisch-Kongo vorzustoßen. Daß es nicht geschehen sei, lastet Wirth – »um es di-

plomatisch auszudrücken« – einem »continentalbinnenländischen Denken« an, das das weltpolitische Gebot der Stunde nicht erfaßt habe. *Zornig:* »Der Einwand, das Hinübergreifen nach Zentralafrika hätte zu viele Kräfte erfordert, ist falsch, da zu jener Zeit einige hundert Offiziere und ein paar Dutzend Flugzeuge genügt hätten... Indessen, die Gelegenheit ist verpaßt worden, man wollte von Afrika nichts wissen, und heute ist nach dem unerwartet schweren Anrennen der Bolschewisten gegen unsere Front im Osten jedermann klar, daß an eine Bereinigung der afrikanischen Angelegenheit in unserem Sinne, auf die der Führer in seinem weltgeschichtlichen Aufruf an das französische Volk anspielt, im gegenwärtigen Augenblick nicht zu denken ist, weil sie unsere Kräfte übersteigt...«[36]

Mit anderen Worten – die Rote Armee hat den *Stufenplan* vermasselt. An ihr ist das Programm, sind die Pläne hin zum und nach dem Endsieg gescheitert.

Aber nur die *Pläne* konnten scheitern. Der Endsieg selber, die deutsche Weltherrschaft, das Großgermanische Reich mit dem Adler über der Weltkugel, die Arierherrschaft über die Erde – sie waren nie in Sicht, wären nie zu verwirklichen gewesen. Das deutsche Potential hätte dazu nicht ausgereicht. Ebenso wahr aber ist, daß die deutsche Herrschaft über Europa weit länger hätte andauern können, als sie es in Wirklichkeit tat – wenn England in die Knie gegangen und Moskau erobert worden wäre. Ganz ausgeschlossen wäre weder das eine noch das andere gewesen. Das schlimmste aber wäre gewesen, beide Möglichkeiten wären eingetreten. Dann hätte dieses Deutschland noch Jahre, vielleicht sogar Jahrzehnte seine Machtstellung halten können, mit all dem Entsetzlichen, das die natürliche Folge gewesen wäre.

So bleibt – eine niederschmetternde Bilanz – als Fazit die Tatsache, daß der einheitliche deutsche Nationalstaat in seinen entscheidenden, jeweils in einen Weltkrieg mündenden Epochen gelenkt und geleitet wurde von realitätsfernen Reichsführungen, von Regierungen mit entwirklichten, irrationalen Geschichts- und Zukunftsbildern, die auf einer grundsätzlich falschen Einschätzung der eigenen und der verbündeten Kräfte basierten. Beide Phasen, die kaiserliche und die nationalsozialistische, rasteten, bei aller Unterschiedlichkeit der Gesellschaftssysteme, mit materiellen und ideellen Kontinuitäten ineinander ein, bei deutlicher Steigerung unter Hitler, sowohl was die globalen Ansprüche betrifft als auch die Bereitschaft, sie mit den grausamsten Mitteln durchzusetzen. In den zwölf Jahren des Dritten Reiches wurde praktiziert, was vielfach vorgedacht worden war, und zwar hinsichtlich aller Gruppen, deren Angehörige dem staatlich institutionalisierten Nationalsozialismus später dann zum Opfer fielen – Juden, Christen, Homosexuelle, Asoziale, Gemeinschaftsfremde, Zigeuner, um nur einige aus dem langen Katalog des industriellen Massen- und Völkermords zu nennen.

Es bleibt der Phantasie des einzelnen überlassen, sich auszumalen, was gewesen wäre, wenn Hitler den Krieg gewonnen hätte – diese Imagination auch unter dem Aspekt, daß sein Deutschland ihn nie hätte gewinnen können.

Denn es gibt – und das sei nun noch einmal wiederholt –, es gibt keine Vollcharakteristik des Nationalsozialismus ohne die Kenntnis seiner Pläne: wie er zum Endsieg gelangen wollte und was er danach vorhatte. Mit all den grausigen Anschauungsbeispielen, die er bis zu seiner Niederlage der Menschheit für alle Zeiten geliefert hat und die ihr belegen können, daß die Visionen des Unausdenkbaren ernst gemeint waren.

Doch Hitler hatte den Krieg verloren. Seine Klientel auch?

Nicht die Herren, die Fahnenträger Europas – die »Neuordnung der Verlierer«

»Bereits 1945, spätestens Mitte 1946 mußten wir einen erschütternden Eindruck erhalten – nämlich den, daß Hitler und die deutsche Wehrmacht zwar eindeutig den Krieg verloren hatten, aber daß die primitiv-paranoiden antisowjetischen Haßtiraden der Goebbelsschen Propaganda dennoch den Endsieg davontragen würden.«

E. Field Horine[1]

Mit Otto Ohlendorf zur liberalen Marktwirtschaft

Am 4. September 1943 wurde der Reichskanzlei in Berlin eine Studie eingereicht, die den umständlichen Titel trug: »Politische Überlegungen für den Fall, daß Deutschland diesen Krieg nicht durchzustehen vermag«. Darin hieß es: »Wenn Deutschland diesen Krieg verliert, so dürfte es einen Friedensschluß nach altem Muster nicht mehr geben. Vielmehr droht seine und des übrigen Europa völlige Unterwerfung unter amerikanische und russische Herrschaft. Die deutsche Politik hat deshalb die Aufgabe, den kommenden Gefahren vorbeugend zu begegnen und eine Ausweichmöglichkeit einzuleiten. Während der Katastrophe ist es zu spät.«[2]

Zwei Tage vorher, am 2. September 1943, war ein »Erlaß über die Konzentration der Kriegswirtschaft« herausgekommen, der zwei arbeitsteilige Bereiche schuf: 1) den Ausbau der Kriegswirtschaft mit hoheitlichen Funktionen unter Albert Speer, eine Anstrengung, der ein gewaltiger Rüstungsaufschwung mit neuen Rekordziffern folgte und die das gesamte nationale Leben, den riesigen Zwangsarbeiter-Apparat samt den Ressourcen des deutschbesetzten Eu-

ropa, den Bedürfnissen des totalen Krieges unterwarf. Und 2) ein »Neuordnungsprogramm«, aber diesmal eines nicht im Zeichen der Sieger, sondern der potentiellen Verlierer.[3]
Also hie die Kriegsmaschinerie auf höchsten Touren und nach dem Prinzip »Vernichtung durch Arbeit« – dort rationales Kalkül, um zu retten, was zu retten sei.
Aber da sind nicht etwa Widerstandskämpfer am Werk, auch handelt es sich keineswegs um die geheime Wühlarbeit von Oppositionellen. Beteiligt an der Umschaltszene sind vielmehr höchste Stellen im Behörden- und Führungsapparat, eingeschlossen solche der SS. Hier beginnt eine Wirtschafts- und Funktionärselite die Nachkriegszeit im Zeichen der deutschen Niederlage zu planen! Und wer daran zweifelte, der mußte sich durch den Namen dessen überzeugen lassen, der staatlicherseits an die Spitze der neuen Planung gesetzt worden war: Otto Ohlendorf!
Nein, der kundige Leser unterliegt keiner Halluzination wie auch der Autor keinem Irrtum – es ist der nämliche Ohlendorff, der als Chef der Abteilung »Volkstum«, Inlandsnachrichtendienst, Amtsgruppe III, im Reichssicherheitshauptamt für den europäischen Völkermord ebenso verantwortlich war wie für die spezielle Ermordung von 90 000 Sowjetbürgern durch die Einsatzgruppe D, die er befehligte; derselbe SS-Brigadeführer Otto Ohlendorf, der später dann in einem der Nürnberger Nachfolgeprozesse zum Tode verurteilt und am 7. Juni 1951 hingerichtet werden wird.
Der gelernte Volkswirtschaftler und Massenmörder wird nun als Leiter der »Grundsatz- und Planungsabteilung« im Reichswirtschaftsministerium zum Unterstaatssekretär ernannt, bleibt aber Chef des Sicherheitsdienstes Inland (SD). Das heißt, was sich jetzt tut an einer Neuauflage der »Neuen Ordnung«, wird durch das sicherheitspolitische Machtzentrum des Dritten Reiches gedeckt.
Und es tut sich viel angesichts der stetig aus allen Himmelsrichtungen zurückweichenden Fronten auf die deutschen Grenzen zu. Unter der neuen Perspektive entstehen zwischen den hoheitlichen Planungsstellen der SS einerseits und den großen Wirtschafts- und Finanzorganisationen andererseits zahlreiche Haupt- und Nebenverbindungen. Dabei geht die Initiative von eben jener Reichs-

gruppe Industrie aus, der die »Neuordnung der Sieger« vor drei Jahren so entscheidende Impulse zu verdanken hatte.
Wieder dabei: Abs und Albrecht, Blessing und Keyser, Reemtsma und Westrick und – Ilgner. Mit ihm also auch die Spitzenmanager der I.G. Farben, die 1941 im Buna- und Treibstoffwerk Auschwitz das erste Großexperiment zur Vernichtung von Sklavenarbeitern unter höchsten technologischen Verwertungsbedingungen gestartet hatten.
Sie alle waren dabei, als es galt, mit Hitler und Himmler bis ans Ende der Welt zu marschieren. Wir werden sie auch später als die Creme der westdeutschen Großmagnaten wiedertreffen, zum drittenmal und unversehrt wie eh und je.
Doch einer kommt nun dazu, Symbolfigur des Großen Übergangs, Retter des privaten Eigentums, Bewahrer der Kontinuität, Theoretiker und Praktiker des Zukünftigen, und all dies ohne nazistische Alt- und Vorbelastung, ja eher noch mit dem Odium der Ablehnung behaftet, für die er persönliche Nachteile in Kauf genommen hat: Er wird sie alle bald überstrahlen, der Architekt der sozialen Marktwirtschaft und Vater des bundesdeutschen Wirtschaftswunders – Ludwig Erhard! Jahrgang 1897, promoviert bei dem berühmten Volkswirtschaftler und Soziologen Franz Oppenheimer in Frankfurt 1924, seit 1928 als wissenschaftlicher Mitarbeiter im Institut für Wirtschaftsbeobachtung der Handelshochschule Nürnberg, war Ludwig Erhard dort 1942 ausgeschieden, weil er sich geweigert hatte, der »Deutschen Arbeitsfront« (DAF) beizutreten. Als das geschah, hatte Erhard dem Herausgeberkollegium der Institutszeitschrift angehört.
Bei der Neuplanung der »Neuordnung« im Zeichen der deutschen Niederlage finden wir ihn – 1943/44 – als Leiter des von der Reichsgruppe Industrie finanzierten Instituts für Industrieforschung, ebenfalls Nürnberg.
Im März 1944 legt Ludwig Erhard die erste Studie vor – »Kriegsfinanzierung und Schuldenkonsolidierung«, ein umfangreiches Werk zur Lösung währungspolitischer Fragen nach der Niederlage. Die Grundgedanken: Um sozialen Unruhen vorzubeugen, muß die Staatsschuld auf den Rechtsnachfolger des Dritten Reiches über-

tragen, das angehäufte Kapital von Industrie und Hochfinanz vor der Begehrlichkeit großer, durch Kriegseinwirkung verarmter Volksmassen bewahrt und in Ruhe demobilisiert werden. Dann, nachdem eine etwaige antinazistische Empörung abgeflaut wäre, müßte der große Schritt zugunsten der Sachwerte gewagt werden.
Das war in der Tat gewagt, denn mittlerweile betrugen die Gesamtschulden 680 Milliarden Reichsmark, davon 400 Milliarden direkt greifbare Staatsschuld.[4]
Im Juni 1944 folgte aus der Feder Ludwig Erhards eine zweite Schrift für das »Sandkastenspiel des verlorenen Krieges«, ein »Programm für die Bearbeitung wirtschaftlicher Nachkriegsprobleme vom Standpunkt der Industrie«.[5]
In ihm sind bereits die wichtigsten Elemente der liberalen Marktwirtschaft wie auch die Ansätze zur späteren Währungsreform und zum Lastenausgleich enthalten.
Aus dieser Schrift und ähnlichen Plänen ist ganz klar eine Hauptfurcht der großen Eigentümer und Manager gegen Ende des Zweiten Weltkrieges zu erkennen: die Furcht vor der Phase der Demobilisierung, vor der Risikozone, der gefürchteten Phase der Revolution! Den Herren steckte noch der Schrecken von 1918/19 in den Knochen, als es einen winzigen Augenblick so schien, als würden die ausgebeuteten und vier Jahre lang auf den Schlachtfeldern geschundenen Millionen aus ihrem dumpfen Gehorsam erwachen. Als würden sie ihrer bisher unerschöpflichen Leidensfähigkeit ein Ende bereiten, sich gegen ihre wahren Feinde im Rücken erheben und ihnen die Macht aus den Händen schlagen, um sie selbst zu übernehmen. Das erwies sich nun, 25 Jahre später, in den einschlägigen Kreisen als völlig unvergessen. Deshalb gingen alle Überlegungen in die eine Richtung: wie ohne nachhaltige Erschütterung der sozialen und gesellschaftlichen Strukturen der Anschluß an eine auf Friedenswirtschaft umgestellte Produktion gefunden werden könnte (wobei in den großen Unternehmerorganisationen noch bis Anfang 1945 davon ausgegangen wurde, daß das Reich die Niederlage in festen Grenzen und mit einer eigenen, »hitlerlosen« Regierung überstehen würde).
Die Hauptüberlegung der Nachkriegsplaner galt deshalb der

Frage, wie die von den Fronten zurückflutenden Soldatenmassen beschäftigt und ein Arbeitslosenheer verhindert werden könnte. Der Betrieb sollte die Ordnungszelle des Staates werden und gegen radikalistische Bestrebungen feien, dazu beitragen sollte eine sofort einsetzende kräftige Exportoffensive, um mit ihr die unvermeidlich großen Lebensmittelimporte zu bezahlen. Auch kamen jetzt Stichworte auf, die darauf schließen ließen, daß die Arbeiterschaft für die Bewahrung der alten Strukturen durch materielle Anreize gewonnen werden sollte, darunter Begriffe wie Gewinnbeteiligung und Volksaktie. Wenn diese Geste überhaupt ernst zu nehmen war – es gehört nicht viel dazu, sie als korrumpierendes Täuschungsmanöver zu enttarnen.

Denn in den Nachkriegsplänen der deutschen Niederlage finden wir nichts, was auf freie Gewerkschaften, Freizügigkeit der Arbeitnehmer oder Tarifautonomie schließen ließe. Wo immer der Begriff Wirtschaftsfreiheit auftaucht, ist mit ihm die Freiheit des Unternehmers gemeint, nicht die des Arbeitnehmers. Worum es geht, ist die größtmögliche Schonung der Sachwertbesitzer sowie ein großzügiger Ausgleich für alle durch Kriegsfolgen geschädigten Eigentümer von Sachwerten. Für die Lohn- und Gehaltsempfänger ist auf geradezu programmatische Weise nichts vorgesehen, sieht man einmal von dem durchaus vorhandenen Bewußtsein ab, für die mit Sicherheit zu erwartenden riesigen Flüchtlingsströme Milliarden aufwenden zu müssen. Dennoch gehen alle Planungen aus von einer Schuldentilgung auf Kosten der Masseneinkommen zugunsten der privaten Kapitaleigentümer – und all das gekoppelt mit einer raschen Exportoffensive und beschleunigtem Wiederaufbau.

Im ganzen begegnen uns darin die Fundamente einer Entwicklung, wie sie erst auf dem Territorium der drei westlichen Besatzungsmächte, dann auf dem des Teilstaates Bundesrepublik abrollen wird. Was Gründlichkeit und Detailfreudigkeit betreffen, so stehen die deutschen Pläne für die »Neuordnung der Verlierer« denen für die »Neuordnung der Sieger« in nichts nach: Kein Problem der Finanz-, Preis-, Lohn-, Kredit- und Währungspolitik sieht sich da vernachlässigt. Und auch die allgemeine Richtung ist von Anfang

an klar: Ohne die Hilfe der Westmächte, vor allem der USA, wäre keine der zentralen Nachkriegsfragen zu lösen, weder was die Versorgung mit Nahrungsmitteln noch mit Rohstoffen anging.
An der dominanten Rolle der Vereinigten Staaten von Nordamerika bei der Verwirklichung der nunmehrigen »Neuordnung« gab es also bei den Verlierern von vornherein keine Zweifel.
Die Kreise, die sich jetzt intensiv an der Nachkriegsplanung beteiligten, nachdem die Weltgeschichte einen ganz anderen als den von ihnen vorgesehenen und erwünschten Verlauf genommen hatte, waren dieselben, die 1932 die Voraussetzungen für den Sieg der Nazipartei geschaffen hatten. Alle entscheidenden Gruppen des Großkapitals – Deutsche und Dresdner Bank, die Konzerne der Schwer- und der Kali-Industrie, die Elektrokartelle und die I.G. Farben, also die chemische Industrie –, sie alle nahmen regen Anteil am Konzept der »Neuordnung«, zusammengehalten von der allgegenwärtigen Furcht vor gewaltsamen Eigentumsveränderungen angesichts einer radikalen internationalen Kräfteverlagerung innerhalb jener 36 Monate zwischen der ersten und der zweiten Planungsphase. Nach der Landung der Alliierten vom Juni 1944 in der Normandie und dem unaufhaltsamen Vormarsch der britischen und amerikanischen Truppen auf Paris, Aachen und Köln war der Sieg der Anti-Hitler-Koalition nur noch eine Frage der Zeit.
Unter diesen Auspizien kommt es bei Angehörigen der NS-Wirtschafts- und -Funktionselite zu Äußerungen, deren erstaunliche Offenheit ein hohes Maß von Panik entlarvt. So etwa, wenn die Chefs des Wintershall-Konzerns, dies zu entnehmen einem Bericht an die SS-Führung vom 26. August 1944, erklären: »... daß der Nationalsozialismus abgewirtschaftet habe, daß die Wirtschaft den Krieg als verloren ansehe und daß der jetzige Staat zweifellos zusammenbrechen werde. Die Wirtschaft bemühe sich deshalb schon um Beziehungen zur Wirtschaft des Auslandes, denn es sei klar, daß in Zukunft nur die Wirtschaft Gewähr dafür geben könne, daß Deutschland im Kreise der Völker noch eine Rolle spielen werde.«[6]
Am 10. August 1944 kommen führende Vertreter der deutschen Konzerne im Straßburger Luxushotel »Maison Rouge« zusam-

men, darunter die Beauftragten von Krupp, Röchling, Messerschmitt, Rheinmetall-Borsig, Brown & Boveri, VW und anderen Konzernen, neben Mitarbeitern des Reichsministeriums für Rüstung und Kriegsproduktion, des Reichswirtschaftsministeriums und des Marinebauamtes. Vor ihnen erklärt der Vertreter des Thyssen-Konzerns, Scheidt, in seiner Eröffnungsansprache: »Die deutsche Industrie muß erkennen, daß der Krieg nicht gewonnen werden kann... Jeder Industrielle muß Fühlung mit ausländischen Firmen aufnehmen und mit ihnen Verträge abschließen. Das muß individuell geschehen und ohne daß irgendein Argwohn erregt wird. Ferner müssen Vorbereitungen für die Aufnahme beträchtlicher ausländischer Kredite für die Zeit nach Beendigung des Krieges getroffen werden.«[7]

Nach unvollständigen amerikanischen Angaben kauften deutsche Konzerne nach den auf Straßburg folgenden Monaten mindestens 750 ausländische Firmen, darunter 214 in der Schweiz, 112 in Spanien, 98 in Argentinien, 58 in Portugal, 35 in der Türkei.[8]

Im Dezember 1944 verhandeln Vertreter der I.G. Farben in Lissabon mit Repräsentanten der US-Chemiekonzerne Standard Oil und Du Pont.

Im Januar 1945 forderte der Telefunken-Konzern das Reichswirtschaftsministerium auf, der Verlängerung seines mit der Radio Corporation of America abgeschlossenen Kartellvertrages zuzustimmen. Gleichzeitig gliederte Flick seinen Konzern neu in vier Gruppen und verlegte die Zentrale von Berlin nach Düsseldorf – Stalin ante portas![9]

Man muß hier einmal einen Augenblick innehalten, um sich bewußt zu werden, was da vorgeht. Nicht mehr und nicht weniger nämlich als eine Art Ausverkauf des Dritten Reiches durch die Spitzen der deutschen Wirtschaft mittels Auslandsverflechtungen großen Stils. Parallel damit laufen die wirtschaftspolitischen Planspiele Ludwig Erhards und der Reichsgruppe Industrie, um auch die binnenländischen Voraussetzungen für die Kontinuität der alten Eigentumsverhältnisse nach der deutschen Niederlage zu schaffen.

Der Zynismus derer, die vor noch gar nicht langer Zeit in den orgiastischen Vorstellungen der »Neuordnung der Sieger« geschwelgt hatten, geht aber noch einen Schritt weiter. Denn zur selben Zeit, da sie ihre Nachkriegsplanungen ohne Hitler und Hakenkreuz entwerfen, in derselben Stunde, da sie all ihre bisherigen Ergebenheits- und Solidaradressen gegenüber dem Regime über Bord werfen – zur selben Zeit halten sie mit allen Kräften die Rüstungsmaschinerie auf Hochtouren! Diese gewohnheitsmäßigen Profiteure von A (wie Abs) bis Z (wie Zangen) wollen beides: die Gewinne von heute und die Gewinne von morgen. In ihren Handlungen und ihren Schriften fehlt jedes Wort, das auch nur von fern wirken könnte wie eine Konsequenz aus ihrer Teilhabe an dem größten Verbrecherstaat, den es je gegeben hat; fehlt jedes und alles, was auch nur auf den kleinsten Wurm im Gewissen derer hinweisen könnte, die an fremdem und an deutschem Blut Milliarden verdient hatten, um nun, nachdem die Welt mit ihrer Hilfe fast in Stücke geschlagen worden war, an nichts anderes zu denken, als Besitz, Privilegien, gesellschaftlichen Vorrang und politische Macht in die neue Ära hinüberzuretten. Dabei ist ihnen jedes Mittel recht. »Wahrscheinlich werden uns die Deutschen Hitler und die ganze Bande anbieten, um bessere Friedensbedingungen herauszuschlagen«, notiert Henry Morgenthau ahnungsvoll am 17. Juni 1944 in seinem Tagebuch.[10]

Richtig.

Aber wohl niemand ist dazu so bereit wie die Kapitäne von Rhein und Ruhr, die großen Magnaten und Rüstungsindustriellen, die Figuren des Himmlerschen »Freundeskreises«. Und während sie sich offen von ihrem bisherigen Herrn und Meister abseilen können, ohne daß man ihnen, den Konspirateuren im Schutze des sicherheitspolitischen Machtzentrums unter dem fürchterlichen Ohlendorf, auch nur ein Haar krümmt, wird ansonsten selbst der kleinste Zweifel am deutschen Endsieg durch das immer hysterischere Enthauptungswesens der Freisler-Justiz, der Sonder- und Kriegsrichter mit dem sofortigen Tode bestraft.

Die »Europa«-Kreidefresser

Neben ihrer Kritik an dem untergehenden System gegen Ende des Krieges entdecken die Hochriegen der Wirtschaft im Zuge der zweiten »Neuordnung« noch etwas – Europa! Wenn auch sehr anders als bisher ...

»Am weitesten verbreitet scheint die Fiktion, Deutschland müsse das rassisch minderwertige übrige Europa beherrschen – eine kindliche Einbildung, die keine Aussicht auf Verwirklichung hat, ja die, wenn der Versuch dazu unternommen wird, unüberwindbare Widerstände wachruft.«[11]

Das scheinen neue Töne, andere als die der »Lehre vom besseren Nationalsozialismus«, die bekanntlich seiner größeren Effizienz galt, nun gemünzt auf ein Europa ohne Nationalsozialismus überhaupt. Entnommen werden sie einer Denkschrift vom 1. März 1944, deren Verfasser Heinz Homeyer ist, Leiter der Hauptabteilung Wirtschaft im Generalbezirk Taurien, und deren Titel lautet: »Der Gedanke Europa – die Kriegsentscheidung«.

Staunend lesen wir darin weiter: »Was ist vollends erst dazu zu sagen, daß in aller Offenheit von der Minderwertigkeit des russischen Menschen, der für ein Knechtdasein prädestiniert sei, gesprochen wurde? Wenn unter diesem Aspekt das Schulwesen auf vier Klassen reduziert, die kulturelle Betätigung des besonders schaulustigen Volkes in Kino und Theater unterbunden oder doch äußerst erschwert wurde? Wenn die ärztliche Versorgung fast illusorisch gemacht wurde mit der Begründung, daß es dem Ukrainer noch viel zu gut gehe?«[12]

Man reibt sich die Augen bei dieser Lektüre. Wir kennen doch, wogegen sich diese plötzliche pro-russische Vehemenz richtet, davon haben wir doch schon einmal gelesen, wortwörtlich sogar – und zwar nirgends anders als in Hitlers »Tischgesprächen«! Wie groß muß die Angst sein, in den allgemeinen Strudel mitgerissen zu werden und unterzugehen, wenn nun nicht einmal vor der bisher so geheiligten Person des Führers haltgemacht wird.

Noch ein paar Kostproben aus der Homeyerschen Denkschrift, weil man sonst nicht glauben kann, was sich da unter dem Etikett der »Neuordnung der Verlierer« tut: »Erinnert man sich nicht der so laut verkündeten Rassengrundsätze, nach denen die germanische, also die deutsche Rasse alle anderen haushoch überragt? Für die europäische Öffentlichkeit haben die Vorgänge in der Ukraine eindeutig gegen uns entschieden ... Den Höhepunkt erklomm ein im Winter 1942/43 in der Krim angeschlagener Aufruf, der von der in beispielloser Erbärmlichkeit lebenden Bevölkerung allen Ernstes die Abgabe von Kleidungsstücken für die deutsche Wehrmacht forderte!«[13]

Da fällt es einem schwer, nicht gleich unwillkürlich hinterherzusetzen: Wenn weiter nichts geschehen wäre, die einheimische Bevölkerung wär's zufrieden gewesen ... Aber dann kommt der Clou, der Sinn des Ganzen, das, worum es dem Verfasser eigentlich geht, Zentrum der Neuauflage der »Neuordnung«. Homeyer, nach der Feststellung, daß die »Chance Europa« bisher vertan worden sei:

»Was könnte uns hindern, selbst in diesem Augenblick bitterster Verteidigung, dem britischen Garantieversprechen an die kleinen Staaten und der Atlantik-Charta, die sich als reine Papierfetzen erwiesen haben, und endlich dem bolschewistischen Europaplan, unsererseits eine Europa-Charta entgegenzusetzen? Einen Europa-Ausschuß aller, auch der geschlagenen Mächte, einzuberufen, eine europäische Aufbaubewegung zu erwecken und sie nach Herzenslust in Zukunftsbildern des befriedeten und geeinten Kontinents schwelgen zu lassen?«[14]

Europa also!

Das ist atemberaubend – der Wolf frißt Kreide, nicht freiwillig natürlich, und so hört sich seine Stimme auch an, zwischen Winseln und Knurren. Es ist ein Schauspiel ohnegleichen, und es vollzieht sich unter Ausschluß der deutschen Öffentlichkeit, die mehr denn je mit Durchhalteparolen traktiert wird. Inzwischen jedoch hat sich für uns der Vorhang gehoben, und zum Vorschein kommen Dokumente, die um so erstaunlicher sind, je klarer man sich macht, in welcher Ära des Zweiten Weltkrieges sie verfertigt werden und wann diese »Hinwendung zu Europa« erfolgt: als die deutsche Ausbeutungs- und Vernichtungsmaschinerie ihre höchsten Produktionsziffern an Gütern und Leichen erreicht hat.

So erscheint im September 1944 eine »Europa-Charta« von Werner Daitz, in der »Über die Grundsätze des europäischen Sozialismus« referiert wird.
Das beginnt so: »Die Zukunft Europas beruht allein auf der Verwirklichung eines europäischen Sozialismus, der einen arteigenen Sozialismus in jedem europäischen Volk voraussetzt... Nur auf der Grundlage eines europäischen Sozialismus, eines natürlichen Miteinanderlebens der europäischen Völker (statt wie bisher eines Nebeneinander- oder gar Auseinanderlebens) vermag Europa wieder eine lebensmächtige, arteigene, nichtimperialistische und weder nach innen noch nach außen ausbeuterische, europäische Weltanschauung und Kultur zu entwickeln.«[15]
In der »Charta« des Werner Daitz erscheinen die Worte »Europa« und »Sozialismus« unzählige Male, das Wort »Nationalsozialismus« jedoch überhaupt nicht. Um so häufiger aber die Begriffe »Selbstbestimmgsrecht«, »Völkerfamilienrecht«, »Sittengesetz«. Mit ihnen seien die praktischen Grundlagen einer anti-imperialistischen friedlichen deutschen Europapolitik gelegt, die Wiedergeburt einer sittlichen europäischen Völkergemeinschaft, die auf den drei unverbrüchlichen Grundsätzen der »europäischen Gemeinschaft« beruhen: der gleichen völkischen Ehre für alle europäischen Völker – der gegenseitigen Bevorzugung auf allen Gebieten vor den anderen Völkern der Welt – und der Pflicht aller europäischen Völker zur gemeinsamen Verteidigung ihres gemeinsamen Großlebensraumes nach außen.[16]
Immerhin, vom »Großraumdenken« mag oder kann man sich noch nicht so rasch trennen, wie die deutsche Niederlage nun heranbraust. Ja, es scheint überhaupt schwer oder gar unmöglich für den Verfasser und seine Zeitgenossen, sich eine realistische Vorstellung von der Situation eines solchen besiegten Deutschland zu machen. Anders jedenfalls ist jene Stelle in der »Europa-Charta« nicht zu begreifen, wo Daitz auf die deutsche Position innerhalb des »europäischen Völkersozialismus« und des »Planetensystems der Völkerfamilie« kommt: »Ja, wie im Sonnensystem um die größeren Planeten oft ein oder mehrere Monde kreisen und mit diesem zusammen in die Gesamtordnung des Sonnensystems eingehen – so

bedeutet es auch keine Vergewaltigung innerhalb der europäischen Völkerfamilie, wenn hier oder da kleine Völker gleichsam um ein größeres Volk kreisen und mit diesem zusammen in die Gesamtordnung der Völkerfamilie eintreten.«[17]

Man lese das zweimal – »keine Vergewaltigung« – »hier und da« – »mit diesem zusammen« –, da droht jemand am Kreidefressen zu ersticken...

Aber es kommt noch besser, noch dicker, noch unerträglicher, denn nun wollen auch die I.G. Farben nicht zurückstehen, da es gilt, das Überleben in der sicheren Niederlage zu planen, und man sehen muß, wo man bleibt. Es ist Richard Riedl, Aufsichtsratsvorsitzender der I.G.-Konzerngesellschaft Donau Chemie AG. und einst Mitplaner der »Neuordnung der Sieger«, der nun, im bedrohlichen Herbst des Jahres 1944, zur Feder greift, die Studie »Weg zu Europa« verfaßt und sich »Gedanken über ein Wirtschaftsbündnis europäischer Staaten« macht.

Darin heißt es: »Wollen wir Kontinental-Europäer zu Einheit und Zusammenarbeit gelangen, von deren Begründung und Behauptung unsere ganze Zukunft abhängt, so wird zweierlei von uns verlangt: Der Verzicht auf Herrschaftsgelüste eines einzelnen Volkes über die anderen, und der Verzicht aller auf schrankenlose Selbständigkeit außerhalb europäischer Ordnung. In diesem Sinne Fahnenträger, nicht Herr Europas zu werden, muß eigener Vorsatz Deutschlands sein – Fahnenträger eines neuen Europa, das seinen Platz und Rang unter den neuen Weltmächten behaupten kann, der ihm nach seiner geschichtlichen Entwicklung und seinen kulturellen und wirtschaftlichen Kräften gebührt.«[18]

Die von ihm gestellten Fragen beantwortet Riedl sich selbst, und dabei wird eine Menge der Wunschvorstellungen sichtbar, die angesichts so programmwidriger Weltläufte in der sichtlich verstörten Führungsriege der I.G. Farben umgehen und nun in 28 Paragraphen dargelegt werden. Die können hier nicht alle aufgeführt werden, aber einige besonders kennzeichnende sollten es wohl doch. So jener erste in Abschnitt I »Der Weg nach Europa«, wo Riedl fragt, wie dieses »neue Europa, von dem wir reden« denn eigentlich aussehen sollte und welche konkreten Lösungen und Pläne da-

für vorgesehen seien. Seine Antwort: »Schaffung eines auf den Zusammenschluß freier Nationen begründeten europäischen Großraums, der die Voraussetzungen für seine wirtschaftliche, politische und kulturelle Behauptung inmitten der anderen Mächte in sich trägt und bereit ist, freundwillig mit allen zusammenzuwirken, die gleiche Bereitschaft auch ihrerseits zeigen.«[19] Freundwillig ...
Während in Paragraph 3 eine »Neuordnung« des kontinentaleuropäischen Wirtschaftssystems beschworen wird, in der nicht das Geld, sondern die Gütererzeugung und -bewegung die Hauptrolle spielen und zum Gegenstand vertraglicher Regelung gemacht werden soll, verspricht Paragraph 8, den nationalen Bestand der besetzten Gebiete und auch der kleinen Völker nicht anzutasten. »Denn wie sollte sonst der Abschluß von Verträgen und Bündnissen mit ihnen möglich sein?«
Ja, wie wohl? Auf diese konsternierte Frage Riedls kann man doch nur gegenfragen, wie denn bisher »Verträge und Bündnisse« abgeschlossen worden seien, und besonders solche der I.G. Farben?
Hier schlägt die Stimme der Kreidefresser in den Diskant des Eunuchen um.
Genug. Nur noch den Paragraphen 21, der als »Organ der freundwilligen Völker« den »Europäischen Wirtschaftsrat« vorsieht, und den 28., in dem der I.G.-Mann beschwörend auffordert: »Gemeinsam können die Völker Europas sich diese Sicherheiten erringen und wahren, einzeln müssen sie in rettungslose Abhängigkeit von den großen Weltmächten, die rings um sie emporwachsen, und damit ihrem Abstiege verfallen.« Worauf der Aufsichtsratsvorsitzende der I.G.-Konzerngesellschaft Donau Chemie AG., Richard Riedl, für den Fall, daß die Völker Europas seinen Vorschlägen zum Zusammenschluß nicht zustimmten, düster prophezeit: »Versagen sie sich ihm, so versinkt Europa mit seiner glücklichen Vielfalt artverwandter, miteinander wetteifernder und sich wechselseitig ergänzender Völker in Abhängigkeit von fremden Mächten, die jeden Augenblick wirtschaftlich und politisch in Vernichtung umschlagen kann.«[20]
Kein Wort mehr davon, daß eben jene Vernichtung das erklärte Ziel der nazistischen Europapolitik war, kein Wort auch von Hitler

selbst, vom Führer, dessen Geist doch bis vor kurzem noch in allen I.G.-Korrespondenzen geschaltet und gewaltet hatte, und ebenfalls keine Erinnerung an byzantinische Ergebenheitsadressen der Firma an ihn, wie etwa diese aus der Monatsschrift der Werksgemeinschaft der I.G. Farbenindustrie AG »Von Werk zu Werk«, Nummer 10, vom Oktober 1935:

Fahnen

Aufgereckte Hände fliegen
Zu dem Führer zu den Sternen –
Aufgereckte Fahnen siegen
Wallend über Stadt und Fernen

Aufgereckte Geister flammen
Aus dem dumpfen Raum empor.
Herz und Geister glühn zusammen –
Und das Volk ist Gottes Chor.[21]

Der Höchstrangige der Kreidefresser, die sich in der Endphase der Naziherrschaft zur »Neuordnung der Verlierer« äußerten, war der Reichswirtschaftsminister selbst, Walther Funk, am 22. Dezember 1944, zu später, sehr später Stunde also. Was uns darüber vorliegt, ist der Entwurf eines Aufsatzes mit dem Thema »Um die Wirtschaft Europas« in der Zeitschrift »Die Deutsche Volkswirtschaft«.[22]
Der Tenor unterscheidet sich erheblich von den einstigen Siegvorstellungen des Ministers, denn nun, da die Alliierten in Ost und West an die deutschen Reichsgrenzen gelangt waren, lesen wir: »Deutschland beabsichtigt und ist in der Lage, eine feste wirtschaftliche Ordnung, die auf dem Grundsatz des Rechtes auf Eigentum und Entfaltung der Tüchtigkeit des Einzelnen wie der einzelnen Völker basiert, in allen Ländern durchzusetzen und zu erhalten. Deutschland vertritt den Grundsatz des Rechts auf den Wohlstand Europas ... Deutschland glaubt an das Recht Europas, an den Gütern der Welt teilzuhaben und an der Weiterentwicklung der Wirtschaft der Welt teilzuhaben.«[23]
Aber auch hier hinter dem Winseln das Knurren, so, wenn Walther Funk in dem gleichen Aufsatz schreibt: »Es ist erwiesen, daß die europäischen Völker unter deutscher Führung in der Lage sind, diesen Wohlstand sich selbst zu erhalten und zu erarbeiten.«[24]
Das klingt wie eine propagandistische Pflichtübung oder Absiche-

rung nach oben, entspricht aber dennoch einer Grundlinie, die charakteristisch ist für die »Neuordnung« der Niederlage.
Die gesamte Zusammenarbeit zwischen den Verbänden der Industrie und den staatlichen Stellen am Ende des Zweiten Weltkrieges ist sichtlich von Bestrebungen gelenkt, scharfe Brüche zu verhindern und sich langsam vom NS-System zu lösen. Dabei schrauben die Kreidefresser die nationalsozialistische Wirtschaftspolitik auf eine Ebene herunter, die für andere europäische Staaten akzeptabel sein könnte, ohne sich jedoch den Weg für eine künftige, nun nicht mehr politisch-militärische, aber doch wirtschaftliche Vorherrschaft Deutschlands gänzlich zu verstellen. Der entscheidende Gesichtspunkt bei allen Überlegungen, Vorschlägen, Denkschriften und Plänen ist die Bewahrung der bestehenden, der kapitalistischen Gesellschafts- und Eigentumsverhältnisse. Aber auch, wenn es nur noch die kümmerliche Fassung der im Siegesrausch von 1940/41 ebenso schrill wie rational proklamierten und teilpraktizierten Eroberungsziele ist, in der Stunde der Kreidefresser, die schwer angeschlagen sind – dahinter und darunter lauern hellwach zwei unumstößliche Maximen: der alte antibolschewistische Furor, der keine Sekunde daran denkt, die Sowjetunion in die »Neuordnung der Verlierer« einzubeziehen, und die feste Absicht, einen eigenen Anteil beizutragen, um die Allianz der ungleichen Sieger zu spalten.
Daß deutscherseits damit gerechnet wurde, steht außer Frage. Ohlendorfs Vorstoß in seiner Eigenschaft als Leiter der Grundsatz- und Planungsabteilung bei der Koordination von Staat und Wirtschaft für die Planungen der Nachkriegszeit im Zeichen der deutschen Niederlage kann in diesem bis fast zum letzten Augenblick funktionierenden Führerstaat kein selbständiger Akt gewesen sein. Vielmehr läßt sich daraus schließen, daß Ohlendorfs Teilnahme an der formal hoch- und landesverräterischen »Neuordnung der Verlierer« ohne Hitler – unglaublich, aber wahr – auf das Wohlwollen des Allerhöchsten innerhalb des sicherheitspolitischen Machtzentrums zurückzuführen war – Heinrich Himmlers selbst! Eben jenes Herrn des Vernichtungsapparates, der vermeinte, auf diese Weise doch noch seinen millionenfach verwirkten Kopf so aus der

Schlinge ziehen und zum Verhandlungspartner der Westalliierten werden zu können.
Der Inlandsnachrichtendienst der SS war durch Ohlendorf vollständig informiert über die Aktivitäten der Großindustriellen, Konzerngewaltigen, Manager, Hochfinanziers, Ministerialbeamten und Technokraten, die sich alle Gedanken machten, wie sie das sinkende NS-Schiff rechtzeitig verlassen konnten, ohne mit ihm unterzugehen oder sich auch nur den Pelz nasser als nötig zu machen. Dabei blieben die Verbindungen zu den westlichen Kriegsgegnern über zahlreiche internationale Kanäle nicht verborgen, auch da, wo deren Aktivierung oder Reaktivierung nicht über den offiziellen Kanal des Reichswirtschaftsministeriums ging. Es ist sogar wahrscheinlich, daß der Inlandsdienst der SS auch von den Verbindungen der Männer und Frauen des 20. Juli zum britischen Geheimdienst und zu anglo-amerikanischen Privatpersonen wußte, ebenso von den Plänen, nach geglücktem Attentat einen separaten Frieden mit den Westmächten zu schließen – und dennoch schwiegen die Ohlendorf, Kaltenbrunner, Himmler. Als der Anschlag dann scheiterte, wurde allerdings keine Gnade geübt...
Was bleibt, ist die gespenstische Zusammenarbeit zwischen den Wirtschaftsgewaltigen und den Initiatoren, Schreibtischtätern, Planern und Exekutoren des jüdischen und des nichtjüdischen Holocaust angesichts der deutschen Niederlage, ist die Kombination eines universalen Opportunismus der Ökonomie- und Finanzelite mit der gleichzeitigen grenzenlosen Bereitschaft, das ganze Gewicht ihrer antibolschewistischen Tradition einzubringen bei der Eingliederung in das weltweite Wirtschaftsgeflecht der Sieger und dabei so zu tun, als sei zuvor gar nichts geschehen.
Die unsägliche Fähigkeit solcher historischen Stehaufmännchen, ihre Nase in die jeweils richtige Windrichtung zu halten, inspirierte Karl-Heinz Roth zu dieser klassischen Situationscharakteristik der Endphase 1944/45: »Um ihre eigene Haut und ihre privatkapitalistische Verfügungsmacht zu retten, und nicht zuletzt, um ihre gigantischen Verbrechen vor allem an den Völkern Ost- und Südosteuropas ungeschehen zu machen, schreckten die nunmehr zur Atlantik- und Welthandelscharta bekehrten Funktionsträger des NS-

Kapitals nicht davor zurück, nun auch noch Europa und Deutschland zu spalten. Beim Ausspielen ihrer letzten, der antibolschewistischen Trumpfkarte, gaben die leutseligen und kultivierten Magnaten und Planer, die auch heute noch unsere Geschichte leiten und die politische Klasse dieser Republik aushalten, den effizientesten und blutrünstigsten Schlächtern der Weltgeschichte vom Reichssicherheitshauptamt die Hand.«[25]

Die Frage lautete nur: Wie standen die Alliierten zu deutschen Nachkriegsplänen, die eine unfreiwillige Volte geschlagen, eine Drehung um volle 180 Grad vollzogen hatten – vom Endsieg zur totalen Niederlage?

Die Antwort ist die Vorgeschichte des Kalten Krieges.

Deutschlands Stärke von entscheidender Bedeutung ...

Was sollte mit Deutschland werden, an dessen militärischer Niederlage nicht mehr zu rütteln war?

Diese Frage, die sich die Sieger seit Sommer 1944 stellten, wurde von ihnen nicht einheitlich beantwortet, weil unter der Decke des Kriegsbündnisses längst immer stickiger eine andere schwelte: Würde die Anti-Hitler-Koalition, dieses reine Zweckbündnis ansonsten divergierender Weltkräfte unter der gemeinsamen nazistisch-faschistisch-militaristischen Bedrohung, würde diese Allianz nach ihrem Sieg halten? Würden aus den Kriegsalliierten auch Friedensalliierte werden?

Es sind die Briten, die die Initiative ergreifen. Welche?

Großbritannien und mit ihm Dominion und Commonwealth sehen sich einer Situation gegenüber, die sich erheblich von der Zwischenkriegsphase 1918–1939 unterscheidet. Die neue Lage ist gekennzeichnet durch ein unerwünschtes, aber unvermeidbares Resultat des Zweiten Weltkrieges: durch den Aufstieg der Sowjetunion nicht nur zu einer unvergleichlichen europäischen Über-Macht, sondern auch zur Super-Weltmacht, ein Rang, in den die gewaltige Abwehr der tödlichen deutschen Bedrohung die UdSSR förmlich hineinkatapultiert hatte.

Im Juni 1944 entbrennt im britischen Außenministerium (Foreign Office), im Kriegsministerium (War Office) sowie in den Stäben von Heer, Marine und Luftwaffe eine vehemente Auseinandersetzung um die richtige Strategie zur Wahrung der nationalen britischen Interessen nach dem Sieg.
Wortführer ist der »Post Hostilities Planning Staff« (PHPS) aus dem Kriegsministerium, also ein Planungsstab, der sich Gedanken macht über die Zeit nach Einstellung der Feindseligkeiten. Die Leute vom PHPS sollen dem britischen Generalstab helfen, zu Entscheidungen zu kommen. Noch im Juni raten sie, sich nach der endgültigen Niederringung Deutschlands auf eine politische und militärische Konfrontation mit der Sowjetunion vorzubereiten. Aus den Akten des »Public Record Office« (PRO) geht hervor, daß die Sowjetunion nun – neben Deutschland und Japan – erstmals als der »einzig potentielle Feind« bezeichnet wird.[26]
Der Rat des PHPS kommt den Generalstabschefs weit entgegen. Sie sind überzeugt, daß die friedensbewahrenden Chancen der gerade entstehenden Weltorganisation (später UNO) gering sind und daß nur eine Macht den Spielraum und die Interessen Großbritanniens wirklich einengen kann – die Sowjetunion. Mit diesem Argument befürworten die Befehlshaber der Streitkräfte eine verstärkte Aufrüstung auf der Höhe der durch den Krieg mächtig entwickelten Waffentechnik und fordern ihre Planungsstäbe auf, daß »alle unsere militärischen Pläne für die Nachkriegszeit von einem potentiell feindlichen Rußland ausgehen sollten«.[27]
Es ist die erste, die früheste Etappe eines Kurswechsels, der in dem östlichen Alliierten, dem Bündnispartner von heute, einen künftigen Feind und in dem gegenwärtigen Feind, Deutschland, den Bündnispartner von morgen sieht.
Dem britischen Außenministerium kommen derlei Ansichten nicht ungelegen. Dort wird seit dem Sommer 1944 immer häufiger von einem »Western European Bloc« gesprochen, einer politischen und militärischen Vereinigung, die Frankreich, Belgien, die Niederlande, Norwegen und Dänemark einschließen soll, während Spanien, Portugal und Schweden am Rande dieser Überlegungen auftauchen. Nach außen hin wirkt sie wie eine Allianz, deren vor-

dringlichste Aufgabe darin besteht, das besiegte Deutschland zu kontrollieren und militärisch niederzuhalten. Aber die antisowjetischen Töne dahinter sind unüberhörbar, wenngleich Wert darauf gelegt wird, daß sie nicht allzu laut nach draußen dringen. Das verrät die Aktennotiz eines hochrangigen Beamten im Foreign Office, C. F. A. Warner, vom 20. September 1944: Das Konzept des »Western European Bloc« erscheine deshalb attraktiv, »weil dieser möglicherweise gegen ein feindliches Rußland wie gegen ein feindliches Deutschland von Nutzen ist. Aber wir begriffen zugleich, daß man über den möglichen, gegen Rußland gerichteten Nutzen nicht reden darf.«[28]

Die These von einer zukünftigen anglo-sowjetischen Feindschaft soll also nicht an die große Glocke gehängt werden. Wie Schulbuben, die fürchten, bei einem Verbot ertappt zu werden, und deshalb nach einer Entschuldigung suchen, betonen die Planer des Kriegs- und des Außenministeriums immer wieder, daß sie lediglich vom schlimmsten aller Fälle ausgingen. Man will Vorsorge treffen, aber das Bündnis mit der Sowjetunion vom März 1942 nicht strapazieren, zumal man in London weiß, wie mißtrauisch Stalin ist.

Er hat Grund dazu, denn bald schon werden die Briten deutlicher. Am 15. und 20. Juli 1944 legt der »Post Hostilities Planning Staff« ein überarbeitetes Memorandum über »Sicherheit im Nordatlantik und in Westeuropa« vor, in dem die UdSSR als gefährlicher Gegner Deutschland gleichgestellt und die Forderung erhoben wird, »die Planung auf den möglichen Bedarf einer vollständigen Mobilisierung unserer Ressourcen für einen großen Krieg« auszulegen.[29]

Auch das muß man zweimal lesen, da sich ein künftiger »großer Krieg« nun beim besten Willen nicht mehr gegen ein Deutschland richten konnte, dessen letztes Stündlein in absehbarer Zeit geschlagen haben würde. Die beabsichtigte Blockbildung westeuropäischer Staaten und deren Aufrüstung richten sich ausschließlich gegen die Sowjetunion. Und dies zu einem Zeitpunkt, da der russische Verbündete die schwersten Verluste im ganzen Ostkrieg hinzunehmen hat – das wirkliche Datum des historischen Zeugungsakts der NATO muß wohl in diese Sommermonate des Jahres 1944 gelegt werden ...

Jetzt endlich auch wird in den britischen Planungen ein Tabu gebrochen, wird ein bis dahin stillschweigend gehegter Gedanke nun offen ausgesprochen: »Wir müssen uns der unangenehmen Tatsache stellen, daß im schlimmstmöglichen Fall, falls uns Rußland feindlich gegenübersteht, deutsche Hilfe für unser Überleben unverzichtbar werden könnte.«[30]
Die Reaktion der britischen Militärs auf das Memorandum des PHPS kommt prompt. In einem Brief an das Außenministerium vom 27. Juli 1944 stellen sich die Generalstabschefs hinter die Überlegungen einer zukünftigen Zusammenarbeit mit Deutschland gegen die UdSSR: »...wir (werden) früher oder später mit einer Interessenkollision zwischen uns und Rußland konfrontiert sein, und in dieser wird die Haltung und Stärke Deutschlands zu einer Frage von entscheidender Bedeutung werden.«[31]
In dem Schreiben an das Außenministerium bekennen die britischen Generalstäbler, daß die Prüfung langfristiger militärischer Positionen einen erheblichen Einfluß auf die gegen Deutschland nach seiner Niederlage zu ergreifenden Maßnahmen haben würde und ein starkes Bündnis westeuropäischer Nationen »uns die zu unserer Verteidigung zunehmend notwendige strategische Tiefe verschafft«. Und weiter: »Daß diese Gruppierung ohne eine spätere Eingliederung ganz Deutschlands – oder zumindestens eines Teils – stark genug ist oder uns ausreichenden Rückhalt bieten kann, scheint uns unwahrscheinlich, obwohl es zum gegenwärtigen Zeitpunkt schwierig ist, dazu endgültige Aussagen zu machen.«[32]
Das ist die grundsätzliche Revision der bisherigen Richtlinien britischer Außenpolitik zur Behandlung des besiegten Deutschland. Da die politische Führung Großbritanniens diesen Kurs einschlagen wird, ist die entscheidende Nachkriegsweiche gestellt. Der Historiker Bernd Greiner, der den Kurswechsel der britischen Militärs vom Sommer 1944 wissenschaftlich erforscht hat und auf dessen Ergebnisse sich dieses Kapitel stützt, faßt als historische Bilanz zusammen: »Nicht Entnazifizierung und Entmilitarisierung stehen an erster Stelle, sondern der Erhalt und die schnellstmögliche Ausweitung der Eisen- und Stahlproduktion im Ruhrgebiet. Die Vorbereitungen auf einen möglichen dritten Weltkrieg scheinen wichti-

ger als die Arbeit an einer stabilen europäischen Friedensordnung. Dafür nimmt man auch in Kauf, daß die wirtschaftliche und politische Machtbasis des deutschen Faschismus erhalten bleibt. Und nicht zuletzt wird als selbstverständlich unterstellt, daß die UdSSR aus dem militärisch ›unverzichtbaren‹ Zentrum an Rhein und Ruhr keine Reparationen beziehen dürfe.«[33]

Am 29. Juli 1944 fordern die Generalstäbler (Chiefs of Staff) den PHPS auf, die Studie »Sicherheit im Nordatlantik und in Westeuropa« im Sinne der beiden großen Ziele britischer Außenpolitik nach dem Ende des Zweiten Weltkrieges zu überarbeiten: Errichtung eines politisch und militärisch gegen die Sowjetunion gerichteten Bündnisses – und die Beteiligung Deutschlands (oder zumindest wichtiger Teile davon) an diesem Bündnis.[34]

Das schien dem Außenministerium dann doch zu weit zu gehen. Hatte es bisher nicht stets erklärt, daß es eine weitere Zusammenarbeit mit der UdSSR wünsche, am anglo-sowjetischen Vertrag festhalte und beides im nationalen Interesse Großbritanniens läge? Ein wirklicher Widerstand gegen die Pläne der Militärs war diese Haltung jedoch nicht, dazu war der politische Einfluß eines radikalen Antisowjetismus auch im Foreign Office zu stark. Wohl aber bestand die Absicht, taktischer vorzugehen, und zwar besonders in Hinsicht auf die Kontrollkommissionen in den befreiten Ländern und später auch in Deutschland. In einer Aktennotiz des Außenministeriums vom 24. September 1944 heißt es: »Die Russen reagieren äußerst empfindlich auf das, was Menschen über sie denken, und selbst der Anschein von Kooperation wird zusammenbrechen, wenn unsere Leute die Russen als potentielle Feinde betrachten.«[35] Anthony Eden, der Außenminister, hatte bereits am 9. August gewarnt: Wer in der Deutschlandpolitik berechtigtes sowjetisches Mißtrauen wecke, dürfe sich über Konsequenzen nicht wundern. Auf diesem Feld werde über die Zukunft der alliierten Zusammenarbeit entschieden.[36]

Edens Warnung davor, den Antisowjetismus des Kriegsministeriums an das Licht des Tages treten zu lassen, wurde keine vierzehn Tage später bestätigt. Der britische Diplomat Ormond Sargent meldete am 26. September 1944 aus Moskau an seinen Außenminister: Stalin sei mittlerweile im Bilde. Drei Tage zuvor hatte schon ein anderer Diplomat, E. M. Wilson, erklärt, man dürfe nicht erstaunt sein, wenn die Sowjets immer wieder von »Nestern faschistischer Opposition« in den westlichen Demokratien sprächen.[37]

Aber alle Warnungen kamen zu spät. Die britischen Militärs hatten über einen künftigen Krieg gegen die Sowjetunion bereits zu laut nachgedacht oder sogar gezielte Indiskretionen in Umlauf gesetzt. Jedenfalls brachte die »Times« am 8. November 1944 unter dem Titel »Rußland, Britannien und Europa« einen Artikel mit Überlegungen, wie der drohenden Gefahr aus dem Osten künftig begegnet und die Sowjetunion am wirkungsvollsten eingekreist werden könne.[38] Man riskiere, den Frieden zu verlieren, entsetzte sich Gladwyn Jebb vom Foreign Office: »Die Politik, Deutschland wiederaufzubauen – und allem Anschein nach ist das die Politik des Generalstabs – würde nicht nur alle Hoffnung auf eine Dreierallianz (Großbritannien/USA/UdSSR – R. G.) zunichte machen, sondern auch jene Situation heraufbeschwören, von der alle vernünftigen Leute wünschen müssen, daß sie nie eintrete.«[39]

Daraufhin ruft das Außenministerium seine Mitarbeiter von allen erkennbar antisowjetischen Beratungen zurück und erwägt, den PHPS aufzulösen. Aber dann bekommt es doch Angst und stellt nun dem »Post Hostilities Planning Staff« nur noch assoziierte, keine Vollmitglieder mehr... Eine echte Gegenposition zu den Scharfmachern des War Office und der Chiefs of Staff kommt nicht zustande. Churchill steht, wie wir heute wissen, eher auf dem Standpunkt der Hardliner, ohne diese Haltung nach außen zu demonstrieren – noch ist er ganz der Kriegsgefährte von »Uncle Joe« Stalin.

Und nun entsteht eine geradezu unheimliche Parallele zu den deutschen Vorbereitungen für das »Unternehmen Barbarossa«. Wir erinnern uns an die militärisch-geographischen Angaben für den Generalstab des deutschen Heeres – über Topographie der westlichen Sowjetunion, Städtecharakter, Infrastruktur, Demographie, Streitkräfte etc. Anfang August 1944 weist der britische Generalstab das für das Aufklärungswesen zuständige »Joint Intelligence Committee« an, eine Studie über die militärischen Stärken und Schwächen der Sowjetunion auszuarbeiten. Das Gutachten hat herauszufinden, wie ein Sieg über die Sowjetunion errungen werden könnte. Das Ergebnis ist das nochmals überarbeitete Memorandum »Sicherheit im Nordatlantik und in Westeuropa«, vorgelegt am 15. September 1944 und mit weit drastischeren Positionen versehen als die vorangegangenen Fassungen. Jetzt werden allen Ernstes Einzelheiten einer militärischen Offensive gegen die UdSSR erwogen, und darüber hinaus wird erstmals offen gefordert, die bisherigen Vorstellungen von einer Entmilitarisierung Deutschlands fallenzulassen. Es müsse nicht nur auf eine umfassende Entwaffnung verzichtet, sondern vielmehr sichergestellt werden, daß Deutschland im Zweifelsfall binnen kürzester Frist wieder mit modernsten Waffen ausgerüstet werden könne.[40]

In diesen Thesen ist die Spaltung Deutschlands vorprogrammiert, und der PHPS liefert die Begründung gleich mit. Unter dem Titel »Deutsche Unterstützung gegen Rußland« steht zu lesen: »Wie bereits ausgeführt, ist es unwahrscheinlich, daß wir uns der Unterstützung des gesamten Deutschlands gegen die UdSSR versichern können; unseren Interessen ist wahrscheinlich mit einer Teilung eher gedient...«[41] Das war am 15. September 1944. Aber schon am 18. August hatte es in einem Brief von Ormond Sargent an Außenminister Anthony Eden geheißen: »Die Teilung Deutschlands wäre langfristig für uns ein strategischer Vorteil für den Fall, daß wir auf deutsche Unterstützung gegen eine feindliche Union der Sozialistischen Sowjetrepubliken angewiesen wären. Unserer Ansicht nach ist eine solche Unterstützung von einem einheitlichen Deutschland äußerst unwahrscheinlich... Zumindestens würde eine Teilung die Wahrscheinlichkeit verringern, daß Deutschland als Ganzes in den sowjetischen Machtbereich fällt und sich mit ihnen gegen uns verbündet.«[42] Und dann, ganz konkret und unverblümt, wie es sich der »Post Hostilities Planning Staff« nach kurzem anfänglichem Zögern angewöhnt hatte: »Vom rein militärischen Standpunkt aus hängt das Maß, in dem Deutschland zu unserer Unterstützung beitragen könnte, ab von – a) dem Umfang, in dem sein Kriegspotential infolge unserer derzeitigen Politik zerstört worden ist – b) der Geschwindigkeit, mit der Deutschland in der Zeitspanne zwischen dem Umschwung unserer Politik und einem sowjetischen Angriff mit unserer Unterstützung wiederaufrüsten kann.«[43]

Als das geschrieben wurde, am 15. September 1944, qualmten die Schlote von Auschwitz schwärzer denn je (in den Sommermonaten waren 400 000 ungarische Juden vergast worden), lief der Vernichtungsapparat des Reichssicherheitshauptamtes auf vollen Touren, hatte die Sowjetunion den größten Teil ihrer 20 Millionen Kriegs- und Ziviltoten schon opfern müssen.

Noch einmal Bernd Greiner: »Wer über den Kalten Krieg spricht, wird also zum Sommer 1944 nicht schweigen können. In diesen Wochen und Monaten wird nicht nur auf ein rasches Ende des Krieges hingearbeitet, sondern zugleich auch fieberhaft für den Frieden geplant. Als die Alliierten in der Normandie landeten und Stauffenberg mit seinem Attentat auf Hitler scheitert, glauben die britischen Militärs ihre Linie gefunden zu haben. Deutschland, kaum besiegt, müßte in eine neue Koalition einbezogen werden: wieder einmal gegen die UdSSR. Damit war in der Tat der Frieden verloren, bevor der Krieg geendet hatte.«[44]

Plädoyer für Henry Morgenthau

Und die USA?

Die deutschlandpolitische Debatte ist geprägt von erbitterten Kämpfen zwischen den sogenannten Internationalisten und dem linken Fügel der Roosevelt-Koalition, personifiziert durch ihren Finanzminister Henry Morgenthau.

Die Internationalisten waren eine mächtige Gruppe betont englandfreundlicher Industrieller und Bankiers von der amerikanischen Nordostküste, also aus dem Herzland der angelsächsischen Besiedlung mit dem Flair der historischen »Mayflower«-Kulisse.

Es waren die gleichen Kräfte, die in den dreißiger und dann in in ersten Kriegsjahren 1939–1941 starke Sympathien für ein nazifiziertes Kontinentaleuropa gezeigt hatten und die dies als die einzige Alternative zu einer ausgeweiteten Sowjetherrschaft darstell-

ten. Nach dem Kriegseintritt der USA hatten sie Rückschläge einzustecken, fühlten sich aber durch die gewaltige Machtexpansion der Sowjetunion gegen Ausgang des Zweiten Weltkrieges im ganzen eher bestärkt und bestätigt.
Zwar sahen sie die Vereinigten Staaten als natürliche Nachfolger des britischen Weltreiches an, gab es für sie keinerlei Zweifel, wer die westliche Vormacht und darüber hinaus überhaupt die künftige Weltmacht sein würde. Aber die Chronik des Kalten Krieges zeigt, daß ihre Deutschlandpolitik entscheidend von den britischen Thesen bestimmt wurde. Die Planer im Londoner *Foreign* und *War Office* waren die treibende Kraft, sie haben die Weichen gestellt und auf die Regierung in Washington erfolgreich Druck ausgeübt. Das hebt den Anteil der amerikanischen Verantwortung nicht auf, bringt aber Klarheit in die Abstufung und die Chronologie jenes hoch beklagenswerten, ja zerstörerischen Vorgangs, für den der Ausdruck Kalter Krieg eher eine unzulässige Verniedlichung darstellt – so mancher regionale heiße Krieg nach 1945 wird seinen Ursprung in der Spaltung der Welt durch den Kalten Krieg haben.
Wirkliche Gegenkraft zur anglo-amerikanischen Allianz der Kontinuierer und Konvergenzler war allein die Gruppe um Morgenthau. Der einzige Plan, Deutschland als Friedensgefährder künftig auszuschalten, kommt von ihr – vorgelegt im September 1944: gründliche Entmilitarisierung und Entnazifizierung, entschädigungslose Enteignung der an Hitlers Aufstieg wesentlich beteiligten Großagrarier, Aufhebung der nazistischen Erbhof-Gesetzgebung, Demontage des industriellen Potentials an Rhein und Ruhr für langfristige Reparationen an die meistgeschädigten Länder der Anti-Hitler-Koalition, radikale Zoneneinteilung Deutschlands, damit sich Preußentum, Militarismus und Nazismus nicht wiederbeleben können.[45]
Noch einmal: Es bestätigt nicht nur die Hartnäckigkeit von Legenden, sondern auch das Ausmaß der politischen Unbildung bei uns, wenn der Morgenthau-Plan als »Verwandlung Deutschlands in einen einzigen Acker« verteufelt wird. Tatsächlich hatte Morgenthau ein viel genaueres Bild von der volkswirtschaftlichen Situation im Deutschland der Jahre 1944/45 als seine Widersacher. Seine Leute

gingen von der ganz richtigen Voraussetzung aus, daß die deutsche Rüstungswirtschaft im allgemeinen, aber noch verstärkt die Hochrüstung der Kriegsjahre, besonders der beiden letzten, ein kaum mehr meßbares Ungleichgewicht geschaffen hatte: zwischen völlig unterkapitalisierter Land-, Konsumgüter- und Bauwirtschaft einerseits und den überkapitalisierten Großunternehmen der Montan-, Chemie- und Elektroindustrie andererseits, in deren Hände die volkswirtschaftlichen Ressourcen auf eine bisher nie dagewesene Weise übergegangen waren. Es war dieses Ungleichgewicht, das die Morgenthau-Gruppe verringern oder aufheben wollte, als Garantie für eine aufrüstungsunfähige Friedenswirtschaft, was ebenso vernünftig war wie sozial gerecht. Gleichzeitig wird ein geradezu verzweifeltes Bemühen sichtbar, zu verhindern, daß ein in seinen wirtschaftlichen und Eigentumsstrukturen weitgehend erhalten gebliebenes NS-Deutschland ohne Hitler zum antisowjetischen Bollwerk umgepolt werde.

Morgenthau und seinen Leuten ist seinerzeit von unserer – einer sich selbst gegenüber also äußerst anklagescheuen – Gesellschaft der Vorwurf der Bestrafungsmentalität gemacht worden. War diese nach allem so unverständlich? Und haben dieselben Ablehner dann protestiert gegen das, was statt dessen und tatsächlich kam? Es war der anglo-amerikanische Gegenplan zu Morgenthau, der der letztlich triumphierenden kollektiven Entstrafung der NS-Täterschaft Tür und Tor geöffnet hat. Obschon damals ein eher kleiner Teil des nazistischen Verbrechensuniversums bekannt war, regte sich in der Gruppe um Morgenthau etwas von einem humanen Weltgewissen, das wir im britischen Generalstab, unter den Ministerialbürokraten des »Post Hostilities Planning Staff« und den Industrie- und Finanzgewaltigen der amerikanischen Ostküste vergeblich suchen würden, wenn auch sicher nicht nur dort. Mit dem Synonym Morgenthau ist vielmehr verbunden, daß es auch im westlichen Lager einflußreiche Kreise gab, die, angesichts der wahren Leichengebirge, die dieses Deutschland aufgehäuft hatte, an Sühne und Gerechtigkeit dachten – und nicht nur daran, den alten Feind möglichst rasch in einen neuen Bundesgenossen gegen einen derzeitig Verbündeten zu verwandeln. Morgenthau unterlag den Internationalisten. Mit ihnen siegten die Kräfte, die Deutschland, oder doch den Teil, den sie besetzt halten würden, in einen Außenposten des Westens verwandeln wollten, und das wurde, auch in Washington, vor Kriegsende beschlossen. Die jüngst publizierten Akten aus dem Bestand der US-Militärbehörden belegen, daß die Grundsatzentscheidungen damals gefällt wurden.

Es sind die Forschungen der »Hamburger Stiftung für Sozialgeschichte des 20. und 21. Jahrhunderts« und die umfangreiche Dokumentensammlung der Sonderbände von Hans Magnus Enzensbergers »Anderer Bibliothek«, denen wir die Erkentnis verdanken, daß die Gegner der Morgenthau-Gruppe im Zusammenspiel mit den Engländern des Außen- und Kriegsministeriums die damals nach außen immer noch intakte alliierte Kooperationspolitik systematisch unterlaufen haben.

Und der Präsident Franklin Delano Roosevelt selbst?

Dazu gibt es eine interessante Anmerkung des Psychologen und Psychotherapeuten E. Field Horine in einem Vortrag mit dem Titel »Als der Kalte Krieg begann – vertane Friedenschancen 1945–1947«, gehalten an der Albert-Ludwigs-Universität zu Freiburg im Oktober 1986. Horine, ehemals Offizier der US-Militärregierung in Deutschland, trat als Zeitzeuge auf: »Zu einem guten Teil kann ich also aus eigener, persönlicher Erfahrung das bezeugen, was ich auszuführen beabsichtige.«[46]

Der in Deutschland lebende amerikanische Psychologe gab seiner Überzeugung Ausdruck, daß die Gegner der Rooseveltschen Kooperationspolitik im Prinzip und mehrheitlich bereit gewesen wären, schon 1941 beim deutschen Überfall auf die Sowjetunion mitzumachen oder auch nach Kriegsende, 1945/46, von Deutschland aus einen neuen Angriff gegen die damals militärisch und wirtschaftlich schwer geschädigte Sowjetunion zu unterstützen.[47]

Horine räumte ein, daß er manches, was ihm zu Ohren gekommen war, für Gerüchte hielt – so, daß sich General George F. Patton, Kommandeur der 3. US-Armee, nach der Kapitulation der Hitler-Wehrmacht in seinem Hauptquartier Bad Tölz mit verbliebenen Überresten von Elite-Einheiten der Waffen-SS gen Osten aufmachen wollte. Dann kam E. Field Horine auf die Person des Präsidenten: Es sei ihm unvorstellbar, daß Roosevelt von den geheimen Verhandlungen der Kooperationsgegner auf hoher und höchster militärischer Ebene in Kenntnis gesetzt worden sei. Die Annahme, der Präsident müsse davon gewußt und solche Verhandlungen gutgeheißen haben, sei völlig abwegig: »Nichts in seiner großzügig humanistischen Weltanschauung, nichts in seiner ganzen politischen Einstellung und nichts in irgendeiner seiner Amtshandlungen seit 1933 und bis zu seinem Tode würde für eine Vermutung dieser Art auch nur den geringsten Anhaltspunkt bieten. Mir scheint vielmehr unbestreitbar zu sein, daß mit Franklin Delano Roosevelt auch sein großes geistiges politisches Erbe frühzeitig zu Grabe getragen wurde und daß damit vielversprechende, realistische Chancen einer umfassenden neuen Weltfriedensordnung leichtsinnig – ja, meines Erachtens in ausgesprochen verbrecherischer Weise – vertan wurden.«[48]

Es fällt nicht schwer, sich die klammheimliche Freude gewisser US-Kreise, aber auch bestimmter britischer Gremien vorzustellen, als sie die Nachricht vom Tode des Präsidenten am 12. April 1945 erreichte. Doch bleibt es zumindest fraglich, ob selbst ein Roosevelt fähig gewesen wäre, jene Übereinstimmung zwischen den führenden Schichten der westlichen Alliierten und denen Nazideutschlands aufzubrechen, die in geradezu panischer Hast an einer anglo-amerikanisch-deutschen Koalition bastelten, mit der sie der Sowjetunion, dem Hauptopfer der Naziaggression, in den Rükken fallen wollten.

Dazu noch ein klärendes Wort.

Ich mag die wehleidigen Sowjetjünger nicht, die so tun, als habe Stalin zum Zerfall der Koalition und zu all den Komplikationen innerhalb des Bündnisses gegen Ende des Zweiten Weltkrieges und danach gar nichts beigetragen. Nein, so war es nicht!

Auch die weltgeschichtliche Rolle, die die Sowjetunion – ihre Völker, ihre Soldaten und, nicht zu vergessen, ihre Partisanen – bei der Zerschlagung des entmenschlichtsten Staatswesens aller Zeiten gespielt hat – sie kann nicht darüber hinwegtäuschen, daß ihr System nach langer innenpolitischer Repression nun auch außenpolitisch zu einem Unterdrückerapparat für die jenseits der sowjeti-

schen Grenzen zwar befreiten, aber doch auch besetzten Völker wurde.
Dennoch ist die These vom Kalten Krieg als reiner Defensivaktion des Westens gegen eine expansionswütige Sowjetunion immer fragwürdiger geworden, auf jeden Fall, was Europa betrifft. Es stimmt, Stalin ist weit gegangen, als er 1948 West-Berlin blockierte und damit die Menschheit an den Rand eines Dritten Weltkrieges brachte. Aber daß eine zwar siegreiche, jedoch auch schwer angeschlagene UdSSR noch einmal nach vier Jahren höchster militärischer Anspannung ohne Not westwärts marschieren wollte, muß abenteuerlich anmuten – obschon die Sowjetunion selbst zu diesem Eindruck beigetragen und deshalb ihren Anteil an der Bedrohungsfurcht zu verantworten hat.
Was die alliierte Deutschlandpolitik betrifft, so stand die UdSSR hinter den großen Konferenzen von Moskau und Teheran, auf denen beschlossen worden war, was der Morgenthau-Plan kodifizierte: das militärische und wirtschaftliche Machtpotential Deutschlands endgültig zu zerschlagen und die Eliten, die in der Geschichte des einheitlichen deutschen Nationalstaates eine so reaktionäre Rolle gespielt hatten, für immer zu entmachten.
Es war die Sowjetunion, die sich in diesen Punkten als der vertragskonformere Partner erwiesen hat. Makabre Überlegungen gehen dahin, daß wohl auch Großbritannien und die USA in ihrer Nachkriegspolitik von anderen Voraussetzungen und Erfahrungen ausgegangen wären, wenn sie, wie die Sowjetunion und der größere Teil Europas, eine Zeitlang unter deutscher Besatzung hätten leben – und sterben müssen...

Der Zerfall der Anti-Hitler-Koalition – schon während der Kampfhandlungen! – und die »Neuordnung der Verlierer«: Das ist das hochbrisante Gemisch, das sich am Ende des Zweiten Weltkrieges zusammenbraut, eine unheilige Konspiration, in der beide Seiten zunächst einmal von der Bereitschaft der jeweilig anderen nicht voll unterrichtet waren. Deshalb tasteten beide. Mag sein, daß die Westalliierten über die Angebote der Verlierer genauer Bescheid wußten. Die Deutschen jedenfalls haben von der heute aktenkundigen und zum Teil oben zitierten Bereitschaft der Briten und Amerikaner ihnen gegenüber weniger gekannt. Aber sie hatten eine Hoffnung, von der wir nun wissen, daß sie keineswegs aus der Luft gegriffen war – eben die Spaltung der Verbündeten, die Erwartung neuer Koalitionen.

Karl Dönitz, Großadmiral, Nachfolger Adolf Hitlers im Amt und letzter Repräsentant der nationalsozialistischen Reichsführung, gibt am 1. Mai 1945 diesen Tagesbefehl aus: »Ich übernehme den Oberbefehl über alle Teile der deutschen Wehrmacht mit dem Willen, den Kampf gegen die Bolschewisten fortzusetzen. Gegen Engländer und Amerikaner muß ich den Krieg so weit und so lange fortsetzen, wie sie mich an der Durchführung des Kampfes gegen die Bolschewisten hindern.«[49]

Mit der Zielsetzung einer stufenweisen statt der bedingungslosen Kapitulation werden bei der deutschen Westorientierung die Vorleistungen fortgesetzt mit einem Dönitz-Erlaß vom 4. Mai 1945: Der U-Boot-Krieg wird eingestellt – Zwischenfälle im deutschbesetzten Norwegen sind auf jeden Fall zu vermeiden – der belgische König wird freigelassen.[50]

Der Chef der OKW-Delegation, die sich in General Eisenhowers Hauptquartier aufhält, wird per Funk ausdrücklich von der Flensburger Reichsregierung (neun Zehntel deutschen Bodens sind besetzt!) aufgefordert, »die Einstellung des deutschen U-Bootkrieges als Verhandlungsgrundlage und zur Unterstreichung unseres politischen Kurses General Eisenhower mitzuteilen«.[51]

Noch am Vortage der endgültigen Kapitulation Hitlerdeutschlands und des Kriegsendes in Europa, am 7. Mai, gibt Dönitz bei dem Versuch, möglichst viele deutsche Truppen hinter die angloamerikanischen Linien zu bringen, den Befehl: »Es gilt, von allen Fronten gegen Ostgegner schnellstens was möglich nach Westen zurückzuführen und notfalls durch Sowjets sich durchzuschlagen. Jede Feindseligkeit gegen Anglo-Amerikaner sofort einstellen und Übergabe an diese durchführen.«[52]

Die Spaltungsversuche der immer noch im Amt befindlichen »Geschäftsführenden Reichregierung« gehen auch nach der Kapitulation vom 8. Mai 1945 weiter. Anders sind zwei Memoranden nicht zu verstehen, die von Alfred Rosenbergs ehemaligem Stabsleiter, SS-Oberführer Helmut Stellrecht, nun Ministerialrat in Dönitz' »Zivilkabinett«, mit Datum vom 16. Mai ausgearbeitet worden sind. Vorgeschlagen wird ein gemeinsames Vorgehen von Deutschen und Alliierten gegen die Sowjetunion. Die Katastrophe »kann vermieden werden, wenn ein vernünftiges Gespräch mit den Westmächten zu einem baldigen Zeitpunkt über eine vernünftige Politik gegenüber Deutschland möglich wird ... Die Neuorientierung der Fronten erfolgt nicht so schnell, wie wir und die Seite es wünschen muß, an der wir kämpfen können. Sollten dazu keine Vorstellungen möglich sein?«[53]

Solche Versuche werden von der Dönitz-Regierung bis zu ihrer Verhaftung am 23. Mai 1945 fortgesetzt, aber auch danach von deutscher Seite weiterbetrieben: »Hatte man schon keine Chance mehr, die Anti-Hitler-Koalition noch vor der Einstellung der Feindseligkeiten offen zu spalten – die Versuche der Engländer, sich in Flensburg eine offen antisowjetische ›geschäftsführende Reichsregierung‹ mit Speer im Vorder- und Ohlendorf im Hintergrund warmzuhalten, mußten im Juni 1945 nach Intervention Stalins eingestellt werden.«[54]

In einem direkten militärischen Sinne werden die deutschen Spaltungsbemühungen keinen Erfolg haben. Auf einem andern Gebiet jedoch wird die nationalsozialistische Funktions- und Wirtschaftselite durchaus erfolgreich sein, so erfolgreich, daß ohne Übertreibung von ihrem »Triumph in der Niederlage« gesprochen werden kann.

Und es ist ein alter Bekannter von uns, der meine Feststellung, daß wohl Hitler, nicht aber seine Klientel den Krieg verloren hat, unmißverständlich bestätigen wird.

Noch einmal – I.G. Farben

Die I.G. Auschwitz wurde nie in Betrieb genommen. Als sie 1944 zur Produktionsreife fertiggestellt war, stand sie im Geschützdonner der nahe herangerückten deutschen Ostfront. Das Ende der

I.G. Auschwitz und das des Groß-KZ und Vernichtungslagers Auschwitz vom Herbst/Winter 1944/45 – sie waren synchron.
Dies nachgetragen. Doch was passiert nun?
Am 27. und 28. März 1945 nehmen Einheiten der 3. US-Armee in schweren Straßenkämpfen Frankfurt am Main ein. Am 29. März besetzen sie das I.G.-Farben-Hochhaus. Dafür, daß den Finanzabteilungen des Oberkommandierenden Generals Dwight D. Eisenhower (Civil Affairs Division und US Group, Control Council) die I.G. Farben als Hauptuntersuchungsziel angekündigt waren, passiert zunächst wenig. Erst am 16. April rücken die »Investigators« unter Oberst Bernard Bernstein, Eisenhowers Finanzberater, in die Zitadelle am Grüneburgweg ein. Inzwischen haben US-Truppen am 7. April in den Stollen eines Kalibergwerks bei Merkers den sogenannten »Juliusturm« der Reichsbank entdeckt, ungeheure Mengen von Goldbarren, Goldmünzen, Silber, Juwelen, Platin, Wertpapieren und – goldenen Zahnfüllungen, den vergasten und erschossenen Opfern des Vernichtungsapparates aus den Leichenmündern herausgebrochen ...
Mit diesen Kenntnissen von der Beteiligung der Finanzinstitutionen an dem durch Massenvernichtung angehäuften Raubgut der SS und der Wehrmacht im deutschbesetzten Europa zogen die Untersuchungsbeamten des Obersts Bernstein in das I.G.-Hochhaus ein. Was sie vorfanden, war ein Chaos, hinterlassen von ehemaligen Zwangsarbeitern, die sich zuvor hier einquartiert hatten. Im Innenhof des Gebäudes türmten sich Möbel und gewaltige Papiermassen, die von Planierraupen zu hohen Bergen zusammengeschoben waren. Dennoch betrug das Gewicht der schließlich geborgenen Akten zwischen 300 und 400 Tonnen.[55]
Zu dieser Zeit saßen etwa zwei Dutzend verhaftete Spitzenleute der I.G. Farben im Frankfurter Gefängnis Preungesheim und anderen Anstalten ein.
Die erste Untersuchungsphase nach der deutschen Kapitulation war dadurch gekennzeichnet, daß die innerlich sehr beteiligten Männer des Obersts Bernstein keinerlei Einengungen in ihrer Arbeit erfuhren. Manche von ihnen stammten aus emigrierten jüdischen Familien und waren während ihrer Untersuchungen auf das

Schicksal ermordeter Angehöriger gestoßen. Es dürfte verständlich sein, daß sie nicht auf Schonung der I.G.-Manager aus waren und daß die ersten Gesetze der Militärregierung zur Einfrierung und Kontrolle von Vermögen und Devisen scharf ausgelegt wurden. Dabei eröffnete sich ihnen die genaue Produktionsstruktur des Mammutkonzerns, ihre Ordnung und Verzahnung in drei Großsparten:
Sparte I – Stickstoff, Kraftstoff und Mineralöl; Sparte II – Farben, Chemikalien, Pharmazeutika, Leichtmetalle und synthetischer Kautschuk (Buna); Sparte III – Photographika, Kunstfasern und Kunststoffe.
Die eigentliche Macht- und Schaltzentrale, die Produktion und Verwaltungsapparat miteinander koppelte, bildeten der Technische und der Kaufmännische Ausschuß. Worauf die Ermittler der »Finance Division« besonders achtgaben, waren die internationalen Verbindungen der I.G. Farben. Schon seit Jahren waren sie in der »Foreign Fund Control« des US-Finanzministeriums den Spuren der getarnten Expansion der I.G. Farben in Süd- und Nordamerika nachgegangen, und jetzt konnten sie untersuchen, welche Rolle dabei die Schweizer Nationalbank und die Bank für Internationalen Zahlungsausgleich gespielt hatten. Es kam Bernsteins Männern auf drei Hauptpunkte an, um alle bisherigen Argumente zur Zerschlagung der I.G. Farben durch Dokumente und Analysen noch schlüssiger zu machen: die internationalen Beziehungen des Konzerns bloßzulegen, seinen Anteil am Eroberungskrieg aufzudecken sowie die internen Verbindungen der I.G.-Farben-Manager zur NSDAP und zum Aufrüstungsprogramm nachzuweisen. Diesem Ziel konnte die »Finance Divison« noch bis Juli 1945 nahezu ungestört nachgehen, tatsächlich jedoch hatte sich hinter ihrem und Oberst Bernsteins Rücken inzwischen eine mächtige Gegenfront formiert, darunter Robert Murphy, Eisenhowers finanzpolitischer Berater und – Bernsteins Intimfeind.
In der Wirtschaftsabteilung der Militärregierung (Economics Division) saßen hohe Offiziere, vom Major und Oberst bis zum Brigadegeneral, die vor dem Kriege an der Wallstreet gewirkt hatten und Manager von Elektro-, Stahl- oder Automobilkonzernen wa-

ren – erklärte Feinde der Morgenthauschen Politik gegen die wirtschaftlichen und politischen Machtgruppen des Dritten Reiches, und an nichts weniger interessiert, als eben diese Verhältnisse umzustrukturieren. Hinter Murphy standen noch Mächtigere – etwa Allan Welsh Dulles, Bankjurist im Zivilberuf, jetzt Leiter des Nachrichtendienstes »Office of Strategic Services« (OSS), und Lucius D. Clay, Stellvertretender Militärgouverneur. Ihre Verbündeten waren die Offiziere der »Industry Branch«, die meisten von ihnen Industrielle in Uniform.

Diese hochrangige Phalanx war von einem Hauptmotiv geleitet – die Morgenthau-Leute lahmzulegen, sie durch Widerstand zu entmutigen und in die Resignation zu treiben. Ein gutes Gewissen konnten sie dabei nicht haben, denn ihre Aktivitäten standen in klarem Widerspruch zu allen öffentlichen Anordnungen, Handbuchanweisungen und Gesetzen der Militärregierung, ja, sie bedeuteten den eindeutigen Bruch mit ihnen. Aber sie konnten sich auf die Notwendigkeit berufen, die Produktion unbedingt aufrechterhalten zu müssen und sie so rasch wie möglich von der Kriegswirtschaft auf den Export umzustellen – Basispunkt auch der »Neuordnung der Verlierer«.

Es scheint, als hätten Oberst Bernstein und seine Männer davon bis zum Sommer 1945 wenig oder gar nichts gespürt, jedenfalls taten sie so. So bauten sie ihr Amt aus, indem sie den Stab der Finanzabteilung auf 140 Mann erhöhten, ebenso den Kreis der Offiziere der »Field Offices« erweiterten und andere Abteilungen verstärkten, auch die »Denazification Branch« unter Russell A. Nixon. Was damals an Entnazifizierungsdruck mobilisiert wurde, kam vor allem von dieser Truppe des US-Finanzministeriums in Deutschland. Hinter den Kulissen jedoch geschah anderes.

Der erste, der öffentlich erklärte, daß etwas ganz anderes geschah als vorgegeben, war Harley M. Kilgore. Der US-Senator bereiste die amerikanische Zone und war erschüttert über das, was er de facto vorfand: Die deutschen Kartellherren seien dabei, sich von ihren politischen Mitverschwörern zu lösen, indem sie sich zu unpolitischen Wirtschaftsführern erklärten und damit eine dritte Runde im Kampf um die Weltmacht einleiteten! Das verkündete

Kilgore als Leiter eines Senats-Untersuchungsausschusses in Washington Ende Juni 1945, zu Beginn einer Reihe von Hearings zur Frage der Ausschaltung des deutschen Kriegspotentials.[56]
Am 3. Juli 1945 gab das Oberste Hauptquartier den Befehl, daß alle 55 im Aktionsbereich der 3. und 7. US-Armee gelegenen I.G. Farbenwerke militärisch zu besetzen seien. In einer Anweisung zum Gesetz Nr. 52 (Stillegung und Kontrolle von Eigentum) hieß es, im Interesse des Weltfriedens sei das Kriegspotential der I.G. Farben zu demontieren und für Reparationszwecke bereitzustellen, das Eigentum am verbleibenden Rest der zivilen Produktion in kleine Einheiten aufzusplittern. Die Kontrolle über die Ausführung der Anweisung wurde Oberst Edwin S. Pillsbury übertragen. Er sollte dafür sorgen, daß jede Art von Rüstungsproduktion zu unterbleiben habe, Anlagen für die Reparationen zur Verfügung stünden und alle Beteiligungen der I.G. Farben an anderen Unternehmen aufzuheben seien.
Das hörte sich martialisch an, war aber nicht so gemeint. Zwei Tage später kam ein Kompromiß zustande. Die Hauptrepräsentanten des Machtkampfes kamen mit einem Beamten der »Legal Division« gemeinsam in eine Beratungkommission für Oberst Pillsbury, so daß nach außen Frieden herrschte. Es war ein trügerischer Zustand, denn die Entscheidung darüber, was Kriegsproduktion war und was nicht, blieb weiterhin den Kontrolloffizieren der »Industry Branch« vorbehalten.
Für Oberst Bernstein und seine Leute verschlechterte sich die Lage rasch. Noch vor Eröffnung der Potsdamer Konferenz (17. Juli 1945) trat Finanzminister Morgenthau zurück, mürbe, resignierend, seit dem Tode Roosevelts (12. April 1945) ohne echten Rückhalt in Washington. Den verloren Bernsteins Stab, die Projektgruppen und die »Field Offices« nun auch hier. Was galten ihre Moralthesen schon gegen die »normative Kraft des Faktischen«? Die aber bestand nach der Interpretation des neuen amerikanisch-deutschen Bewahrer-Bündnisses darin, daß das industrielle Produktionspotential breit reorganisiert werden müsse, um durch Export die Devisen für Lebensmittelimporte zu beschaffen, ohne die die Bevölkerung verhungern müßte. Es war ein gesamtwirtschaftlich

argumentierendes Modell gegen den Morgenthau-Plan zur Entnazifizierung und Entmilitarisierung. Und, wie wir heute wissen, die systematische und erfolgreiche Initialzündung, die erklärten Absichten der Gesamtalliierten zur Zerstörung des deutschen Kriegs- und Machtpotentials zu unterlaufen. Das unter Ausschluß der Sowjetunion einseitig westlich verfügte Exportprogramm, dem absichtsvoll und in heimlicher anglo-amerikanisch-deutscher Kooperation der Vorrang vor allem anderen eingeräumt wurde – es wird zum Alibi für den Machterhalt der großen Kapitaleigentümer und ihres im Dritten Reich zusammengerafften Potentials.
Mitten in diese unaufhaltsame Entwicklung kommt am 12. September 1945 der Bericht des Bernsteinschen Untersuchungsausschusses über die I.G. Farben zum Abschluß, eine gewaltige, in fünf Punkte gegliederte Arbeit: Einleitung – Auslandsvermögen – Politische Aktivitäten – Erwerbungen durch Eroberung – und »Neuordnung« (der Sieger).
Die Kenntnisse über diese Komplexe sind durch Forschungen bis hinein in unsere Gegenwart noch erheblich vertieft worden, und insofern spiegelt der Bernstein-Bericht nicht das Wissen auf der Höhe unserer Zeit wider. Es gibt darin mancherlei Defizite, etwa was das Ausmaß der I.G.-Beteiligung an der Aufrüstung betrifft oder die internationale Verflechtung des Konzerns, besonders in die USA. Zu kurz kommt auch die Schlüsselrolle, die die I.G. Farben bei den Planungen für den »Blitzkrieg« hatte, das heißt für kurzfristige, hochmechanisierte Angriffsoperationen. Die Defizite ändern jedoch nichts daran, daß die politischen und wirtschaftlichen Innereien des Konzerns mit einer Verve und Genauigkeit bloßgelegt wurden, wie es sich nie wiederholte: wie und was die Firma wem zwischen 1933 und 1945 gespendet hatte; wie die Binnenorganisationen funktionierten; welche Beteiligungspolitik gegenüber dem Ausland waltete; wie, im Falle Lateinamerikas, Steuern hinterzogen und Gewinne verschleiert wurden; wie die nachrichtendienstliche, also Spionagetätigkeit der I.G.-Leute in den diplomatischen Vertretungen organisiert und getarnt wurde. Und schließlich: welche I.G.-»Neuordnungspläne« den »Friedensplanungen« der Sieger zugrunde lagen.

Intern reagierte man allerseits beeindruckt, so auch General Eisenhower: Durch den Bericht des Office of Military Government for Germany, United States Finance Division – Financial Investigation Section (OMGUS) sei ihm endgültig klargeworden, daß die I.G.-Rüstungsanlagen zerstört, die Werke in die Reparationen einbezogen, die I.G. aus den internationalen Kartellen herausgelöst, ihr Forschungspotential übernommen und das Eigentum soweit wie möglich aufgeteilt werden müsse.[57] Auch Bernsteins Vorgesetzter, Generalmajor John H. Hilldring, fand vor dem Kilgore-Ausschuß lobende Worte für die Arbeit. Diese Einschätzungen schienen bestätigt zu werden durch die Zerstörung von zwei Sprengstoffbetrieben in Bayern, die mit großem Getöse und unter Presserummel in die Luft gingen.

Dennoch zeigten sich die Aktionäre der I.G. Farben nicht beunruhigt. Es handelte sich nämlich um Werke, die sich in Reichsbesitz befunden hatten – die I.G. war nur für den Produktionsablauf zuständig gewesen. Die Auswahl hatte Signalwirkung, an den Börsen kletterten die Kurse der I.G.-Aktien. Nun wurde zwar gleich darauf das Gesetz Nr. 55 erlassen, das den Handel mit I.G.-Aktien verbot und unter Strafe stellte, dennoch war der Optimismus der Aktieninhaber nicht zu brechen. Ihre Hoffnungen hatten sich inzwischen personalisiert, sich sozusagen auf einen Mann eingeschossen, dessen Handlungen und Haltungen von den Wertpapier- und Sachwertbesitzern geradezu fieberhaft registriert und verfolgt wurden – Ludwig Erhard. Wohl war der einstige Planer innerhalb der Reichsgruppe Industrie für die »Neuordnung der Verlierer« noch erst bayerischer Wirtschaftsminister, aber doch schon umgeben mit dem Flair des Wirtschaftsgurus und »Machers« einer großen Währungsreform.

Der Optimismus der I.G.-Aktionäre wurde auch weiter gefördert durch die Tatsache, daß der Bernstein-Bericht nur innerhalb der Militärregierung kursieren und nicht wörtlich zitiert werden durfte. Damit war ihm der Weg in die Öffentlichkeit versperrt, ohne daß das Verbot auch das Ende der Informationszufuhr für jene hochinteressierte Seite bedeutete. Ihr Triumph lag in der Luft. Just an jenem 12. September, da der Bericht vorgelegt worden war,

hatte Lucius D. Clay die Finanzabteilung der Militärregierung in ihrer bisherigen Struktur aufgelöst und Bernstein zum Leiter einer neuen Abteilung für die Untersuchung von Kartellen und Auslandsvermögen gemacht[58] – womit ihm jeglicher Einfluß auf die Besatzungspolitik entzogen war. Es war klar, daß Clay diesen Schritt nur auf Direktive aus Washington unternommen haben konnte. Der Machtkampf zwischen den beiden rivalisierenden Parteien innerhalb der US-Militäradministration im besetzten Deutschland war am Musterfall der I.G. Farben entschieden, die ehemaligen Morgenthau-Leute, das »Gewissen« dieser Administration, hatten den Kampf verloren. Dennoch war die US-Gesellschaft zu transparent, als daß die Entscheidung, ihre Vorgeschichte und ihre Folgen verborgen bleiben konnten.
Ende November 1945 legt Bernard Bernstein dem Kilgore-Ausschuß den überarbeiteten I.G.-Farben-Bericht vor, am 11. und 12. Dezember wird er dort selbst gehört. Nach allem, was wir von ihm wissen, war Bernstein ein Mann von hohen loyalen Skrupeln, aber auch von unterdrückbarer Wahrheitsliebe. Dieser Konflikt prägte seinen Auftritt in Washington. Bernstein ließ erkennen, daß er resigniert hatte, jedoch ohne daß die Schärfe seiner Kritik diesem Zustand entsprach. Zurückhaltend gab er an, daß er die Ermittlungsergebnisse der I.G.-Verflechtungen in Lateinamerika hatte unpubliziert, die Ergebnisse über die internationalen Zwischenstationen der I.G. in den neutralen Ländern Europas aber überhaupt unerwähnt lassen müssen. Es war der Hartnäckigkeit des Ausschußvorsitzenden Senator Kilgore selbst zu verdanken, daß Bernstein dann doch aus sich herauskam. Die »Industry Branch« der Wirtschaftsabteilung habe von Anfang an alle Entnazifizierungsbemühungen torpediert und die I.G.-Werke erst recht wieder in Gang gebracht, der I.G.-Kontrolloffizier Pillsbury habe alles getan, um verhaftete I.G.-Direktoren freizubekommen und als hochbezahlte Manager wieder einzusetzen. Nach Bernsteins Angaben vor dem Washingtoner Ausschuß waren 87 Prozent des I.G.-Produktionskapitals intakt geblieben.
Die I.G. Farben, so Bernstein zum Schluß, müßten zerstört werden!

Es klang wie eine Beschwörung, wie ein »Ceterum censeo«.
Aber kein Zweifel – er selbst hatte aufgegeben, gestand, den Kampf verloren zu haben und ebenso seine Freunde und ein ganzes Programm für die Sicherung des Weltfriedens.[59]

Von Monat zu Monat wurden mehr Haftentlassungen aus der zweiten, der Riege der »unpolitischen« Werksleiter vorgenommen. Zwar gingen nach Vorhaltungen und Protesten von Russell A. Nixon, dem »Acting Director«, die sprunghaft gestiegenen Entlassungen für eine gewisse Zeit zurück, aber die Wende konnte nicht aufgehalten werden. Ohne die Fachleute der I.G. waren die Dekartellisierungspläne der Militärregierung nicht in solche für optimale Betriebsgrößen und effizienteste Rationalisierung umzufälschen, ohne die alten Direktoren lief nichts beim Unterlaufen des offiziellen Entflechtungsprogramms. Sie waren unentbehrlich geworden im Koordinatensystem der frühen Restauration, wie vorher schon all die wiedereingestellten Betriebsleiter, Chefchemiker und Oberingenieure.
Die Reorganisation des verfemten Konzerns war in vollem Gang. Für Werke, die selbst bei großzügigster Auslegung den Vorschriften der Demontage verfallen mußten, entstanden nun Pläne der Erweiterung. Noch war das Jahr 1945 nicht vorüber, da zeigte sich, daß die I.G.-Werke in der britischen, amerikanischen und französischen Zone nach dem alten Muster wiederhergestellt worden waren.
Dabei hatte es noch einen Versuch, einen allerletzten, zum Kurswechsel gegeben, war die mentale Hypothek der Bernstein-Fraktion im Herbst 1945 in Teilen der US-Militärregierung so stark, daß am 30. Oktober das Alliierte Kontrollratsgesetz Nr. 55 herauskam: Beschlagnahme deutscher Auslandsvermögen und deren Verteilung als Reparations- und Wiedergutmachungsleistungen an die von der deutschen Besetzung am schwersten getroffenen Völker. Der Wert des Fluchtkapitals seit 1944 wurde nach Berechnungen des US-Finanzministeriums auf drei Milliarden Dollar geschätzt, an der Spitze lagen die deutschen Großkonzerne und darunter wiederum ganz vorn die I.G. Farben. Eine vom Morgenthau- und dem

US-Außenministerium zusammengestelle Kartei (»Safehaven«) nennt 500 000 Personen und Firmen, die in diese ebenso gigantische wie rechtzeitige und wohlorganisierte Flucht deutscher Vermögen ins Ausland und nach Übersee verwickelt waren.[60]
Nicht zuletzt diese Kapitalien hatten geholfen, die faschistischen Regime Europas – Spanien, Portugal – und Südamerikas – vor allem Argentinien – zu stabilisieren. Bekanntlich folgte dem ersten, dem monetären Transfer dorthin dann ein zweiter – die große Flucht der NS-Täter, darunter Adolf Eichmann und Josef Mengele, der »Selektierer« an der Auschwitz-Rampe. Das Kontrollratsgesetz Nr. 55 wäre bestens geeignet gewesen, diesen Fluchtwegen nachzuspüren, sie aufzudecken und ihre Benutzer dingfest zu machen. Daß dies von vornherein nicht in der Absicht derer lag, die nach ihm handeln sollten, wurde durch seine Handhabung erkennbar. Das US-State Department und das britische Foreign Office nahmen die Nummer 55 zum Anlaß, die Welt ausgerechnet am Fall der deutschen Vermögenswerte im Ausland in drei Sphären zu teilen: 1. Lateinamerika, 2. die übrige Welt und 3. davon ausgenommen Bulgarien, Ungarn, Rumänien, Finnland und Ost-Österreich, das hieß der sowjetisch besetzte Teil. In dieser dritten Sphäre sollte die Sowjetunion allein bestimmen, und die Westalliierten sollten lediglich Beobachterfunktion haben, wie umgekehrt in den Weltregionen 1. und 2. Damit war die Sowjetunion aus der Praxis des Alliierten Kontrollratsgesetzes Nr. 55 so gut wie ausgeschaltet. Tatsächlich aber konnten ohne den gemeinsamen Druck der Alliierten weder das NS-Kapital noch die NS-Täter verfolgt und an ihren zentralen Umschlagplätzen gestoppt werden. Das berühmte Gesetz war infolgedessen für die Katz, und seine westalliierten Mit-Autoren haben das von vornherein gewußt.
Das Fazit am Jahreswechsel 1945/46: Von den 55 in der amerikanischen Besatzungszone gelegenen I.G.-Fabriken waren zwei zerstört, drei weitere reichseigene Sprengstoff- und Munitionswerke für Reparationen freigegeben worden. Nahezu alle anderen Fabriken produzierten wieder, privilegiert bei der Zuweisung von Energie und Transportmitteln. Ehemals reichseigene Rüstungsfirmen, die die I.G. Farben als »Treuhänder« betrieben hatten, waren im

Laufe des Herbstes um hochwertige Aggregate erleichtert worden, die ihren Weg in die I.G.-Hauptwerke gefunden hatten. Bis auf die oberste Spitze war personell wieder alles beim alten, die ehemaligen Betriebsleitungen waren wieder vollzählig vereint.
Was den nationalen, den Binnenmarkt der drei Westzonen und West-Berlins betraf, so waren die I.G.-Werke unverkennbar überdimensioniert. Schon ein grober Überblick machte deutlich, daß nur noch die äußeren, globalpolitischen Voraussetzungen fehlten, um mit dem erhaltenen Chemie-Riesen Exportoffensiven großen Stils zu beginnen. An den längeren Schalthebeln der Besatzungsmacht und ihrer Hintermänner in Washington saßen Männer, die im Kampf um die I.G. Farben von allem Anfang an auf Konzern-Weltpolitik gesetzt hatten.
Es bedurfte des Todes von Franklin Delano Roosevelt, der Entmachtung Henry Morgenthaus und der Atombomben auf Hiroshima und Nagasaki, um diese Entscheidungen des Kalten Krieges in faktische Nachkriegspolitik umzusetzen – ein Kurswechsel der westlichen Mächte innerhalb der Anti-Hitler-Koalition, der es von vornherein auf die Konservierung des wirtschaftlichen und politischen Machtpotentials des Dritten Reiches abgesehen hatte.
Blieb nur noch offen, was mit den inhaftierten I.G.-Direktoren und -Managern werden würde...

Vom Triumph in der Niederlage

24 von ihnen wurden am 5. Juni 1947 vor dem Militärtribunal in Nürnberg angeklagt – es war der vierte Prozeß nach dem Verfahren von 1945/46 gegen die 23 Hauptkriegsverbrecher und, wie die anderen elf Nachfolgeprozesse, ausschließlich von Amerikanern durchgeführt. Alle zwölf Prozesse waren gründlich vorbereitet, ausnahmslos, am gründlichsten aber dieser. Als Anklagevertreter fungierten qualifizierte Juristen des Finanzministeriums um Joshua E. Du Bois, die alle wohl der Hoffnung waren, mit dem Verfahren den Restaurationsprozeß wenn nicht umkehren, so doch je-

denfalls aufhalten zu können. Dabei konnten sie auf Material zurückgreifen, das Oberst Bernstein und seinen Leute noch nicht zur Verfügung gestanden hatte – in der Anklageschrift ging es jetzt auch um medizinische Experimente, Zwangsarbeit und die I.G. Auschwitz.[61]

Unverblümt wurde auch die »Neuordnung der Sieger« in das Verfahren eingebracht und da, wo sie praktiziert worden war, beim Namen genannt. Das heißt, die aggressive Expansionspolitik des Konzerns wurde mit seinen Verbrechen an den Sklavenarbeiterheeren in Deutschland und den besetzten Ländern in einen historischen Verbund gebracht, und zwar eindeutig als Musterbeispiel für andere Konzerne mit einem ähnlichen Verbrechensspektrum.

Die Zahlenverhältnisse zwischen Anklage und Verteidigung waren denkbar ungleich. Den zehn Juristen des US-Finanzministeriums saßen sechzig deutsche Anwälte gegenüber, die sich nach Herzenslust auf rechtsstaatliche, demokratische und menschenrechtliche Prinzipien beriefen und damit ein für allemal den generellen Kurs der späteren NS-Prozesse vor bundesdeutschen Schwurgerichten festlegten: nämlich alle diese Prinzipen in extrem täterbegünstigendem Sinne auszulegen und anzuwenden. Hier in Nürnberg, wie auch in den zukünftigen Verfahren, hatten sie sehr rasch das große Mauseloch für die Täter geortet, die Schwachstelle all dieser oder doch der meisten Verfahren: den persönlichen, den individuellen Schuldnachweis. Mit dieser Forderung wurde das engmaschige Netz von Schuld und Verantwortung der NS-Gesellschaft aufgeschlitzt und gegen alle ihre tatsächlichen Regeln auf jenen winzigen Kreis reduziert, der unmittelbar und in der Regel als letztes, unterstes Glied am industriellen Serien-, Massen- und Völkermord beteiligt war.

Was nützte es da, daß die aktive Teilnahme der I.G. Farben an den Vorbereitungen des Angriffskrieges, an Raub, Plünderung und gemeinsamer Verschwörung gegen den Frieden und gegen andere Völker von der Anklage breit, überzeugend und brillant vorgetragen werden konnte? Die Verteidiger saßen den Anklägern gegenüber, mit Pokerface oder einem eingefrorenen Zynismus in der blasierten Miene, den ich bei keinem Juristen irgendeiner anderen

Nation jemals bemerkt habe (ich war etliche Male in Nürnberg dabei, ich weiß, wovon ich spreche, ganz abgesehen davon, daß ich später, ab 1958, die NS-Prozesse vor bundesdeutschen Schwurgerichten als Beobachter des »Zentralrates der Juden in Deutschland«, als Berichterstatter der »Allgemeinen Jüdischen Wochenzeitung« und als Fernsehmann über einen Zeitraum von fast fünfzehn Jahren beobachten konnte).

Bald nach Prozeßbeginn gegen die I.G.-Farben-Direktoren und -Manager war klar, daß sie davonkommen und in allen wesentlichen Anklagepunkten freigesprochen werden würden, nämlich Beteiligung an den Vorbereitungen des Angriffskrieges (Punkt I), Raub und Plünderung (Punkt II) und gemeinsame Verschwörung (Punkt V). Übrig blieb neben der Mitgliedschaft in der SS (Punkt IV) nur der dritte Anklagepunkt: Zwangsarbeit und Massenmord. Das Material, das die Anklage zusammengetragen hatte, war reichhaltig und erschütternd, aber es genügte nicht, um nach den juristischen Kriterien des Verfahrens die einzelnen Mitglieder des I.G.-Vorstandes einer individuellen Schuld zu überführen und dementsprechend zu verurteilen, selbst in Zusammenhang mit I.G. Auschwitz nicht.

Dies alles in völliger Übereinstimmung mit der politischen Gesamtatmosphäre, die im Zuge des Kalten Krieges sowohl die konservativ geprägte Gesellschaft des westdeutschen »Trizonesiens« als auch deren oberste Besatzungsbehörden beherrschte. Da nahm selbst folgende bezeichnende Arabeske nicht wunder: In einem Kreuzverhör hatte einer der Angeklagten, Otto Ambros, Einzelheiten aus Wochenberichten der Bauleitung von I.G. Auschwitz genannt, von denen weder in der Anklageschrift noch sonst irgendwann im Verfahrensverlauf die Rede gewesen war. Darauf gingen die Ankläger der Sache nach und stießen rasch auf die Lösung des Rätsels: Unter den Augen der Amerikaner waren aus dem I.G.-Farbenwerk Griesheim ganze Lastwagen voll Akten nach Ludwigshafen transportiert worden, die dort von dem persönlichen Referenten des Angeklagten Ambros entweder vernichtet oder auf die verschiedenen Ressorts des Werkes verteilt worden waren. Und dabei kam gleich noch heraus, daß vor der Ankunft des Nürnberger

Anklägers nicht nur weitere Akten von Otto Ambros' Referenten beseitigt, sondern auch solche gefunden worden waren, die die Aufschrift »Auschwitz« trugen, jedoch – leer waren ...[62]
Nach 152 Verhandlungstagen wurde am 29. Juli 1948 das Urteil in dem Verfahren gegen die I.G. Farben verkündet. Es konnte niemanden mehr überraschen: als höchstes Strafen von bis zu acht Jahren für eine Angeklagtengruppe wegen Beteiligung an der Organisierung von Zwangsarbeit bzw. Beteiligung an Grausamkeiten in Zusammenhang mit dem Komplex I.G. Auschwitz und Minimalstrafen für einzelne Angeklagte wegen Plünderungsaktionen. Die meisten wurden freigesprochen, die Verurteilten nur bis Anfang der fünziger Jahre hinter Gittern gehalten. Die amerikanischen Richter hatten ausdrücklich eine Mitverantwortung der I.G. Farben an der NS-Aufrüstung, an der militärischen Expansion, ja am Kriege überhaupt verneint. Dagegen standen eindeutig nicht nur die im Bernstein-Bericht vorgelegten Selbstbekundungen der »Neuordnung der Sieger«, dagegen stand auch die Präambel des Alliierten Kontrollratsgesetzes Nr. 9 über die »Beschlagnahme und Kontrolle des Vermögens der I.G. Farben« – dies geschehe, so heißt es darin, weil »die I.G. Farbenindustrie sich wissentlich und in hervorragendem Maße mit dem Ausbau und der Erhaltung des deutschen Kriegspotentials befaßt« habe. Und ferner: Der Kontrollrat sei entschlossen, »jede künftige Bedrohung des Weltfriedens durch Deutschland unmöglich zu machen«.[63]
Nun jedoch bestätigte das Nürnberger Tribunal den einstigen »Neuordnern des Sieges«, daß sie und ihre Firma für die Vorbereitung und die Entfesselung des Krieges nicht mitverantwortlich zu machen seien, was jene Direktoren und Manager doch ganz im Gegenteil selbst und aktenkundig in den Jahren des Mottos »Erst Europa, dann die Welt« offen bekannt und bekundet hatten. Nun wurde ihnen höchstrichterlich bescheinigt, daß sie nur im Befehlsnotstand die Kommandos eines diktatorischen Regimes ausgeführt hätten ...
Wenn es dem geneigten Leser nicht zuviel wird, sollte er an dieser Stelle oder bei nächster Gelegenheit einmal zurückblättern, bis zu dem Kapitel über die »Neuordnungspläne der Sieger«, um zu er-

kennen, wie sehr doch die Gerechtigkeit unter richterlichem Zepter ungewissen Zeitläuften ausgesetzt ist, sobald – mit Brecht – die Verhältnisse nicht mehr so sind ...

Aus der Politfarce war also eine Justizfarce geworden.

Allerdings war das Urteil nicht der Abschluß, die Tollheit erfährt noch eine Krönung. Dies alles geschieht, während in der Öffentlichkeit von der »Entflechtung der Konzerne« die Rede ist, und zwar zu dem erklärten Ziel, sie für immer unschädlich zu machen. Dazu stellen die Westalliierten und die inzwischen, ab Mai 1949, etablierte erste Bundesregierung unter dem Kanzler Konrad Adenauer eine illustre »Beratergruppe« zusammen. Darunter: Hermann Josef Abs, immer allseitig vorhanden, wenn es um große Geschäfte geht, gestern und heute, hüben und drüben und unter all den wechselnden Systemen und Regimen, denen die jüngste deutsche Geschichte, nicht ganz ohne Abs' Zutun, ausgesetzt war; ferner Gustav Brecht, ehemaliger Wehrwirtschaftsführer, und Helmut Wohltat, einst Ministerialdirektor unter Göring. Wenn es nicht so banal wäre – hier drängt sich einem unwillkürlich das verbrauchte Wort vom Bock, der zum Gärtner gemacht wird, auf.

Die Vorwürfe waren verflogen, die Aktionäre jubelten – von nun an ging's bergauf. So sehr, daß nach der »Entflechtung« der klassischen I.G. Farben in etliche Nachfolgegesellschaften allein jede einzelne der drei größten von ihnen – Bayer, Hoechst und BASF – längst weit mächtiger ist, als es der ursprüngliche, der Mutter--Moloch einst insgesamt war.

Am 25. Juli 1955 zogen die I.G.-Liquidatoren Bilanz über zehn Jahre Nachkriegsgeschichte. In dem Jubiläumsbericht heißt es: »Es war das historische Glück des deutschen Volkes, daß sich die so heterogen zusammengesetzten Sieger schon im Moment des Sieges zu entzweien begonnen hatten.«[64]

Mit diesem Satz waren die I.G.-Farben-Leute endlich einmal ehrlich, ließen sie schließlich doch noch das Visier hoch: Ausgeburten des Kalten Krieges, Profiteure der deutschen, Nutznießer der Welt-Spaltung, die Dauer-Zyniker der Geschichte – ewige Gewinner.

Karl-Heinz Roth hat die organisierte und kollektive Entstrafung der Chemie-Täter in seinem brillanten Vorwort zu »OMGUS – Ermittlungen gegen die I.G. Farben«, dessen Informationsreichtum ich mich bediente, viel minutiöser geschildert, als es hier aus Platzgründen möglich ist. Dabei kommt der Historiker zu dem niederschmetternden Resümee:

»Wenn von den strategischen Weichenstellungen die Rede ist, die von der Weltwirtschaftskrise zum Zweiten Weltkrieg führten, wird das ›Neuordnungs‹-Modell der I.G. Farben immer an erster Stelle genannt werden müssen. Im Hinblick auf seine militärpolitische Verwirklichung ist es zuletzt gescheitert, wenn es dabei auch knapper zuging, als wir heute gemeinhin annehmen. Die I.G. verlor mit ihrer ›Neuordnung‹ den Krieg, aber sie gewann den Nachkrieg.«[65]

Keine Mißverständnisse: Eine Gleichsetzung mit einem Sieg, der Hitler und sein Deutschland zum Herrn über die Welt gemacht hätte, ist das nicht! Denn das System, in dem sich dieser Triumph in der Niederlage vollzog – unseres, das parlamentarische –, hat keine Ähnlichkeit mit dem der Arierherrschaft über die Erde, in einem Großgermanischen Weltreich, wie die Pläne der Nazis nach dem Endsieg es vorgesehen hatten.
Aber es wäre schon gut, aus der Erfahrung, wozu die *ewigen Gewinner* fähig waren, sind und wohl stets wieder sein würden, endlich den Schluß zu ziehen, unser Schicksal nicht länger ihrer Lernfähigkeit anzuvertrauen und ihnen deshalb heute und künftig den Weg zu einer erneuten Versuchung zu verstellen. Auch dies ist eine wohlfundierte Absicht meines Buches – und eine belegte Notwendigkeit dazu.

Schlußbetrachtung

Es war bald nach meiner Befreiung, noch im Juni 1945. Da hatte sich in Hamburg, an der Grenze von Winterhude zur Uhlenhorst, eine Organisation des Antifaschismus eingerichtet, in deren Räumen es hoch herging. Es herrschte eine unbeschreibliche Aufbruchstimmung, der es jedoch, wie sich rasch herausstellte, an der Sympathie der britischen Besatzungsbehörden gebrach – denn die setzte dem hoffnungsvollen Anfang unter fadenscheinigen Vorwänden nach wenigen Wochen, schon im Juli, ein bleibendes Ende.

Ich war oft dagewesen und immer wieder fasziniert von einem Gedicht, das groß in kalligraphischer Schrift so nahe am Eingang angebracht war, daß es von keinem Besucher übersehen werden konnte. Es trug den Titel *»Die andere Möglichkeit«*, und der Dichter hieß Erich Kästner.

Ich habe lange vor der Wand zugebracht, immer wieder gepackt von den Bildern, was geschehen wäre, *»Wenn wir den Krieg gewonnen hätten – mit Wogenprall und Sturmgebraus, dann wäre Deutschland nicht zu retten, und gliche einem Irrenhaus . . .«*. Ich kannte sie alle auswendig, die spottklirrenden und doch so nachdenklich-entsetzten Verse – von dem Sergeanten, vor dem alle Zivilisten erst vom Trottoir flüchten und dann strammstehen mußten; von Deutschen, die noch im Bett die Hände an die Hosennaht preßten, und den Frauen, die jedes Jahr ein Kind zu gebären hatten! Sogar die Pfarrer trügen Epauletten, *». . . wenn wir den Krieg gewonnen hätten«*. Es waren neun Vierzeiler, und was darin stand, verfolgte mich bis in den Schlaf: die Grenze, die dann ein Schützengraben, und der Mond, der ein Gefreitenknopf wäre – ein Volk der Laffen und Lafetten, und die Vernunft, die läg' in Ketten – *». . . wenn wir den Krieg gewonnen hätten«*. Ich konnte mich nicht satt sehen, nicht sattzitieren.

Was mich jedoch am meisten erfüllte, am tiefsten berührte in dem auf den *Ersten Weltkrieg* bezogenen Gedicht, war die letzte Zeile, die Kästner der »anderen Möglichkeit« antipodisch entgegensetzte: *»Zum Glück gewannen wir ihn nicht.«*

Mögen Leserin und Leser nun selbst ermessen, um wieviel mehr diese Schlußpointe für den Ausgang des *Zweiten Weltkrieges* gelten kann.

Quellenverzeichnis

Einleitung

1 Wein 88: S. 433
2 ebd.: S. 434
3 ebd.: S. 437

Lebensraum - Ergänzungsraum - Endgegner

1 Lochner 48: S. 322
2 Moltmann 61: 235
3 Hitler 42: S. 742
4 ebd.: S. 736, 738
5 ebd.: S. 729
6 Picker 83: S. 481f
7 Hitler 42: S. 732
8 ebd.: S. 742
9 ebd.: S. 742f
10 ebd.: S. 782
11 Strasser 69: S. 50f
12 Thies 76: S. 56
13 ebd.: 54
14 IfZ 61: S. 77
15 Fest 73: S. 510
16 Vogelsang 54: S. 435
17 Picker 83: S. 490
18 Thies 76: S. 121
19 Hitler 42: S. 757
20 ebd.: S. 766f
21 IMT Bd. XXXVI: S. 331
22 Halder Bd. I: S. 305
23 Hitler 42: S. 749
24 Trevor-Roper 60
25 Picker 83: S. 291
26 Churchill 48: S. 276f
27 Rühle 39: S. 346f
28 Six 40: S. 155
29 IMT Bd. XXXIX: S. 95
30 ebd. Bd. XXXVII: S. 550
31 Thies 76: S. 183
32 ebd.
33 ebd.
34 ebd.: S. 184
35 Picker 83: S. 183
36 ebd.: S. 320
37 ebd.: S. 153, 320
38 ebd.: S. 60
39 ebd.: S. 184
40 ebd.: S. 465f
41 Halder Bd. I: S. 306
42 Halder Bd. II: S. 49
43 Picker 83: S. 183f
44 Klee 56: S. 133
45 IMT Bd. XXXI: S. 261
46 Speer 69: S. 194f
47 Hitler 42: S. 751
48 Bamler 57: S. 65
49 Heydecker/Leeb 79: S. 512
50 ebd.: S. 513
51 Thies 76: S. 171
52 IMT Bd. XXXIV: S. 298
53 IMT Bd. XXXVIII: S. 577
54 Jacobsen 59: S. 236f
55 Thies 76: S. 170
56 Klee 56: S. 133
57 Speer 69: S. 252
58 Barthel 61: S. 939
59 Thies 76: S. 162
60 Jacobsen 59: S. 199
61 IfZ 61: S. 124ff
62 ebd.
63 ebd.: S. 130
64 Picker 83: S. 141, 155
65 Moltmann 61: S. 229

66 Hillgruber 66: S. 8
67 Wehrkunde 61: H. 1, S. 34
68 Hillgruber 66: S. 11
69 Moltmann 61: S. 222f
70 ebd.
71 Hillgruber 66: S.11f
72 Hillgruber 66: S. 11
73 Moltmann 61: S. 199
74 Halder Bd. II: S. 165
75 Halder Bd. I: S. 996
76 Halder Bd. I: S. 257
77 Halder Bd. III: S. 38
78 Hillgruber 66: S. 17
79 Hillgruber 66a
80 Halder Bd. III: S. 106
81 Hillgruber 66a
82 Hillgruber 65: S.272
83 Thies 76: S. 138
84 Ebert 73: S. 156
85 Thies 76: S. 142
86 Hillgruber 66a: S. 214
87 Wagner 63: S. 154
88 Thies 76: S. 143
89 Heydecker/Leeb 79: S. 514
90 ebd.
91 ebd.
92 Lochner 48: S. 322
93 IMT Bd. XXXVIII: S. 87
94 ebd.
95 Moltmann 61: S. 203
96 ebd.
97 ebd.: S. 204
98 ebd.
99 Bullock 57: S. 378
100 Moltmann 61: S. 233
101 ebd.: S. 232f
102 Domarus 62: S. 1498f

Der Adler über der Weltkugel

1 Thies 76: S. 57f
2 Hitler 42: S. 296
3 Speer 69: S. 93
4 Dülffer u.a. 78: S. 85
5 Goebbels 40: S. 38
6 Speer 79: S. 235
7 Dülffer u.a. 78: S. 297
8 ebd.
9 Speer 79: S. 31
10 Picker 83: S. 425
11 Speer 69: S. 81
12 Speer 69: S. 84
13 Domarus 62: S. 527
14 Dülffer u.a. 78: S. 212
15 Speer 69: S. 82
16 Dülffer u.a. 78: S. 230
17 Frank 53: S. 320
18 Dülffer u.a. 78: S. 167
19 ebd.: S. 193
20 ebd.: S. 297f
21 Staatsarchiv Hamburg: Tagebuch des Bürgermeisters C. V. Krogmann, Eintrag vom 21.1.39
22 Dülffer u.a. 78: S. 195
23 ebd.: S. 199
24 ebd.: S. 201
25 ebd.
26 Speer 69: S. 116
27 Schönberger 81: S. 37
28 ebd.: S. 38
29 Speer 69: S. 117
30 Schönberger 81: S. 52
31 Speer 69: S. 128
32 ebd.: S. 116
33 ebd.: S. 128
34 Schönberger 81: S. 173
35 Speer 69: S. 88
36 Speer 79: S. 32
37 Speer 79: S. 32f
38 Speer 69: S. 175
39 Picker 83: S. 246
40 Dülffer u.a. 78: S. 253
41 Speer 69: S. 112
42 ebd.
43 Miller 80: S. 178
44 Kogon 86: S. 291
45 Speer 69: S. 113
46 Picker 83: S. 246

47 Schirach 75: S. 207
48 ebd.: S. 208
49 ebd.: S. 209
50 Reichhardt 84: S. 47
51 Thies: FAZ v. 18.2.1978
52 Dülffer u.a. 78: S. 24
53 Speer 69: S. 154
54 ebd.: S. 155
55 Dülffer u.a. 78: S. 10, 14
56 ebd.: S. 16
57 Reichhardt 84: S. 70f
58 Speer 69: S. 15
59 ebd.
60 ebd.
61 ebd.
62 Speer 75: S. 530
63 ebd.
64 ebd.
65 ebd.
66 ebd.: S. 531
67 Speer 81: S. 27
68 Hepp 85: S. 3
69 ebd.: S.4
70 ebd.: S.4f
71 ebd.: S. 5
72 Jost von Morr, WDR, Köln 1980
73 Hepp 85: S. 13
74 ebd.
75 ebd.: S. 11
76 ebd.: S.10f
77 Speer 69: S. 524f

Die Sonne Afrikas über dem Reich

1 Giordano 84: S. 193
2 BA Koblenz: R 2/4971
3 IMT Bd. XXXIV: S. 190
4 Hildebrand 69: S. 912ff
5 Barthel 61: S. 1394
6 Schreiber/Figge 86: S. 143
7 ebd.: S. 145f
8 Hildebrand 69: S. 912
9 ebd.
10 ebd.: S. 913
11 ebd.: S. 685
12 Halder Bd. II: S. 11
13 ebd.: S. 27
14 Hildebrand 69: S. 916
15 ebd.: S. 917
16 ebd.
17 ebd.
18 BA Koblenz: NS/6 vorl. 222
19 Lakowski 83: S. 163f
20 ebd.: S. 164
21 ebd.: S. 165
22 ebd.: S. 167
23 ebd.: S. 167f
24 Hildebrand 69: S. 924
25 ebd.: S. 700
26 ebd.: S. 733
27 ebd.: S. 934
28 ebd.
29 ebd.
30 ebd.: S. 927
31 ebd.: S. 928
32 ebd.: S. 929
33 ebd.: S. 930
34 ebd.: S. 933

Der andere Holocaust

1 Hepp 87: S. 101
2 Einsiedel 50
3 Meyer 42: S. 84
4 BA Koblenz: R 49/157
5 WDR-Material Redaktion Lichtenstein, Himmler-Brief vom 24.6.1940, S. 2
6 ebd.: S. 3
7 ebd.: S. 6
8 ebd.: S. 7
9 ebd.: S. 7f
10 ebd.: S. 2
11 ebd.: S. 3
12 ebd.: S. 4
13 WDR-Material
14 Eichholtz 82: S. 222
15 Hepp 87: S. 100
16 Eichholtz 82: S. 264

17 ebd.: S. 228
18 ebd.: S. 270
19 ebd.: S. 271
20 Kuby 86: S. 143
21 Roth 85: S. 11
22 Kuby 86: S. 157
23 Roth 85: S. 7
24 ebd.: S. 8
25 ebd.
26 ebd.: S. 16
27 ebd.: S. 17
28 ebd.: S. 18
29 Eichholtz 82: S. 257f
30 Best 42: S. 406
31 Hepp 87: S. 100
32 ebd.: S. 102
33 ebd.: S. 103
34 ebd.: S. 111
35 ebd.: S. 113
36 ebd.: S. 115
37 ebd.: S. 134
38 Eichholtz 82: S. 254
39 ebd.: S. 255
40 Picker 83: S. 284ff
41 ebd.: S. 69f
42 ebd.: S. 290
43 ebd.: S. 406
44 ebd.: S. 454f
45 ebd.: S. 118f
46 ebd.: S. 215
47 ebd.: S. 453f
48 ebd.: S. 216
49 ebd.: S. 434f
50 ebd.: S. 453
51 ebd.: S. 453
52 ebd.: S. 247
53 ebd.: S. 435
54 ebd.: S. 440f
55 ebd.: S. 118
56 ebd.: S. 214f
57 ebd.: S. 216
58 Heydecker/Leeb 79: S. 521
59 ebd.: S. 524
60 ebd.: S. 521
61 Hirsch u.a. 84: S. 583
62 ebd.: S. 524
63 ebd.: S. 525
64 ebd.: S. 509
65 ebd.
66 ebd.: S. 525
67 ebd.: S. 534
68 ebd.: S. 534f
69 ebd.: S. 536ff
70 ebd.: S. 535

»Richter des Führers«

1 Staatsarchiv Nürnberg: Document No. NG - 075
2 ebd.: S. 2f
3 ebd.: S. 3
4 ebd.: S. 3f
5 ebd.: S. 5
6 ebd.: S. 6
7 ebd.: S. 8
8 ebd.: S. 8f
9 ebd.: S. 10
10 ebd.
11 ebd.
12 ebd.: S. 11
13 ebd.
14 ebd.: S. 11f
15 ebd.: S. 12
16 ebd.: S. 13
17 ebd.
18 ebd.: S. 14
19 ebd.: S. 15
20 ebd.: S. 17
21 ebd.: S. 19
22 ebd.: S. 20, 23
23 ebd.: S. 22
24 ebd.: S. 23
25 ebd.: S. 25

»Europa marschiert« – die »Neuordnung der Sieger«

1 BA Koblenz: Nr. R 43/II/312, Bl. 339 409
2 ebd.: Bl. 339 410f

3 Eichholtz/Schumann 69: S. 292
4 Schumann/Nastler 75: S. 260
5 ebd.: S. 266
6 ebd.: S. 293
7 ebd.
8 ebd.: S. 279
9 ebd.: S. 280
10 Roth 85a: Heft 2–4
11 ebd.: S. 2
12 ebd.
13 Roth 85a: S. 3
14 Schumann/Nastler 75: S. 341ff
15 ebd.: S. 336ff
16 ebd.: S.337
17 ebd.
18 ebd.: S. 353ff
19 ebd.
20 OMGUS 86: S. 331
21 ebd.: S. 332
22 ebd.: S. 334
23 ebd.: S. 203
24 ebd.: S. 341
25 ebd.: S. 341f
26 ebd.: S. 226
27 ebd.: S. 330ff
28 ebd.: S. 257
29 ebd.: S. 339
30 Roth 87: S. 1
31 Köhler 86: S. 291
32 ebd.: S. 292
33 Roth 87: S. 10
34 ebd.

Großbritannien unterm Hakenkreuz

1 Deighton 87: S. 7
2 Schumann/Hass: S. 402
3 ebd.
4 BA Koblenz: R 13/1060
5 Schumann/Hass: S. 403
6 ebd.

Von Auschwitz nach Himmlerstadt

1 Archiv Klaus Kunz: OMEGA, Teil 1, Krematorien, S. 90ff

Und die Deutschen?

1 Heydecker/Leeb 79: S. 522
2 ebd.
3 Picker 83: S. 202
4 ebd.: S. 414
5 ebd.: S. 416f
6 Heydecker/Leeb 79: S. 525f
7 ebd.: S. 523
8 Jacobsen 77: S. 274f
9 Archiv Klaus Kunz: OMEGA, Textband, S. 76
10 ebd.
11 ebd.: S. 76
12 ebd.
13 Heydecker/Leeb 79: S. 523
14 Archiv Klaus Kunz: OMEGA, Band Abbildungen, S. 241
15 Archiv Klaus Kunz: OMEGA, Textband, S. 241
16 Heydecker/Leeb 79: S. 525

»Taifun« – die Schlacht um Moskau

1 Piekalkiewicz 81: S. 37
2 ebd.: S. 16
3 ebd.: S. 20f
4 Reinhardt 72: S. 28
5 Hubatsch 65: S. 177
6 Piekalkiewicz 81: S. 110
7 ebd.: S. 128
8 ebd.: S. 119
9 ebd.: S. 190
10 ebd.
11 ebd.: S. 206
12 ebd.: S. 193
13 Hubatsch 65: S. 199
14 Piekalkiewicz 81: S. 238
15 Reinhardt 72: S. 225
16 Reinhardt: S. 230

17 ebd.: S. 229
18 ebd.: S. 248
19 ebd.: S. 181
20 ebd.
21 Piekalkiewicz 81: S. 277
22 Groehler/Schumann 82: S. 279
23 ebd.
24 Jacobsen 61: S. 29
25 Hillgruber 66: Aufz. Nr. 92
26 Picker 83: S. 98
27 ebd.: S. 217
28 Hildebrand 69: S. 938
29 ebd.: S. 935
30 ebd.
31 ebd.: S. 936
32 ebd.
33 BA Koblenz: R 2/4973
34 ebd.
35 BA Koblenz: Sammlg. Schumacher 211
36 BA Koblenz: Nachlaß Epp 31/4

Nicht die Herren, die Fahnenträger Europas – die »Neuordnung der Verlierer«

1 Horine 87: S. 131
2 Groehler/Schumann 82: S. 281
3 Roth 85a: S. 28
4 Roth 85: S. 34
5 Groehler/Schumann 82: S. 290
6 Eichholtz/Mammach 83: S. 276
7 Drechsler/Dress/Hass 71: S. 923
8 ebd.
9 ebd.
10 Roth 85a: S. 31
11 Schumann/Nastler 75: S. 363
12 ebd.: S. 366
13 ebd.: S. 364f
14 ebd.: S. 366
15 ebd.: S. 371
16 ebd.: S. 372
17 ebd.
18 ebd.: S. 373
19 ebd.: S. 374
20 ebd.: S. 376
21 OMGUS 86: Faksimile
22 Schumann/Nastler 75: S. 380
23 ebd.: S. 380f
24 ebd.: S. 380
25 Roth 85a: S. 35f
26 Greiner 87: S. 89
27 ebd.
28 ebd.: S. 90
29 ebd.
30 ebd.: S. 91
31 ebd.
32 ebd.: S. 100
33 ebd.: S. 91f
34 ebd.: S. 92
35 ebd.: S. 93
36 ebd.
37 ebd.
38 ebd.: S. 94
39 ebd.
40 ebd.: S. 97f
41 ebd.: Dokument 5, S. 106
42 ebd.: S. 103
43 ebd.: S. 107
44 ebd.: S. 99
45 Roth 85a: S. 39f
46 Horine 87: S. 123
47 ebd.: S. 135
48 ebd.: S. 136
49 Eichholtz/Mammach 83: S. 265
50 ebd.: S. 266
51 ebd.
52 ebd.
53 ebd.: S. 271
54 Roth 85a: S. 35
55 OMGUS 86: S. XVII
56 ebd.: S. XXVIII
57 ebd.: S. XXXV
58 ebd.: S. XXXVII
59 ebd.: S. XXXIX
60 ebd.: S. XLIII
61 ebd.: S. LVI
62 ebd.: S. LIX
63 ebd.: S. XLVI
64 ebd.: S. LXIV
65 ebd.: S. 370

Literaturverzeichnis

Gemessen an der bereits unüberschaubaren Menge des Schrifttums über das Deutschland der Jahre 1933 bis 1945, ist von Plänen der Nazis nach dem Endsieg verhältnismäßig wenig veröffentlicht worden, obwohl es imponierende Arbeiten auf diesem Gebiet gibt. Ihnen ist jedoch, bis auf geringe Ausnahmen, eines gemeinsam: Sie haben ein breiteres Publikum nicht erreicht. Das hängt einmal damit zusammen, daß diese Arbeiten wissenschaftlichen Charakter haben und von vornherein an einen begrenzten Kreis adressiert sind (Historiker, Politologen, Soziologen), dann aber auch damit, daß die Pläne der Nazis nach einem von Hitlerdeutschland gewonnen Krieg einfach ein bei uns in der Öffentlichkeit vernachlässigtes Thema waren und immer noch sind.
Deshalb sei hier zur Vervollständigung von Kenntnissen des interessierten Lesers über das Gesamtthema und seine zahlreichen Einzelaspekte auf einige Forschungsschwerpunkte hingewiesen.
Zuvorderst auf das Standardwerk Klaus Hildebrands »Vom Reich zum Weltreich«, eine monumentale Arbeit von höchstem Archivfleiß, die, ungeachtet ihres Erscheinungsdatums vor nunmehr zwanzig Jahren und mancher inzwischen hinzugewonnenen Erkenntnisse, eine lesenswerte Grundlage geblieben ist.
Eine nicht unbedeutende Rolle spielen die Sieg- und Nachkriegspläne der Nazis auch in den Arbeiten des Kölner Historikers Andreas Hillgruber, besonders in seinem Werk »Hitlers Strategie – Politik und Kriegsführung 1940–1941«, in dem die Theorie von den aufeinanderfolgenden »Stufen zum Endsieg« dargelegt wird.
Von den wenigen Autoren, die mit dem Thema einen Kreis über die »Fachleute« hinaus erreicht haben dürften, muß Jochen Thies mit seinem Buch »Architekt der Weltherrschaft« genannt werden. Das Werk gibt einen ebenso knappen wie vielfältigen Überblick und kann als verdienstvolle Pionierarbeit auf dem Gebiet gelten. Dies um so mehr, als es mit dem Erscheinungsjahr 1976 zu einer Zeit herauskam, die für die Auseinandersetzung mit dem Nationalsozialismus und seinem Erbe nicht die heutige Sensibilisierung für das Thema aufzuweisen hatte.
Jochen Thies gehörte auch dem Autorenteam an, das mit dem Buch »Hitlers Städte« die Baupolitik des Dritten Reiches unter dem Aspekt der Pläne nach dem Endsieg sowohl überzeugend dokumentiert als auch erhellend kommentiert hat. In die Reihe dieser verhältnismäßig neueren Arbeiten gehören der Katalog einer Ausstellung des Landesarchivs Berlin 1985 – »Von Berlin nach Germania« – und, nicht zu vergessen, die beste-

chend genaue Arbeit Angela Schönbergers über »Die Neue Reichskanzlei von Albert Speer – Zum Zusammenhang von nationalsozialistischer Ideologie und Architektur«.
Schließlich sei mit Nachdruck hingewiesen auf die unersetzbaren Forschungsarbeiten der »Hamburger Stiftung für Sozialgeschichte des 20. und 21. Jahrhunderts« (Jan Philipp Reemtsma) und deren Reihe »1999«. Dort wird, nicht zuletzt unter dem Gesichtspunkt dieses Buches, also der Sieg- und Nachkriegspläne der Nazis, ein lange vernachlässigtes Grundthema der Nationalsozialismus-Forschung intensiv bearbeitet – nämlich sowohl die praktizierte als auch die zukunftsgeplante Gesellschaftspolitik Hitlerdeutschlands, nach den vorliegenden Programmen dafür zuständiger NS-Behörden. Von dieser Hamburger Forschungsstätte darf noch viel erwartet werden.
Zum Schluß unterziehe ich mich einer Ehrenpflicht. Sie gilt dem Berliner Verlagsvertreter Klaus Kunz, der jahrelang den Plänen der Nazis nach dem Endsieg nachgeforscht und sie in einem umfangreichen Schrifttum gesammelt hat. Es gibt so gut wie keinen Punkt, der in diesem Aktenkonvolut von wahrhaft bibliothekarem Ausmaß nicht behandelt worden wäre: von dem Gesamtaspekt der nationalsozialistischen Globalherrschaft und den Plänen für die einzelnen Kontinente über die Großentwürfe der Architektur und die Details futuristischer Waffentechnik bis zu den letzten Feinheiten eines Vernichtungsapparats, der alle Züge der Vervollkommnung für die »Arbeit« nach dem Endsieg tragen sollte.
Die Absicht, aus der Masse des zusammengetragenen Materials ein Buch zu destillieren, konnte jedoch nicht mehr verwirklicht werden – Klaus Kunz ist im September 1988 gestorben. Dem vertrauensvollen Angebot der Witwe, Christa Kunz, mich der Arbeit ihres verstorbenen Mannes zu bedienen, vermochte ich nur sehr ungenügend nachzukommen – es traf mich kurz vor der Fertigstellung meines Buches, das im übrigen mit der Einbeziehung der »Stufen« bis zum Endsieg und der Ausweitung des Themas auf den »gespaltenen Endsieg« einer erweiterten Konzeption folgte.
Das aber bedeutet, daß dort in Berlin für gegenwärtige und künftige Forschungsarbeiten auf dem Gebiet der Endsieg- und Nachkriegspläne der Nazis ein unveröffentlichter Schatz liegt, auf den Historiker, Politologen und Soziologen hinzuweisen mir angesichts der tragischen Umstände, die eine Veröffentlichung verhinderten, gern übernommene Pflicht ist.

R. G.

Bamler, R.: Operation Polarfuchs, in: Militärwesen, Heft 1, Berlin/DDR 1957

Barthel, R.: Das Weltherrschaftsprogramm der deutschen Imperialisten, in: Militärwesen, Jg. 5, Berlin/DDR 1961

Best, Werner: Großraumordnung und Großraumverwaltung, in: Zeitschrift für Politik, Bd. 32, Berlin 1942
Bullock, Alan: Hitler. Eine Studie über Tyrannei, Düsseldorf 1957

Churchill, Winston: Der Zweite Weltkrieg, Bd. I, Der Sturm zieht auf, Bern 1948

Deighton, Len: SS-GB, München 1987
Domarus, M.: Hitlers Reden und Proklamationen 1932–1945, 2 Bände, Würzburg 1962/63
Drechsler, Karl/Dress, Hans/Hass, Gerhart: Europa-Pläne des deutschen Imperialismus im Zweiten Weltkrieg, in: Zeitschrift für Geschichtswissenschaften, 5. Jg., Berlin 1971
Dülffer, Jost/Thies, Jochen/Henke, Josef: Hitlers Städte, Köln 1978

Ebert, H. J. (Hrsg.): Messerschmitt-Bölkow-Blohm, Stuttgart 1973
Eichholtz, Dietrich/Mammach, Klaus: Studien zur Geschichte des Faschismus und des antifaschistischen Widerstands, in: Jahrbuch für Geschichte 27, Berlin/DDR 1983
Eichholtz, Dietrich/Schumann, Wolfgang (Hrsg.): Anatomie des Krieges. Neue Dokumente über die Rolle des deutschen Monopolkapitals bei der Vorbereitung und Durchführung des Zweiten Weltkrieges, Berlin/DDR 1969
Eichholtz, Dietrich: Der Generalplan Ost. Über eine Ausgeburt imperialistischer Denkart und Politik, in: Jahrbuch für Geschichte 26, Berlin/DDR 1982
Einsiedel, Heinrich Graf: Tagebuch der Versuchung, Berlin/Stuttgart 1950

Fest, Joachim C.: Hitler. Eine Biographie, Frankfurt/Main 1973
Frank, Hans: Im Angesicht des Galgens, München 1953

Giordano, Ralph: Die Spur – Reportagen aus einer gefährdeten Welt, Frankfurt/Main 1984
Greiner, Bernd: Mit deutscher Unterstützung gegen ein feindliches Rußland. Zum Kurswechsel der britischen Militärs im Sommer 1944, in: »1999«, Zeitschrift für Sozialgeschichte des 20. und 21. Jahrhunderts, 2/1987
Groehler, Olof/Schumann, Wolfgang: Vom Krieg zum Nachkrieg, in: Jahrbuch für Geschichte 26, Berlin/DDR 1982

Halder, Franz: Kriegstagebuch Halder. Tägliche Aufzeichnungen des Chefs des Generalstabs des Heeres 1939–1942, 3 Bände, Stuttgart 1962
Hepp, Michael: Die Durchdringung des Ostens in Rohstoff- und Landwirtschaft, in: »1999«, Zeitschrift für Sozialgeschichte des 20. und 21. Jahrhunderts, 4/1987

Hepp, Michael: Fälschung und Wahrheit – Albert Speer und »Der Sklavenstaat«, in: Mitteilungen der Dokumentationsstelle des Vereins zur Erforschung der nationalsozialistischen Gesundheits- und Sozialpolitik e.V., Hamburg, 1. Jg. 1985, Heft 2

Heydecker, Joe J./Leeb, Johannes: Der Nürnberger Prozeß, Köln 1979

Hildebrand, Klaus: Vom Reich zum Weltreich, München 1969

Hillgruber, Andreas (Hrsg.): Staatsmänner und Diplomaten bei Hitler 1939-1941, Frankfurt/Main 1966a

Hillgruber, Andreas: Der Faktor Amerika in Hitlers Strategie, in: Beilage zum »Parlament«, 11. Mai 1966

Hillgruber, Andreas: Hitlers Strategie – Politik und Kriegführung, Frankfurt/Main 1965

Hirsch, Martin/Majer, Diemut/Meinck, Jürgen (Hrsg.): Recht, Verwaltung und Justiz im Nationalsozialismus, Köln 1984

Hitler, Adolf: Mein Kampf, München 1942

Horine, E. Field: Als der »Kalte Krieg« begann – vertane Friedenschancen 1945–1947, in: »1999«, Zeitschrift für Sozialgeschichte des 20. und 21. Jahrhunderts, 2/1987

Hubatsch, Walther (Hrsg.): Hitlers Weisungen für die Kriegführung 1939-1945, München 1965

IfZ – Institut für Zeitgeschichte: Hitlers Zweites Buch, Stuttgart 1961

IMT – Der Prozeß gegen die Hauptkriegsverbrecher vor dem Internationalen Militärgerichtshof, 42 Bände, Nürnberg 1947

Jacobsen, Hans-Adolf: Der Weg zur Teilung der Welt, Koblenz 1977

Jacobsen, Hans-Adolf: Der Zweite Weltkrieg in Chronik und Dokumenten, Darmstadt 1959

Klee, K.: Der Entwurf der Führerweisung Nr. 32, in: Wehrwissenschaftliche Rundschau, H. 3, Darmstadt 1956

Kogon, Eugen: Gedanke und Gewissen - Essays aus 100 Jahren, Frankfurt/Main 1986

Köhler, Otto: ... und heute die ganze Welt. Die Geschichte der IG Farben und ihrer Väter, Hamburg 1986

Kuby, Erich: Als Polen deutsch war, München 1986

Lakowski, Richard: Apartheid auf deutsch, in: Deutscher Kolonialismus – Materialien zur Hundertjahrfeier 1984, Gesellschaft für entwicklungspolitische Bildungsarbeit, Hamburg 1983

Lochner, L. P. (Hrsg.): Goebbels, Joseph, Tagebücher 1942-1943, Zürich 1948

Meyer, Konrad: Planung und Aufbau in den eingegliederten Ostgebieten, Rede vor der Kaiser-Wilhelm-Gesellschaft, Berlin, 28.1.1942

Miller, Alice: Am Anfang war Erziehung, Frankfurt/Main 1980
Moltmann, Günter: Weltherrschaftsideen Hitlers, in: Europa und Übersee, Festschrift für Egmont Zechlin, Hamburg 1961

OMGUS – Office of Military Government for Germany, United States – Finance Division - Financial Investigation Section: Ermittlungen gegen die I.G. Farben, Nördlingen 1986

Picker, Henry: Hitlers Tischgespräche im Führerhauptquartier, Stuttgart 1983
Piekalkiewicz, Janusz: Die Schlacht um Moskau, Bergisch Gladbach 1981

Reichhardt, Hans J.: Von Berlin nach Germania, Berlin 1984/85
Reinhardt, Klaus: Die Wende von Moskau, Stuttgart 1972
Roth, Karl-Heinz: Bevölkerungspolitik und Zwangsarbeit im Generalplan Ost, Dokumentationsstelle zur NS-Sozialpolitik, Mitteilungen, 1. Jg. 1985, Heft 2–4
Roth, Karl-Heinz: Vernichtung und Entwicklung. Die nazistische »Neuordnung« und Bretton Woods, in: Dokumentationsstelle zur NS-Sozialpolitik, Mitteilungen, 1. Jg. 1985a, Heft 2–4
Roth, Karl-Heinz: Viereinhalb Jahre Auschwitz 1940–1945, Rede auf der Tagung des Hamburger Instituts für Sozialforschung, 19.–23.10. 1987
Rühle, G.: Das Dritte Reich, Dokumentarische Darstellung des Aufbaues der Nation. Das sechste Jahr, Berlin 1939

Schirach, Henriette von: Der Preis der Herrlichkeit, München/Berlin 1975
Schönberger, Angela: Die Neue Reichskanzlei von Albert Speer, Berlin 1981
Schreiber, Gerhard/Figge, Klaus: Adolf Hitlers Afrika-Phantasien, in: Heinrichs, Hans-Jürgen (Hrsg.): Afrika, Frankfurt/Main 1986
Schumann, Wolfgang/Hass, Gerhart (Hrsg.): Deutschland im Zweiten Weltkrieg, 7 Bde., Bd. 1 Köln 1976
Schumann, Wolfgang/Nastler, Ludwig (Hrsg.): Weltherrschaft im Visier. Dokumente zu den Europa- und Weltherrschaftsplänen des deutschen Imperialismus von der Jahrhundertwende bis Mai 1945, Berlin/DDR 1975
Six, F. A. (Hrsg.): Dokumente der Deutschen Politik, Bd. 7, Teil 1, Berlin 1940
Speer, Albert: Der Sklavenstaat. Meine Auseinandersetzung mit der SS, Stuttgart 1981
Speer, Albert: Erinnerungen, Frankfurt/Berlin 1969
Speer, Albert: Spandauer Tagebücher, Frankfurt/Berlin/Wien 1975
Speer, Albert: Technik und Macht, Esslingen 1979
Strasser, Otto: Mein Kampf – Gespräche mit Hitler, Frankfurt/Main 1969

Thies, Jochen: Architekt der Weltherrschaft, Düsseldorf 1976
Trevor-Roper, Hugh Redwald: Hitlers Kriegsziele, in: Vierteljahreshefte für Zeitgeschichte, 8. Jg., Heft 2, April 1960

Vogelsang, T.: Neue Dokumente zur Geschichte der Reichswehr, in: Vierteljahreshefte für Zeitgeschichte (VfZG), 1954

Wagner, Eduard (Hrsg.): Der Generalquartiermeister. Briefe und Tagebuchaufzeichnungen, München/Wien 1963

Wehrkunde, Darmstadt 1961, H. 1

Wein, Martin: Die Weizsäckers, Geschichte einer deutschen Familie, Stuttgart 1988

Personenregister